Die Entwicklung der frühen Gesellschaften

Die Geschichte Afghanistans bis zum Ende des Königtums

Rüdiger Rauls

Inhalt

Vorbemerkung

Der Kapitalismus ist das derzeit beherrschende und vorherrschende Gesellschaftssystem. Wenn er auch unterschiedliche politische Systeme oder Regierungsformen hervorbringt, so ist die wirtschaftliche Basis all dieser Gesellschaften trotz ihrer Unterschiedlichkeit die kapitalistische Produktionsweise.

Der Kapitalismus steckt in seiner schwersten Krise seit der Weltwirtschaftskrise von 1929 und der anschließenden Großen Depression der 1930er Jahre. Es ist nicht seine erste Krise. Aber die aktuelle scheint ihn an die Grenzen seiner Leistungsfähigkeit gebracht zu haben. Ob er sich daraus noch einmal wird befreien können, ist noch nicht ausgemacht. Der großen Gründerkrise der 1870er Jahre folgten etwa zwei Jahrzehnte eines wirtschaftlichen wie auch politischen Gärungsprozesses. An dessen Ende stand der Imperialismus mit seinem neuen Aufschwung wirtschaftlicher Entwicklung durch die Herausbildung der Konzerne.

Weltwirtschaftskrise und Depression fanden ihr Ende und ihre Überwindung durch die staatlichen Ausgabenprogramme. In den USA führte der „New Deal" zum Ausbau der Infrastruktur. In Deutschland betrieb der Faschismus die militärische Aufrüstung mit dem Ziel der Ausdehnung des deutschen Wirtschaftsraumes.

Wenn auch ganz verschiedene Modelle der Krisenüberwindung vorlagen, so beruhten sie doch beide auf der Basis der kapitalistischen Produktionsweise. Wenn auch beide sehr verschiedene politische Systeme hervorbrachten zur Lösung dieser Aufgabe, so fußten sie doch auf derselben gesellschaftlichen Grundordnung des privaten Besitzes an den Produktionsmitteln. Dieser wesentliche Grundsatz bleibt in allen kapitalistischen Gesell-schaftsmodellen unberührt. Änderte er sich, würde sich somit auch das ureigene Wesen der betreffenden Gesellschaft ändern. Es wäre dann keine kapitalistische mehr sondern eine vom Wesen her andere, wie immer sie auch heißen würde.

Dieses wesentliche Unterscheidungsmerkmal besteht in der Art und Weise, wie eine Gesellschaft ihren Lebensunterhalt und Reichtum erwirtschaftet. In welchem Produktionsverhältnis stehen die Besitzer der Produktionsmittel und diejenigen, die produzieren, zueinander und wie organisieren sie die Verteilung des erwirtschafteten Reichtums.

In den urkommunistischen Stammesgesellschaften auf der unteren Ebene der menschlichen Gesellschaftsbildung waren alle Stammesangehörigen auch gleichzeitig Besitzer des gemeinsamen Stammeslandes. Die niedrige

Produktivität der Arbeitskraft auf diesem gesellschaftlichen Niveau ließ kaum überschüssigen Reichtum entstehen. Die Verteilung bestand in der Verwaltung des Mangels und der Armut. Im Laufe der Entwicklung geht das gemeinsame Stammesland über in Privatland. Es entstehen Freie und Unfreie, die erste gesellschaftliche Spaltung. Die Freien eignen sich einen Teil dessen an, was die Unfreien erarbeiten.

In der Sklavenhaltergesellschaft der Antike hat die Arbeitskraft bereits eine so hohe Produktivität erreicht, dass sich die Versklavung des Menschen wirtschaftlich lohnt. Freie Arbeitskraft war rar, weshalb man übergeht zur Aneignung fremder Arbeitskraft durch Menschenraub. Der Produzent muss nicht mehr einen Teil seines Arbeitsergebnisses abgeben sondern wird als Träger der Arbeitskraft insgesamt in Besitz genommen von einem anderen Menschen, der gleichzeitig auch Besitzers des Arbeitsergebnisses dieser Arbeitskraft wird.

Der Feudalismus beruht auf der teilweisen Freiheit des Produzenten, der schon nicht mehr Eigentum des Feudalherrn ist sondern tributpflichtig und eingeschränkt in seiner Bewegungsfreiheit. Aber er ist insofern wirtschaftlich selbständig als ein festgelegtes Verhältnis besteht zwischen seinen Abgaben an den Feudalherrn und dem Ergebnis seiner Tätigkeit, wenn sich auch diese Verhältnisse immer wieder ändern entsprechend den Kräfteverhältnissen zwischen Feudalherrn und Hörigen.

Der Kapitalismus hingegen beruht auf der vollkommenen Freiheit des Lohnarbeiters, dem der Unternehmer nur so lange verpflichtet ist, wie er seine Arbeitskraft braucht. Für diese Arbeitszeit erhält er seinen Lohn. Das Produkt seiner Arbeit eignet sich der Unternehmer an.

Beim Betrachten geschichtlicher und gesellschaftlicher Prozesse kommen neben den oben beschriebenen Schwierigkeiten im Erkennen der unterschiedlichen Sachverhalte persönliche Einstellungen des Betrachters hinzu. Die Vorgänge in Afghanistan zu verstehen, ist nicht einfach, wenn man das auf der Ebene der Erscheinungsformen versucht. Das gilt nicht nur für Afghanistan sondern für alle gesellschaftlichen Vorgänge. Was wir sehen, versuchen wir zu erklären mit den Erklärungsmustern, die uns bisher bekannt sind, wir projizieren. D.h. wie der Dia-Projektor das in ihm eingelegte Bild auf die Leinwand wirft, so werfen auch wir unsere inneren Bilder, hier unsere Vorstellung über eine Situation, auf eine Projektionsfläche, hier die neue Situation, die wir untersuchen möchten. Wir vergleichen das Neue mit dem uns Bekannten und stellen entweder fest, dass Neues und Altes identisch sind, dass es also nichts Neues gibt, oder aber wir erkennen Unterschiede zwischen dem Alten und dem Neuen. Dann ist das Neue mit den alten Erklärungsmustern nicht ausreichend zu erklären. Altes und Neues weichen voneinander ab. Es sind neue Aspekte hinzugekommen, die gedeutet und eingeordnet werden müssen

Diese Wahrnehmung bedarf zuallererst der Ehrlichkeit, der sachlichen Feststellung, dass da Neues vorliegt. Um das Neue zu heben, bedarf es der Gründlichkeit, des ernsthaften Willens, dem Neuen auf den Grund zu gehen, es zu ergründen. Leichter ist das Alltägliche: Es ist doch alles gleich, es ist immer wieder dasselbe. Erkenntnis wird dem schnell geschriebenen Buch geopfert, das auf den Markt muss, noch ehe das Interesse am Thema verbraucht ist. Alter Wein kommt dann in neuen Schläuchen daher. Schnelle Erklärungen bringen keine Erkenntnis außer der, dass es nichts Neues gibt.

In Bezug gesetzt zu Afghanistan bedeutet dies: Wer z.B. für das Verhalten der untergegangenen UdSSR im Afghanistankonflikt nur Erklärungsversuche findet, die aus der Politik der Zarenzeit abgeleitet sind, also aus der Situation des 19. Jahrhunderts, und diese überträgt auf die Welt des Kalten Krieges, verläuft sich in historische Sackgassen und beweist nur, dass die Triebkräfte von Geschichte und Entwicklung nicht verstanden werden. Die Konflikte der Zeit des Imperialismus waren andere als die der Systemkonkurrenz zwischen der sozialistischen Führungsmacht Sowjetunion und der kapitalistischen Führungsmacht USA. Wer diesen Unterschied nicht sieht, nicht sehen will oder gar verschleiern will (auch das kommt vor), wird nicht das Wesentliche erkennen im Konflikt um Afghanistan in den 1980er Jahren.

Deshalb ist es wichtig, um historische Prozesse zu verstehen, die Triebkräfte und Interessen offenzulegen, die in diesen Prozessen wirken und zur Verwirklichung streben. Ohne Verständnis dessen, das da treibt und Gestalt annehmen möchte, bleibt die Betrachtung geschichtlicher Prozesse Kaffeesatzleserei.

Deshalb will vorliegende Auseinandersetzung mit dem Thema Afghanistan aufzeigen, welche Grundzüge die afghanische Geschichte geprägt haben. Sie beschränkt sich dabei bewusst auf die Zeit bis 1973, dem Ende des Königtums in Afghanistan. Mit dem Putsch der mittleren Militärränge und dem Ende des Königtums beginnt eine neue Phase der afghanischen Politik, die aber nicht zwangsläufig auch ein Außerkraftsetzen der bisher wirksam gewesenen Kräfte bedeutet, was aber noch genauer zu untersuchen wäre.

Dieser Putsch war Ausdruck der bis dahin stattgefundenen Entwicklung und sein Auslöser ist bis heute nicht überwunden. Vielmehr sind die Ursachen durch die Intervention der NATO-Staaten verdeckt worden und an seiner organischen Lösung behindert worden.

Drei soziale Kräfte innerhalb der afghanischen Gesellschaft hatten sich zu den beherrschenden Faktoren der politischen Situation entwickelt. Ihr Heranwachsen zu einem Kräftegleichgewicht führte zu einem Zustand gesellschaftlichen Stillstands und Erstarrung des politischen Fortschritts. Keine dieser Kräfte Königtum, Stammesaristokratie und das städtische Bürgertum mit ihren jeweils entgegengesetzten Interessen konnte alleine gegen die beiden anderen herrschen. Und keine dieser sozialen Kräfte stellte die Mehrheit des afghanischen Volkes dar. Sie waren jede für sich und alle zusammen die Minderheit gegenüber der großen Masse der in feudaler Abhängigkeit lebenden Bauern, Tagelöhner und Landlosen.

Aber diese Masse der Verarmten und politisch Entrechteten hatte keine Ansätze einer eigenen ökonomisch-politischen Bewegung entwickelt, die die Verbesserung der eigenen Lebensbedingungen zum Ziel gehabt hätte, wie es beispielsweise bei den deutschen Bauern in ihren Bauernkriegen des 16. Jahrhunderts gegen die Feudalherren zum Ausdruck kommt. Diese Mehrheit der Landlosen und Abhängigen bildete keine politische Formation, die sich für ihre ureigenen Interessen einsetzt und versucht, diesen eigenen wirtschaftlichen und politischen Interessen Geltung zu verschaffen. Sie findet sich nicht als eine eigene, dem Feudaladel entgegengesetzte Klasse, deren wirtschaftliches und politisches Interesse sich in einer Forderung nach Landreform und der Aufhebung der wirtschaftlichen Abhängigkeit zum Ausdruck bringt.

Und weil sie sich nicht als eine eigene Klasse mit eigenen Interessen versteht, die denen der Großgrundbesitzer und Feudalaristokratie entgegengesetzt ist, bleibt diese Bevölkerungsmehrheit deshalb immer der Spielball anderer gesellschaftlicher Kräfte, die sie für die eigenen Interessen einzusetzen versuchen. Besonders in den Auseinandersetzung zwischen dem afghanischen Königtum und der Stammesaristokratie hing der Erfolg beider Seiten immer davon ab, inwieweit es gelang, Teile dieser politisch wankelmütigen Bevölkerungsmehrheit für die eigenen und gegen die Interessen des politischen Widersachers zu mobilisieren.

Einzig das sich in den Städten entwickelnde Bürgertum schuf erste Ansätze einer an den eigenen Interessen orientierten politischen Organisierung. Aber es gelang dieser sich formierenden Klasse nicht wie dem Bürgertum der französischen Revolution eine Interessenidentität mit der vom Feudalismus in Abhängigkeit gehaltenen bäuerlichen Bevölkerungsmehrheit herzustellen.

Sehr früh erkannte die Feudalklasse die Gefahr, die ihr aus einem nicht nur ökonomisch sondern auch politisch starken Bürgertum in den Städten entstehen konnte. Rigoros wurden erste Ansätze von Parteienbildung zerschlagen. Damit war das Bürgertum zwar fürs erste seiner politischen Kraft beraubt, aber die Weiterentwicklung des Kapitalismus in Afghanistan führte unweigerlich zu einem weiteren Anwachsen der ökonomischen Macht des Bürgertums. Damit nahm auch der politische Druck zu, der aus dieser sozialen Klasse auf die Feudalklasse ausgeübt wurde.

Der Militärputsch war der Versuch, den Gordischen Knoten der gesellschaftlichen und politischen Erstarrung zu zerschlagen. Durch einen Gewaltakt, einen Überraschungscoup sollte eine gesellschaftlich festgefahrene Situation aufgelöst werden, in der keine der beteiligten gesellschaftlichen Kräfte stark genug war, aus eigener Kraft einen Ausweg aus der Stagnation anbieten und erringen zu können.

Dieser Gordische Knoten war geknüpft aus den Strängen gesellschaftlicher, wirtschaftlicher und politischer Entwicklungen, die aus der Geschichte der afghanischen Gesellschaft hineinreichten in die Gegenwart des Jahres 1973. Es sind nach außen - dem Anschein nach - die Politik und die Entscheidungen der verschiedenen afghanischen Könige oder der Ministerpräsidenten oder Volkshelden und Stammesführer, die die Geschichte des Landes bestimmten.

Aber all diese Akteure der Macht sind neben ihren eigenen Interessen gleichzeitig auch Ausführende von Strömungen, Interessen und Entwicklungen, die stärker sind als sie selbst. Diesen sind sie gezwungen, sich zu beugen, wollen sie nicht zerbrechen an dem Maß aller Dinge, das die gesellschaftliche Entwicklungen bestimmt, der Wirklichkeit. In diese hinein wurde der Mensch geboren und wird es immer noch, und in diesen Wirklichkeiten musste und muss er versuchen, zu überleben oder - in den moderneren und nicht so lebensfeindlichen Gesellschaften unserer Zeit – sich zurechtzufinden.

Die Wirklichkeit als Summe aller Kräfte, die in einer geschichtlichen Situation wirken, bestimmt die Entwicklung, nicht Gedanken und Theorien. Deren Aufgabe vielmehr ist es, die maßgeblichen Kräfte zu benennen und ihre Unterschiedlichkeit und Verschiedenartigkeit in Kraft und Erscheinen aufzuzeigen. Das soll Thema der vorliegenden Arbeit sein.

Aber Wirklichkeit ist nicht neutral und unstrittig. Sie ist nur so lange objektiv, solange sie unabhängig ist von der Betrachtung und Einschätzung durch den Menschen. Wenn der Mensch Wirklichkeit betrachtet, betrachtet er sie mit seiner Vorstellung von Wirklichkeit. Und diese Vorstellungen sind nicht unabhängig von Interessen und Erfahrungen. Dennoch bleibt die Aufgabenstellung davon unberührt. Ein Ignorieren der Wirklichkeit um der Interessen willen ist immer möglich, wirft aber die Frage trotzdem immer wieder auf, wenn auch später und immer mehr verzerrt: Was ist Wirklichkeit, was wirkt in der Wirklichkeit, was will da werden, was dringt da von innen nach außen, aus dem Dunkel des Nochnicht in die Offensichtlichkeit?

Daten, Fakten, ungewertet, neutral, aber zusammenhangslos scheinen zwar objektiv, unanfechtbar und ideologiefrei, sind als solche aber wertlos für Erkenntnis. Diese entsteht über das Verbinden der Daten und Fakten untereinander zu Vorgängen und Erklärungen, zu einer Ordnung. Daten und Fakten, wenn sie gewissenhaft und ehrlich erhoben sind, dienen als stabiles verlässliches Gerüst, sind Pfeiler, über die die Brücke der Erkenntnis gelegt wird in Unbekanntes, in unerschlossenes Gebiet. Pfeiler allein sind nutzlos, solange sie keine Brücke tragen.

Deshalb müssen Fakten und Daten gedeutet werden, müssen in einen Zusammenhang gestellt werden, der zu einem sinnvollen, erklärenden und erhellenden Bild über die Wirklichkeit zusammenwächst. Nur dann aber führt Deutung der Wirklichkeit zu Annäherung an die Wirklichkeit, wenn die Erscheinungen der Wirklichkeit zu einem sinnvollen, erklärenden, erhellenden und in ihren Wirkungen aufeinander nachvollziehbarem Ganzen zusammengeführt werden können. Das stößt Fenster auf und gibt den Blick frei in bisher nicht Gesehenes.

Die Entwicklung der gesellschaftlichen Strukturen

Die Ausgangslage

Geschichtliche Ereignisse spielen sich ab auf dem Boden ganz bestimmter gesellschaftlicher Verhältnisse. Diese gilt es zu ermitteln als Grundlage für die Abläufe der afghanischen Geschichte, zu dem Zeitpunkt als der Raum des heutigen Afghanistan und die dort lebenden Völker zum Gegenstand von Geschichtsschreibung wurden.

Die meisten geschichtlichen Ereignisse lassen sich erklären als die Ausflüsse von Kräften, die in einer bestimmten historischen Situation wirken. Sie drängen und führen in den Gesellschaften zu Veränderungen, die die Gesellschaften zerreißen können und damit zum Aufbau neuer Gesellschaften mit neuen Klassen, neuen Besitzverhältnissen zwingen. Die äußeren, sichtbaren Ereignisse sind das Ergebnis von Veränderungen und Verschiebungen in den Gesellschaften oder aber der Verhinderung von Veränderung. Diese Vorgänge sind getrieben von langsam wirkenden, nur schwer wahrnehmbaren Prozessen auf dem Grunde der Gesellschaften. Die Lebensbedingungen der Menschen ändern sich, manchmal langsam, manchmal schnell, beeinflusst durch äußere Kräfte, über die sie selbst keine Macht haben. Aber diesen Veränderungen müssen sie sich anpassen, wollen sie nicht untergehen. Sie führen zu neuen Notwendigkeiten der gesellschaftlichen Organisation, die das bisher Gewohnte als überholt erscheinen lassen, das bisher Richtige wird falsch.

Auf dieser materialistischen Grundlage sollen die Veränderungen in der afghanischen Geschichte betrachtet und gedeutet werden. Allein die Benennung der Fakten reicht nicht aus, sie müssen auch gedeutet werden. Sie müssen in einen Zusammenhang gestellt werden, die die gesellschaftliche Wirklichkeit beschreiben und die Prozesse der Veränderung erklären. Ein Bild aus der Unmenge der bunten Mosaiksteine geschichtlicher Ereignisse entsteht nur, wenn eine Ordnung dargestellt werden kann. Ohne diese Ordnung bleiben die Mosaikteile ein großer, unbedeutender Haufen bunter Steine ohne Erkenntniswert.

Wenn die im Untergrund der Gesellschaften waltenden und wirkenden Kräfte erkannt werden und in eine Ordnung umgesetzt werden, dann kann Geschichte auch als das dargestellt werden, was sie ist, die Entwicklung des Menschen aus dem Zustand des Tiers hin zu dem sich selbst bestimmenden und immer wieder neu erschaffenden Wesen, das auf dem Weg ist zur Menschwerdung des Menschen. Dann ist Geschichte nicht mehr die Auflistung, Anhäufung und Beschreibung von scheinbar zufälligen Ereignissen, die beziehungslos nebeneinanderstehen, sondern Darstellung eines Zuges, der ein Ziel hat.

Die Geschichte Afghanistans beginnt nicht mit der Geschichtsschreibung über das Land. Geschichte hat es schon vorher gegeben. Nur mit der Dokumentation der geschichtlichen Ereignisse fällt es uns leichter einzuordnen, an welchem Punkt der Entwicklung man angekommen ist. Dazu muss man aber über ein Handwerkszeug verfügen, das die Einordnung der aktuellen Situation im Voranschreiten der gesellschaftlichen Entwicklung ermöglicht. Hier soll sich des materialistischen Geschichtsbildes bedient werden, das die Entwicklung menschlicher Gesellschaften auf der Grundlage der Eigentumsverhältnisse und der sich daraus ergebenden Klassen und Gesellschaften vornimmt. Als Grundlage dafür dient das Standardwerk von Engels „Der Ursprung der Familie, des Privateigentums und des Staates".

Auf welchem Entwicklungsniveau standen die afghanischen Völker zu Beginn ihrer Geschichtsschreibung? Welche Entwicklungsschritte sind seitdem gemacht worden, wie hat sich ihre Geschichte dargestellt auf der Basis dieser Schritte, welche deuten sich an? Und wie sind diese Völker Afghanistans und ihre Gesellschaften verschieden im Vergleich mit der gesellschaftliche Entwicklung und dem Zustand anderer Gesellschaften, hier besonders der westlichen?

Bis zum afghanischen Bürgerkrieg und der sowjetischen Intervention hatten in Afghanistan kaum Zerfallserscheinungen der über Jahrhunderte vorherrschenden Gesellschaftsstrukturen festgestellt werden können. (Über die Situation nach dem Abzug der sowjetischen Truppen können an dieser Stelle noch keine Aussagen gemacht werden.)

Trotz der Verschiedenartigkeit der in Afghanistan lebenden Volksgruppen glichen sie sich sehr stark in ihren Lebensformen. Selbst in den Städten, die schon eher westlich orientiert waren, hatten sich die traditionellen Lebensstile und Werte noch weitgehend erhalten. Einzig bei den Vollnomaden und einigen Völkern in den abgelegenen Tälern des Hindukusch wurden stark vom allgemeinen Leben Afghanistans abweichende Lebensformen vorgefunden.

Diese Gleichförmigkeit ist umso erstaunlicher, als sich in der afghanischen Gesellschaft unterschiedliche Entwicklungsstufen mit ihren unterschiedlichen gesellschaftlichen Darstellungsformen herausgebildet hatten. So lassen sich bei den Paschtunen sowohl Gesellschaften mit urkommunistischen Besitzverhältnissen vorfinden als auch solche mit feudalistischer Gesellschaftsstruktur. Am häufigsten vertreten ist aber der Zustand der urkommunistischen Besitzverhältnisse, die sich aber bereits in Auflösung befinden, im Übergang vom gemeinsamen Besitz des Gesamtstammes an Grund und Boden hin zum Privatbesitz an Ackerland.

Diese Unterschiedlichkeit in ihrer Bedeutung und Auswirkung zu erkennen, wird erschwert durch die Tatsache, dass es sich bei all diesen in ihrem

Wesen vollkommen verschiedenen Gesellschaften immer um Paschtunen handelt, die unter diesen verschiedenen gesellschaftlichen Verhältnissen leben. Sie sind von ihrer Abstammung her eine ethnische Einheit mit gleicher Sprache, Religion und Sitten, sind aber andererseits untereinander politisch so stark zersplittert, dass sie keine organisatorische Einheit als ein gemeinsames Paschtunentum bilden, ein Volk, aber in drei verschiedenen gesellschaftlichen Entwicklungszuständen.

Aus unseren heutigen europäischen Nationalstaaten ist uns nur die umgekehrte Situation vertraut: in den einzelnen Staaten leben verschiedene Völker, aber alle unter demselben gesellschaftlichen System des Kapitalismus. Der Nationalstaat ist mittlerweile weltweit vorherrschend. Aber trotz ihrer Verteilung über die ganze Welt, trotz all ihrer verschiedenen regionalen Bedingungen, nationalen, religiösen, rassischen und ethnischen Eigenheiten ruhen sie fast alle auf der Grundlage desselben kapitalistischen Gesellschaftssystems.

Ganz anders ist nun die Situation bei den Paschtunen, und als zusätzliche Verwirrung kommt hinzu im Falle Afghanistans, dass bei den anderen, nicht-paschtunischen Völkern ähnliche gesellschaftliche Verhältnisse herrschen, die eigentlich als typische Eigenart der Paschtunen angesehen werden. Es ist also nicht eine bestimmte ethnische Besonderheit, quasi eine genetische Disposition, die sich in dieser Organisation der Gesellschaft ausdrückt, wie man vermuten könnte. Elphingstone hat beispielsweise die unterschiedlichen Verfahren der Entscheidungsfindung bei den Paschtunen als Anlass der Unterscheidung in „demokratische" und „feudalistische" Stämme genommen. Dabei gibt es ähnliche Verfahren auch bei nicht-paschtunischen Stämmen.

Und neben diesen urkommunistischen, feudalistischen und Übergangsstrukturen finden wir zudem in den Städten bereits erste Ansätze eines Bürgertums, entstanden aus einfachen handwerklich-kapitalistischen Produktionsverhältnissen. Diese Gesellschaftsstruktur der Städte stellt sich dann auch äußerlich bereits ganz anders dar. Zwar sind die Werte von Abstammung und Familie auch hier immer noch bestimmend, werden aber immer mehr verdrängt durch das Interesse und dessen Ausdrucksversuch in Interessenorganisationen wie Parteien. Dieser Ausdruck politischer Aktivität spielt in der Stammesgesellschaft noch keine Rolle, hier gilt noch größtenteils das Konsensprinzip.

All diese unterschiedlichen, in ihrem Wesen zum Teil entgegengesetzten Gesellschaftsformen finden wir in einem einzigen Staat. Unvorstellbar für den Mitteleuropäer in einem Land wie Deutschland Kapitalismus in einer Region des Landes vorzufinden, in anderen Feudalgesellschaften oder gar

Stammesgesellschaften, alle mit eigenen Werten, Gesetzen, Regeln und Wirtschaftsgrundlagen.

Und das macht das eigentlich Verwirrende aus an der afghanischen Situation, dass das Gebilde Afghanistan etwas vorgibt, was es nicht ist, ein Staat im herkömmlichen Sinne eines gewachsenen Nationalstaates. Ähnlich den Staaten, die als Gebilde willkürlicher Grenzziehungen der ehemaligen Kolonialmächte in Afrika das Licht der Welt erblickten, ist Afghanistan der unbrauchbare Rest am Hindukusch, den nach den ganzen kolonialen Auseinandersetzungen zwischen dem russischen und englischen Imperium keiner von beiden haben, weil verwalten, wollte.

Die Unterschiedlichkeit der gesellschaftlichen Entwicklungen im afghanischen Raum hatte sich entwickelt in Abhängigkeit von der Verschiedenartigkeit der natürlichen Umgebung. Auf diese Vorgaben der Natur hatten die Völker reagieren müssen, die im Verlauf der Geschichte diesen Raum besiedelt hatten. Diese Unterschiedlichkeit in der Entwicklungsstufe wird repräsentiert durch die beiden großen paschtunischen Stammesföderationen der Durrani (früher Abdali) im Westen und Süden Afghanistans und der Ghilzai im Osten des Landes. Ähnliche Strukturen wie die der Ostpaschtunen (Ghilzai) finden sich auch bei den turkmenischen und usbekischen Stämmen.

Eine Ausnahmeerscheinung im afghanischen Stammesspektrum bilden die Tadschiken. Sie haben keine Stammesstrukturen (mehr). Sie waren ursprünglich im frühen Afghanistan die vorherrschende Bevölkerungsgruppe, wurden aber mehr und mehr von den Paschtunen in feudale Abhängigkeit gebracht. Sie hatten schon früh Städte gegründet (Kabul). Ihr nicht (mehr) vorhandenes Stammes- und Volksbewusstsein hat den Mitgliedern anderer Volksgruppen, die durch den Wandel innerhalb der Stämme in den Status von Unfreien abgesunken waren, später die Ansiedlung in den Städten ermöglicht.

So hatten unter anderem die natürlichen Gegebenheiten der weiten Ebenen des Südens und Westen die Entwicklung von Großgrundbesitz begünstigt, während in den engen Tälern des Hindukusch diese Voraussetzungen nur beschränkt gegebenen waren. Dennoch hatte auch hier, besonders in den Becken (Kabul) und den Flussebenen, sich im Zuge der gesellschaftlichen Veränderungen der Großgrundbesitz entfaltet, auch wenn die natürlichen Voraussetzungen dafür andere waren als in den weiten Ebenen.

Bis in die zweite Hälfte des 20. Jahrhunderts war dort, wo sich der Grundbesitz als privater Besitz einzelner noch nicht durchgesetzt hatte, der gesamte Stamm noch immer Besitzer des Landes. Die Nutzungsrechte für das Land wurden nur auf Zeit vergeben und danach wieder neu unter den

Familien verteilt, sodass alle Mitgliedsfamilien in den Genuss des besseren Landes kommen.

So berichtet Wald, dass zur Zeit seiner Untersuchung in den 1960er Jahren noch ein solches System der gemeinsamen Nutzung im Becken von Khost geherrscht hatte. In diesem System wurde das Land des Stammes nach einem festgelegten Umverteilungssystem nach einer gewissen Zeit auf alle Nutzungsberechtigten neu verteilt. Der Stammesbesitz war also noch der Besitz aller gemeinsam und wurde auch von allen als gemeinsamer Besitz gesehen, nur dass er schon nicht mehr von allen gemeinsam, sondern von einzelnen Gliederungen des Stammes getrennt bestellt wurde. Auf Grund dieser Form der gleichberechtigten Landverwaltung und der gesellschaftlichen Organisation der Stammesmitglieder bezeichnete Elphingstone diese Stämme als „demokratisch".

Die gemeinsame Nutzung des Bodens, der noch nicht in Privatbesitz übergegangen ist, hatte auch noch nicht zur Herausbildung und Verfestigung von Verwaltungsinstitutionen geführt, so dass die Verwaltung der Stammesangelegenheiten immer noch Anliegen, Recht und Aufgabe aller Stammesmitglieder war.

Findet Elphinstones Bezeichnung „demokratisch" seinen Ursprung in der Darstellungsform dieser Gesellschaft als einer sich selbst verwaltenden, so geht Engels aus von den Besitzverhältnissen als Grundlage jeder Gesellschaft. Er bezeichnet diese Stammesgesellschaften deshalb als „urkommunistisch", weil die Lebensgrundlage, der Grund und Boden, noch immer in der Hand aller Stammesangehörigen ist, also noch keine Aufteilung in Privatbesitz stattgefunden hatte.

Das Verständnis der Entwicklung der Stämme Afghanistans – und nicht nur deren Verständnis - wird erschwert durch die Unterschiedlichkeit des Entwicklungsstandes, der bei den einzelnen Stämmen vorherrschte bei ihrem Auftauchen in der wahrnehmenden und dokumentierenden Geschichte.

Bis zum Einsetzten der Geschichtsschreibung über Afghanistan sind frühere Stufen menschlicher Entwicklung, die Engels in der Entwicklungsgeschichte der Menschheit feststellt hatte wie z.B. der Übergang von der Horde zur Familie, bereits abgeschlossen. So fällt es einigen Autoren offensichtlich schwer, diesen Stand beim Zeitpunkt ihrer Betrachtung als Ergebnis eines Prozesses zu verstehen, der nicht abgeschlossen sondern immer noch im Fortschreiten begriffen ist. Aber weil sie in nicht als Abschnitt in einem Prozess verstehen, erklären sie ihn als Besonderheit oder Volkscharakter dieser Stämme oder Völker, die sie untersuchen und über die sie berichten. Deshalb verstehen sie die unterschiedlichen gesellschaftlichen Zustände der Stämme und Bevölkerungsgruppen als eine willkürliche Vielfalt ohne inneren Zusammenhang untereinander und nicht als das, was sie sind, unterschiedlich weit vorangeschrittene Stationen des Menschen auf seinem Weg zur Menschwerdung. So ist der auch heutige Zustand der Menschheit nicht der gesellschaftliche Endzustand, den viele Politiker und Wissenschaftler wollen glauben machen, dem keine andere, höher entwickelte Gesellschaftsform mehr folgen können soll, weil sie es sich nicht vorstellen können oder wollen.

Eine andere Erschwernis bei der Betrachtung der Vorgänge in Afghanistan wie auch in jedem andern Land oder jeder anderen Gesellschaftsform ist die Betrachtungsweise des Betrachters selbst. Wird eine Darstellung geliefert auf der Ebene der Erscheinungsformen, wie es bei Elphinstone der Fall ist, oder wird ein Vorgang betrachtet auf der Ebene der Triebkräfte, die unter den Erscheinungen wirken und diese Erscheinungen hervorbringen. Die äußeren Erscheinungen werden dann verstanden als Symptome der treibenden Kräfte und diese Symptome lassen dann Rückschlüsse zu auf die Kräfte, die da am Werke sind. So ist Gesellschaftsanalyse bei Engels zu finden. Schnupfen, Husten, Heiserkeit sind demnach nicht nur zu betrachten als isolierte Phänomene und als solche nicht untereinander verbundene Erscheinungen in ihrer Verschiedenartigkeit und Unterschiedlichkeit zu beschreiben und festzustellen, sondern sie sind trotz ihrer Verschiedenheit gemeinsam zu sehen und zu verstehen als verschiedene Symptome desselben grippalen Infektes.

Auch in vorliegender Auseinandersetzung mit dem Thema Gesellschaftsbildung soll ausgegangen werden von der Entwicklung der Eigentumsverhältnisse als grundlegendem Aspekt, aus der die Entwicklung des gesellschaftlichen Aufbaus abgeleitet und als zwangsläufig dargelegt werden soll.

Die urkommunistische Gesellschaft

Die Stammesgesellschaften beruhen auf dem gemeinsamen Besitz von Grund und Boden. Ackerland ist Stammesland und damit der Besitz aller. Diese Gesellschaften, die auf dem gemeinsamen Besitz von Grund und Boden als Produktionsmittel zur Sicherung der Lebensgrundlagen der Gesellschaft beruhen, bezeichnet Engels als urkommunistisch.

Bereits vor den starken politischen Umbrüchen in Afghanistan während der 1970er Jahre war diese urkommunistische Gesellschaft bei den paschtunischen Stämmen in Auflösung begriffen. Nach den vorliegenden Berichten war der gemeinsame Stammesbesitz an Grund und Boden mittlerweile zu großen Teilen übergegangen in den privaten Besitz der Familien des Stammes. Gemeinsamer Stammesbesitz bestand weiterhin noch im unbebauten Stammesland wie Weiden, Wälder und Ödland. Bebautes Land war zum Privatbesitz derer geworden, die es bebauten.

Aus der unterschiedlich fortgeschrittenen Privatisierung des ehemals gemeinsamen Stammeslandes und aus vergleichbaren Vorgängen in anderen Regionen der Welt, wie beispielsweise auch Europa, lässt sich ableiten, dass auch bei den paschtunischen Stämmen diese urkommunistische Form des Landbesitzes geherrscht haben muss, wenn auch darüber kaum Quellen existieren. Deshalb kann über die konkrete Ausgestaltung des Lebens dieser paschtunischen Stämme unter diesen Gesellschaftsbedingungen nur spekuliert werden.

Aber nicht so sehr die Beschreibung des Zustandes der urkommunistischen Gesellschaft ist das Interessante sondern vielmehr die Beschreibung der Veränderung dieser Gesellschaftsform hin zu einer Gesellschaft, in der der Privatbesitz an Grund und Boden immer mehr um sich greift. Welche sind die Triebkräfte dieser Entwicklung?

Neben den historischen Berichten und den Felduntersuchungen bietet das Paschtunwali, der Sitten- und Ehrenkodex der Paschtunen, Hinweise. Es enthält zwar keine konkreten Beschreibungen des Lebens dieser Stämme, wohl aber Hinweise auf ihr Weltbild, das sie zwangsläufig der Welt entnommen haben mussten, die sie umgab. Das Paschtunwali selbst ist bereits Ausdruck dieses Umgestaltungsprozesses, beschreibt es einerseits den ursprünglichen Zustand, aus dem diese neue Gesellschaft sich entwickelt hatte, als auch die neue Situation unter der Entstehung und Ausweitung des Privatbesitzes.

Pohly bezeichnet die Paschtunen als einen Stamm, „der keineswegs dem islamischen Recht (Scharia) folgt, sondern streng nach dem <heidnischen> Stammeskodex (Paschtunwali) lebt" (Pohly S 173). „Islamisches Recht und Tradition vermischen sich mit dem Paschtunwali, dem detaillierten Sittenkodex der Stämme" (Pohly S 117). Demnach verkörpert das Paschtunwali die zeitlich früheren Rechtsnormen der Stammesgesellschaften, vermutlich noch aus der Zeit vor oder während der Zeit des Übergangs von Gemeineigentum an Grund und Boden in Privatbesitz.

Geografisch ordnet Pohly das Paschtunwali den Stämmen des Ostens und Südostens zu, also den sogenannten Bergpaschtunen, dem ursprünglichen paschtunischen Siedlungsgebiet. Von hier aus nahmen später die paschtunischen Wanderbewegungen in die Gegend um Kandahar ihren Ausgang. Kandahar war damals noch Herrschaftsbereich der Moguln und Safawiden. Später nach den paschtunischen Wanderbewegungen wurde Kandahar zum Siedlungsgebiet der Durrani-Föderation.

Das Bewusstsein dieser frühen Paschtunen wurde bestimmt durch ihre ursprünglichen Welt. Sie lebten als Stämme in der Zurückgezogenheit der

Gebirge, hauptsächlich bedroht von den Gefahren und der Härte der sie umgebenden Natur sowie durch die Raubzüge und Einfälle anderer Völker in ihr Siedlungsgebiet.

Ausgehend von dieser engen Welt verstanden sich alle Paschtunen als Nachfolger eines gemeinsamen Ahnherrn, Quais Abdur Rashid. Sie sprachen die gleiche Sprache, lebten nach denselben Sitten und Gebräuchen, wodurch sie sich als Paschtunen identifizierten. Als Paschtune war jeder von ihnen Mitglied einer Gruppe, die sich in väterlicher Abstammungslinie (Lineage) auf diesen gemeinsamen Ahnherrn zurückführen ließ. Diese verschiedenen Lineage bildeten Sippen bzw. Clans, die sich dann wiederum zu Stämmen zusammenfanden.

Dabei muss erwähnt werden, dass all diese Begriffe nicht eindeutig zugeordnet sind und bei verschiedenen Autoren unterschiedliche Begriffe für dieselbe gesellschaftliche Formation verwendet werden. Andererseits auch werden mitunter gleiche Begriffe für unterschiedliche Formationen benutzt, was den Überblick über die Ordnung und das Gefüge innerhalb der Stämme erschwert.

Wald macht in seinen Untersuchungen über die Stämme im Becken von Khost Angaben über die Struktur und Größe der Stammesgliederungen, von denen aber nicht klar ist, in welchem Verhältnis sie stehen zu den Situationen in früheren Zeiten und anderen Gegenden. Nach seinen Aufzeichnungen wird die Stärke der Stämme durch die Anzahl der wehrhaften Männer angegeben und ist sehr uneinheitlich, sodass die Größe der Khoster Stämme von einigen Hundert bis zu mehreren Tausend Männern reichen kann.

Auch die (verwandtschaftlichen) Beziehungen unter den Stammesgliederungen sind für den Außenstehenden undurchsichtig, weil es keine unter allen Paschtunen eindeutigen und verbindlichen Begriffe zu geben scheint, die eine Differenzierung nach Größe, Stellung in der Hierarchie der Stämme oder verwandtschaftlichen Beziehungen vornehmen. Die Silbe –khel, die von Außenstehenden als Bezeichnung für Stamm angesehen wird, gilt für nahezu alle Gliederungen in den Stämmen und „gibt keine Auskunft über die Größe einer Stammesfraktion und ihre Stellung zum Gesamt-Stamm" (Wald S 20).

Deshalb sieht Wald von den Bezeichnungen Unterstamm, Stammesabteilung usw. ab, weil sie begrifflich unklar sind und nicht zwangsläufig das Verhältnis einer Fraktion zum Gesamtstamm wiedergeben, bzw. auf eine Hierarchie hinweisen oder vorgeben würden, die in dieser Form nicht vorhanden ist. Er nimmt eine andere Bezeichnung vor: „Eine Stammesfraktion der letzteren, engeren Kategorie besteht aus mehreren Familien, die in der Regel 20-50 wehrhafte Männer stellen" (Wald S 20). Glatzer erweitert diese Begriffsvielfalt in seiner Untersuchung über die Nomaden in Gharjistan um den des Haushalts.

In der ursprünglichen Umgebung der paschtunischen Stämme in den Tälern des Hindukusch war der Zahl ihrer Bewohner noch überschaubar gewesen, ihre Abstammung noch eindeutig und die verschiedenen Linien dieser Abstammung nachvollziehbar. Insofern entwickelte und hielt sich bei ihnen ein Bewusstsein, dass sie alle untereinander Brüder seien, Kinder desselben Ahnherrn.

Dieses Bewusstsein und die Widrigkeiten der Natur mit ihren harten Lebensbedingungen, die immer wieder das Leben bedrohten, zwangen zu einem gemeinsamen Einstehen für einander, verpflichteten zu gemeinsamer Hilfe und Unterstützung. Dieses Verhalten war nicht nur Verpflichtung sondern auch vernünftig angesichts von Lebensumständen, die für den isolierten Einzelnen tödlich waren. Selbst für größere gesellschaftliche Verbände boten sie immer noch große Gefahren.

Der Schutzgedanke bestimmte das Leben dieser Menschen in den frühen Gesellschaften. Schutz und Nahrung waren die Grundvoraussetzungen für das Überleben in dieser Phase menschlicher Entwicklung. Die gemeinsame Abstammung, die gemeinsame Sprache, Sitten und Gebräuche und die gemeinsame Bedrohung durch die Natur waren das Band, das die Paschtunen untereinander einte und verband.

„Die Existenz des Einzelnen, des Familienverbandes, der Lineage, des Clans, des gesamten paschtunischen Volkes ist ständigen Bedrohungen ausgesetzt und in keinem Moment gesichert" (Steul S 255). In der späteren gesellschaftlichen Entwicklung kam bei ihnen als weitere Klammer die gemeinsame Religion des Islam hinzu.

Um diesen Fortbestand des paschtunischen Volkes in jeder seiner Gliederungen zu sichern, war der paschtunische Mann zum Schutz von Frau und Land aufgerufen. Das war nicht nur idealistische, romantische Folklore, geneigt die Herzen der Gelangweilten aus den guten Häusern der westlichen Welt zu erfreuen. Beide zusammen, Frauen und Land, waren die Grundlage für den Fortbestand des Stammes. Ohne Land keine Ernährung, ohne Frauen keine Nachkommenschaft, ohne Nachkommenschaft keine Altersversorgung.

Vermutlich aus diesem Grund ist der Frauenraub in der Menschheitsgeschichte eine mitunter anzutreffende Erscheinung, um den Fortbestand der eigenen Population zu sichern. Das bekannteste Beispiel für den Frauenraub kommt gerade aus der europäischen Geschichte (Raub der Sabinerinnen), kehrt aber häufig in der Literatur auch über andere Regionen und Kulturen wieder.

In dieser Beschreibung des paschtunischen Mannes im Selbstverständnis der Paschtunen spiegelt sich die unbarmherzige Wirklichkeit einer feindlichen Natur wider, der das Leben immer wieder neu abgetrotzt werden musste. Dieses Leben konnte nur geschützt werden durch den wehrhaften Mann, dem der Schutz von Land und Frau über alles gehen musste, wobei es nicht nur um den Schutz von Vermögenswerten geht.

Die hohe Bedeutung, die sowohl der Frau als auch dem Ackerland in der paschtunischen Stammesgesellschaft beigemessen wird, drückt sich aus in dem Begriff „namus", der nach Steul sich sowohl auf die Unversehrtheit der Frau in ihrer Würde und Ehre als auch auf die Unversehrtheit des Stammeslandes mit seinen Ackerflächen, der Heimat und des Vaterlandes bezieht. Beide sind in ihrer Bedeutung für den Stamm gleich wichtig.

Der Erfüllung dieser Aufgabe dient das Prinzip des „nang", zu dem auch der Begriff des „namus" gehört. „Nang" verlangt den altruistischen Mann, der den Zusammenhalt der Gemeinschaft durch sein Verhalten fördert. Er muss wehrhaft sein, aber diese Wehrhaftigkeit nicht für die eigenen Interessen einsetzen sondern im Interesse der Gemeinschaft zur Verhinderung von Konflikten, die die Gemeinschaft sprengen und damit dem Untergang weihen könnten.

„Nang" verlangt „von einem Mann Vermittlungs- und Kompromissbereitschaft, altruistisches Hintanstellen eigener Ziele aus Rücksicht auf die Gemeinschaft" (Steul S 257). Dieser Anspruch stammt noch aus den Zeiten des gemeinsamen Besitzes von Land als Stammesland. Hier der Realität der allseitigen Bedrohung Rechnung getragen, indem vom Mann der Schutz der Gemeinschaft nach außen verlangt wird. Seine Aufgabe ist es, die „Produktionsfaktoren" Land als Ernährungsgrundlage und Frau als Grundlage der Altersversorgung zu schützen. Aber auch nach innen tritt er als Ordnungsfaktor auf, der unter Hintanstellung der eigenen Interessen den Zusammenhalt der Gemeinschaft gewährleistet. Das ist die entwicklungsgeschichtlich frühere Form des Verhältnisses des Individuums zur Gemeinschaft als einer Symbiose, die sich gegenseitig Schutz gewährt und auseinanderstrebende Interessen als Gefährdung der Existenz der gesamten Gesellschaft betrachtet.

Im Gegensatz zu den später folgenden Passagen über das Paschtunwali, die auch einen späteren Geschichtsabschnitt vertreten, findet die Verteidigung privaten Landes noch keine Erwähnung. Dieses Männerbild der „Nang" kollidiert mit den Eigenschaften, die von dem Mann gefordert werden, der in späteren Zeitphasen und Wertebeschreibungen sein privates Eigentum verteidigen wird. Das Verhältnis zwischen ihm und der Gesellschaft wird anders dargestellt werden.

Der Übergang vom Stammesland zum Privatbesitz vollzog sich allmählich. In friedlichen Zeiten und Zeiten mit guten Ernten war die Bevölkerung gewachsen. Dieses Wachstum stieß an Grenzen, die gesetzt waren durch das Land, das zur Verfügung stand, um alle zu ernähren. War ein solcher Zustand erreicht, hatte man neues Land unter den Pflug genommen, solange das Siedlungsgebiet diese Möglichkeiten der Ausdehnung zugelassen hatte und man nicht mit anderen Völkern in Konflikt kam. Das war der Idealfall.

Das Bevölkerungswachstum führte dazu, dass auch die Verbände in einem solchen Maße wuchsen, „dass eine räumliche und soziale Teilung notwendig wird" (Glatzer S 122). Zur Zeit der Erhebungen von Glatzer, Wald, Fautz und anderen, die weitgehend in den 1960er und 1970er Jahren durchgeführt worden waren, war unter den Bedingungen des Ackerbaus in Afghanistan ein Bauer in der Lage, 2 ha Ackerland zu bewirtschaften (Wald).

In den Frühzeiten des Ackerbaus wird die Arbeitsproduktivität noch wesentlich geringer gewesen sein, was bedeutete, dass bei wachsender Bevölkerung auch die Anbauflächen wachsen mussten, wollten alle ernährt sein. Es machte aber keinen Sinn, größere Anbauflächen zu erschließen als die zur Verfügung stehenden Arbeitskräfte bewirtschaften konnten, da die Möglichkeiten der Intensivierung der Arbeitsleistung fehlten.

Es musste sich also ein wirtschaftlich sinnvolles Verhältnis zwischen Anbaufläche und Arbeitskraft einpendeln. Zu viele Arbeitskräfte pro Fläche ließ die Ertragsmenge pro Arbeitskraft sinken, was eine Bedrohung der Ernährungslage darstellte. Andererseits führte aber eine übermäßige Ausweitung der Anbaufläche zum selben Ergebnis, wenn für diese vergrößerte Ackerfläche nicht genügend Arbeitskraft vorhanden war,.

Mit dem Bevölkerungswachstum und der Ausdehnung der Anbaufläche war eine allmähliche territoriale Ausdehnung der Stammesgesellschaft unvermeidbar. Je größer die Zahl der Gesellschaftsmitglieder umso größer wurde die benötigte Anbaufläche. Das bedeutete aber auch, dass die Entfernungen von der Siedlung zu den Arbeitsplätzen immer größer wurden. Ab einer bestimmten Größenordnung erwies es sich als sinnvoller, eine neue Siedlung zu errichten in der Nähe der zu bewirtschaftenden Flächen, anstatt immer größere Anmarschwege in Kauf zu nehmen. Diese Wegezeit stand als Arbeitszeit auf den Feldern dann nicht mehr zur Verfügung, was die Ergiebigkeit der Arbeitskraft und damit das Arbeitsergebnis reduzierte.

Vermutlich wurde zuerst nur eine Art Außenstelle als Unterkunft für die arbeitsintensiven Zeiten eingerichtet, vergleichbar den Sommer- und Winterlagern der Nomaden oder den Sennhütten in der Alpwirtschaft.. Eine Bestätigung für diese Annahme findet sich bei Elphinstone, der zu Beginn des 19. Jahrhunderts Situationen beschreibt, in der „das Feld, das sie bearbeiten, so entfernt ist, dass sie ein Zelt oder eine Hütte daselbst haben müssen" (S 382).

Wie mit der räumlichen Teilung auch die soziale Teilung voranschreitet, wird von Stamm zu Stamm, von Kultur zu Kultur unterschiedlich gewesen sein, ganz nach den verschiedenen Regeln, die die einzelnen Kulturen dafür entwickelt hatten. Glatzer beschreibt sie bei den Nomaden in der Form, dass die Söhne neue Haushalte gründeten. Dennoch blieben sie in den meisten Fällen mit ihrer Ursprungsfamilie sozial und wirtschaftlich verbunden, wobei diese Bindung jedoch schwächer wurde als die der Söhne, die weiterhin in der alten Familie lebten. Diese Schwächung der sozialen Bindung an die Familie ist einmal dem Umstand geschuldet gewesen, dass sie nun über eine eigene Familien verfügten. Als zweites kam bei den Nomaden aufgrund ihrer Tätigkeit eine Besonderheit hinzu, indem sie wirtschaftliche Kontakte mit anderen Familien oder Stammesgliederungen eingingen, mit denen sie beispielsweise Herdengemeinschaften bildeten. Bei weiterem Wachstum dieser lokalen Gruppen oder Sippen konnten die Nomaden „keine sinnvollen Wirtschaftsgemeinschaften mehr bilden" (Glatzer S 131).

Auch bei den Sesshaften wird sich mit der räumlichen Entfernung die direkte soziale Nähe, alleine durch die Trennung während der Arbeitsperioden in Außenstellen, verringert haben. Die Außenstellen werden als Ausgangspunkt weiterer Landnahmen gedient haben und sich damit von einer Außenstelle zu festen, dauerhaften Wohnorten entwickelt haben.

Daraus ergaben sich dann wohl im Laufe der Entwicklung Gehöfte, die Wald aus dem Becken von Khost beschreibt, bei denen vereinzelte, mit Wehrmauern umgebene Anwesen in unmittelbarer Nähe des zu bearbeitenden Ackerlandes liegen, aber ohne direkte Verbindung zu den Nachbargehöften. Bei weiterem Wachstum dieser sozialen Einheit und Aufteilung der Familien in größere Verbände wie Sippen werden sich aus den Einzelgehöften erst Weiler, dann andere Siedlungsformen entwickelt haben.

Als in der späteren Entwicklung dann die Umverteilung des Stammeslandes auf die verschiedenen Stammesmitglieder immer mehr zunahm, wird mit dieser Umverteilung auch ein Wechsel des Wohnortes verbunden gewesen. Das hatte zu ständig sich ändernden Entfernungen zwischen Wohnort und Besitz geführt, was sich mit zunehmender Entfernung als Belastung herausstellte. Es ist also sehr wahrscheinlich, dass mit zunehmender Bevölkerung und sich ausdehnendem Siedlungsgebiet es sich als sinnvoller erwiesen hatte, dass die einzelnen Stammesgliederungen die Teile des noch immer gemeinsamen Stammeslandes bearbeiteten, die in unmittelbarer Nähe zu ihrem Siedlungsort lagen. Ähnliche Siedlungsstrukturen sind in Afghanistan weit verbreitet, sodass sie als Ausdruck dieses Überganges betrachtet werden können.

Noch in den 1960er Jahren stellte sich nach Wald die Besiedlung im Khoster Becken in der Regel als eine solche Streusiedlung dar. Dieser Siedlungsform in Einzelgehöften wird der Vorzug gegeben anstelle einer Gruppensiedlung. Mit der Zunahme der Landverknappung nimmt aber auch eine Konzentration um die alten Siedlungskerne zu, um Nutzland zu schonen.

Trotz dieser Ausdehnung des Siedlungsgebietes und der allmählichen sozialen Entfernung einzelner Stammesgruppen von der Kerngruppe bleibt in der Frühphase der Entwicklung das gesamte Siedlungs- und Ackerland immer noch der gemeinsame Besitz aller Stammesangehörigen, der zu einer nach bestimmten Regeln festgelegten Verteilung des Gesamtertrages geführt haben wird. Diese alten Verteilungsregelungen werden mit der Zunahme der Zahl der Stammesmitglieder und ihrem Auseinanderwachsen jedoch kollidiert sein mit ihrer Durchführbarkeit und dem Bewusstsein der Menschen in den einzelnen sozialen Einheiten.

Die alte Erfahrung und Regel war, dass diejenigen untereinander teilen, die das zu Verteilende gemeinsam erwirtschaftet haben. Diese Wirklichkeit war aber in den auf verschiedene Wohnstätten verteilten Stammeseinheiten nicht mehr gegeben. Die auseinander liegenden Siedlungen arbeiteten nicht mehr gemeinsam auf gemeinsamen Feldern. Getrennt von einander wurde bestellt, bewässert, gejätet und abgeerntet, wobei man sich sicherlich gegenseitig unterstützte besonders bei der Ernte. Wie Wald berichtet, war dieses Praxis der gegenseitigen Hilfe im Khoster Becken immer noch der Fall, trotz der dort schon wesentlich weiter vorangeschrittenen Privatisierung des Ackerlandes.

Bestellung und andere landwirtschaftliche Arbeiten können zeitlich gestreckt werden, die Ernte nicht, will man nicht den Ertrag der Arbeit eines ganzen Jahres gefährden. Und die doch immer noch sehr hohe soziale Verbindung sowie wirtschaftliche Verantwortung und Abhängigkeit der Stammesmitglieder und –verbände untereinander dürfte Gleichgültigkeit gegenüber dem gemeinsamen Stammesertrag nicht zugelassen haben.

Neben dem Bewusstsein stehen praktische Fragen den alten Formen der Teilhabe aller am gemeinsamen Ertrag im Wege. Sichtung, zentrale Lagerung und Verteilung des gemeinsamen Ertrages werden mit der steigenden Zahl der Gesellschaftsmitglieder immer schwieriger. Es entstehen Verluste beim Transport, wenn die notwendigen Transportmittel fehlen.

Die dezentrale Organisation der Arbeit und der Verteilung des Arbeitsergebnisses wird immer sinnvoller und vor allem auch ergiebiger geworden sein. Die Verteilung des Bodens an kleinere Verbände zur Bewirtschaftung, die Familien, die sich im Laufe der Entwicklung als neue gesellschaftliche Einheiten gebildet hatten, hatte sich als besser handhabbar erwiesen.

Aber die verschiedenen Flächen des gemeinsamen Stammeslandes waren unterschiedlich im Ertrag durch die gegebenen Verhältnisse wie Qualität des Bodens, Bewässerung, Lage und Klima. Wenn der Ertrag nicht mehr gleichermaßen verteilt wurde oder auch werden konnte, also kein Ausgleich mehr geschaffen wurde zwischen den einzelnen Stammesmitgliedern, so musste eine andere Lösung gefunden werden, um Gerechtigkeit herzustellen in der Beteiligung aller am gemeinsamen Ackerland. Dieser Ausgleich zwischen den Stammesmitgliedern bestand im Wechsel des Besitzes.

Damit alle Familien die Möglichkeit hatten, in den Genuss der besseren Böden zu gelangen, beschloss die Stammesversammlung (dschirga) in periodischen Abständen neu über die Verteilung des zu bewirtschaftenden Bodens (wesh-System, meist per Losentscheid). Der Ausgleich am Ertrag des gemeinsamen Landes erfolgte nicht mehr über den Ausgleich der erwirtschafteten Ernten sondern über die wechselnde Benutzung der Äcker. Das Land erhielt neue Besitzer, die aber vornehmlich als Familien für ihren eigenen Ertrag arbeiteten.

Wald vermutet, dass „die Stämme bei der Verteilung von Privatland mitgeholfen haben" (Wald S 58). Er gibt dafür die Berichte der Khoster Stämme an, die überliefern, dass von den Yussufzi, die im 16. Jahrhundert in das Khoster Becken eingebrochen waren, ein solches Umverteilungssystem praktiziert worden war. Nach einem festgelegten Verfahren wurde das kollektive Land in regelmäßigen Zeitabständen auf alle Nutzungsberechtigten neu verteilt.

Der Stammesbesitz war noch der Besitz aller gemeinsam und wurde auch von allen als gemeinsamer Besitz gesehen, nur dass er schon nicht mehr gemeinsam, sondern von einzelnen Gliederungen des Stammes getrennt bestellt wurde. Diese Übergangsform zwischen Stammesland und Privatbesitz, die Wald selbst jedoch nicht als Übergangsform bezeichnet und versteht, hatte im Khoster Becken noch bis ins 20. Jahrhundert Bestand.

Auch Fautz berichtet in seiner Untersuchung über das Swattal in den 1960er Jahren, dass nach Berichten der Bewohner auch hier im 16. Jahrhundert Paschtunen in das Swattal eingebrochen waren, die dann eine Umteilung des Ackerlandes bis noch ins 20. Jahrhundert anwendet hatten wie auch die Bewohner des Khoster Becken. Fautz vermutet, dass die Paschtunen dieses System ins Swat mitgebracht hatten.

Er betrachtet die damaligen Paschtunen noch als Nomadenhirten und deshalb das Umverteilungssystem als nomadentypisch. Wahrscheinlicher jedoch ist, dass diese Paschtunen das Umverteilungssystem bereits aus ihren ursprünglichen Siedlungsgebieten als Ackerbauern gekannt hatten und es nun im Swattal auf die dort ansässige Bevölkerung übertrugen.

Ob es sich bei diesem System um ein nomadenspezifisches handelte oder eines, das eher charakteristisch für Sesshafte war, oder in beiden frühzeitlichen Wirtschaftsordnungen Anwendung findet, ist eigentlich unbedeutend. Viel wichtiger ist hier die Erkenntnis, dass es wohl unter verschiedenen geografischen Bedingungen, auch unter verschiedenen Völkern angewendet wurde, aber immer von einer Bevölkerung, die sich unter dem Blickwinkel der Eigentumsverhältnisse auf einem ähnlichen Niveau gesellschaftlicher Entwicklung befand: Dabei ist das Eigentum des Stammes ist immer noch das Eigentum aller Stammesmitglieder, d.h. es gibt noch nicht die Trennung in Stammesland und Privatbesitz, in Grundbesitzer und Landlose. Es gibt aber auch nicht mehr die kollektive Bearbeitung des Stammeslandes und dessen Verteilung auf alle Stammesmitglieder, sondern Bearbeitung und Verteilung sind Aufgabe und Domäne der neuen gesellschaftlichen Gruppe, der Familie, geworden.

Die Verteilungsgerechtigkeit wird nicht mehr hergestellt durch die gerechte Verteilung des Produktes unter alle Mitglieder des Stammes, die an der Erarbeitung des Produktes beteiligt waren. Gleichbehandlung wird dadurch erreicht, dass alle Familien des Stammes in festgelegten Abständen ein anderes Stück Land zugewiesen bekommen, damit auf die Dauer die Ungerechtigkeit des unterschiedlichen Bodens, der unterschiedlichen Bewässerung oder unterschiedlich günstigen Lage und Erreichbarkeit ausgeglichen wird.

Das Land bleibt Eigentum des gesamten Stammes, aber der Besitz eines bestimmten Teils dieses Gesamteigentums ist vorübergehend und wird nach einer bestimmten Nutzungsdauer neu verlost. Es findet also eine Rotation des Besitzes statt.

Es handelte sich also bei der Verteilung des Stammeslandes auf untergeordnete Stammeseinheiten nicht um eine Maßnahme, die von fremdem Willen aufgezwungen worden war, sondern Ausdruck des Stammeswillens selbst war. Die Beschlüsse der Stämme und ihrer Gliederungen kamen in Einstimmigkeit zustande. Es konnte also auf diesem Stand der gesellschaftlichen Entwicklung nur der einhellige Wille aller Mitglieder die Verteilung des Landes auf die Familien beschlossen haben. Das änderte sich erst nach der Entwicklung des Privatbesitzes, wo die neu entstandene Klasse der Landlosen dann nicht mehr an Beschlüssen über Fragen des Bodens beteiligt war.

Im Verlauf der menschheitsgesellschaftlichen Entwicklung entstanden in den verschiedenen Gegenden der Welt verschiedene Formen dieses Umteilungssystems sowie auch verschiedene Verfahren der Beteiligung des Einzelnen am gemeinsamen Eigentum. So berichtet Fautz von der Beteiligung des Einzelnen am Gemeineigentum durch eine Art Währungssystem. Er erwähnt die Übernahme des Umverteilungssystems aus der Weidewirtschaft der Nomaden in die Landwirtschaft der Sesshaften. Er stellt sie fest im Hunsrück, in Äthiopien oder Syrien, bei den Beduinen oder im Vorderen Orient. Aber immer wieder handelte es sich um Versuche der gerechten Umverteilung gemeinsamen Eigentums auf einzelne Gliederungen einer Gesellschaft. Diese Übergangsform endete dann aber immer im Privatbesitz einer geringer werdenden Zahl an Besitzenden und einer wachsenden Zahl von Landlosen.

Die Stämme oder sonstigen gesellschaftlichen Einheiten waren den Kinderschuhen des gemeinsamen Besitzes entwachsen und suchten nun nach Möglichkeiten, diesen gemeinsamen Besitz oder dessen Ertrag allen Teilen einer größer gewordenen Gesellschaft in gleichem Maße zukommen zu lassen.

Das Bevölkerungswachstum und die damit verbundene Zunahme von Stammesland hatten die Möglichkeiten der gemeinsamen Bearbeitung des gemeinsamen Besitzes gesprengt. Aufteilung war notwendig geworden, damit nicht Gesellschaftsmitglieder umständliche und lange Wege auf sich nehmen mussten, um dort auf dem gemeinsamen Besitz zu arbeiten, wo andere schon ansässig waren.

Vermutlich wird es so gewesen sein, dass die erste Aufteilung darin bestand, den größer gewordenen gemeinsamen Besitz dort zu bearbeiten, wo die einzelnen Gesellschaftseinheiten lebten. Der Besitz entwickelte sich als eine Abhängige des Wohnortes um den Wohnort herum, während die späteren Entwicklungen im Feudalismus zu verstreutem Besitz führten in Folge von Erbgängen und Heirat. Der Kampf ums Überleben unter schwierigen Bedingungen zwang zum praktischen Denken und Handeln, Verschwendung von Ressourcen konnte sich eine solche Gesellschaft im Gegensatz zum entwickelten Kapitalismus nicht leisten.

Die elementare Einheit in dieser neuen gesellschaftlichen Entwicklungsform war die neue Form der Familie, die in der urkommunistischen Gesellschaft so noch nicht bestanden hatte. Sie war nicht mehr die Horde, die keine Unterschiede machte nach Abstammung, und in der nur die Mutterschaft eindeutig war. Sie aber auch noch nicht die Kleinfamilie, wie sie in den entwickelten kapitalistischen Staaten daherkommt, sondern sie war die „Großfamilie", der alle unverheirateten Kinder eines Familienoberhauptes angehörten, aber auch die verheirateten Söhne zusammen mit deren Familien. Die verheirateten Töchter lebten in den Familien ihrer Ehemänner, d.h. sie verließen ihren ursprünglichen Familienverband und wurden Mitglied eines neuen.

Der Familienälteste verwaltete den Besitz der Gesamtfamilie, er war die höchste Autorität in allen Familienangelegenheiten und vertrat ihre Interessen nach außen. Der Patriarch achtete streng über die Einhaltung der Regeln, die dazu dienten, die Spannungen im sozialen Gefüge niederzuhalten und die Funktionsfähigkeit und damit das Überleben der Gruppe zu gewährleisten. Verwandte Familien bildeten Sippen.

Diese Form der Familie ist besonders auf dem Land bis heute der Kern des sozialen Gefüges in Afghanistan. Anders als in den Ländern des entwickelten Kapitalismus hatte sie bisher nicht durch andere Gruppen wie wirtschaftliche oder politische Interessenverbände in ihrer Bedeutung abgelöst werden können.

Entscheidungen, die über den Rahmen der Familie hinausgingen, also die Sippe oder den Stamm betrafen, wurden auf Versammlungen getroffen (dschirgas), bei denen jeder Stimmrecht hatte. Deshalb bezeichnete Elphinstone die Stämme auf diesem Entwicklungsstand als „demokratisch". Es herrschte das Prinzip der Einstimmigkeit. Bei Streitfällen wurde nicht Recht gesprochen, sondern Regelungen getroffen, mit denen alle Beteiligten leben konnten.

Andere Lösungsmöglichkeiten als das Konsensprinzip konnten auch auf dem damaligen Stand gesellschaftlicher Entwicklung nicht möglich gewesen sein, gab es doch noch keine staatlichen Instanzen oder Machtzentralen, die hätten Recht sprechen und durchsetzen können. Eine über den Mitgliedern der Gesellschaft herrschende ausführende Macht existierte zu diesem Zeitraum der gesellschaftlichen Entwicklung noch nicht.

Die Familie bietet Schutz und gewährleistet das Überleben des Individuums in der unwirtlichen Welt, die diese Gesellschaften umgibt. Sie sind bedroht von den übermächtigen Gewalten der Natur und den von ihr ausgelösten Katastrophen, von Hunger und von den Kämpfen gegen Fremde. Mit der zunehmenden Übergabe des Landes in private Bearbeitung treten aber auch zunehmend Konflikte untereinander auf um Land und Wasser. Die treibende Kraft hinter diesen Konflikten sind Hunger und Armut.

In solchen Lebensverhältnissen ist der Mensch als Einzelwesen nicht überlebensfähig. Diese Abhängigkeit des einzelnen von der Gemeinschaft erklärt die uns Heutigen unverständliche Bindung und Unterwerfung unter rigide Familienstrukturen und Stammesgesetze. Enge Regeln und strenge Gesetze sichern den Zusammenhalt, entschärfen und unterdrücken Konflikte, bändigen die auseinanderstrebenden Kräfte und erhalten aber damit die Überlebenschance der gesamten Gruppe und damit des einzelnen in ihr.

Mit der Verteilung des Ackerlandes auf die Familien wurde der erste Schritt getan zum privaten Eigentum an Land. Der zeitweilige Besitz von Land wandelte sich immer mehr zum ständigen Besitz, ein Prozess, der sich über Jahrhunderte vollzieht. Das zeigen die überlieferten Bespiele des Swattals und Khoster Beckens. Für diese wurde die Anwendung des Umteilungssystems bereits seit Beginn des 16. Jahrhunderts erwähnt, was aber nicht bedeutet, dass es nicht auch schon früher angewendet worden war. Sein Ende wird auf den Beginn des 20. Jahrhunderts datiert.

Ein weiterer Entwicklungsschritt auf diesem Weg zum Privateigentum beschreibt Fautz von den Paschtunen des Swattals. Diese hatten ursprünglich das gesamte eroberte Land unter den an der Eroberung beteiligten Stämmen aufgeteilt. In regelmäßigen Abständen war der Besitz dann unter ihnen gewechselt worden.

Später waren sie dazu übergegangen, nicht mehr den Besitz unter den einzelnen Stämmen zu wechseln, sondern nur noch innerhalb des Stammes. Damit blieb die Aufteilung des Stammeslandes unter den einzelnen Stämmen irgendwann unverändert. Aber innerhalb der Stämme nahmen weiterhin die einzelnen Sippen (Familien) dieselbe Rotation vor, die vorher auch unter den Stämmen geherrscht hatte.

Hintergrund dieser Entwicklung ist eine veränderte Ausgangslage, die die Swatpaschtunen gegenüber jenen des Khoster Beckens vorfanden bei der Übernahme dieser neuen Siedlungsgebiete. Im Swattal hatte die ansässige Bevölkerung nach den Schilderungen von Fautz bereits in gesellschaftlichen Verhältnissen gelebt, die als feudalistische bezeichnet werden können. Die Eindringlinge übernahmen nun die bereits bestehenden Feudalstrukturen und übertrugen auf diese das ihnen bekannte System der Umverteilung. Das führte im Falle des Swattals dazu, dass nicht nur das Land unter den Stammesangehörigen verteilt wurde sondern auch die auf diesem Land ansässigen Zinspflichtigen. Mit jeder neuen Runde der Umverteilungen innerhalb des Stammesgefüges erhielten die an das Land gebundenen Zinspflichtigen immer wieder neue Herren.

Die Bindung dieser Zinspflichtigen war also eine Bindung an das Land im Unterschied zum Sklaven, der an einen bestimmten Herrn gebunden ist. Die Zinspflichtigen blieben gebunden an die Scholle, ähnlich dem europäischen Leibeigenen. Mit der Umverteilung des Stammeslandes wechselten die Besitzer nur das Land untereinander und erhielten mit dem neuen Land auch die darauf lebenden Zinspflichtigen.

Anders als bei der späteren Entwicklung eigener Feudalstrukturen haben hier die Paschtunen wie auch später bei der Niederwerfung der Safawiden im Becken von Kandahar bereits bestehende Feudalstrukturen übernommen und sich darin eingerichtet. Aus dieser Übernahme und Fortführung des bereits bestehenden Feudalsystems hatte Elphingstone dann die Bezeichnung der „feudalistischen" Paschtunen entwickelt, was er aber als einen Charakterzug dieser Durrani/Abdali-Föderation betrachtete im Gegensatz zu den „demokratischen" Stämmen der Ghilzai im ursprünglichen Siedlungsgebiet der Paschtunen.

Aus einer Momentaufnahme innerhalb des Entwicklungsprozesses, wie er zu der Zeit vorlag, als er sich in Afghanistan aufgehalten hatte, machte Elphingstone eine Unterscheidung auf der Basis eines unterschiedlichen Charakters dieser beiden Föderationen. Diese Unterscheidung wurde von vielen Autoren später gerne übernommen, war sie doch eine leichtere Erklärung für die unterschiedlichen Erscheinungsformen innerhalb ein- und desselben Volkes als die Erklärung dieser Unterschiedlichkeit aus der unterschiedlich weit vorangeschrittenen Entwicklung der Gesellschaftsstruktur.

Angesichts der Tatsache dass die Paschtunen als Eroberer sich die eingesessene Bevölkerung hatten untertan machen können und sie selbst nicht mehr die Feldarbeit erledigen mussten, konnten sie ein komfortables Leben im Swattal führen. Dabei sind vielleicht die Nachteile in der unterschiedlichen Ergiebigkeit der verschiedenen Parzellen für sie nicht so sehr ins Gewicht gefallen wie die ständigen Ortswechsel beim Wechsel des Stammeslandes. Denn sie selbst mussten nicht die Erträge erarbeiten, von denen sie lebten. Die Ergiebigkeit der Böden war für sie das geringere Problem, denn die Abgaben der Zinspflichtigen an den Lehnsherrn blieben dieselben. Dieser Umstand dürfte den Paschtunen den Übergang zu dieser neuen Form der Umverteilung des Besitzes innerhalb des Stammes statt der Rotation der Stämme sehr erleichtert haben.

Andererseits drückt sich in diesem Wandel aber beispielhaft die weiter oben bereits vermutete Tendenz aus, den Besitz des Landes immer mehr mit dem Wohnort zu verbinden, um unnötige Wohnortwechsel und Arbeitswege zu vermeiden. Längere Arbeitswege beeinträchtigten das Arbeitsergebnis, denn entweder verkürzten sich dadurch die Arbeitszeit selbst oder aber die aufgrund der harten körperlichen Arbeit notwendigen Erholungsphasen. Ähnliches galt für häufige Wechsel des Wohnortes, die auch mit erheblichem Zeitaufwand verbunden waren für den Transport und die Gewöhnung an die neuen Lebensumstände. Die Bindung des Landes an den Wohnort war die ökonomisch sinnvollere Lösung.

In dieser Form des übernommenen Feudalismus zeichnet sich eine generelle Tendenz zum Feudalismus ab. Wenn er auch im Swattal oder später bei der Eroberung des Kandaharbeckens von den Vorgängern übernommen worden war, so setzte sich die Feudalstruktur auch unter den Paschtunen der anderen Gebiete immer mehr durch. Wenn sie in Afghanistan nicht zu solcher Blüte gelangen konnte wie in Europa, so waren unterschiedliche Faktoren für diese gehemmte Entwicklung in Afghanistan gegenüber der europäischen verantwortlich.

Der Feudalismus war in Europa über Jahrhunderte die vorherrschende und unumschränkte Wirtschaftsform gewesen. Erst mit dem Erstarken des Kapitalismus und seiner Industrie verlor er wirtschaftlich immer mehr an Bedeutung. Bis dahin aber hatte er sich weitgehend ungestört entwickeln können.

Anders die Situation in Afghanistan. Hier hatten lange die Stammesgesellschaften mit ihrer urkommunistischen Wirtschaftsform das gesellschaftliche Leben beherrscht. Die schwierigen Lebensbedingungen und die geringe Ergiebigkeit der Arbeitskraft hatten keine andere Form des Wirtschaftens ermöglicht. Erst spät hatten sich politische Zentralinstanzen in Form von Königtum und Khanen entwickeln können. Selbst bis zu seinem Zusammenbruch im Jahre 1973 war es dem Königtum nicht gelungen, seine unbeschränkte Herrschaft in Afghanistan durchzusetzen und damit eine feudalistische Wirtschaftsstruktur über das ganze Land auszudehnen.

In der Zwischenzeit war aber die handwerklich-kapitalistische Wirtschaftsweise bereits zu einem wirtschaftlichen Systemkonkurrenten aufgestiegen, der in der Endphase des Königtums bereits mehr zur Wirtschaftsleistung Afghanistans beitrug als der Agrarsektor, die wirtschaftliche Grundlage des Feudalismus.

Zudem war Afghanistan im Verlauf des 19. Jahrhunderts in das Räderwerk der konkurrierenden Imperialstaaten Russland und England geraten, die nicht nur militärisch Einfluss dort nahmen. Ihr wirtschaftlich und gesellschaftlich höherer Entwicklungsstand wirkte sich verzerrend aus auf eine eigenständige Entwicklung der gesellschaftlichen Verhältnisse in Afghanistan.

Nach dem zweiten Weltkrieg dann geriet das Land mitten hinein in die Systemkonkurrenz zwischen Kapitalismus und Sozialismus, was eine Einflussnahme durch beide Wirtschaftssysteme bedeutete, die einer unbeeinträchtigten Entwicklung des Feudalsystems immer mehr Schranken setzte.

Die Blütezeit, die der europäische Feudalismus erleben konnte aufgrund seiner durch höhere Gesellschaftsformen unbeeinflussten Entwicklung, war dem afghanischen nicht vergönnt gewesen. Er kümmerte dahin, ohne richtig geblüht zu haben.

Nur weil die europäischen Erscheinungsformen sich nicht in dem Ausmaße ausgeformt hatten, womit einige Autoren die Nichtexistenz des Feudalismus in Afghanistan glauben belegen zu können, bedeutet nicht, dass in Afghanistan kein Feudalismus herrschte hatte. Er war nur noch nicht so weit vorangekommen wie der europäische bei seinem Untergang am Ende des ersten Weltkriegs durch die Revolutionen der Arbeiterklasse.

Der Feudalismus als Klassengesellschaft der Landbesitzer und Landlosen

Privatbesitz und Verarmung

Die urkommunistische Gesellschaft des gemeinsamen Landbesitzes aller Stammesangehörigen ging allmählich über in die noch immer klassenlose Gesellschaft der Beteiligung aller am gemeinsamen Stammesland, aber unter zeitweiligem privatem Besitz eines Teils dieses Stammeslandes. Dieser zeitweilige private Besitz wurde mehr und mehr zum dauerhaften. Mit der späteren Entstehung des Staates wurde er dazu noch durch dessen Gesetze zum legitimierten Privatbesitz, auch wenn er innerhalb der Stammesgebiete immer noch eingeschränkt blieb durch die ungeschriebenen Gesetze der Stämme.

Neue gesellschaftliche Aufgaben entstanden. Neben der Verteilung des zunehmend privat genutzten Landes mussten Absprachen getroffen werden bezüglich der Verteilung des Wassers. Da die Nichteinhaltung der vereinbarten Regelungen immer wieder zu teilweise sehr blutigen Auseinandersetzungen geführt hatte, war man dazu übergegangen, einen Wasserwart einzusetzen. Dieser mirab überprüfte die Einhaltung der Absprachen bezüglich der Wasserentnahme Er wurde für ein Jahr von den Bauern gewählt und von diesen auch bezahlt mit einem Teil der Ernte.

Das Anlegen und Instandhalten der Wasserversorgungssysteme (kariz) war teuer. Sie wurden Eigentum derer, die sie erbaut haben, meist eine Interessengemeinschaft der Anlieger (Genossenschaft). Die Erschließungskosten der kariz werden im Verhältnis zum angeschlossenen Landbesitz umgelegt. Die Wasserverteilung erfolgt nach einem festgelegten Schlüssel. Das bedeutet aber auch, dass kein Land ohne das dazugehörige Wasser(Recht) verkauft werden kann. Wasserkauf und Wassertausch werden üblich und sind sehr verbreitet. In wasserarmen Zeiten muss die Feldgemeinschaft darüber entscheiden, welche Felder nicht bewässert werden. Diese Bewässerungssysteme erhöhten zwar den Ertrag, Bau und Wartung wurden aber zu einer Belastung der Nutzer, wenn die Erträge aus der Landwirtschaft sanken. Diese trafen die wirtschaftlich Schwachen stärker als die Starken.

Mit der Entwicklung über die Jahrhunderte hinweg war der Wechsel des Besitzes unter den Stämmen über den Weg des Wechsels innerhalb der Stämme irgendwann dann in der Ruhe des fest verankerten Privatbesitzes angekommen. Mit dem Privatbesitz begann aber auch gleichzeitig die Tendenz zur Konzentration des Ackerlandes in immer weniger Händen. Endzustand dieser Entwicklung war die Aufteilung der Gesellschaft in die Klassen der Landbesitzenden und die der Zinspflichtigen und Landlosen.

Diese Entwicklung lief regional unterschiedlich ab. Die Berichte von Faust, Wald und Glatzer, die fast gleichzeitig aufgezeichnet worden waren, beschreiben schon unterschiedlich weit vorangeschrittene Zustände von Privatisierung, Landverlust und Landkonzentration sowie Verarmung und sozialer Abhängigkeit.

Wald berichtet, dass das gesamte Land im Khoster Becken weitgehend Stammesland geblieben. Davon zeugt auch die Flurstruktur innerhalb der im Becken siedelnden Stämme. Sie bildet innerhalb des Besitzes eines Stammes eine geschlossene Fläche, die keine Abgrenzung zwischen dem Privatbesitz der einzelnen Siedlungen und Besitzer aufweist, solange diese sich in der Abstammungslinie eines Stammes befinden. Die Grenzen zu den Kulturflächen anderer Stämme werden dagegen streng beachtet. Landbesitz einzelner Stammesmitglieder überspringt diese Grenze zu anderen Stämmen nur selten, und die Siedlungsmobilität innerhalb des Stammeslandes macht an diesen Grenzen halt. Gleiches gilt auch für den Stammesbesitz an Weide und Wald.

Die Nutzung des nicht privat genutzten Stammeslandes steht weiterhin allen Mitglieder offen. Das Anlegen von Feldern im Stammesland bedarf aber der (stillschweigenden) Billigung durch den Stamm. Nach offiziellem afghanischem Recht ist zwar alles Weideland Staatsbesitz und nach dem staatlichen Weiderecht-Gesetz steht der Bevölkerung die Nutzung des Weidelandes offen (siehe Lakanwal S 139). Aber ebenso ist nach staatlichem afghanischem und auch nach Stammesrecht derjenige Besitzer des Landes, der es unter den Pflug nimmt. In einem solchen Falle würde also Stammesland in Privatbesitz übergehen, zumal die Staatsgesetze nicht immer in den Stammesgebieten durchsetzbar sind.

Dennoch wäre es niemandem in den Sinn kommen, unter Berufung auf dieses Staatsgesetz Neuland in fremdem Stammesgebiet durch Umpflügen zu erwerben. Das ist die Situation, über die Wald im Khoster Becken berichtet und die dokumentiert, wie stark noch in der neuesten Zeit das traditionelle Rechtsempfinden bezüglich der Stammes-, Land- und Eigentumsgrenzen war.

Wenn sich der Privatbesitz auch innerhalb der Stammesgebiete durchgesetzt hatte und darüber hinaus zudem noch später durch die Gesetze des Staates geschützt war, so genoss doch der gemeinsame Stammesbesitz weiterhin hohes Ansehen und Respekt.

Jedoch kommt es vor, dass durch Verheiratung und Vererbung Landbesitz in fremden Stammesgebieten erworben wurde. Es wird dann trotzdem nicht automatisch durch Verkauf an einen Stammesfremden auch gleichzeitig Eigentum des Stammes, aus dem der neue Besitzer kommt. Es bleibt nach dem Brauch und den Gesetzen der Stämme weiterhin im Besitz des Stammes, in dessen Gebiet es sich befindet.

Selbst noch in den 1960er Jahren ist direkter Landerwerb von Stammesfremden durch Kauf nahezu ausgeschlossen ist. Feldnachbarn haben in der Regel ein Vorkaufsrecht, teilweise sogar eine Kaufpflicht. Verkauf ohne schwerwiegende Gründe gibt es nicht, eher wird die Aufnahme von Schulden in Erwägung gezogen.

Zudem kann der Besitzer auch in den 1960er Jahren nicht alleine über den Verkauf entscheiden. Die Abstammungsgemeinschaft entscheidet darüber mit und wird unter Umständen zum Kauf des Landes herangezogen. Erst wenn sich innerhalb des Stammes kein Käufer findet, wird Land an einen Stammesfremden vergeben.

Diese Beispiele dokumentieren die weiterhin hohe Bedeutung des Stammeslandes als gemeinsamem Besitz. Trotz der Parallelität der Rechtsausübung zwischen staatlichem Gesetz und dem der Stämme, wurde dem Stammesrecht weiterhin innerhalb der Stämme mehr Geltung entgegen gebracht als dem staatlichen, obwohl letzteres gerade in den Fragen des Landbesitzes höhere Freiheiten gewährte.

Andererseits war aber bereits ein solch hohes Maß an Verschuldung eingetreten, dass viele Besitzer gezwungen waren, Kredite aufzunehmen oder das Land innerhalb der Familie oder des Stammes an neue Besitzer abzugeben. Wenn es auch nicht zu einem formalen oder offiziellen Verkaufsakt kommt, so verliert doch der bisherige Besitzer die Verfügungsgewalt über sein Land, teilweise oder ganz. Das führte soweit, dass laut Baraki (S 222) die deutsche Wirtschaftsgruppe Hendriksen, die mit einem Projekt in der Paktia-Provinz betraut war, „Grundherren im eigentlichen Sinne als Eigentümer ganzer Dörfer" erwähnt werden.

Dabei muss aber Vorsicht walten gelassen werden, weil die Besitzverhältnisse der Paschtunen sehr undurchsichtig sind und Europäer besonders zu dieser Zeit fremde Kulturen und Gesellschaften mittels europäischen Wertmaßstäben und Erfahrungen zu verstehen und zu katalogisieren versuchten. Aber auch Lakanwal, selbst Paschtune aus der Paktia-Provinz, verwendet in seiner Untersuchung (Saarbrücken 1973, S 191) mehrfach den Begriff der Großgrundbesitzer.

Im Swattal setzte sich das gemeinsame Stammesland zusammen aus einem Anteil einer jeden Familie an den Obstgärten am Dorfrand, einem Teil der Ackerflur in der Ebene und einem Teil an den Weideflächen auf den Talhängen.

Dabei war der Anteil der Familien am Land einer Sippe kein physischer Besitz einer bestimmten Menge Landes, kein privates Eigentum eines besonderen Stückes Land, das sie lebenslang nutzen konnten. Das Eigentum der einzelnen Mitglieder einer Sippe (Familie) bestand in einem Recht auf die Beteiligung (Brakha) am gesamten Sippenland (Daftar). Die Sippen innerhalb eines Stammes erhielten gleiche Anrechte am Land.

Da aber die Zahl Sippenmitglieder unterschiedlich war, fiel jedem einzelnen Sippenmitglied zwar innerhalb der Sippe dasselbe Anrecht zu, sowie auch den Sippen innerhalb der Stämme dasselbe Anrecht zufiel. Das bedeutete aber auch, dass die Anrechte der Mitglieder verschiedener Sippen unterschiedlich sein konnten, je nachdem wie viele Mitglieder die unterschiedlichen Sippen hatten.

Mit dem Wachstum der Bevölkerung und der Verteilung des Landes innerhalb der Stämme und Sippen wurde das Land, das durch die Verzweigungen der Sippen den einzelnen Familien zukam, immer kleiner. Denn bei der Realteilung wurde mit jedem Erbgang das Eigentum gleichmäßig unter die Söhne einer Familie aufgeteilt, wodurch erhebliche Besitzunterschiede zwischen den paschtunischen Familien entstanden waren.

Mit dem schwindenden Anteilsrecht wuchs die Gefahr der Verarmung innerhalb der Sippen, wenn das zur Verfügung stehende Land bei wachsender Bevölkerung gleich blieb. „Im Swat gab es am Ende der pathanischen Epoche keine Besitzgleichheit" (Fautz S 62/3) mehr, was bedeutete, dass alle Stammesmitglieder über unterschiedlich großen Landbesitz bzw. Anrechte verfügten. Diese Epoche, in der das Stammeseigentum auf diese Weise den Stammesmitgliedern zur Verfügung gestellt wurde, endete mit der Gründung des Fürstentum Swat (1927). Denn mit dessen Gründung endeten die auch Landumverteilungen unter den Sippen.

Durch die Entstehung des Fürstentums hatte sich die Kluft zwischen Arm und Reich vertieft, da nun mit der etablierten Zentralmacht auch Steuern erhoben werden konnten. Diese Zentralgewalt verfügte nun auch über die Macht und Zwangsmittel, Land zu pfänden und zu verkaufen, wenn die Steuerzahlungen ausblieben. Die ehemaligen Besitzer gerieten gesellschaftlich in Zustände immer tieferer Abhängigkeit.

Nach den Berichten Glatzers gab es zur Zeit seiner Untersuchung im Jawand-Gebiet drei Khane, die bereits über 80% des bewässerten Ackerlandes in den Tälern verfügten. Ähnliche Besitzstrukturen können auch in anderen Teilen Afghanistans festgestellt werden, wo ausgedehnter Großgrundbesitz entstanden war, dem eine wachsende Zahl von abhängigen Pächtern, Landarbeitern und Landlosen gegenüberstand.

Diese Entwicklung zur Konzentration des Landbesitzes bei gleichzeitiger Verarmung einer wachsenden Zahl von Stammesmitgliedern setzte sich aus verschiedenen Faktoren zusammen: dem Ernährungsrisiko, den Folgen der Erbgänge, der Verschuldung und letztlich dem Landverlust.

Mit der Privatisierung des Ackerbodens war nicht nur der Ertrag sondern auch das Ernährungsrisiko immer mehr privatisiert worden. Vermutlich wird diese Form der Verteilung des Ackerlandes anfangs mit dem Vorteil höherer Erträge verbunden gewesen sein, sonst hätte sich diese Form des Wirtschaftens nicht durchgesetzt. Solange also der wirtschaftliche Vorteil vorhanden war, wurde diese neue Form des Ackerbaus nicht angezweifelt und über die Jahrhunderte dann zu einer Selbstverständlichkeit. Ein Zurück zu den alten Formen des Wirtschaftens war allein auf Grund der gestiegenen Bevölkerungszahlen nicht mehr denkbar.

Diese neue Form des Wirtschaftens gerät erst dann in Zweifel, wenn für die gewachsene Bevölkerung nicht mehr genug Ackerland zur Verfügung steht bzw. der Ertrag dieser Wirtschaftsform nicht mehr ausreicht zur Ernährung aller Mitglieder der Gesellschaft. Aber auch dieser Prozess entwickelte sich erst im Laufe der Jahrhunderte.

Mit der zunehmenden Verteilung des Landes und dessen allmählichen Übergang in stetigen privaten Besitz war es zu einer neuen, bisher nicht gekannten Erscheinung gekommen. Mit dem Privatbesitz hatte die ungleiche Verteilung des Landes zugenommen, denn bei jedem Erbgang verkleinerte sich die Größe des zu verteilenden Besitzes. Lange hatte dieser Verlust über die Gewinnung von Neuland aufgewogen werden können.

Wenn auch die gegenseitige Unterstützung weiterhin bestand, so z.B. bei der gemeinsamen Einfuhr der Ernte, so trug nun doch jede Familie weitgehend allein das Risiko eines schlechten Ertrages. Und die Wahrscheinlichkeit schlechter Erträge war nicht gering, denn die Ergiebigkeit der Landwirtschaft war nicht hoch. Noch heute halten ungenügende Düngung, Wassermangel, Schädlinge, Krankheiten und Verkrautung des Bodens die Erträge niedrig. Landwirtschaft muss mit großem Personalaufwand betrieben werden und ihr Ertrag reicht gerade aus, um den Eigenbedarf der Produzenten zu decken. Naturkatastrophen, Krankheiten und Jahre mit schlechten Erträgen tun das Ihre dazu, um die Ertragssituation der Familien unterschiedlich ausfallen zu lassen und zu verschärfen.

Schrumpfende Ackerflächen, die Unwägbarkeiten der Natur und persönliches Schicksal führten dazu, dass die Familien innerhalb der Stammesgliederungen unterschiedlichen wirtschaftlichen Erfolg hatten. Verschärft wurde diese Entwicklung zur Verschuldung durch die Realteilung bei den Erbgängen, die die Nutzflächen der einzelnen Familien immer wieder verkleinern.

Günstige Bedingungen erlaubten es einigen Produzenten, Überschüsse zu erwirtschaften. Andere wieder hatten weniger Glück, ihr Ertrag sank und reichte nicht aus, sich selbst zu ernähren. Sie verschuldeten sich bei denen, die Überschuss erwirtschaftet hatten, und gerieten in Abhängigkeit, je öfter sie gezwungen waren, um Unterstützung bei anderen Familien nachzusuchen und je weniger es ihnen gelang, die Schulden der Vorjahre zu tilgen.

Je weiter sich innerhalb der Stämme, die Tendenz vom zeitweiligen Besitz des Landes zum dauerhaften verstärkt hatte, umso mehr entwickelte sich auch die Tendenz zum Verlust des Landes. Wer seine Schulden nicht mehr tilgen konnte, verlor die Besitzrechte an seinem Land und war gezwungen, auf dem eigenen Land für einen fremden Besitzer zu arbeiten, um damit die Schuld gegenüber diesem zu tilgen und sich weiterhin ernähren zu können.

Den direkten Produzenten blieb vom Ertrag immer weniger; der Landbesitzer erhielt zusätzlich zum Ertrag des Landes, das er selbst bestellte, einen Anteil am Ertrag des Landes, über das er nun verfügte, das er aber nicht selbst bestellen musste. Er erhielt über den Ertrag der eigenen Arbeitskraft noch den Ertrag fremder Arbeitskraft hinzu.

Das versetzte ihn in die Lage, nicht nur seinen Lebensunterhalt dauerhaft sicherzustellen, ohne sich bei anderen Landbesitzern in schlechten Zeiten verschulden zu müssen. Es ermöglichte ihm darüber hinaus auch, anderen Landbesitzern zu leihen, die nicht in der Lage waren, ihre Familien aus dem Ertrag der eigenen Arbeit zu ernähren. Das führte in der Folge dazu, dass er immer mehr Besitzrechte über das Land anderer erhielt, wenn diese ihre Schulden nicht tilgen konnten.

Die Verschuldung besonders bei den Kleinbauern war nach den Beschreibungen von Wald in der Regel sehr groß. Deren Verarmung war in den 1960er Jahren so weit fortgeschritten, dass sie bei zunehmender und aussichtsloser Verschuldung absanken in ein Abhängigkeitsverhältnis, das vergleichbar dem des europäischen Leibeigenen ist. Diese sogenannten Shariq-Pächter traten in den direkten Dienst des Grundherrn und stellten ihre Arbeitskraft zur Verfügung, die zum Teil auch für den persönlichen Dienst am Grundherrn in Anspruch genommen wurde.

Sie zogen auf deren Höfe, bestellten Felder, die ihnen zugewiesen wurden, und wurden für ihre Arbeit mit einem Fünftel der Ernte entlohnt. Diese Klasse der Landlosen und quasi Leibeigenen werden als die hamsaya bezeichnet. Sie können sich nur durch Flucht aus diesem Abhängigkeitsverhältnis befreien, sind aber dann auch ohne die Lebensgrundlage, die ihnen aus einem Fünftel der Ernte erwächst. Sie sind dann zwar frei, aber mittellos.

Abstammung und Interesse, die Verschiebung der Werte

Diese Entwicklung hat in der Folge nicht nur wirtschaftliche Auswirkungen sondern auch gesellschaftliche und politische. Abstammung und fester Landbesitz weisen einen Paschtunen als Mitglied seines Stammes aus. Gesellschaftlich, also im Verhältnis der Paschtunen untereinander, geraten zwei verschiedene Werte durch die Entwicklung des Privateigentums in Konflikt zueinander: die Abstammung und das Interesse.

Die Abstammungsideologie, obwohl durch die Jahrhunderte in ihrer Schlüssigkeit durchbrochen, sieht immer noch alle Paschtunen als die Nachkommen eines gemeinsamen Stammvaters, was sie untereinander zu Brüdern und Schwestern macht. Danach richtete sich ein Jahrhunderte altes Regelwerk, das die Werte der Gemeinschaft und gegenseitiger Unterstützung als oberstes Gebot aufgestellt hatte.

Die Sicherstellung der Abstammungsfolge war kein Selbstzweck. Der Nachweis der gemeinsamen Abstammung war nicht nur ein ideelles Band, das diese Gesellschaften zusammenhielt, ihre einzelnen Gliederungen gegenseitig zur Friedfertigkeit verpflichtete und dem Individuum durch den Nachweis seiner Zugehörigkeit den Schutz der Gemeinschaft und damit das Überleben sicherte.

So war beispielsweise bei den Paschtunen des Swattals - und vermutlich nicht nur da – der Nachweis einer legitimen Abstammungsnachfolge auch Berechtigung für die Teilnahme an der Landverteilung. Somit war der Nachweis der Abstammungsfolge auch eine Frage der Lebensgrundlage.

Die Klarheit der Abstammung war also nicht nur von Bedeutung für den Schutz des Einzelnen sondern auch für dessen Teilhabe an Ertrag und Besitz des Stammes, jedenfalls solange man sich noch im urkommunistischen Zustand der Stammesgesellschaften befunden hatte.

Die Klarheit von Herkunft und Abstammung entschied über die Zugehörigkeit zu den gesellschaftlichen Einheiten und Verbänden und damit über den Zugang zu den Ressourcen der Stämme. Von daher erklären sich auch zum Teil abenteuerliche Konstruktionen zur Einhaltung der Abstammungslinie.

„Jeder Clangründer ist ein Sohn des Gründers des nächst übergeordneten Clans und Bruder oder Cousin der Gründer der gleichgeordneten Clans" (Glatzel S 120). Die nächst höheren genealogischen Stufen über den Familien bezeichnet Glatzer als Lineage und Clan, wobei bei verschiedenen Autoren unterschiedliche Bezeichnungen für die verschiedenen gesellschaftlichen Einheiten vorkommen. Eine eindeutige, von allen anerkannte gemeinsame Definition besteht nicht.

Nach Glatzer sollte bei der Lineage die Abstammung über alle Stationen der Abstammungslinie lückenlos bis zu „einem gemeinsamen realen oder fiktiven Vorfahren" (Glatzer S 105) aufgeführt werden können. Dies war aber in vielen Fällen besonders auf der Ebene der großen Verbände nicht mehr gegeben. Es entstanden Ausfälle auf verschiedenen Ebenen der Deszendenz. Folglich gab es kein einheitliches, von allen Paschtunen akzeptiertes Genealogiesystem.

Die Lücken innerhalb der Abstammungslinien entstanden zum Teil dadurch, dass Einheiten sich auflösten und in anderen aufgingen, wenn die Bevölkerungszahl einer sozialen Einheit soweit abgenommen hatte, sodass die Eigenständigkeit nicht weiter aufrecht erhalten werden konnte. Das Überleben erschien dann sicherer durch Anschluss und Verschmelzung mit anderen Gesellschaftseinheiten. Diese aufgelösten Clans verschwanden dann allmählich aus dem genealogischen Bewusstsein der Paschtunen.

Ferner berichtet Glatzel, dass die Achekzay und Barakzay ursprünglich ein Clan gewesen waren, der dann von Ahmad Shah getrennt worden war. Das hatte in der Folge dazu geführt, dass die Gründer dieser Clans, die in der Abstammungsfolge eigentlich Vater und Sohn gewesen waren, durch diese genealogische Manipulation zu Brüdern wurden.

Weitere Brüche entstanden durch Umbenennungen. So gilt beispielsweise Abdal als der gemeinsame Vorfahr der Durrani, weshalb sich die Durrani als Abdali bezeichnet hatten, bevor sie durch Ahmad Shah in Durrani umbenannt worden waren. Die Mohammadzay innerhalb der Durrani-Föderation stellten das afghanische Königshaus.

Solche Umbenennungen wie im Falle der Durrani oder die der Nuristani im Norden Afghanistans und die anderen beschriebenen Vorgänge von Manipulation oder gesellschaftlichem Untergang sind u.a. verantwortlich für die Lücken innerhalb der paschtunischen Deszendenz.

Mit diesen Unsicherheiten innerhalb der Abstammungslinien versuchen nun einige Autoren ein Phänomen zu beschreiben, das für erhebliche Verwirrung sorgt sowohl in der darstellenden Literatur als auch in den paschtunischen Verbänden selbst. Es geht um die Koalitionen und Föderationen, die Paschtunen auf allen gesellschaftlichen Ebenen untereinander bilden und die oftmals zu Verletzungen der durch die Abstammungslinie und das Paschtunwali gebotenen Loyalität gegenüber den verschiedenen Einheiten der Stammesorganisationen führten.

Die Bildung von Koalitionen und Föderationen ist von daher von Bedeutung, weil sie über diesen reinen Vorgang der Vereinigung hinaus zur Bildung größerer Verbände führte. Diese größeren Einheiten stellten einen erheblichen Zuwachs an Macht dar, der den Führern dieser Verbände zufiel. Damit wuchs nicht nur der Druck, den sie innerhalb der Stämme auf andere Einheiten ausüben konnten, sondern auch die Gefahr von kriegerisch ausgetragenen Auseinandersetzungen im Konfliktfalle.

In diesen Föderationen äußert sich eine neue gesellschaftliche Entwicklung innerhalb der Stammesgesellschaft. Mit der Veränderung der Eigentumsverhältnisse vom gemeinsamen Stammesland zum privat genutzten Stammesland veränderte sich auch der Wertekatalog der Paschtunen. Zu den ursprünglichen Werten der urkommunistischen Stammesgesellschaft von Abstammung und Loyalität als Sicherung der Identität und Einheit des Stammes kommt mit der Privatisierung des Stammeslandes das private Interesse hinzu, das mit den alten Werten in Widerspruch gerät.

Diese neue Kraft des privaten Interesses trägt in sich den Keim, die alten gesellschaftlichen Strukturen der Unterdrückung der Individualität im Interesse der Erhaltung der Gemeinschaft aufzubrechen. Diese Tendenz war mit der Auflösung der Stammesgesellschaft und dem Erstarken des Feudalismus im Schwange, war aber in Afghanistan noch nicht so weit vorangeschritten wie in anderen Gesellschaften, in denen diese Stammesstrukturen längst durch andere gesellschaftliche Ordnungen ersetzt worden waren.

Die alte Ordnung der Stämme löste sich auf, die in der Zurückdrängung der individuellen Interessen bestand, um mit deren Unterdrückung das Überleben der gesamten Gesellschaft zu sichern als Grundlage für das Überleben des Einzelnen in dieser Gesellschaft. Das unterdrückte Einzelinteresse hatte die Grundlage geschaffen für bescheidenen Wohlstand durch die gemeinsame, auf einander abgestimmte Arbeit aller Gesellschaftsmitglieder im gemeinsamen Interesse der gemeinsamen Mehrung des gemeinsamen Wohlstands.

Dieser relative gemeinsame Wohlstand hatte die Grundlage geschaffen für dessen Vermehrung nun nicht mehr durch die gemeinsame Produktion sondern in der wirkungsvolleren Form, der vom individuellen Interesse getriebenen kleineren Gesellschaftseinheiten, z.B. der Familien.

Diese veränderte gesellschaftliche Situation äußerte sich auch in dem veränderten Anforderungsprofil an den paschtunischen Mann, das im Laufe der Jahrhunderte auch in das Paschtunwali einzug gehalten hatte. Diese veränderte Realität des Privateigentums an Land findet dort Eingang im Begriff des „Turialai" vom paschtunischen Wort „tura", Schwert. Auch der Turialai ist ein wehrhafter Mann. Aber er verteidigt sein eigenes Interesse gegen die Widersacher auch innerhalb der paschtunischen Stammesgliederungen. Auch er ist ständigen Bedrohungen ausgesetzt, die aber nun nicht mehr nur von außen kommen, sondern auch von Rivalen innerhalb der Stammesformationen, die ausdrücklich unter anderem auch „ihm sein Land zu stehlen versuchen, ihn in seinem Leben bedrohen, … ihm einen Eigentumstitel streitig zu machen" (Steul S 257) versuchen.

Diesem Charakter des Vertretens der eigenen Interessen im Tura-Begriff folgt auch der dazugehörige Begriff des „badal", Tausch. Dieser Tausch bezieht sich sowohl auf die Tauschheirat als auch auf die Blutrache, entsprechend der alten biblischen Forderung „Aug um Auge, Zahn um Zahn". Auch hier im Tausch überwiegt das Eigeninteresse. Die Blutrache ist erst dann wieder beigelegt, wenn auf beiden Seiten die Anzahl der Toten ausgeglichen ist und damit das Kräfteverhältnis zwischen den sich feindlich gegenüberstehenden Gruppen.

Das Paschtunwali garantiert ausdrücklich das Privateigentum an Land und trägt damit dieser Realität, die sich aus dem früheren Gemeineigentum an Land entwickelt hatte, Rechnung. Jeder Eingriff in dieses Privateigentum durch Individuen oder durch die Gesellschaft wird als Rechtsbruch (Terai) abgelehnt.

In dieser Lage der auseinanderbrechenden urkommunistischen Gesellschaft versucht das Paschtunwali eine Ordnung in die Werte zu bringen, die nicht mehr selbstverständlich sind. Gleichzeitig ist es nicht nur Versuch einer Ordnung sondern auch Eingeständnis und Ausdruck des Auseinanderbrechens dieser Ordnung. Denn das Selbstverständliche ist nicht mehr selbstverständlich, sonst wäre es nicht auslegbar geworden und hätte nicht einer neuen Deutung und Festlegung bedurft.

Das Selbstverständliche versteht sich aus sich selbst heraus. Es ist die Übereinstimmung zwischen den Ansichten über das Leben und der Wirklichkeit des aktuellen Lebens, die Übereinstimmung der aktiven Lebensführung mit den Notwendigkeiten und Möglichkeiten, d.h. den Bedingungen, unter denen dieses aktuelle Leben abläuft, sich entfaltet.

Solange das aktuelle, alltägliche Leben nicht in Widerspruch steht zu den Bedingungen, unter denen es abläuft, Lebensführung und Lebensplan in Übereinstimmung sind, verstehen sich die Regeln des Zusammenlebens aus sich selbst heraus, sind durch sich selbst verständlich, selbstverständlich, gelebter Ausdruck des Notwendigen.

Die Einfachheit des ursprünglichen Regelwerks in der Absprache innerhalb der engeren Verwandtschaftsbeziehungen scheint mit dem Wachstum der Bevölkerung und dem Verwaschen der verwandtschaftlichen Beziehungen nicht mehr auszureichen. Was bisher für alle galt, bedarf nun der Festlegung als Regelwerk für alle Gliederungen des Stammesgefüges. „Als Ehren- und Rechtskodex regelt das Paschtunwali die sozialen Beziehungen innerhalb der Stammesgesellschaft" (Steul S 250).

Aber Ziel des wirtschaftlichen Handelns ist nicht mehr die Sicherung der Lebensgrundlage aller, die sich auf Grund ihrer gemeinsamen Abstammung als zusammengehörig fühlen und deshalb auch zusammen arbeiten und das zusammen Erarbeitete teilen. Grundlage der neuen gesell-

schaftlichen Ordnung wurde mehr und mehr das Verfolgen des Einzel-
interesses der verschiedenen gesellschaftlichen Gliederungen innerhalb des
alten gesellschaftlichen Rahmens der Stammesordnung, der weiterhin
bestehen blieb.

Die Enge der gesellschaftlichen Vorschriften, die auf der Abstammungs-
verbundenheit beruhen, hatte dem privaten Interesse nicht genug Entfal-
tungsspielraum gelassen. Die Koalitionen bildeten den Versuch, über die
Grenzen der Abstammungslinie hinweg Verbündete zu finden in anderen
gesellschaftlichen Einheiten, die gleiche wirtschaftliche und gesellschaftliche Interessen verfolgen.

Diese Koalitionen bildeten sich sowohl auf den unteren Ebenen innerhalb
der Stämme als auch zwischen Stämmen, die dann als Föderationen meist
politischen oder militärischen Zielen dienten. Auf den unteren Ebenen
handelte es sich meistens um die Durchsetzung von gemeinsamen Interessen in Bezug auf Land oder Wasser, den bestimmenden Produktionsfaktoren dieser Gesellschaften.

Besonders bei der Regelung und der Praxis der Wasserverteilung kam es
immer wieder zu Streitigkeiten bis hinunter auf die Ebene der Familien.
Wald berichtet über die Situation im Becken von Khost, dass gerade Koalitionen ein Mittel zur Durchsetzung gemeinsamer Wasserinteressen waren
über Abstammungsgrenzen hinweg mit der Folge von Konflikten innerhalb
der Abstammungsgrenzen.

Neben diesen gelegentlichen Zweckbündnissen ist die Existenz von zwei
Dauerbündnissen festzustellen. „Jeder der Stämme des Khoster Raumes
rechnet sich zu einer der beiden Parteien" (Wald S 20), wobei die Zugehörigkeit keine Frage der Abstammungslinie ist. Weder die Zugehörigkeit
zu einer dieser Föderationen noch die Zugehörigkeit zu einer Abstammungslinie hinderten die Stämme und Gliederungen, untereinander Feind-
seligkeiten mit kriegerischen Mitteln auszutragen. Diese Bündnisfähigkeit
und –schlüsse der Gliederungen untereinander führten ohne weiteres dazu,
das sich Gliederungen in einer Streitfrage (z.B. Blutrache) als Gegner
gegenüberstehen, in einem anderen Streitfall (z.B. Landstreit) aber zur
gleichen Zeit als Teil eines anderen Bündnisses Mitstreiter sind

Ähnliches berichtet Glatzer über die Neubesiedlung Nordafghanistans
durch Paschtunen. Die hier bereits ansässigen „Stämme" waren keine politisch oder ethnisch geschlossenen Völkerschaften, sondern müssen eher als
Föderationen ethnisch verschiedener Gruppen betrachtet werden.

Zwischen diesen verschiedenen Völkern bestanden politische Allianzen,
die sich an gemeinsamen Interessen und zu bewältigenden Aufgaben zur
Lebenssicherung orientierten. Das bedeutete auch, dass die verschiedenen
ethnischen Gruppen sich entsprechend der Interessenlage in unter-

schiedlichen Allianzen und oftmals sogar in mehreren verschiedenen gleichzeitig befinden konnten. Offensichtlich spielte die ethnische Zugehörigkeit eine geringere Rolle als das zu lösende Problem.

Glatzer berichtet von zwei verschiedenen Mahmudi-Föderationen, die sich ständig bekriegten trotz ihrer gemeinsamen verwandtschaftlichen Abstammung. Diese gingen mit verschiedenen Gruppen der Region, die nicht in verwandtschaftlicher Beziehung zu ihnen standen, ständig wechselnde Koalitionen ein zur Durchsetzung ihrer Interessen im Kampf gegen die Föderation, der sie nach dem Prinzip der Abstammung hätten in Loyalität verbunden sein müssen.

Aus militärischen und politischen Gründen gingen Clans, die nicht unbedingt in verwandtschaftlicher Nähe zueinander standen, untereinander Föderationen ein zur Vertretung oder Durchsetzung gemeinsamer Interessen. Diese Verbindungen können sogar zu Konfrontationen zwischen einzelnen Clans führen, die sich verwandtschaftlich näher standen, als die, mit denen man in den Föderationen verbunden war. Für die politische Organisation der Paschtunen spielt das Abstammungs- und Clansystem zunehmend eine untergeordnete Rolle.

Diese Bündnisfreiheit und -vielfalt ist zurückzuführen auf das stärker werdende Privatinteresse als Motiv der Handelnden einerseits und andererseits auf das Fehlen einer politischen Hierarchie, in die die einzelnen gesellschaftlichen Gliederungen eingebunden gewesen wären. Es bestanden noch keine übergeordneten politischen oder staatlichen Instanzen mit wirksamen Zwangsmitteln, die die einzelnen Gliederungen der Stämme an der Bildung solcher Bündnisse hätte hindern und einem übergeordneten politischen oder gesellschaftlichen Willen unterordnen können.

Diese Aufgabe sollten die sich später entwickelnden Khane und Könige übernehmen, die in Jahrhunderte langen Auseinandersetzungen versuchten, durch die Bildung staatlicher Zentralinstanzen der Unberechenbarkeit wechselnder Koalitionen die Sicherheit staatlicher Ordnung gegenüberzustellen.

<u>Malik, Khan, König – die Entwicklung der Zentralinstanzen</u>

Mit dem Aufkommen der Fürsten und der Bildung staatsähnlicher Strukturen in Form von Fürstentümern hatte in manchen Regionen Afghanistans sich der Übergang zur Feudalstruktur und der Versuch der Herstellung eines übergreifenden Königtums als politischem Ordnungsfaktor angedeutet. Dort wo sich der Feudalismus nicht hatte durchsetzen können, existierten weiterhin die Stammesstrukturen in ihrer urkommunistischen Form

41

oder in Übergangformen zum Privatbesitz, aber weiterhin als klassenlose Gesellschaft.

In den urkommunistischen Stammesordnungen bestand die soziale Gleichheit aller Mitglieder, die nicht zuletzt auch eine Gleichheit war vor der gemeinsamen wirtschaftlichen Armut. Das bedeutete aber nicht, dass die gesellschaftliche Bedeutung der einzelnen Gesellschaftsmitglieder nicht auch unterschiedlich gewesen wäre.

Wald beschreibt Lebensgefühl und Lebenswirklichkeit der Khoster Paschtunen als einen gesellschaftlichen Zustand, in dem sich der Einzelne „als Mitglied in einer Gesellschaft Gleichberechtigter"(Wald S 19) versteht. Dieser Eindruck der Hierarchielosigkeit wird unterstützt durch seine Feststellung, dass es unter den Khosti zwar viele Anführer gibt, die aber nicht über Macht sondern nur über Einfluss verfügen. Sie besitzen „weniger ein Amt als vielmehr eine Aufgabe" (Wald S19).

Aber er stellt bereits die Existenz von Khan und Malik fest, wobei er für den Bereich der Khoster Stämme den Khan-Titel bereits als einen erblichen angibt, wohingegen der Malik gewählt wird. Khan und Malik treten mit ihrer Autorität auf als Mittelsmänner zwischen den Stammesinteressen und denen des Staates z.B. bei Festsetzung und Einzug der Steuern.

Bei anderen Autoren, die sich mit den afghanischen Verhältnisse während desselben Zeitraums beschäftigen, wird der Khanstitel noch nicht als erblich angegeben. Bei den Nomaden in Gharistan, deren Lebensverhältnisse Glatzer zur selben Zeit untersuchte, wird der Khan jedoch bereits als ein sehr reiches Gesellschaftsmitglied dargestellt. Eine Erblichkeit des Khanstitels scheint sich noch nicht durchgesetzt zu haben. Aber der Khan ist schon in der Lage, auf Grund seines Reichtums Gefolgsleute an sich zu binden. Zwischen ihnen und dem Khan besteht ein Klientel-Verhältnis, das von jeder Seite zu jeder Zeit gekündigt werden kann.

Die Nomaden Gharjistans bezeichnen die gesellschaftliche Stellung des Khan für ihr Gebiet anders als die der Khane in Kabul und Kandahar, die sie als mächtig ansehen, da sie „durch ihre Väter und Vorväter Macht haben" im Gegensatz zu ihrem Siedlungsgebiet, wo „einer schnell stark und wieder schwach" (Glatzer S 182) wird. Sie bestätigen damit einerseits die Erblichkeit des Khanstitels für andere Regionen Afghanistans und gleichzeitig, dass diese für das eigene Gebiet zu dem Zeitpunkt der Untersuchungen Glatzers noch nicht vorgelegen hat.

Vergleichbar der Stellung der Khane von Kabul und Kandahar war auch die des Khans im Swattal. Auch er war, nicht zu letzt durch die Unterstützung der Briten, als Sieger aus den Kämpfen zwischen den verschiedenen Khanen des Swattals hervorgegangen und hatte sich dort als eine ordnungsstiftende Instanz über den Einzelinteressen der Stämme einsetzen können.

Diese unterschiedliche Stellung des Khans in den verschiedenen Regionen Afghanistans wird von den verschiedenen Autoren teilweise als eine regionale Unterschiedlichkeit interpretiert. Andere sehen in der Erblichkeit oder Nichterblichkeit dieser Funktion einen Beweis für das mehr oder weniger stark ausgeprägte Vorhandensein eines „demokratischen" Bewusstseins oder Gesellschaftsstrukturen.

All diese verschiedenen Darstellungen und Einschätzungen führen aber nicht zu einer einheitlichen Bewertung der Funktion der Khane bezüglich ihrer Entstehung und ihrer Bedeutung für die Entwicklung der Gesellschaft im afghanischen Raum. Sie bleiben beschränkt auf die Beschreibung und stellen in dieser Beschreibung nur die Unterschiedlichkeit ihrer Ausformungen fest.

Es gelingt den Autoren aber nicht, diese verschiedenen Erscheinungsformen der Khansmacht als unterschiedlich weit vorangeschrittene Entwicklungsschritte auf dem Weg zu staatlichen Strukturen zu sehen auf der Basis einer feudalistischen Gesellschaftsordnung. Sie bleiben verhaftet in einer Betrachtungsweise, die sich an den Erscheinungsformen festhält und darin das Wesen zu sehen glaubt, ein Wesen, das in jeder Erscheinungsform ein anderes zu sein scheint.

Sie betrachten und bewerten diese Erscheinungsformen isoliert von einander, jede für sich, ohne dahinter das einende Band einer Entwicklung zu erkennen. Sie sehen die einzelnen Stufen, aber nicht die Treppe, zu der sie verbunden sind und die Höhe gewinnt, die Höhe der Entwicklung und des Fortschritts. Es fehlt das materialistische Geschichtsbild, das solche Erscheinungen einzuordnen versucht in eine Entwicklung, die zu immer weiteren und höher entwickelten Stationen von Gesellschaft und Menschwerdung führen.

Während sich also im Schoße der urkommunistischen Gesellschaft in der Entwicklung der Khane, ähnlich übrigens wie die Entwicklung der Fürsten in Europa, der Aufbruch in eine feudalistische Gesellschaftsordnung andeutete, so stand der Malik immer noch für den „Machthaber" der urkommunistischen Gesellschaft selbst.

Alle Autoren, auf die hier Bezug genommen wird, bezeichnen den Malik als ein gewähltes Mitglied ihrer Stammesgliederungen, dessen Ansehen sich auf seine gesellschaftliche Kompetenz stützt. Die malikan waren traditionell eher der Mittler in Konflikten innerhalb der gesellschaftlichen Gliederungen der Stämme, eine Position, die auf beiderseitigem Vertrauen beruhte. Sie wurden oftmals als Schlichter berufen, wenn eine Einigung schwierig war. „Der Malik ist eine traditionelle Institution der paschtunischen Gesellschaft" (Glatzer S 171). Aber auch diese Stellung des ursprünglich Gleichen unter Gleichen bleibt nicht unberührt von den in den paschtunischen Gesellschaften drängenden Tendenzen zur Herausbildung zentraler Machtinstanzen.

Die Funktion des Malik wandelte sich mit dem Aufkommen der verschiedenen Interessen innerhalb der Gesellschaft. War sein Amt zwar äußerlich dasselbe geblieben, so hatte sich im Lauf der Geschichte seine gesellschaftliche Aufgabe geändert vom Vermittler in Konflikten zwischen Gleichen hin zum Vertreter von Interessen.

Damit gleicht seine Entwicklung insofern der des Khan, als beide Instanzen darauf ausgerichtet sind, den gesellschaftlichen Notwendigkeiten nach dem Entstehen einer Zentralmacht Rechnung zu tragen. Aber dort wo der Khan an gesellschaftlicher Bedeutung und Macht zunahm, schwanden beide bei der Funktion des Malik.

Teilweise wuchsen die malikan im Laufe der Geschichte unmerklich in diese neue Funktion hinein, teilweise erkannten sie die Vorteile und übernahmen die neuen Aufgaben um der Vorteile willen, die sich mit dem Amt auftaten. Mit der allmählichen Kristallisierung von Macht um bestimmte Personen oder Funktionen herum kommt dem Malik neben der Vermittlung in Konflikten innerhalb der Gesellschaft auch die Vermittlung und Interessenvertretung mit Kräften außerhalb des eigenen Umfeldes zu.

Vorläufiger Endpunkt dieser Entwicklung war die Verankerung seiner Mittlerfunktion im staatlichen afghanischen Recht, die ihn innerhalb der modernen afghanischen Ordnung zu einer Schnittstelle werden ließ zwischen der Gruppe, die er vertritt, und dem Staat. Er ist gegenüber seiner Gruppe weisungsgebunden und vertritt deren Interessen gegenüber den staatlichen Organen, und diese betrauen ihn mit der Weitergabe ihrer Verordnungen an diese Gruppe.

Um als Malik von der staatlichen Verwaltung anerkannt zu werden, muss er mindestens fünf Klienten nachweislich vertreten, die sich ohne weiteres auch aus verschiedenen Dörfern zusammensetzen können. Er ist also nicht mit einem Dorfbürgermeister gleichzusetzen, der eine gesamte Gemeinde vertritt, wie das bei manchen Autoren den Eindruck erweckt. Zwischen ihm und der von ihm vertretenen Klientel besteht ein Verhältnis von Beteiligten, die sich beiderseitig gesucht haben. Für seine Dienste wird der Malik von seinen Klienten mit Zuwendungen ausgestattet, die nicht nur seiner Lebenshaltung sondern auch der Repräsentation seiner Klientel dienen.

Aber weder dieses Mittleramt, noch das afghanische Gesetz und auch nicht die paschtunische Ordnung geben dem Malik eine Macht- oder Herrschaftsfunktion, woraus ihm eine verbriefte Machtposition erwächst. Aber mit der entsprechenden Klientel im Rücken verfügt er über ausreichend Möglichkeiten, Einfluss und Macht auszuüben.

Und weil es sein Ansehen in der Gemeinschaft steigerte, war das Amt des Schlichters von jeher auch sehr begehrt. Das politische Gewicht eines erfolgreichen Schlichters innerhalb seines Umfeldes nahm zu, was sich mit der zunehmenden gesellschaftlichen Bedeutung des Privatbesitzes auch zum eigenen Vorteil nutzen ließ. Nicht zuletzt war der wirtschaftliche Erfolg auch ein Nachweis für ein gutes Urteilsvermögen. Hierin mag einer der Gründe liegen, weshalb die Menschen in der Umgebung der Malikan und Khane ihnen Vertrauen schenkten und sie mit Aufgaben im Interesse der Gemeinschaft betrauten, die sie selbst nicht in der Lage waren, zu übernehmen.

Aber nicht nur das eigene Milieu hatte im Verlaufe Jahrhunderte langer Tradition und Erfahrung mit der Funktion des Malik Vertrauen in diese Institution und die sie ausübenden Personen gefasst, sondern in ihrer späteren Funktion als Vermittler staatlicher Interessen die staatlichen Stellen selbst auch. Dafür wurden sie mitunter von den staatlichen Stellen „mit materiellen Machtmitteln ausgestattet, mit deren Hilfe sie Herrschaftspositionen" (Glatzer S 188) erringen konnten.

Dieser Aufbau der malikan als Herrschaftsinstrumente hatte verstärkt und geschickt die britisch-indische Regierung betrieben, vermutlich aber auch in Ermangelung anderer bereits vorhandener Interessenvertreter der Stämme, wie z.b. der Khane. Die britisch-indische Regierung hatte einige malikan der Sulaymankhel-Nomaden Abkommen mit ihr unterzeichnen lassen, die einerseits den Nomaden Weiderechte zugestanden andererseits die malikan aber als verantwortliche Vertreter des Stammes benannt hatten und ihnen dafür „das Privileg der Steuererhebung zuschrieb mit den bekannten Möglichkeiten der persönlichen Bereicherung" (Glatzer S 188).

Diese Praxis der Verpflichtung der malikan mit gleichzeitiger Ausstattung mit Privilegien war nach und nach auf weitere Stammesorganisationen im englischen Herrschaftsbereich ausgedehnt worden. Sie erhielten eine begrenzte Anzahl von Gewehren und persönliche Pässe. Mit der persönlichen Bindung der Weiderechte an die malikan, war den Stammesmitgliedern die Möglichkeit genommen worden, diese abzusetzen, wollten sie nicht die Weiderechte für den gesamten Stamm verlieren.

Die malikan hatten damit, in Ermangelung von Khanen, ähnliche Machtpositionen eingenommen wie die khanan. Aus dem Instrument der Konfliktregelung innerhalb der urkommunistischen Stammesgesellschaften war ein Instrument der Machtausübung geworden bei gleichzeitiger formaler Beibehaltung des Amtes. Dieses war mit anderen Mittel ausgestattet, erfüllte andere gesellschaftliche Funktionen und diente fortan anderen politischen Interessen.

Es sind nicht mehr die politischen Interessen einer auf Erhalt des inneren Friedens bedachten Gesellschaft von politisch und sozial Gleichen, sondern es geht um die Aufrechterhaltung von Herrschaft über politisch und sozial Untergeordnete, um die Absicherung eines Klassenverhältnisses.

Eine ähnliche Entwicklung nahmen auch die Khane. Sie sind aber keine gesellschaftliche Erscheinung, die sich noch im urkommunistischen Zustand des gemeinsamen Stammeseigentums entwickelt hatte zur Aufrechterhaltung des inneren Friedens zwischen gesellschaftlich Gleichen. Die Khane entstanden gerade aus dem Zerfall dieser Gesellschaft, die auf dem gemeinsamen Eigentum beruht hatte.

Im Unterschied zum Malik trägt die Institution des Khans die Tendenz in sich, zu einem Amt mit Machtausstattung und Erblichkeit überzugehen. Seine weitere Entwicklung führte zu einer Funktion innerhalb der Gesellschaft, die sich mehr auf den militärischen Aspekt der Machtausübung ausrichtete, was bei den malikan in der Regel nicht der Fall war.

Da die Literatur ihn in seiner Machtposition unterschiedlich darstellt, ist anzunehmen, dass es sich um ein Amt handelt, dass sich in Entwicklung befindet entsprechend der unterschiedlich vorangeschritten Entwicklung der Gesellschaft selbst, deren Bestandteil er ist.

Mit dem Übergang der Besitzverhältnisse vom allgemeinen Stammesbesitz in den Privatbesitz fand, wie bereits weiter oben erwähnt, auch die Privatisierung des Ernährungsrisikos statt. Unterschiedliche persönliche Fähigkeiten und persönliches Schicksal wie Krankheiten, Unfälle, Missernten, Erbgänge und der damit verbundene Rückgang der privaten Ackerflächen usw. führen zu unterschiedlichem wirtschaftlichem Erfolg trotz ähnlicher gesellschaftlicher Voraussetzungen für alle Gesellschaftsmitglieder.

Vergleichbar ist diese Ausgangslage mit der der sozialistischen Staaten in den 1990er Jahren, als mit dem Zusammenbruch des sozialistischen Systems in Osteuropa die Verteilung des ehemaligen Volkseigentums auf die einzelnen Mitglieder der Gesellschaft zu gleichen Teilen stattfand. Aus dieser für alle weitgehend gleichen Ausgangslage haben es viele zu erheblichem wirtschaftlichen Erfolg gebracht, andere wiederum sind in die Verarmung abgesunken.

Fand diese Umwandlung des Volkseigentums zum Privateigentum in den ehemaligen sozialistischen Gesellschaften auf Grund von Beschlüssen staatlicher Instanzen statt, so hatte sich bei den urkommunistischen Gesellschaften diese Veränderung der Besitzverhältnisse ergeben durch die allmähliche Veränderung der Lebensumstände innerhalb dieser Gesellschaften. Die Auswirkungen für die Einzelnen waren über den längeren Blick auf die Geschichte ähnliche.

Der Übergang zum Privateigentum in der urkommunistischen Gesellschaft stellte wirtschaftlich eine Erfolgsgeschichte dar, sonst hätte es sich historisch nicht durchgesetzt. Auf die Dauer hat nur Bestand, was gesellschaftlich sinnvoll ist, d.h. zum erfahrbaren Nutzen für die Mehrheit der Gesellschaftsmitglieder ist. Eine Gesellschaft, die diese Erfahrung nicht mehr vermitteln kann, hat ihren Sinn verloren, was aber nicht bedeutet, dass sie nicht trotzdem mit Gewalt im Interesse der Gesellschaftsminderheit aufrechterhalten werden kann.

Dieser wirtschaftliche Nutzen des Privateigentums hatte sich in einer Zunahme des Reichtums ausgedrückt, jetzt aber nicht mehr der Gesamtgesellschaft wie im urkommunistischen Zustand sondern in der unterschiedlichen Zunahme des Reichtums der Einzelnen.

Glatzer beschreibt diese Zunahme des individuellen Wohlstands anhand der Nomaden in Ghajistan:. „Der Viehbesitz eines Haushalts wird so groß, dass die Erträge daraus nicht mehr wirtschaftlich sinnvoll in die Herden reinvestierbar sind, denn die Arbeitskräfte eines Haushalts können nur eine begrenzte Anzahl von Vieh bewirtschaften" (Glatzer S 175).

Nicht anders war aber die Situation bei den Sesshaften. Auch hier konnte eine Familie aus ihrem eigenen Potential an Arbeitskräften nur eine bestimmte Menge Landes bewirtschaften. Nach Wald konnte ein Bauer zur Zeit seiner Untersuchung in der Regel etwa 2 ha bestellen. Wachsender Landbesitz machte also nur Sinn, wenn es Arbeitskraft über die der eigenen Familie hinaus gab, die dieses Land bestellte. Es konnte demnach nur Land verpachtet werden, wenn es auf der anderen Seite Pächter für dieses Land gab.

Der erwirtschaftete Überschuss in beiden Fällen konnte angelegt werden in den Kauf von Land oder in neue Herden, was aber nur Sinn machte, wenn es auf der anderen Seite Mitglieder der Gesellschaft gab, die nicht über ausreichend Land oder Herden verfügten und diese dann zu dem eigenen Bestand dazupachten.

Der unterschiedliche Erfolg in der privaten Wirtschaftstätigkeit der einzelnen Stammesmitglieder führte zu Situationen, in denen die wirtschaftlich Glückloseren sich Unterstützung einholen mussten bei den wirtschaftlich Erfolgreicheren. Diese waren dazu aber nur in der Lage, wenn sie über die eigene Lebenssicherung hinaus Überschüsse erwirtschaftet hatten oder anderen Gesellschaftsmitgliedern Land bzw. Herden zur Verfügung stellen, d.h. verpachten konnten, ohne selbst in existenzielle Bedrohung zu geraten.

Auf der Basis der eben beschriebenen weitgehend ausgeglichenen Zustände von überschüssigen, nicht nutzbaren Produktionsmitteln an Land und Herden auf der einen Seite und zusätzlichem Bedarf an solchen Produktionsmitteln auf der anderen Seite herrschte ein Verhältnis des Interessenausgleichs zwischen beiden Seiten. Der Verächter erhielt durch die Pacht zusätzliche Einnahmen, die er sonst nicht hätte erwirtschaften können, da ihm die Arbeitskraft gefehlt hätte. Der Pächter erhielt zusätzlichen Ertrag für die ihm zur Verfügung stehende Arbeitskraft, die er sonst nicht hätte produktiv eingesetzt haben können.

Es entsteht ein Vertragsverhältnis, das in seiner anfänglichen Form für beide Seiten von Vorteil ist, auch wenn es von einer Seite vielleicht auf Grund von größerer wirtschaftlicher Not eingegangen wird als auf der anderen. Dennoch verstehen sich beide Seiten in diesem Stadium des Vertragsverhältnisses noch als gleichberechtigte Partner.

Diese Gleichheit drückt sich darin aus, dass das Pachtverhältnis jederzeit gekündigt werden kann und dass es nicht exklusiv ist. Der Pächter kann also Pachtverhältnisse mit anderen Verpächtern eingehen, wie auch der Verpächter an weitere Pächter verpachten kann. Diese anfängliche Gleichheit der Partner innerhalb des Pachtverhältnisses drückt sich auch in den ursprünglichen Bedeutungen der Begriffe „khan" und „hamsaya" aus, die als (reicher) Herr für khan und ursprünglich Vertragspartner bzw. Klient für hamsaya angegeben werden.

Wenn sich auch beide als gleichberechtigte Vertragspartner verstehen und in der Anfangsphase solcher Pachtverhältnisse vielleicht auch behandelt haben, so sind die Voraussetzungen, die in der verschiedenen wirtschaftlichen Lage beider bestehen, doch unterschiedlich für das Eingehen dieses Vertragsverhältnisses. Kann der Verpächter in der Regel seinen Lebensunterhalt auch darstellen, wenn er nicht verpachtet, so kann der Pächter dies in der Regel eher nicht.

Dem Verpächter bringt die Pacht einen Zugewinn über seinen durch die eigene Arbeitskraft erwirtschafteten Ertrag hinaus, d.h. er erhält einen Anteil vom Produkt fremder Arbeitskraft. Gerade umgekehrt ist die Situation des Pächters, der von dem Produkt seiner Arbeitskraft abgeben muss. Wahrscheinlich könnte er den Lebensunterhalt seiner Familie nicht gewährleisten, würde er nicht ein solches Vertragsverhältnis eingehen.

Gelingt es ihm nicht, sich durch sich einstellenden wirtschaftlichen Erfolg auf Dauer aus dieser Lage herauszuarbeiten, so entsteht eine Situation zunehmender Abhängigkeit, die vonseiten besonders der Großgrundbesitzer verschärft wird durch die nur kurzfristige Gewährung solcher Zupachtmöglichkeiten. Diese Zunahme der wirtschaftlichen Abhängigkeit lässt aus dem Pachtverhältnis zwischen gleichberechtigten Partner ein Klientelverhältnis entstehen, in dem zunehmend wirtschaftliche mit poli-tischen Interessen verbunden werden.

Diese Pachtverträge bilden eine ergiebige Quelle für den Reichtum der Khane, fließen ihnen je nach Umfang des Pachtgegenstands bis zu 80% des Ernteertrages des Pächters zu. Ist die Zahl an Pachtwilligen gering, so erklärt sich leicht aus diesem Mangel an Arbeitskraft und dem Ertrag, der zusätzlich aus der Verpachtung erwirtschaftet werden kann, die Rivalität der Khane untereinander.

Da es den Pächtern je nach dem Grad ihrer Unabhängigkeit erlaubt ist, weitere Pachtverträge zu anderen khanan zu haben, ist jeder Khan um die Bindung der Pächter an sich bemüht und um deren Alleinvertretung und dem damit verbundenen Zuwachs an Reichtum und letztlich auch politischer Macht.

Durch diese Verpachtungen beginnt der Aufbau einer mehr oder weniger vom Verpächter abhängigen Klientel. Das Ausmaß der Abhängigkeit ändert sich mit der zunehmenden Verarmung der Klienten und entwickelt sich zu einem festen Abhängigkeitsverhältnis zu nur einem Khan.

Je weiter die Abhängigkeit der Klienten voranschreitet, umso weniger frei sind sie in ihren politischen Entscheidungen. Es wird von ihnen Loyalität gegenüber dem Khan erwartet, zumal sie zu ihm in einem wirtschaftlichen Abhängigkeitsverhältnis stehen, das über die Erhaltung ihrer Lebensgrundlage entscheidet. Diese wirtschaftliche Abhängigkeit bringt sie in eine Lage von jetzt politischer Bedeutung, da von ihnen auch das Eintreten für die Interessen des Khan bei den Versammlungen, d.h. bei gesellschaftlichen Entscheidungen, erwartet wird.

In der Anfangszeit dieses Klientelverhältnisses entsprach der Begriff sicherlich auch der Wirklichkeit einer vertraglich geregelten, jederzeit kündbaren Partnerschaft. Mit dem Fortschreiten der Entwicklung wandelte sich aber dieses Klientelverhältnis von einem gleichberechtigt partnerschaftlichen in ein Abhängigkeitsverhältnis, das verbunden ist mit Pachtverträgen, die immer mehr zur Lebensgrundlage des ehemaligen Vertragspartners werden. Diese Lebensgrundlage war in Frage gestellt, wenn das Pachtverhältnis und damit das Abhängigkeitsverhältnis erlosch.

Erst mit der Veränderung der Stellung von khan und hamsaya innerhalb der Gesellschaft hin zu einem Abhängigkeitsverhältnis mit gesellschaftlichen und politischen Auswirkungen bekamen auch die Begriffe neue Bedeutungen, die dann in ihrem Endstadium für ein Abhängigkeitsverhältnis stehen, das dem der europäischen Leibeigenschaft sehr nahe kommt. In diesem Zusammenhang ist dann die Bedeutung des Wortes „hamsaya" dieselbe oder eine ähnliche wie die des europäischen Leibeigenen.

In diesem fortgeschrittenen Stadium der Khansmacht hatte sich der wirtschaftliche Reichtum des Khan gewandelt in gesellschaftlichen Einfluss zur Durchsetzung seiner politischen Interessen. Voraussetzung für diese Ausübung politischer Macht war der erfolgreiche Aufbau einer Klientel als einer Gefolgschaft, die ihm verpflichtet war durch die Gewährung wirtschaftlicher Vorteile. Die Khane „rekrutierten ihre Klientel hauptsächlich aus Pächtern, die ihr Ackerland bestellten" (Glatzer S 176).

Der Khan musste über Reichtum verfügen, wollte er Gefolgsleute an sich binden können. Diesen setzte er ein, um durch üppige Gastmähler und sonstige Geschenke seinen Einfluss innerhalb seiner gesellschaftlichen Umgebung, also auch über den Rahmen der ihm bereits verpflichteten Klientel hinaus, zu stärken.

Diese Mehrung gesellschaftlichen und politischen Einflusses war kein Selbstzweck sondern führte auch zu einem weiteren Anwachsen seiner wirtschaftlichen Macht. Denn er beeinflusste Entscheidungen zu seinen Gunsten und sammelte Pächter um sich, die für ihn arbeiteten. Aber solange seine Machtposition innerhalb seiner Gesellschaft nicht unumstritten war, drohte ihm immer Gefahr vonseiten der anderen Khane, die um dieselbe gesellschaftliche Stellung mit ihm wetteiferten.

Von daher drängte aus der gegeben Situation der Rivalität der Khane untereinander die bisherige gesellschaftliche Rolle und Stellung des Khans dazu, sich zu einer gesellschaftlichen Institution zu verfestigen, einer militärisch abgesicherten Machtposition. Und solange diese gesellschaftliche Machtposition nicht abgesichert war, war der Khan auch immer darauf angewiesen, sich die Loyalität derer zu erhalten, die ihm noch nicht wirtschaftlich verpflichtet waren.

Dazu reichte ab einem bestimmten Niveau der Konzentration von Reichtum und gesellschaftlicher Macht der wirtschaftliche Einfluss alleine nicht mehr aus. Er musste dann auch gegen Übergriffe der Rivalen abgesichert und seine Gefolgschaft militärisch geschützt werden. „Einen Khan erkannte man früher an seinem Schwert, ... einer, der sich selbst und seine Anhänger verteidigen kann" (Glatzer S 182).

Und wenn sie nicht bereits anderweitig ihm gegenüber verpflichtet waren „musste er sich die Loyalität seiner Anhänger durch ständige Kriegserfolge erhalten" (Glatzer S 186). Denn solange der Khan noch nicht über die Machtmittel verfügte, auch von ihm noch wirtschaftlich unabhängige Gesellschaftsmitglieder zur Gefolgschaft zwingen zu können, sahen diese nur die Notwendigkeit, „sich bei konkreten Anlässen ad hoc zu kurzen militärischen Aktionen unter befristet gewählten Anführern zu organisieren" Glatzer S 187).

Es entwickelte sich ein dialektisches Verhältnis, in dem der Erfolg die Festigung der Khansmacht verstärkte und die Festigung der Stellung des

Khansamtes innerhalb der Gesellschaft die Voraussetzungen für weitere Erfolge schuf. Denn der Zuwachs an gesellschaftlicher Festigung führte zu einer höheren Bereitschaft, ihm Gefolgsdienste zu leisten. Wuchs die Masse derer, die bereit sind, Gefolgschaft zu leisten, erhöhte das die Wahrscheinlichkeit militärischer Erfolge.

Mit dem zunehmenden Erfolg des Khans und der schwindenden Unabhängigkeit der restlichen Gesellschaftsmitglieder wandelte sich diese ursprüngliche Position des Gleichen unter Gleichen hin zu einer Stellung, die ausgestattet war mit Machtmitteln bis hin zu militärischen. Beim Fortschreiten seines Machtzuwachses war er in der Lage, die Machtmittel anzuwenden, ohne daran von einer anderen gesellschaftlichen Institution eingeschränkt werden zu können. Der Khan war zur zentralen Machtinstanz des Gemeinwesens geworden.

Nach Glatzer erkennen auch die Nomaden von Gharjistan die Bedeutung einer zentralen Machtinstanz in der Gestalt der Khane für den Erfolg von Gesellschaften, obwohl sie bei ihnen selbst noch nicht über eine verfestigte Machtposition verfügten. „Das Fehlen zentraler politischer Führer" wird empfunden „als Manko und Zeichen politischer und sozialer Uneinigkeit und damit von Schwäche" (Glatzer S 180/1). „Handlungs- und entscheidungsfähige größere Verbände sind ihnen nicht ohne khanan denkbar" (Glatzer S 182). Besonders bei der Durchsetzung von Interessen scheint eine koordinierende übergeordnete Instanz unabdingbar.

Dabei überwiegt bei ihnen im Verhältnis zwischen Khan und Gesellschaft das Wunschbild „eines in sich harmonisierenden Verbandes", geführt von einem mit zentraler Entscheidungsgewalt ausgestatteten Khan, „dessen Macht auf freiwilliger Anerkennung und Gefolgschaft aller Mitglieder des Verbandes beruht" (Glatzer S 181).

Ein weiteres Motiv für die Existenz der Khane als einer Form von Machtzentrale besteht neben dem der Interessenvertretung nach außen in der Begegnung und Abwehr äußerer Bedrohung. „Andererseits ist der Druck von außen auf die Nomaden von Gharjistan nicht groß genug, um sie zur Bildung von größeren politischen Verbänden und damit zur Etablierung von politischen Zentralinstanzen zu zwingen" (Glatzer S 183).

Schutz nach außen und die Schaffung stabiler politischer Verhältnisse nach innen waren die Wünsche und auch gesellschaftlichen Notwendigkeiten, die die Entwicklung hin zu zentralen Machtinstanzen trieben, sei es als Khan oder als ein in seiner Funktion veränderter Malik.

So wandelte sich die ursprünglich freiwillige Gefolgschaft gegenüber einem politischen Führer (Khan oder Malik) zur Durchsetzung oder zum Schutz gemeinsamer Interessen über den Weg der wirtschaftlichen Abhängigkeit in eine politische Herrschaft des Khans über die Gesellschaft. Die Gefolgschaft ist nun nicht mehr freiwillig sondern Bestandteil und Bedingung der wirtschaftlichen Abhängigkeit, abgesichert durch militärische Macht nach innen und außen

Fautz beschreibt am Beispiel des Swattals die Voraussetzungen und das Entstehen der Khane, wobei bedacht werden muss, dass im Swattal bei Übernahme der Herrschaft durch die Paschtunen schon feudalistische Verhältnisse geherrscht zu haben scheinen, in die die Paschtunen dann als neue herrschende Klasse über die zinspflichtigen Ansässigen eingetreten sind.

Die Besitzverhältnisse stellten sich so dar, dass die Paschtunen als herrschende Klasse der Grundbesitzer am Ende des 19. Jahrhunderts nur etwa ein Zwanzigstel der Bevölkerung des Swattals ausmachten. Sie beherrschten den restlichen produktiven Teil der Bevölkerung der Bauern, Hirten und Handwerker. Die Besitzer des Landes bearbeiteten es nicht und die, die es bearbeiteten, besaßen es nicht.

Ähnlich wie die Grundherren des europäischen Mittelalters betrieben auch die paschtunischen Feudalherren nicht selbst Ackerbau, sondern lebten von den Abgaben ihrer Zinspflichtigen, die Ackerbau betrieben auf dem Grund und Boden der Feudalherren. Je größer der Landbesitz umso größer die Zahl derer, die für die paschtunische Sippe oder Familie arbeiteten.

In den Dörfern des Swat lebten die Grundherren mit ihren Hörigen (Bauern, Handwerkern, Hirten usw) zusammen. Dabei waren die Dörfer, wenn sie nicht Wohnort einer einzigen Sippe (Familie) war, aufgeteilt nach Sippenvierteln, die von jeweils einer Sippe bewohnt wurden. Der bedeutendste Grundherr innerhalb einer Sippe wurde von den anderen Sippenmitgliedern und mitunter auch anderen Sippen als militärischer Führer (Khan) anerkannt.

Das Anwesen des Khan verfügte über einen Wehrturm, der die Häuser und Hütten der weniger reichen Paschtunen und der Zinspflichtigen überragte. In seinem Anwesen waren junge Paschtunen zusammengezogen zum Schutz vor nächtlichen Überfällen. Auch die größten Kornspeicher befanden sich auf seinem Besitz. Hier mussten die zinspflichtigen Bauern nach der Ernte ihre Abgaben abliefern. Allein schon durch diese Ausstattung und Funktionen zeichnete sich das Anwesen des Khan als Machtzentrale aus.

Was nach der Abgabe des Zinses für die übrig blieb, die ihn erarbeitet hatten, reichte in der Regel nicht aus zum Überleben. Deshalb waren sie auf die Speisungen durch den Grundherrn angewiesen. Diese fielen umso üppiger aus, je ergiebiger die Ernte gewesen war. Das geschah nicht aus Selbstlosigkeit.

Weil der Handel mit den städtischen Zentren noch nicht so stark ausgebaut war, wäre der Getreidevorrat verrottet. Mit seinen Armenspeisungen und

Festmählern für seine paschtunischen Stammesgenossen erkaufte sich der Khan die Unterstützung der anderen Paschtunen und hielt andererseits seine Hörigen in Abhängigkeit, die ohne diese Speisungen des Feudalherrn nicht überleben konnten. Das war den Grundherrn nur möglich, weil sie auf Grund der hohen Bevölkerungszahl des Swattals die Parzellen so klein halten konnten, dass deren Ertrag für die Familien der Hörigen nicht ausreichte nach Abzug aller Abgaben.

Aber nicht nur die Bauern waren den Grundherren hörig sondern auch die Handwerker. Zwar lebten sie meist in eigenen Häusern, hatten eigenes Werkzeug, verfügten aber nicht über eigene Grundstoffe. Diese wurden ihnen von den Grundherren zugeteilt. Für ihre Arbeit wurden sie wie die Bauern mit einem Teil der Ernte entlohnt.

Hier wird ein bereits sehr weit vorangeschrittener Zustand wirtschaftlicher und sozialer Abhängigkeit beschrieben, der sich im Wesentlichen aus der schon vorher vorhandenen Hörigkeit der Bauern gegenüber ihren früheren, nichtpaschtunischen Feudalherren erklären lässt. Aber das Beispiel verdeutlicht die Entstehung der Machtkonzentration unter den Mitgliedern der herrschenden paschtunischen Feudalklasse.

Grundlage der gesellschaftlichen Machtposition der Khane war die wirtschaftliche Abhängigkeit ihrer Klientel. Dadurch waren Abhängigkeitsverhältnisse entstanden, in denen die Verpflichtung gegenüber oder Unterwerfung unter den Khan größer war als die persönliche Entscheidungsfreiheit. Auf dieser Basis einer ihnen verpflichteten und untergeordneten Klientel hatte sich ihr gesellschaftlicher Einfluss entwickelt, später ihre politische und dann auch militärisch abgesicherte Macht.

Auf diesem gesellschaftlichen Entwicklungsniveau war die Einschränkung der individuellen Freiheit die Voraussetzung für die Bildung staatsähnlicher Einheiten. Es „kann nicht zur Ausbildung stabiler politischer Verbände führen, wenn jeder ständig die Gefolgschaft kündigen kann" (Glatzer S 184). „Khanan mit faktischer Macht können sich nur auf der Basis wirtschaftlich Abhängiger bilden..." (Glatzer S 184).

Mit dem Aufstieg eines Khans zum lokalen Herrscher, nachdem er die auf lokaler Ebene rivalisierenden in ihrer Bedeutung zurückgedrängt hatte, setzte sich die Rivalität auf der regionalen Ebene fort. Denn einerseits wurden durch seine lokale oder tribale Machtposition andere Stammeseinheiten oder lokalen Nachbarn zu einer ähnlichen Entwicklung gezwungen, wollten sie nicht Gefahr laufen, durch die gewachsene Macht in ihrer Nachbarschaft unter Druck zu geraten. Andererseits trat dieser erstarkte lokale Khan durch seinen Machtzuwachs in Rivalität zu anderen lokalen Khanen, die schon eine ähnliche Stellung in ihrem Bereich innehatten.

Die Rivalität, die auf der lokalen Ebene entschieden war, setzte sich nun auf der regionalen fort nur unter anderen Bedingungen mit anderen Auswirkungen. Größere Mengen an Kämpfern standen sich auf größeren Schauplätzen gegenüber, wenn diese Rivalitäten militärisch ausgetragen wurden. Und von diesen Auseinandersetzungen waren dann nicht mehr nur die Gefolgsleute des Khans betroffen, sondern auch die gesamte Bevölkerung.

Ähnlich den Fürsten in Europa, die zur Vermeidung solcher Konflikte und auch zur Durchführung übergeordneter militärischer Operationen einen Kaiser wählten, wählten auch die Khane im afghanischen Raum einen Khan der Khane, den khanadani khan, einen afghanischen König.

Glatzer stellt einen Unterschied her zwischen den oben beschriebenen khanan, die ihre Position auf Grund persönlichen Einflusses und wirtschaftlicher Macht errungen haben und dem khanadani khan, dessen Macht auf einem Erbrecht beruht, wobei er aus einem Entwicklungsprozess ein juristisches Thema macht

Denn so wie sich die Anhängigkeit der Klientel gegenüber den khanan als ein Prozess darstellt, der zu in ihrem Ausmaß unterschiedlicher, aber sich in ihrer Tendenz verstärkender Abhängigkeit führte, so ist auch das Ausmaß der Macht der khanan unterschiedlich, aber in ihrer Tendenz sich verstärkend und verfestigend. Das letzte Stadium dieser Verfestigung ist die erbliche Machtposition über einen zentralisierten Staat, wie sie sich in Europa in Form von Fürsten, Königen und Kaisern dargestellt hatte. So weit war aber die Entwicklung in Afghanistan bis zur Abdankung des letzten Königs nicht vorangeschritten. Allein aus dieser vorzeitig abgebrochenen Entwicklung muss erklärt werden, weshalb der Prozess der Erblichkeit der Königswürde in Afghanistan nicht bis zur unumstrittenen Position der selbstverständlichen Vererbung der Königswürde gelangen konnte.

Glatzer führt diese Erblichkeit zurück auf eine besondere Abstammungslinie innerhalb der Durrani-Föderation, die sich durch besondere „Vornehmheit" auszeichnete, quasi eine „khan-Lineage". Diese „khankhel" bezeichnet er als unantastbar und über dem Gesetz stehend, was dem europäischen „absoluten" Monarchen vergleichbar ist. Aus dieser „khankhel" sei Ahmad Shah hervorgegangen, der 1747 den modernen afghanischen Staat gegründet hatte.

Diese Position führt er einerseits genealogisch zurück als Zwangsläufigkeit, die sich ergibt aus der Abstammung gerade aus diesem privilegierten „Adelsgeschlecht". Andererseits stellt Glatzer aber auch fest, dass Ahmad Shah gewählt worden war, dass also seine Macht nicht aus der Vornehmheit seiner Abstammung als vielmehr aus dem Mandat entstand, das ihm die Führer der anderen Stämme erteilt hatten. Insofern ist seine

Theorie aus seiner eigenen Darstellung der Entwicklung heraus schon nicht schlüssig.

Zudem kam Ahmad Shah aus einem der zahlenmäßig schwächsten der Durrani-Stämme. Es liegt also die Vermutung nahe, dass er dieses Amt nicht wegen seiner Abstammung erhalten hatte sondern eher, weil wegen seiner geringen Hausmacht sein Machtzuwachs leichter kontrolliert werden konnte. Er war somit auf Grund der zahlenmäßigen eigenen militärischen Verbände immer auf die Bereitschaft der anderen Stammesführer angewiesen, ihm Folge zu leisten. Die eigenen schwachen Verbände hätten es ihm nur schwer ermöglicht, andere Stammesführer zur Gefolgschaft zu zwingen. Von ähnlichen Überlegungen sind auch immer wieder die Kaiserwahlen im deutschen Reich bestimmt gewesen. Solche Überlegungen, gepaart mit seinen sicherlich hohen militärischen Fähigkeiten, dürften eher den Ausschlag für die Ernennung Ahmad Shahs gegeben haben als dynastische und mythologische Hintergründe, die mehr der Mythenbildung entsprangen und der Weitergabe durch Autoren.

Aber wie in Gharjistan als auch im Swattal so drängte die Khansmacht auch beim Khan der Khane zur Erblichkeit, d.h. zur Weitergabe dieser Machtstellung an die nachfolgende Generation in der eigenen Abstammungslinie, um damit nicht zuletzt auch das Amt selbst in seiner Existenz und seiner Funktion für die Gesellschaft zu sichern. Im Gegensatz zu den Versuchen mancher Autoren, daraus eine juristische Situation zu konstruieren, der die nötigen oder richtigen Gesetze fehlten, um die Erblichkeit zu sichern, handelt es sich bei der Weitergabe der Khansmacht einzig um eine Kräftefrage.

Weder die Macht der Khane noch die des Königs waren in Afghanistan durch eine Erbfolgeregelung juristisch abgesichert. Für die Königsmacht gelang das erst in Ansätzen kurz vor ihrem Zusammenbruch in den 1970er Jahren. Bis dahin war sie immer auf die Tolerierung durch maßgebliche gesellschaftliche Kräfte angewiesen, besonders im Königshaus selbst. Und letztlich bestand ihre Überlebensgarantie immer darin, wie weit es gelang, bedrohliche Kräfte physisch auszuschalten, durch Bedrohung in Schach zu halten oder sie durch Zuwendungen zu gewinnen.

Mit der zunehmenden Festigung der zentralen politischen Instanz des Königtums über Afghanistan verfügte der König über eine neue Form der Machtsicherung, die Verleihung eines Amtes an ihm Ergebene, vergleichbar der europäischen Praxis der Vergebung von Lehen. So hatte der afghanische König im Zuge der Paschtunisierung des Nordwestens Khane ernannt „und stattete sie mit Machtmitteln, nämlich mit Geld und militärischen Funktionen, aus" (Glatzer S 182). Im Gegenzug stellten die Khane dem König dafür Soldaten zur Sicherung und Durchsetzung seiner

Macht. „Selbst der König gab ihm Geld und Fazel stellte dem König 100 Soldaten zur Verfügung" (Glatzer S 181).

Später wurde diese Vergabepraxis fortgesetzt durch die englische Kolonialverwaltung, wobei es sich aber dann nicht mehr um ein Vasallenverhältnis handelte sondern vielmehr um ein „Amt" im Rahmen der „indirect rule" innerhalb des englischen Kolonialsystems.

Die Engländer hatten aus ähnlichen Überlegungen heraus die Bildung eines Fürstentums Swat unterstützt, da ihnen ein gefügiger Fürst lieber war als eine Schar rebellischer Stammesführer. Sie hatten nicht nur nicht eingegriffen, als der Khan des Swattals seinen Einflussbereich zu Lasten der anderen paschtunischen lokalen Machthaber ausgedehnt hatte. Sie hatten ihn darüber hinaus noch mit allen dazu notwendigen Mitteln ausgestattet. In dieser Darstellung Fausts liegt das Motiv begründet, das nicht nur die Engländer an der Bildung einer zentralen Machtinstanz interessiert sein ließen, auch die paschtunischen Stämme unterstützen diese Entwicklung, soweit sie nicht die Verlierer in dieser Entwicklung waren.

Die Khane waren vonseiten des Staates oder der Kolonialverwaltung selbst unterstützt oder sogar installiert worden, um sowohl die Nomaden aber auch die Sesshaften besser verwaltbar zu machen und sie unter anderem auch der staatlichen Steuerhoheit zu unterwerfen.

Die Machtkonzentration bei den von König und englischer Kolonialverwaltung geförderten Khanen führte zwangsläufig zu einer ähnlichen gesellschaftlichen Entwicklung bei solchen Stämmen, die die Gunst von König und Kolonialverwaltung nicht genossen und sich vom Erstarken dieser Favoriten bedroht fühlten.

Mit der Entwicklung der Feudalgesellschaft war die Aufspaltung der Gesellschaft in zwei Klassen verbunden, die sich in ihren wirtschaftlichen Interessen gegenüberstehen, Khane und Großgrundbesitzer auf der einen Seite und die als hamsaya bezeichnete Klasse der in unterschiedlich stark ausgeprägter Abhängigkeit Lebenden und die Landlosen. Diese unterschiedlichen wirtschaftlichen Interessen führten in ihrer Vertretung zu entgegengesetzten politischen Interessen.

Landbesitz war die Voraussetzung für die Unabhängigkeit eines Paschtunen. Besitzlose wie Pächter oder Landarbeiter nahmen auf Grund der Besitzverhältnisse zwangsläufig eine untergeordnete Stellung ein, weil sie als Nicht-Landbesitzende über einen wesentlichen Bereich des gesellschaftlichen Lebens nicht mehr mitentscheiden können.

Denn wichtiger Bestandteil der Versammlungen (dschirgas) waren nicht zu letzt Entscheidungen, die den Grundbesitz betrafen. Insofern waren mittlerweile viele Stammesmitglieder von der Teilnahme an diesen Entscheidungen ausgeschlossen, da sie ja nicht mehr die Besitzer des Landes waren, das sie bewirtschaften. Ihre politischen Rechte hatten sie für diesen Bereich des Stammeslebens bereits eingebüßt.

Ein wesentlicher Teil der Entscheidungen über das Stammesleben wurde nicht mehr wie in der urkommunistischen Stammesverfassung von allen Stammesmitgliedern getroffen sondern nur noch von den Landbesitzenden alleine. Mit der zunehmenden wirtschaftlichen Aufspaltung der Gesellschaft in zwei verschiedene Gruppen von Stammesmitgliedern, den Landbesitzenden und Landlosen, entwickelte sich die politische Spaltung in solche mit weniger und mehr politischen Rechten.

Es beginnt die Herausbildung zweier verschiedener Klassen innerhalb der Stämme, die vergleichbar sind mit den Lehnsherrn und Vasallen des Feudalismus in Europa. Dieser Status ist untrennbar verbunden mit dem Besitz oder Nichtbesitz von Land, wobei die politische Spaltung der Gesellschaft in Freie und Unfreie in Afghanistan aus den weiter oben beschriebenen Gründen zwar schon im Schwange war, sich aber noch nicht als feudalistischer Normalzustand durchgesetzt hatte. Der Unfreie ist gegenüber dem Freien verschuldet und muss diesem deshalb Dienste erbringen, um diese Schuld zu tilgen.

Die Landlosen und Unfreien haben immer weniger Einfluss auf die Entwicklung des Stammes. Es entsteht die Herrschaft der Freien über die Unfreien, der Landbesitzenden über die Landlosen. Je weniger Einfluss die Landlosen auf die Gesetze des Stammes haben, um so mehr wird im Interesse der Besitzenden entschieden, umso größer wird die Zahl der Landlosen und umso größer der Besitz der Landbesitzer. Der Unfreie hat nicht nur sein Land verloren sondern auch seine politischen Rechte.

Mit der Herausbildung des privaten Grundbesitzes und dessen zunehmender Konzentration in immer weniger Händen wird einem großen Teil der Stammesangehörigen die Lebensgrundlage entzogen. Gleichzeitig nimmt die Bevölkerung, wenn auch langsam aber doch ständig zu in den angestammten Siedlungsgebieten.

Der Druck innerhalb der Stämme erhöhte sich zweifach. Einerseits war die Menschenmenge angewachsen, andererseits stand einem Teil dieser Menschen durch die Entstehung und Ausweitung des Privatbesitzes am Boden immer weniger Land für ihren Lebensunterhalt zur Verfügung. Intensivierung der Landwirtschaft war auf dem niedrigen Entwicklungsstand der Stämme sehr eingeschränkt, und die Erschließung neuer Ackerflächen war nur dort konfliktfrei möglich, wo sich Land befand, das von niemand anderem beansprucht wurde.

Auch Wachstum und Ausdehnung fremder Völker machten Druck an den Grenzen des eigenen Siedlungsraumes und schränkten den Lebensraum der kleineren, schwächeren oder rückständigeren Gesellschaften mehr und mehr ein.

Mit dieser Not steigt die Bereitschaft zu gewaltsamen Lösungen innerhalb der verschiedenen Gliederungen der Gesellschaft sowohl untereinander, aber auch gegenüber fremden. Es wachsen Druck und Drang, sich das Land oder auch das Wasser der benachbarter Familien, Sippen, Stämme oder Völker anzueignen, um das eigene Überleben zu sichern. Die Lösungen auf dem damaligen Entwicklungsniveau menschlicher Gesellschaft und der wirtschaftlichen Möglichkeiten bestanden einerseits nach außen in der kriegerischen Auseinandersetzung, also der Eroberung fremden Landes, oder andererseits nach innen in der Abspaltung oder Vertreibung eigener Bevölkerungsteile.

Auch wenn diese kriegerischen Auseinandersetzungen vordergründig nicht immer um Land geführt wurden, sondern oftmals auch als Beutezüge der Besitzlosen endeten, so ist der Hintergrund doch die als Lebensgrundlage nicht für alle ausreichend verfügbare Ackerbaufläche. Ein weiterer Versuch, diese Knappheit zu überwinden, sind die Wanderbewegungen, d.h. Auszug oder Vertreibung von Teilen der Bevölkerung aus dem angestammten Siedlungsgebiet zur Landnahme in andere Regionen.

Wanderung und Landsuche

Die Auszüge von Stammesmitgliedern oder Vertreibungen ganzer Stämme stellen eine Entspannung der Ernährungslage und Entschärfung der politischen Spannung innerhalb der Stammesgesellschaft dar. Wanderbewegungen fanden statt zu den unterschiedlichsten Zeiten der menschlichen und gesellschaftlichen Entwicklung, immer wieder wenn die Lebensgrundlagen nicht mehr ausreichten und keine anderen Möglichkeiten gefunden wurden, diese zu erweitern. Wobei aber das Problem nur von der angestammten Region verlagert wurde in eine neue Weltgegend. Denn oftmals waren auch die Zielgebiete bereits besiedelt.

Bei denen, die das ursprüngliche Siedlungsgebiet verließen, dürfte es sich in erster Linie um Besitzlose gehandelt haben und solche, die vom Ertrag ihres Landes nicht mehr leben konnten. Diejenigen, die über ausreichenden Landbesitz verfügten, werden keinen Grund dazu gesehen haben. Dabei muss davon ausgegangen werden, dass es sich bei den hier beschriebenen Wanderbewegungen um solche handelte, die unter den oben beschriebenen Bedingungen der Aufteilung der Gesellschaft in Landbesitzende und Landlose, Freie und Unfreie stattgefunden haben, denn ab diesem Zeitpunkt findet erst Geschichtsschreibung statt und Dokumentation der Ereignisse im afghanischen Raum.

Sicherlich hatte es auch schon früher Wanderungen gegeben, nur kann für diese nicht mehr eindeutig geklärt werden, unter welchen gesellschaftlichen Bedingungen sie erfolgten. Auch in den Zeiten der urkommunistischen Verfasstheit der Stämme wird es wahrscheinlich zu solchen Bewegungen gekommen sein, wenn die Lebensgrundlagen durch das Bevölkerungswachstum nicht mehr ausgereicht hatten. Aber es wird sich um andere gehandelt haben als die der hier beschriebenen Epochen, wo der Boden „künstlich" verknappt wurde durch dessen Konzentration in weniger Händen infolge des Aufkommens des Privatbesitzes.

Nicht nur der Raum des heutigen Afghanistan, auch die europäische Geschichte ist durchzogen von Völkerwanderungen, die zur Eroberung durch fremde Völker und Vertreibung oder Unterwerfung der ansässigen geführt hatten.

Viele Wanderungen hatten geendet mit dem Untergang der wandernden Völker (Kimbern, Teutonen) oder dem Verlust ihrer Identität in den neuen Siedlungsgebieten (Vandalen, Goten). Manche Völker bereicherten sich durch Raub und Plünderung und zogen sich wieder zurück in ihre angestammten Gebiete. Andere wieder vertrieben oder töteten die ansässige Bevölkerung und nahmen deren Land zur Bewirtschaftung in Besitz. Wieder andere setzten sich selbst als Herren über die ansässige Bevölkerung ein und machten diese zu Sklaven oder Vasallen, lebten also von deren Arbeitskraft. Diese verschiedenen Strategien durchmischten sich und waren auch immer abhängig von dem unterschiedlichen Entwicklungsstand sowohl der einfallenden als auch der ansässigen Bevölkerung und den im Zielgebiet vorgefundenen Bedingungen.

So waren Hunnen und Mongolen als nicht Ackerbau betreibende Nomadenvölker nicht an der Übernahme der Landwirtschaft der unterworfenen Völker interessiert, weil sie sie auch nicht beherrschten. Sie nahmen sich durch Raub den in Wertgegenständen geronnenen Ertrag dieser Bauernvölker und zogen sich zurück, um nach Jahren und Jahrzehnten zurückzukehren und den wieder erwirtschafteten Reichtum erneut in Form von Wertgegenständen (Gold, Silber usw.) zu rauben.

Anders die Römer. Sie unterwarfen die Völker, die auf niedrigerem Entwicklungsniveau standen wie z.B. die Kelten oder Germanen. Sie nahmen nicht nur deren Land in Besitz und bewirtschafteten es mit ihren höher entwickelten Methoden der landwirtschaftlichen Nutzung. Sie lösten das Problem der nicht ausreichenden Lebensgrundlagen durch die Trennung von Boden und Arbeitskraft, durch die Trennung von Produktionsmittel und Produzent.

Durch Versklavung und Sklavenhandel gelang es ihnen, die Arbeitskraft in einem viel höheren und effektiveren Maße auszubeuten. Sie verschifften die menschliche Arbeitskraft in Form von Sklaven aus den Regionen, in denen gemessen am Ertrag die Arbeitskraft nicht optimal genutzt werden konnte, in solche Regionen, wo es an Arbeitskraft mangelte, um die Ertragsmöglichkeiten von Landwirtschaft und Bergbau optimal auszunutzen.

Später, die germanischen Eroberer Galliens und Norditaliens hingegen trugen der Tatsache Rechnung, dass infolge der Kriege und Verwüstungen der nachrömischen Zeit weite Landstriche entvölkert waren und staatliche Ordnung weitgehend fehlte. Sie integrierten sich in den alten Kulturlandschaften, deren Völker sich auf einem höheren kulturellen und wirtschaftlichen Niveau befanden, und trugen bei zur Stabilisierung des Landes und seinem erneuten wirtschaftlichen Aufstieg.

Hier konnten die Eroberer als Ergänzung auftreten, da sie selbst Landwirtschaft Treibende waren, für die Ackerflächen bereitstanden, die sie andererseits den Ansässigen größtenteils nicht wegnehmen mussten. Ihre Siedlungspolitik führte nicht zu erneuter Vertreibung der bisher Ansässigen, sondern eher zu einer Stabilisierung der politischen Verhältnisse.

Auch im afghanischen Raum hatten über Jahrhunderte Eroberungszüge und Einfälle fremder Völker stattgefunden, die entweder zur Ausplünderung der Länder geführt hatten oder zur Unterwerfung, Vertreibung oder Vernichtung von Völkern, deren Länder die Eroberer in Besitz nahmen, bis diese dann dasselbe Schicksal ereilte wie die Völker vor ihnen.

Zu Beginn des 16. Jahrh. „drang ein Stämmeverband mohammedanischer Afghanen in das Swat ein und unterjochte die alteingesessene Bevölkerung" (Fautz S 39). Das Ursprungsgebiet dieser Stämme bezeichnet Fautz als die Gegend zwischen Gazni im Norden und Kandahar im Süden. Ein Teil der ursprünglichen Bevölkerung floh „in die schwer zugänglichen und siedlungsfeindlichen Hochgebirgstäler" (Fautz S 41). Andererseits berichtet Wald für denselben Zeitraum von einer Landnahme von Paschtunen aus dem Swattal, den Yusufzi, im Becken von Khost.

Der Ablauf dieser beiden Wanderbewegungen ist zum Teil widersprüchlich, was aber hier nicht weiter erörtert werden soll, da es sich auf Grund der unzulänglichen Quellenlage bei dieser Erörterung um unnötige Spekulation handeln würde, die für die Erkenntnis über den Ablauf solcher Wanderbewegungen wenig ertragreich wäre.

Offensichtlich ist aber, dass im Zeitraum des 16. und 17. Jahrhunderts eine größere Wanderbewegung und Verschiebung der Siedlungsgebiete im paschtunischen Siedlungsraum stattgefunden haben muss, die erstmals dann auch Niederschlag in der Geschichtsschreibung als zusätzlicher Ausdruck gegenüber der mündlichen Überlieferung gefunden hat.

Die Auslöser dieser Wanderbewegungen können anhand von Quellen nicht belegt werden. Unklar sind Ursprungsgebiet und Weg dieser Stämme. Handelt es sich um denselben Stamm oder verschiedene? Auch die zeitliche Festlegung stammt aus Überlieferungen der von den beiden Autoren Befragten, sind also auch wieder nur mittelbare Quellen.

Vielmehr scheinen die Gründe dieser Wanderbewegungen eher äußere gewesen zu sein als innere, denn sie finden fast zeitgleich statt und bringen solch große Menschenmassen in Bewegung, dass das auslösende Moment entweder in Naturkatastrophen oder in den Bewegungen einer größeren Macht in diesem Raum zu vermuten ist. Über Jahrhunderte hatten hier die Dynastien der Safawiden und Großmogul geherrscht. Diese hatten ständig versucht, ihren Herrschaftsbereich auf Kosten der hier siedelnden Stämme auszudehnen oder aber auch auf Kosten des jeweils anderen Großmacht. So berichtet Fautz über jahrzehntelange Versuche der Safawiden bis ins 19. Jahrhundert hinein, das Swattal zu erobern.

Denkbar ist, dass solche Eroberungsversuche der Safawiden oder der Moguln in, dem Swattal vorgelagerten, Gegenden eine Vertreibungs- und Fluchtwelle ausgelöst hatten, die zu dem beschriebenen Einbruch der Paschtunen ins Swattal und das Khoster Becken geführt hatten.

In wieweit die innerhalb der Stammesgesellschaften sich vollziehenden Veränderungen der Besitzverhältnisse zu diesen Wanderungen beigetragen haben, kann anhand von Quellen nicht bestimmt werden. Es scheint aber Tatsache zu sein, dass durch Verschiebungen in den Kräfteverhältnissen innerhalb dieser Großregion und sicherlich auch durch den gestiegenen Bevölkerungsdruck Teile der Ghilzai-Föderation als sogenannte Bergpaschtunen aus dem Sulaimangebirge, dem ursprünglichen Siedlungsgebiet der Ghilzai, in die Ebenen um Kandahar eingebrochen sind.

Dieser Vorgang ereignete sich zeitgleich mit dem und begünstigt durch den Niedergang der herrschenden Safawiden im Westen und den Großmoguln in und um Kabul. Der Erfolg dieser Kampagne ist sicherlich nicht zuletzt auch aus dieser Schwächesituation der damals herrschenden Völker zu erklären. Deren Dynastien hatten sich in erster Linie der Handelswege und der leichter bebaubaren Täler und Becken bemächtigt und sich darauf beschränkt, hier ihre Herrschaft auszuüben und zu sichern. Die unzugänglichen Täler der Hochgebirge waren von ihnen meistens gemieden worden.

Die Siedlungsverteilung der Ghilzai, aber auch der anderen Stämme beschreibt eine Übersichtskarte von Ch. Jentsch (siehe Anhang), die wahrscheinlich die damals im Jahre 1972 aktuelle Siedlungssituation der Stämme und ihrer Gliederungen wiedergibt. Deutlich erkennbar ist die hohe Konzentration von Stämmen und Stammesgliederungen gerade in diesem angestammten Gebiet der Stammesföderation der Ghilzai. Sie liegen zwischen dem unwirtlichen Hochgebirge des Hindukusch und dem ebenfalls eng besiedelten Gebiet der Waziri-Föderation.

So blieb ihnen als aussichtsreichste und auch verlockendste Alternative nur der Weg nach Süden in die Ebenen um Kandahar, dem Herrschaftsgebiet der schwächelnden Dynastie der Safawiden. Verlockend, weil gerade das Gebiet um Kandahar als eines der fruchtbarsten Afghanistans gilt.

Bedenkt man, dass die vorliegende Siedlungskarte die Situation nach diesem Auszug von Ghilzai-Angehörigen darstellt und dazu noch 200 Jahre nach diesem Ereignis, so kann man sich anhand der noch heute geltenden Siedlungsdichte vorstellen, wie bedrohlich die Ernährungslage in dem ursprünglichen Stammesgebiet gewesen sein muss.

Diese großen Wanderbewegungen der paschtunischen Stämme kommen im 17 Jahrhundert zu ihrem Ende. Mit Ahmad Schah Durrani, der von den Abdali-Stämmen zum gemeinsamen König gewählt worden war, begann die Herrschaft der Paschtunen über den Raum des heutigen Afghanistan. Nach ihm benannten sich die Abdali nun um in Durrani. Sie dehnten ihr Siedlungsgebiet westlich von Kandahar aus in die Gebiete der Tadschiken und Safawiden hinein.

Für das Auftauchen der Abdali/Durrani auf der geschichtlichen Bühne gibt es kaum Quellen. Da aber unter dem Namen der Durrani (Abdali) ab dem 18. Jahrhundert eine weitere Wanderungswelle begann, die die „Paschtunisierung" des westlichen und nordwestlichen Afghanistan nach sich gezogen hatte, erscheint es interessant, der Frage ihrer Entstehung nachzugehen, um ein besseres Verständnis über die Siedlungswellen und Landnahme zu erhalten und die sich daran anschließenden gesellschaftlichen und politischen Entwicklungen.

Bekannt ist, dass Stämme der Ghilzai aus ihrem alten Siedlungsgebiet im Osten des Landes als Bergpaschtunen in Richtung Kandahar gezogen waren. Hatten sie bereits vor ihrem Auszug als Ghilzai-Föderation bestanden oder hatte sich diese Föderation sozusagen als eine Zweckgesellschaft zur Durchführung dieser bevorstehenden Wanderung gebildet, vergleichbar den Föderationen der Germanen bei ihrem Auszug aus ihren alten Siedlungsgebieten westlich des Rheins?

Wer waren aber nun die Abdali? Waren sie neben den Ghilzai auch eine der Stammesföderationen, die unter dem Begriff „Bergpaschtunen" diese Wanderung angetreten hatten und die Ghilzai nur die bekannteren oder zahlreicheren? Wurden sie erst später im neuen Siedlungsgebiet zu einer eigenen Föderation, also eine Geburt aus den Ghilzai heraus, oder handelte es sich hier um einen Stammesverbund, der eine eigene Wanderung in dieses Gebiet vorgenommen hatte, in dem sie heute hauptsächlich siedeln? Waren sie eine paschtunische Stammesföderation, die schon vor dem Eintreffen der Ghilzai dort gesiedelt hatte? Das Unverständnis, das über die afghanischen Stämme herrscht, ist nicht zuletzt auch geschuldet solchen Vorgängen wie der Umbenennung der Abdali in Durrani und einiger nordafhganischer Stämme in Nuristani.

Es waren die Abdali als Durrani, von denen die Staatsbildung, ausgehend vom Kandahar-Becken, in Angriff genommen worden war und die mit der „Paschtunisierung" des Südens, Westens und Teilen des Nordens Großgrundbesitz und Feudalismus installierten. Daraus wird bei einigen Verfassern ein Gegensatz konstruiert zu den Ghilzai-Paschtunen, die als die eher „demokratischen", die Abdali/Durrani als die eher „feudalistischen" Paschtunen dargestellt werden.

Diese Verschiedenheit wird dargestellt als der Ausdruck unterschiedlicher Charaktereigenschaften, sozusagen eines unterschiedlichen „Volkscharakters", wie beispielsweise der Freiheitsliebe oder der Kampfeslust usw. Die Vertreter dieser Sichtweise sehen darin entweder eine unterschiedliche genetische Disposition bei den zwei Stammesföderationen oder eine unterschiedliche „politische" Ausrichtung oder Verfasstheit.

Dabei ist aber die sogenannte demokratische Ausrichtung der Ghilzai historisch gesehen die frühere, da sie bereits vor der Entstehung der Durrani-Föderation bestanden zu haben scheinen. Von der Entwicklung der Gesellschaftsformen her aber wäre sie als demokratische die spätere, da Demokratie die Herrschaftsform des Bürgertums ist. Es werden also Begriffe verwendet, die zur Verwirrung führen, da sie auf gesellschaftliche Entwicklungszustände angewendet werden, die so noch gar nicht vorlagen zu dem Zeitpunkt, über den berichtet wird.

Die unterschiedliche Verfasstheit des Stammeslebens bei den Ghilzai in den angestammten Siedlungsgebieten und die der Abdali als Durrani in den neuen ist weniger der Ausdruck von mehr oder weniger demokratischem Bewusstsein als vielmehr Ausdruck einer unterschiedlich weit vorangeschrittenen gesellschaftlichen Entwicklung. Es sind nicht irgendwelche Besonderheiten eines Stammes selbst, die die ausschlaggebende Bedeutung ausmachen sondern die Verhältnisse, unter denen sich ein solcher Stamm entwickelt.

Zudem handelte es sich bei den Ghilzai wie auch bei den Abdali/Durrani um Föderationen, d.h. Zusammenschlüsse verschiedener Stämme, die unter Umständen über ganz verschiedene Abstammungslinien verfügen können. Es handelte sich dabei also weniger um eine genetisch-verwandtschaftliche Zwangsläufigkeit sondern eher um eine politische Entscheidung nach individuellen Interessen.

Aus der Darstellung von Jentsch aus dem Jahre 1972 lässt sich eine Erkenntnis gewinnen, die die Vermutung stützt, dass es sich bei den Abdali um Ghilzai-Stämme gehandelt hat, die sich später als Abdali-Föderation zusammenschlossen. Die Karte zeigt im ursprünglichen Siedlungsgebiet der Ghilzai im Suleiman-Gebirge eine hohe Konzentration verschiedener Stämme. Deren Dichte nimmt ab, je weiter man sich vom Ursprungsgebiet entfernt.

Obwohl es sich immer noch um paschtunisches Siedlungsgebiet handelt, wird die Zahl der in einem Gebiet siedelnden Paschtunenstämme geringer, je weiter das Siedlungsgebiet vom Suleimangebirge entfernt liegt. Das bedeutet nicht, dass die Bevölkerungszahl in den weiter entfernten Gebieten geringer ist, höchstwahrscheinlich dürfte sie sogar größer sein, aber die Zahl der Stämme ist geringer auf vergleichbarer Fläche. Es spricht viel dafür, dass der Auszug der Ghilzaistämme ins Kandaharbecken kein einmaliger Vorgang war, sondern dass es sich um Wellen von Wanderbewegungen gehandelt hat, wobei die Neuankömmlinge sich hinter den bereits siedelnden Stämmen in das Gebiet der Safawiden immer weiter hineinschoben, soweit es deren militärische Schwäche zuließ.

Dabei fällt auf, dass die Namen der Stämme, die sich im alten Siedlungsgebiet der Ghilzai finden, in dem neuen nicht mehr auftauchen. Es ist anzunehmen, dass ganze Stämme geschlossen das alte Gebiet verließen hatten und mit dem Stamm auch der Name des Stammes im alten Siedlungsgebiet gelöscht worden ist.

Für diesen Ablauf spricht, dass die Stammesnamen der „ersten" Wanderperiode, die mit dem 17. Jahrhundert endete, nur in den alten oder in den neuen Gebieten in Erscheinung treten. Anders hingegen verhält es sich mit der „zweiten" Wanderwelle im 18. Jahrhundert. Jetzt tauchen die Namen der Stämme aus der Kandahar-Region auch in den neuen Siedlungsgebieten auf.

Die ursprünglich östlich von Kandahar siedelnden Popalzai finden sich auch einige hundert Kilometer westlich bei Herat wieder. Die Nurzai südöstlich von Kandahar siedeln nach der zweiten Welle auch südlich von Herat und sind nach der dritten Welle, die unter Abdur Rahman am Ende des 19. Jahrhunderts stattfand, sogar im Norden Afghanistans am Kunduz zu finden. Die Ishakzai sind von ihrem ursprünglichen Siedlungsgebiet westlich von Kandahar aufgebrochen in die Region nördlich von Herat, von dort in einer weiteren Welle nordwestlich von Herat und dann noch einmal in den Norden, westlich von Mazar e Sharif.

Bei all diesen Wanderungen wurden die ansässige tadschikische, usbekische und turkmenische Bevölkerung überlagert und zum Teil vertrieben, soweit sie nicht, ähnlich wie die Ansässigen im Swattal unter den neuen Herren ihre alte Stellung als Zinspflichtige beibehielten.

Es lässt sich bei diesen Wanderungswellen ein wiederkehrendes Muster ablesen: Die Stämme im Ausgangsgebiet des Suleiman-Gebirges, die zur Zeit der Bestandsaufnahme im Jahre 1972 dort gesiedelt hatten, erscheinen in keiner anderen Region Afghanistans unter ihrem Stammesnamen wieder. D.h. sie haben ihr ursprüngliches Stammesgebiet behauptet und vermutlich durch die Vertreibung anderer Stämme aus diesem Gebiet die erste Wanderungswelle ausgelöst, die zum Einbrechen der Popalzai, Achekzai, Barakzai und Nurzai in das Kandaharbecken geführt hatte.

Für diese Vermutung spricht auch die Bildung der Föderationen, die wir auch zur Zeit der europäischen Völkerwanderungen beobachten können. Angesichts der Bedrohung durch die Hunnen, die wachsende Bevölkerung und die mangelnden Ausweichmöglichkeiten durch die römischen Grenzbefestigungen sahen sich germanische Stämme, die in früheren Zeiten noch stark untereinander verfeindet waren, zum Zusammenschluss zu einer Föderation unter dem gemeinsamen Oberbefehl gezwungen, um sich als größerer militärischer Verband des Druck der nachfolgenden Völker erwehren oder die römische Grenzsicherung überrennen zu können.

Ähnliches wird auch in der hier untersuchten Zeit im Siedlungsgebiet der Paschtunen vor sich gegangen sein. Die hohe Konzentration von Stämmen führte vermutlich zu ständigen Reibereien und Auseinandersetzungen zwischen ihnen im alten Siedlungsgebiet des Suleimangebirges. Die Bildung der Föderationen scheint also abhängig von einem hohen Grad an Konzentration und Konfrontation der Stämme untereinander. Für diese Annahme spricht auch die Tatsache, dass sich in späteren Zeiten im Zuge der Paschtunisierung des Westen und Nordens keine solchen Föderationen mehr bilden, da hier der Druck der ständigen gegenseitigen Bedrohung nicht mehr vorhanden war.

Vermutlich werden deshalb die um Kandahar siedelnden Stämme sich zur Abdali-Föderation zusammengeschlossen haben, um der Bedrohung zu begegnen, die allein durch die Existenz der Ghilzai-Föderation, aber auch der Waziri-Föderation jederzeit bestanden hatte. Zudem bestand für die Abdali/Durrani immer auch Gefahr aus ihrer Position als Eroberer. Solange die Safawiden nicht ganz geschlagen waren, musste auch mit deren Rückeroberungsversuchen gerechnet werden und mit Erhebungen der unterworfenen tadschikischen Bevölkerung, die vorher das Land innegehabt hatte.

Hier im Kandaharbecken fanden die Abdali hervorragende Lebensbedingungen, nachdem sie die Strukturen der zusammengebrochenen Safawiden übernommen und die siedelnden Tadschiken überlagert hatten. Aber auch hier werden im Laufe der Zeit die Lebensgrundlagen knapp, da zu den bereits siedelnden Tadschiken nun die Paschtunen noch hinzugekommen waren und sich in viel größerem Maße als im Suleimangebirge Großgrundbesitz entwickelt und in wenigen Händen konzentriert hatte.

Die Folge war eine zweite Wanderungswelle, die nun aber nicht mehr als Vertreibung vonstatten gegangen zu sein scheint sondern als ein „freiwilliger" Auszug von Stammesteilen. Diese schienen sich dem ursprünglichen Stamm immer noch verbunden gefühlt und deshalb auch unter diesem Namen in den neuen Gebieten gesiedelt zu haben. Es hatte sozusagen eine Zellteilung stattgefunden.

Glatzer schreibt über diese erneute Wanderungswelle in den Norden, dass die Neusiedler in mehreren Schüben aus dem Gebiet Kandahar, Farah und Shindand über die Hauptwanderrouten der Nomaden kamen. Sie kamen nicht nur als Clans sondern zum Teil auch als einzelne Haushalte oder kleinere Gruppen von Haushalten, die verwandtschaftlich verbunden waren. Diese Neusiedler gaben oftmals ihre Besitzrechte in den alten Siedlungsgebieten nicht auf, sondern vererbten sie an Nachkommen oder verpachteten das Land.

Diese neuen Ansiedlungen gehen wie im Kandaharbecken auch auf Kosten der ursprünglich ansässigen Bevölkerung. Auffällig ist, und das spricht für den unter den Paschtunen friedlichen Ablauf der Landnahme, dass die neu siedelnden Stämme sich geografisch hinter den bereits von anderen Paschtunenstämmen bewohnten Regionen ansiedelten. Es wurde also nicht mehr versucht, Paschtunen zu vertreiben, sondern man nahm im Uhrzeigersinn um die Hochgebirge herum Land in Besitz, das noch nicht von anderen Paschtunenstämmen besiedelt war.

Alle diese neuen Stammesgebiete im Westen, Nordwesten und Norden waren, soweit es sich um Paschtunen handelte, Ableger der Stämme, die im Kandaharbecken bereits siedelten. Einzig ganz im Norden siedelt ein Ableger der Tokhi, die auch im Suleiman-Gebirge zu Hause sind, vermutlich eine Folge der von Abdur Rahman geförderten Paschtunisierungs- und Umsiedlungspolitik Ende des 19. Jahrhunderts.

Hatten sich die Stämme um Kandahar noch zu einer Föderation zusammengeschlossen, den Abdali später Durrani, so ist bei den späteren Neubildungen von Stämmen (Baluch, Daudzai) keine Bildung von Föderationen mehr festzustellen.

Auffällig ist die Ähnlichkeit der afghanischen Wanderbewegung mit den Völkerwanderungen Europas, die zwar unterschiedlich sind in ihrer Intensität und den politisch-geschichtlichen Auswirkungen, die aber von ihren Anlässen bis zu ihrem Ablauf und dem letztlichen Zusammenschluss einzelner Stämme zu großen Föderationen nahezu identisch sind, obwohl diese Ereignisse geographisch Tausende Kilometer und zeitlich fast ein Jahrtausend voneinander entfernt abliefen.

Es ist daraus zu schließen, dass solche historischen Vorgänge mit einer Zwangsläufigkeit abgelaufen sind, die einzig bestimmt war durch den Entwicklungsstand der gesellschaftlichen Verfasstheit der Akteure. Es scheint auf diesem Entwicklungsstand menschlicher Gesellschaft keine andere Möglichkeit gegeben zu haben, als dem Schwinden der Lebensgrundlagen zu begegnen durch Landsuche in neuen Lebensräumen und den damit verbundenen Begleiterscheinungen von Vertreibung oder Unterwerfung, Krieg und dem Untergang ganzer Völker.

Solange es den Menschen nicht gelingt, neue Verfahren der Steigerung landwirtschaftlicher Produktion zu finden oder sich neuen Lebensraum zu erschließen, scheint das Überleben auf dem damaligen Entwicklungsstand nur aufkosten anderer Völker möglich. Die Betonung liegt dabei aber eindeutig auf dem Entwicklungsniveau, auf dem sich menschliche Gesellschaft zu diesem Zeitpunkt befand. Diese Form der Suche nach neuem Lebensraum kann nicht als Rechtfertigung für Landraub, Völkermord und Krieg späterer, höher entwickelter Gesellschaftsformen herhalten.

So haben die Kriege in den Zeiten des Kapitalismus, auch wenn als solche ausgegeben wurden zur Erringung neuen Lebensraums, nicht den Hintergrund einer Gesellschaft, die auf den Ertrag aus der Landwirtschaft alleine angewiesen war. Der Lebensraum der kapitalistischen Gesellschaft ist der Markt und nicht Grund und Boden. Der Krieg war da nur Mittel zur Erweiterung des Marktes oder der Erzwingung des Zugangs zu einem Markt.

Neben der Teilung der Gesellschaft in Landlose und Landbesitzende erklärt der Ablauf von Vertreibung, Wanderung und Landnahme in der vorfeudalistischen Gesellschaft die Entstehung des Großgrundbesitzes, der wie bereits Kraus (Afghanistan 1974) schon vermutet, nur durch die private Aneignung von Stammesland zustande gekommen sein kann.

Die Schwierigkeit im Erkennen dieses Sachverhaltes liegt für uns Nachzeitige in der Unvorstellbarkeit, dass Paschtunen andere Paschtunen oder Germanen andere Germanen vertrieben, um sich deren Landes zu bemächtigen. Wir als Heutige betrachten sie als das eine Volk, als das sie sich selbst damals nicht wahrgenommen haben dürften. Sie nahmen sich eher wahr als Einheiten, die mit anderen Stämmen oder Sippen um die knappe Lebensgrundlage Boden konkurrierten. Ein nationales Bewusstsein als einer paschtunischen Nation ist ein Bewusstsein, das dem Denken der damaligen Paschtunen fremd war, so wie es auch den meisten Deutschen des ausgehenden 17. Jahrhunderts fremd war, sich als Deutsche zu sehen. Sie waren Sachsen, Preußen, Bayern usw und vielleicht noch nicht einmal das.

<u>Die Sesshaffen</u>

Die Herausbildung von Stammesadel und der daran anschließenden Staatsbildung erklärt sich aus der Teilung der urkommunistischen Stammesgesellschaften in Landlose und Landbesitzende einerseits und aus der Vertreibung und Wanderung von Stämmen andererseits.
Eine Gesellschaft wie die vorfeudalistische, in der sich bereits die Entstehung zweier Klassen mit nicht nur unterschiedlichen sondern sogar entgegengesetzten Interessen entwickelt hatte, bedurfte einer anderen gesellschaftlichen Organisation als eine Gesellschaft, deren Mitglieder untereinander wirtschaftlich und politisch gleich waren.
Der Unterschied zur urkommunistischen Gesellschaft besteht im privaten
Landbesitz. Diese veränderte wirtschaftlich-gesellschaftliche Situation
muss in entsprechende Normen und Regeln gefasst werden, die einerseits
die Verhältnisse zwischen den Besitzenden untereinander und andererseits
zwischen den Besitzenden und Landlosen regeln. Das kommt auch im
geänderten Männerbild und Eigentumsdarstellung des Paschtunwali und
später in der Scharia zum Ausdruck.
Da aber die Landlosen in allen Fragen des Landbesitzes keine Grundlage
mehr haben, werden die Entscheidungen bezüglich des Landes in den
Versammlungen von denen getroffen, die über Land verfügen, was bedeutet, dass die Entscheidungen in ihrem Interesse als Landbesitzende getroffen werden.
Das Interesse der Landlosen, wieder in den Besitz von Land zu kommen ist
innerhalb dieser gesellschaftlichen Ordnung aber dann nur noch gegen die
Interessen derer möglich, die die Besitzer des Landes sind. Aber selbst
wenn die urkommunistischen Besitzverhältnisse innerhalb der Stämme
wieder hätten hergestellt werden können, würde das Land nicht mehr
gereicht haben, die gestiegene Bevölkerung zu ernähren.
Insofern stellten die Landlosen eine Keimzelle ständiger Unzufriedenheit
und Bedrohung dar. Es wuchs die Neigung zur gewaltsamen Austragung
dieser Konflikte innerhalb des Stammes je verzweifelter die Lage einzelner
Familien und Stammesgliederungen geworden war. Die afghanische Geschichte ist trotz der hohen Achtung, die sowohl das Paschtunwali als auch
die Sharia fremdem Eigentum an Land beimessen, durchdrungen von
heftigen Kämpfen um Land und Wasser. Diese Kämpfe werden nicht nur
ausgetragen zwischen den Verbänden verschiedener Abstammung sondern
gehen bis tief hinein in die Familien selbst.
Ersatz für das Land, das den Landlosen verloren gegangen war, konnte
nicht beschafft werden, solange die Ausdehnung des Stammeslandes an

den Grenzen scheiterte, die andere Stämme der Ausdehnung entgegensetzten. Sowohl die Stammesmitglieder untereinander als auch die verschiedenen Stämme selbst lebten in gegenseitiger Bedrohung voreinander, so dass zu der Bedrohung von innen auch noch die Bedrohung von außen hinzukam durch Nachbarstämme, die sich gegenseitig nach Land und Wasser trachteten.

Diese andauernde Konfliktlage und die ausbrechenden kriegerischen Auseinandersetzungen zwischen Familien, Sippen, Stämmen führten nach und nach zur Aufgabe der „demokratischen" Verfasstheit dieser vorfeudalistischen Gesellschaften und zur Herausbildung eines ständigen Oberbefehls, der in der Lage sein musste, schnell auf Gefahren durch benachbarte Sippen oder Stämme zu reagieren.

Aber auch die inneren Bedrohungen konnten nicht mehr nach dem Konsensprinzip der Stammesversammlungen gelöst werden, wenn es Stammesmitglieder mit unterschiedlichen Interessen gab und unterschiedlich starker Vertretung und Durchsetzungsmöglichkeiten dieser Interessen innerhalb des gesellschaftlichen Gefüges.

So wandelte sich das Konsensprinzip der Stammesversammlungen zum Konsensprinzip der Landbesitzenden, dadurch dass sie untereinander durch das gleiche Interesse verbunden waren, ihren Landbesitz zu erhalten. Zwischen den Interessen der Besitzenden und Besitzlosen war schlecht Übereinkunft herzustellen. Es wird also neben dem Garanten der äußeren Sicherheit auch Garanten der inneren Sicherheit gegeben haben müssen.

Diese Aufgabe wird im Verlaufe der weiteren Entwicklung zum Feudalismus dem Staat zufallen. Sein Auftrag wird darin bestehen, die Interessen der verschiedenen gesellschaftlichen Gruppen so zu behandeln, dass ein Auseinanderbrechen der Gesellschaft verhindert wird, ohne dass die bestehende Ordnung bedroht wird. Das wird umso besser gelingen, je mehr es gelingt die inneren Spannungen abzubauen, indem durch Eroberungen neuen Landes den Besitzlosen Land zugewiesen werden kann. Der innere Druck in den Stämmen führt zur Vertreibung anderer Stämme. Die Wanderung paschtunischer Stämme ins Kandaharbecken wird auf eine solche Situation zurückzuführen sein.

Die Wandernden

Aber nicht nur die wandernden Stämme bedienten sich eines Oberbefehlshabers, sondern auch diese, die durch die Wanderbewegungen bedroht waren. Auch sie waren angesichts der Bedrohung gezwungen, ihre „demokratische" Struktur aufzugeben, soweit sie nicht bereits durch die oben beschriebene Entwicklung innerhalb der Stämme zur Klassenbildung in Landlose und Landbesitzer überlebt war.

Auch die abwandernden Stämme oder Stammesteile gaben zur Durchführung der Wanderbewegungen ihre „demokratische" Struktur auf und wählten Oberbefehlshaber. Diesen Vorgang kannten sie noch aus den alten Siedlungsgebieten. Er hatte sich für solche Aufgaben als vorteilhaft erwiesen. Stämme und Völker, denen es nicht gelang, die „demokratische" Struktur zugunsten eines zentralen Oberbefehls aufzugeben, liefen Gefahr unterzugehen.[1]

Auch Wald und Fautz berichten über solche militärischen Führer bei den Paschtunen, die in das Swattal und das Becken von Khost eingedrungen waren. Gleiches galt für die Paschtunen im Jawandgebiet, die wie Glatzer berichtet, aber erst später dort eingebrochen sind. Teile der einstigen Bewohner dieser Gebiete flohen in die umliegenden, schwer zugänglichen Gebirgstäler (Fautz).
Noch bis in die Neuzeit wählten einzelne Stammesgruppen der Nomaden in Afghanistan für die Zeiten des Viehtriebs einen solchen Führer (Mir-e-Zalweschti), um auf dem gefährlichen Marsch auf Überfälle vorbereitet und gerüstet zu sein. Selbst Pohly beschreibt noch in den 1980er Jahren für den Auszug paschtunischer Stämme aus den Bürgerkriegsgebieten während der sowjetischen Besetzung eine ähnliche Vorgehensweise der Neulandsuche. Hier aber wurden vor dem Auszug Gesandte nach Pakistan geschickt, um dort Neuland zu finden. Es musste in diesem Falle nicht militärisch erobert werden.

War diese Funktion des Oberbefehlshabers ursprünglich nur befristet auf die Dauer der Bedrohung oder des Feldzugs, so verlor dieses Amt zunehmend seinen befristeten Charakter, wurde verliehen auf Lebenszeit und wird später auch erblich. Der Wandel des Charakters dieses Amtes hängt mit den Umständen zusammen, unter denen dieses Amt ausgeübt wurde.

---

[1]

Ein Lehrbeispiel dafür in Europa ist die Geschichte der Kelten, denen es nicht gelungen war angesichts der römischen Bedrohung ihre gesonderten Stammesinteressen hintanzustellen. Erst mit dem Auftreten des Vercingetorix und der Unterordnung mehrer keltischer Stämme unter sein Kommando wurden die Kelten zu einer Bedrohung der römischen Legionen. Aber der geschichtliche Crashkurs, den die Kelten absolvieren mussten, konnte nicht die langjährigen Erfahrungen wettmachen, die die Römer seit Jahrhunderten gesammelt hatten in ihren Kämpfen unter einem gemeinsamen Oberbefehl. Dies und der fortdauernde Treuebruch einzelner Keltenstämme bestimmten ihre Niederlage und ihren Untergang in der Weltgeschichte.

Die Wanderbewegungen dauerten oftmals viele Jahre und Jahrzehnte und fanden immer statt unter Bedrohung. Die Normalität, die im Alltag der alten Siedlungsgebiete geherrscht hatte, war aufgehoben. Es herrschte ständiger Ausnahmezustand entweder auf dem Marsch selbst oder aber später in den Siedlungsgebieten, in denen man immer wieder auch mit den Gegenreaktionen der unterworfenen Bevölkerung rechnen musste. So wurde der auf Dauer gewählte Heerführer[2] zu einer Institution, auf die erst einmal nicht verzichtet werden konnte. Er gewann durch Erfolge an Ansehen und Einfluss. Sein Einfluss war erst einmal nur ein ideeller, begründet auf seine Kompetenz und Autorität.

Je länger diese Wanderbewegungen andauerten, je häufiger sie stattfanden, umso mehr wurde aus der Unterordnung unter einen Oberbefehlshaber ein Dauerzustand, der auch zur Umformung der bisher bestehenden gesellschaftlichen Ordnung führte.

Setzten sich die wandernden Völker durch gegen die ansässigen, so wuchs durch die Eroberungen nicht nur der Reichtum des Stammes sondern auch der des Oberbefehlshabers. Das eroberte Land und die Beute wollen verteilt sein. Maßgeblichen Einfluss auf die Umstände des Beutemachens und der Landverteilung hatte der Oberbefehlshaber. Seine Möglichkeiten, erobertes Land zu verteilen, mehrten seinen Einfluss und seinen Reichtum, was ihm erlaubte, Gefolgsleute an sich zu binden und nötigenfalls auch zu bezahlen oder ihnen sonstige Vergünstigen zukommen zu lassen.

Glatzer berichtet über die Besiedlung Nordafganistans unter Abdurrahman während des 19. Jahrhundertes, der für die Rekrutierung der Neusiedler und der Organisation ihrer Wanderung prominente Stammesführer beauftragt hatte, besonders solche, die auch als Offiziere in der königlichen Armee waren. Diese versuchten, diese Ämter innerhalb ihrer Familie zu halten und wurden dabei auch von der Regierung unterstützt. Bei der Vergabe des Landes versorgten die Führer sich gut. Gestützt auf ihre Machtposition erwarben sie selbst große Ländereien, die sie aber nicht zu eigener Viehzucht nutzten sondern verpachteten.

Zwar hatte es sich hier um eine von der Zentralmacht eingeleitete Siedlungswelle gehandelt, die unter anderen Umständen ablief als die, die in den Jahrhunderten zuvor abgelaufen sein dürften. Aber das Muster von Landerwerb und dessen Nutzung zum Erwerb und Erhaltung der Machtstellung der Organisatoren wird hier deutlicher beschrieben als in früheren Quellen und lässt auf eine ähnliche Vorgehensweise in früheren Zeiten schließen.

---

[2] Bei den Germanen nannte sich dieser Führer Her-zog, in dem die beiden Begriffe „Heer" und „ziehen" = wandern noch erhalten sind.

Der in der „demokratischen" Phase entstandene ideelle Einfluss der Führer der Föderationen und Stämme durch Kompetenz und Autorität wurde zunehmend auch ein materieller, gestützt auf Reichtum und Macht. Seine Erfolge, sein Ansehen und seine Gefolgsleute verliehen ihm Macht, die nicht nur gegen äußere sondern auch nach innen eingesetzt werden konnte gegen seine Gegner.

Solange sie umher gezogen waren auf der Suche nach neuen Siedlungsgebieten, waren sie alle Landlose gewesen. Bei ihnen war der materielle Unterschied erst einmal weggefallen. Dieser Klassenunterschied entwickelte sich erst wieder, sobald sie sesshaft geworden waren und über Land verfügten. Entweder entstanden wieder unter ihnen selbst die Klassen der Landlosen und Landbesitzer oder sie selbst als Eroberer wurden zur Klasse der Landbesitzer und die unterworfene Bevölkerung zur landlosen oder Klasse der Abhängigen, wie im Swattal dokumentiert durch Fautz.

Zwar war die Situation unterschiedlich bei den Stämmen, die im Siedlungsgebiet verblieben waren und jenen, die ihr Siedlungsgebiet verlassen mussten. Trotzdem kam es aber bei beiden zur Herausbildung desselben, gegenüber dem urkommunistischen Zustand der Stämme veränderten gesellschaftlichen Gefüges. Bei beiden entwickelten sich in den Landlosen und Landbesitzern zwei unterschiedliche Klassen, die sich politisch als Freie und zunehmend Unfreie darstellten.

Zum Schutz vor äußeren Feinden und zur Verwaltung der Gesellschaft nach innen hatte sich der Oberbefehl herausgebildet mit dem Stammesadel, der weitestgehend die „demokratische" Verfasstheit der Stämme ablöste. Bei den im Siedlungsgebiet verbliebenen Stämmen entwickelten sich Oberbefehlshaber und Stammesadel aus der Notwendigkeit, eine äußere Bedrohung abwehren und den inneren Frieden zwischen den Landlosen und Landbesitzenden aufrechterhalten zu müssen. Bei den Vertriebenen und Wandernden entwickelten sich Oberbefehl und Stammesadel aus der Notwendigkeit zur Organisation der Kampagne und der Absicherung etwaiger Eroberungen.

Entstehung des Feudalstaates

Sowohl im Swattal als auch im Becken von Kandahar waren die vorpaschtunischen Herrscher zunehmend dazu übergegangen, diese Länder an ihre Soldaten und Getreuen zu übergeben als Anerkennung für die geleisteten Dienste, als Verwalter der Eroberungen in ihrem Interesse oder aber anstelle von Sold. Sie hatten nicht nur das Land sondern auch die ursprünglich ansässige Bevölkerung, im Süden hauptsächlich Hazara und Tadschiken unterworfen und zinspflichtig gemacht. So entwickelte sich allmählich das

Lehnswesen durch die Vergabe eroberten Landes an Vasallen. Es blieb Besitz des Herrschers, der es den Vorbesitzern entrissen hatte. Die neuen Vasallen zogen aus dem Land ihren Gewinn.

Auch das Papier des Deutschen Orientinstituts begründet die Entstehung des Großgrundbesitzes als einen Akt feudalistischer Entlohnungs- und Stabilisierungspolitik, indem „Anführern von Krieger- und Stammesgruppen von den Herrschern Grundbesitz als Belohnung für Gefolgschaftsdienste übereignet wurde" (S 88).

Lakanwal stützt sich auf Reisner in seiner Behauptung, dass der „Auflösungsprozess der afghanischen (paschtunischen) ursprünglichen Gemeindeorganisation im 13. und 14. Jahrhundert" (Lakanwal S 136) eingesetzt hatte. Und unter dem Mogulreich waren bereits Ansätze einer Feudalordnung entstanden, indem die Moguln den Führer von Khattak, Khusal Khan, mit einem Landgut belehnten „gegen die Verpflichtung zur Treue und Kriegsdiensten" (Lankanwal S 136).

Mit dieser Landvergabe waren militärische und politische Führer an die Herrscher gebunden worden, was sie kontrollierbar machte. Das Lehen erfüllte den Wunsch nach Land, das die Völker in Bewegung gebracht hatte und zu Verwerfungen und Unruhe im afghanischen Raum wie auch in Europa geführt hatte. Die Vasallen und Pächter hatten Land zur Sicherung der eigenen Existenz und waren nicht mehr gezwungen, auf Eroberungszüge zu gehen, auch wenn man nicht der Besitzer des Landes war. Das gehörte zwar immer noch dem Lehnsherrn, aber dieser hatte keine Eroberungszüge der Landsuchenden mehr zu fürchten.

Mit der Treueverpflichtung standen dem Lehnsherrn zudem noch Truppen zur Verfügung, die er sonst immer wieder als potentielle Gegner auch hätte betrachten müssen. Diese unterstützten nun seine militärischen und politischen Pläne und sorgten auch gleichzeitig für Ruhe in dem Gebiet, das den Vasallen als Lehen übergeben worden war.

Mit dem Untergang der Safawiden und Moguln war auch deren landbesitzende Oberschicht untergegangen. Ihr Land und die vorgegebenen Strukturen waren von Ahmad-Schah übernommen worden. Auch die paschtunischen Herrscher begannen, „...an ihre Gefolgsleute Land zu vergeben. Diese Landvergabe war mit Kriegsdiensten und anderen Diensten verbunden" (Lakanwal S 136).

So kamen die Paschtunen in den Besitz der Ländereien der ehemaligen Oberschicht und der ansässigen tadschikischen Bevölkerung. Kandahar wurde zum kulturellen Zentrum der Paschtunen. Die Stellung der Khane wurde gefestigt und ihre Macht ausgebaut, indem ihnen Steuereinzug, die Verwaltung und die Militärhoheit über die Lehensgebiete übertragen wurde. Alle diese Maßnahmen beschleunigten die Entwicklung des Feudalsystems.

Aus den Notwendigkeiten, die sich aus dem festen Besitz heraus ergaben, entwickelten sich erste staatsähnliche Organisationen. Das Entstehen zweier Klassen mit unterschiedlicher Beteiligung am wirtschaftlichen und politischen Leben der Gesellschaft und völlig entgegengesetzten Interessen erforderte eine andere Organisation und Verwaltung der Gesellschaft als eine solche wie der urkommunistischen, in der alle Mitglieder mit gleichen Besitz- und politischen Rechten ausgestattet waren. Besitz erforderte Regelungen über seine Größe, Abmessungen und Weitergabe. Maßnahmen zu seinem Schutz mussten ergriffen werden und Maßnahmen gegen solche, die den Besitz nicht achten.

So gingen von den Ebenen des Südens und Westens erste Versuche einer Staatsbildung aus. Hier war die Entwicklung, die bei den Paschtunenstämmen des Osten erst begonnen hatte, bereits abgeschlossen: Das ehemalige Stammesland war weitgehend Privatbesitz geworden. Bezeichnend für den geschichtlich zwangsläufigen Zug zur Staatsbildung ist wiederum das Swattal, in dem sich mehr als dreißig kleinere staatsähnliche, sich gegenseitig bekämpfende Herrschaftsgebilde herausgebildet hatten. Diese wurden erst durch die Bildung des Fürstentums Swat mit Unterstützung der Engländer zu einem regierbaren größeren staatsähnlichen Verbund.

Wenn auch die Privatisierung des Bodens und die Herausbildung des Großgrundbesitzes unter den Ghilzai noch nicht so weit vorangeschritten waren wie unter den Durrani, so zeigte sich doch, dass der Bevölkerungsdruck in den ursprünglichen Siedlungsgebieten und die fortgeschrittene Aufspaltung der Gesellschaft in Besitzende und Besitzlose zu einer solch bedrohlichen Situation entwickelt hatten, dass selbst kleinste Stammesgliederungen dazu übergingen, eine staatsähnliche Organisierung der Gesellschaft zu aufzubauen.

Dass diese Entwicklung bei den Durrani schneller und weiter vorankam als bei den Ghilzai, war nicht auf ihren mehr oder weniger „demokratischen", den mehr oder weniger kriegerischen Charakter zurückzuführen oder sonstige Eigenschaften, die bei den Föderationen äußerlich verschieden zu sein schienen. Die Unterschiedlichkeit der Entwicklung ist einzig auf die Unterschiedlichkeit der Voraussetzungen für diese Entwicklung und die vorgefundenen Bedingungen zurückzuführen, unter denen diese Entwicklung ablief.

Dass sich unter den von einander verschiedenen Lebensbedingungen der Stämme auch unterschiedliche Charakterzüge, Einstellungen und Fähigkeiten herausbildeten, ist angesichts der Unterschiedlichkeit der umgebenden Welt naheliegend. Ein Überleben in solch verschiedenen Umgebungen war nur möglich unter Anpassung an diese Umgebung und unter der Herausbildung solcher Qualitäten, die ein Überleben und Bestehen ermöglichten.

Aus dem ursprünglich nur vorübergehend eingesetzten Oberbefehlshaber zur Abwehr akuter Gefahren von außen entwickelte sich eine dauerhafte gesellschaftliche Formation zur Abwehr der äußeren Gefahr und zur Stabilisierung der Gesellschaft nach innen. Diese Aufgabe war bald von einem Oberbefehlshaber alleine nicht mehr zu bewältigen. Mit der Zunahme der gesellschaftlichen Aufgaben wuchs die Zahl derer, die gesellschaftliche Aufgaben übernehmen mussten.

Sie waren nicht mehr in der Lage, zusätzlich auch noch für ihren eigenen Lebensunterhalt aufzukommen. Deshalb erhielten sie für diese Aufgabe im Interesse der Gesellschaft einen Ausgleich. Je mehr der Zeitaufwand für die Übernahme gesellschaftlicher Aufgaben wuchs, umso mehr nahm der Aufwand für den eigenen Lebenserhalt ab. Diese Aufgabe wurde zunehmend von der Gesamtgesellschaft übernommen.

Diese Gruppe, deren ursprüngliche Aufgabe der Schutz der Gesellschaft nach außen und die Aufrechterhaltung der Ordnung im Innern war, entwickelte sich zu einer gesellschaftlichen Gruppe, die sich zu einer gesellschaftlichen Klasse verfestigte, dem Stammesadel, der die Gesellschaft im Interesse der landbesitzenden Freien, denen er selbst angehört, verwaltet. Der Staat als Verwaltung einer Gesellschaft mit unterschiedlichen Klassen und unterschiedlichen Interessen entsteht.

Die Herausbildung der Klassen verschärft das Problem der unzureichenden Lebensgrundlagen durch die ungleiche Verteilung des Bodens. Die Bildung des Staates selbst bedeutet nicht die Lösung des Problems. Seine Aufgabe ist es, das Problem beherrschbar zu machen und die neu entstandene Gesellschaftsordnung zu garantieren. Einzig eine Verringerung der Bevölkerung oder des Bevölkerungswachstums ermöglicht auf dem damaligen Stand der wirtschaftlich-technischen Entwicklung eine dauerhafte Entspannung der gesellschaftlichen Situation.

Mit der Staatsbildung ist auch Herausbildung der Feudalstruktur mit seinem Großgrundbesitz ab einem bestimmten Niveau der menschheitsgeschichtlichen Entwicklung unvermeidbar. Unterschiedlich ist nur die Art und Ausformung dieser Feudalstruktur, abhängig von den naturräumlichen Gegebenheiten und den kulturellen Verschiedenheiten und Vergangenheiten der Völker. Unumgänglich ist auch auf dem Entwicklungsniveau, das die Stämme mittlerweile durch die Herausbildung des Privatbesitzes am Produktionsmittel Boden erreicht haben, die Herausbildung des Staates als einer neuen Form gesellschaftlicher Verwaltung.

Entstehung des Großgrundbesitzes

Bereits während der Herrschaft der Moguln und Safawiden hatten sich erste Feudalstrukturen herausgebildet. So hatte auch Nader-Schah (siehe nächstes Kapitel) an seine Soldaten im Raum von Kandahar Lehen vergeben und damit feudalistische Strukturen geschaffen bzw. bestehende übernommen.

Im Laufe der Jahre hatten sich diese Besitzstrukturen verfestigt. Noch immer war zwar der König der Lehnsherr und Eigentümer des Landes, aber den Vasallen wurden durch Lehnsbriefe die Genussrechte an dem gewährten Lehen bestätigt. Dennoch konnte der König jederzeit Länder konfiszieren und dem Kronland einverleiben. Hier liegt auch einer der Gründe für die häufigen Intrigen und Machtkämpfe zwischen dem König und den Grundbesitzern.

Solange die Besitzungen kein Eigentum waren, konnten sie jederzeit entzogen werden. Und bei jedem Herrscherwechsel trat erneut Unsicherheit auf über den Fortbestand der Besitzrechte, soweit man sich nicht der Gunst des neuen Herrschers gewiss war. Und selbst dann war es jederzeit möglich, in Ungnade zu fallen. Zudem bestand immer die Gefahr, dass Vasallen versuchten, das Land anderer Vasallen an sich zu reißen, indem man bei Hofe Intrigen gegen den Konkurrenten spann.

Besonders bei der Unterwerfung von unbotmäßigen Stämmen war jedes Mal wieder die Situation einer möglichen Neuverteilung des Landes gegeben. So ist überliefert, dass Nader Shah Anfang des 18. Jahrhunderts Abdali-Stämme nach deren Niederwerfung in seine Streitmacht integrierte und sie dann gegen Ghilzai-Stämme in den Kampf um Kandahar führte. Die Stämme der Abdali wurden mit den Ländereien der besiegten Ghilzai belohnt. Ein weiterer Beleg für die Behauptung, die auch von Kraus vertreten wird, dass die Entstehung des Großgrundbesitzes nur erklärt werden kann aus der privaten Aneignung von Stammesland durch die Stammesaristokratie.

Seit dem 18. Jahrhundert drangen die Paschtunen immer mehr auch in die nördlichen Gebiete Afghanistans vor. Die Ausbreitung des Großgrundbesitzes kann nur durch die Aneignung von ehemaligem Sippen- oder Stammesbesitz oder der oben beschriebenen Unterwerfung fremder Volksgruppen erfolgt sein, wie der Tadschiken im Süden, der Usbeken und Tadschiken im Norden oder der Hazara.

Ähnliche Feudal-Strukturen finden sich auch im nördlichen Hindukusch-Vorland. Hier waren die Usbeken und Tadschiken die Großgrundbesitzer und hatten die feudale Führungsschicht gestellt, bis unter Dost Mohammad die usbekischen Khanate unterworfen wurden und dem afghanischen Emir tributpflichtig wurden. Schon Elphinstone hatte erwähnt, dass Schenkungen durch den König zu Großgrundbesitz geführt hatten: „Endlich haben einige unmittelbar von der Krone große Schenkungen erhalten" (S 468).

Durch die Umsiedlungsmaßnahmen Abdur Rahmans fand eine zweite Verdrängungswelle durch die Paschtunen statt. Diese Verdrängung der ursprünglichen Feudalherrn und die Übernahme durch die Paschtunen verdeutlicht, dass die Feudalstrukturen nicht bestimmte Volksstämme gebunden sind, sondern dass es sich hier um eine allgemeine Erscheinung menschheitsgeschichtlicher Wirtschafts- und Gesellschaftsentwicklung handelt, die sich in den verschiedenen Regionen nur unterschiedlich ausprägt.

Dort wo die Paschtunen die Vorbevölkerung unterworfen oder vertrieben hatten, übernahmen sie die vorgefundenen Strukturen oder bildeten ihr eigenes Feudalsystem aus. Aber eine Entwicklung zum Feudalsystem findet auf jeden Fall statt.

Besonders seit der Herausbildung der Stammesaristokratien auch in den paschtunischen Stämmen beschleunigt sich das Wachstum des Großgrundbesitzes durch die häufiger werdenden kriegerischen Auseinandersetzungen unter den Stämmen und den damit verbundenen Dezimierungen der Bevölkerung, den Vertreibungen und Eroberungen von Ländern anderer Stämme und Völker (Tadschiken, Hazara, Usbeken und Turkmenen).

Die Hauptanbaugebiete der afghanischen Landwirtschaft befinden sich in den dichtbesiedelten Tälern und Becken im Osten des Landes, der baktrischen Tiefebene, den Hügellandschaften des Nordens und den Becken von Kandahar und Herat. Die größten Besitztümer haben sich im Süden und Westen des Landes im Raum Herat, Farah und Chakhansur, also dem Kernland der Durrani-Stammesföderation herausgebildet.

Da alles Land bis zur Zeit Amanullahs Kronland war, waren oftmals höhere Offiziere und Beamte vom König beim Ausscheiden aus ihrem Dienst mit großen Grundbesitz ausgestattet worden als Anerkennung ihrer Leistungen und zur Sicherung ihres Lebensunterhalts. Später kamen die Großhändler als Großgrundbesitzer hinzu, die ihre Gewinne aus dem Handel als Sicherheit in Form von Boden anlegten oder ihn von Schuldner in Besitz nahmen, die ihre Verbindlichkeiten nicht mehr erfüllen konnten. Hier, in den Gebieten der Durrani, war die Aufspaltung der Feudalgesellschaft in wenige Großgrundbesitzer und ein Heer von Kleinbauern, Pächtern und Landlosen am weitesten vorangeschritten.

Unter der Regierungszeit Amanullahs wurden die Nutzungsrechte der ehemaligen Vasallen in Eigentumsrechte umgewandelt. Nach der Verfassung von 1923 durften keine Enteignungen mehr vorgenommen werden. Weiteres Kronland wurde meistbietend versteigert.

Durch diese Verbriefung von Eigentumsrechten war die feudalistische Struktur abgeschlossen und hatte Allgemeingültigkeit und Rechtssicherheit im Lande erreicht. Sie stellte sich vielleicht in den verschiedenen Landesteilen unterschiedlich dar je nach dem Entwicklungsstand der Region und des Stammes, war aber das vorherrschende und allgemein gültige Wirtschaftssystem des Landes.

Diesem System waren alle Mitglieder der Gesellschaft unterworfen, unabhängig von ihrer Stellung in diesem System. Erst mit dem Aufkommen und Erstarken des Kapitalismus wird die universelle Bedeutung des Feudalsystems in Afghanistan in Frage gestellt.

Begünstigt durch die Paschtunisierungs- und Unterwerfungspolitik Abdur Rahmans in den 1890er Jahren im Hazarajat und Nordafghanistan, konzentriert sich Landbesitz von ungeheurem Ausmaß in den Händen einiger weniger Familien. Mit dieser Bildung ausgedehnten Großgrundbesitzes besonders im Süden, Südwesten und Westen des Landes ist auch ein Wandel in der Führung der Feudalgesellschaft festzustellen. Besonders im Bereich dieser Großgrundbesitze verschwindet die Stammesstruktur.

Daneben besteht weiterhin ein mehr oder weniger abhängiges Bauerntum in der Form der Dorfgemeinschaft, in der auch das Amt des Malik weiterhin Bestand hat. Er übernimmt zunehmend die Funktion eines Gemeindevorstehers. Aber auch diese Stellung wird immer mehr von den einflussreichsten Familien übernommen.

Da die Dorfbevölkerung in den meisten Fällen zur Gefolgschaft des Großgrundbesitzers gehört oder sonst in irgendeiner Form von ihm wirtschaftlich abhängig ist, wählen sie ihn zu ihrem Malik oder gar als Abgeordneten ins Parlament, wo sie, die meistens Analphabeten sind, sich von ihm eine Vertretung ihrer Interessen gegenüber staatlichen Instanzen erhoffen.

Wie bereits weiter oben schon erwähnt, kommt dem Malik im Laufe seiner Entwicklung mit dem Entstehen der staatlichen Strukturen eine Mittlerfunktion zu zwischen den Interessen des Staates und den Klienten des Malik. Im Auftrag der Zentralregierung erfüllt er die Erhebung und auch den Einzug der Steuern, wobei er sich dabei auf polizeiliche und militärische Unterstützung durch Kabul stützen kann.

Gerade aus dieser Konstruktion erwächst dem Malik große Machtfülle. Er stützt sich gegenüber den Dorfbewohnern auf die Macht der Zentralregierung, gegenüber der Zentralregierung auf die Unterstützung durch die

Landbevölkerung. Und wie groß dieser Einfluss war, hatte besonders Amanullah in den 1920er Jahren deutlich zu spüren bekommen. Zudem kann der Malik durch die Festlegung der Besteuerung zusätzlich Macht gegenüber der Landbevölkerung ausüben, weil es ihm obliegt, die Qualität des Landes und damit seine Steuerklasse festzulegen.

Mit diesem Funktionswandel in den Aufgaben des Malik wurde Korruption, Steuerhinterziehung und Steuerbetrug Tür und Tor geöffnet. Der afghanische Staat war bis in die jüngste Zeit nicht in der Lage, in weiten Teilen des Landes eine verlässliche und vor allem starke Verwaltung aufzubauen. Realistische Steuererhebungen existierten nicht, ganz zu schweigen von der Macht, die vorhandenen und ausgewiesenen Steueransprüche des Staates auch einzutreiben.

Wenn den Großgrundbesitzern als Malikan nun auch noch die Möglichkeit der Steuererhebung und des Steuereinzugs gegeben wurde, so verfügten sie einerseits gegenüber den anderen Landbewohnern über die Macht, sie über die Steuerbelastung in finanzielle Schwierigkeiten und Abhängigkeit zu bringen. Andererseits verschafft ihnen der Einzug der Steuern eine zusätzliche Einnahmequelle. Zu welchen Verwerfungen es dabei kommt in der Besteuerungsgerechtigkeit, lässt sich an anderer Stelle (Steuern als Grundlage der Staatsfinanzen) ersehen.

Der afghanische Staat hatte in den meisten Fällen nicht die Mittel, die rechtmäßige und korrekte Erhebung und Weitergabe der erhobenen Steu-ern zu überprüfen. Aber selbst wenn der Malik nicht aus der feudalistischen Oberschicht stammte, war er auf Grund der wirtschaftlichen Macht des Großgrundbesitzes und dessen Einfluss in Gesellschaft und Politik nicht in der Lage, gegen dessen Interessen zu entscheiden.

Erbrecht und Großgrundbesitz

Begünstigt wurde diese Bildung von Großgrundbesitz durch das Erbrecht. Ähnlich wie im europäischen Feudalismus haben sich auch in Afghanistan zwei Varianten des Erbrechts herausgebildet: die Realteilung entsprechend dem islamischen Recht (shariat) oder das Anerbenrecht nach dem Gewohnheitsrecht (adat).

Das Anerbenrecht erhält den Besitz als Ganzes, der bei Vererbung dann meist an den ältesten Sohn weitergegeben wird, wodurch gerade bei den im Süden und Südwesten siedelnden Paschtunenstämmen die Bildung von Großgrundbesitz gefördert wird.

Das Erbrecht hat nur die Zersplitterung des Besitzes verhindern können, erklärt aber nicht seine Entstehung. Kraus (Afghanistan 1974) verknüpft den Großgrundbesitz bei einigen Paschtunenstämmen des Südens und Südwestens mit der Anwendung des Gewohnheitsrechts bei der Vererbung, während die Zersplitterung des Grundbesitzes in den restlichen Paschtunengebieten mit der Realerbteilung nach dem shariat in Verbindung gebracht wird.

Hierin allein kann die Erklärung für das Weiterbestehen des Großgrundbesitzes nicht gesehen werden. Denn wären die Unterschiede im Erbrecht in den verschiedenen Regionen des Landes für die Zersplitterung des Bodens verantwortlich, so dürfte in den östlichen Paschtunengebieten kein Großgrundbesitz existieren. Er ist aber trotzdem in den Flusstälern und den großen Becken vorzufinden.

Selbst bei größerem Landbesitz würde sich die Fläche immer weiter verkleinern, wenn bei jedem Erbgang der Gesamtbesitz auf alle Erbberechtigten verteilt würde. Es muss also auch in den anderen Regionen und nicht nur bei den Paschtunen des Südens, Südwestens und Westens die Anwendung des Anerbenrechts vorgekommen sein, das die Übergabe des gesamten Besitzes an ein neues Familienoberhaupt vorsieht. Auch Kraus erwähnt (Afghanistan 1974), dass „nicht bei jedem Erbgang geteilt" wurde.

Wahrscheinlicher ist, dass das shariat die allgemeine Ausgestaltung über die Weitergabe des Besitzes darstellt und die Anteile der einzelnen Familienmitglieder und die genaueren Umstände regelt. So erhielten die Frauen „nur die Hälfte des Anteils der männlichen Erben" (Kraus Afghanistan 1974, S 230). Hierbei muss gesehen werden, dass die Frauen durch Heirat in andere Familien dort eine neue Versorgungsgrundlage erhielten zusätzlich zu ihrem Erbanteil, wohingegen die männlichen Nachkommen nur dann zusätzliches Vermögen erhielten über ihr Erbanteil hinaus erhielten, wenn sie eine Frau heirateten, die eine solches Erbanteil mit in die Familie einbrachten. Ansonsten waren sie gezwungen, ihre Familien aus ihrem eigenen Erbanteil zu ernähren.

Das adat hingegen regelt, in welcher Form diese Anteile und Anrechte auf die einzelnen Familienmitglieder ausgegeben werden. Familien, die über großen Landbesitz und Vermögen verfügen, konnten so das Land in vollem Umfang an ein neues Familienoberhaupt übergeben und den restlichen Familienmitgliedern Renten zukommen lassen oder sie mit einem Teil des mobilen Vermögens in Form von Geld oder Vieh abfinden. Familien, die über den Grundbesitz hinaus nicht über weiteres Vermögen verfügten, hatten keine andere Möglichkeit, als das Land aufzuteilen, wenn die einzelnen Familienmitglieder auf der Auslösung ihres Erbteils bestanden.

Die Feudalstruktur bis 1973

Obwohl der Großgrundbesitz in der afghanischen Landwirtschaft dominiert, wird die Bestellung des Landes durch kleine Betriebe vorgenommen. Allein ein Viertel der Betriebe, die von Eigentümern oder Pächtern bewirtschaftet werden, haben Flächen von weniger als einem halben Hektar. Ca 25% dieser Kleinstbetriebe sind Vollpachtbetriebe, d.h. die Betreiber sind nicht die Eigentümer des Landes.

Die Grundbesitzer verpachten ihr Land nur in kleinen Einheiten. Die geringe Menge an verfügbarem Boden und dessen Konzentration in wenigen Händen trifft auf ein Heer von Pachtwilligen. Hinzu kommt die große Zahl von Kleinbauern, die Land dazupachten müssen, weil sie vom Ertrag ihrer eigenen kleinen Betriebe ihre Familien nicht ernähren können. Diese Konstellation ermöglicht es den Verpächtern, den Pächtern sehr ungünstige Vertragsbedingungen aufzuerlegen.

Die Pacht wird bezahlt als Anteil am Ernteertrag, wobei zwischen der Fixpacht und der Teilpacht unterschieden wird. Bei der selteneren Fixpacht wird eine bestimmte in ihrem Gewicht fixierte Menge als Abgabe an den Verpächter festgelegt. Sie hat den Vorteil für den Pächter, dass sich höhere Anstrengungen zur Ertragssteigerung nur zu seinem eigenen Vorteil auswirken, er aber bei schlechter Ernte leer ausgehen kann oder sogar noch Schulden hat beim Grundbesitzer. Da aber bei diesem System in der Regel drei Viertel des Ertrags an den Verpächter gehen, ist das Risiko bei dieser Vertragsform sehr hoch. Missernten, die bei den schlechten klimatischen Bedingungen in Afghanistan sehr häufig sind, können dann zum Ruin des Pächters führen.

Die weiter verbreitete Anteilspacht richtet sich nach dem Anteil an Produktionsfaktoren, die jeder der beiden Vertragspartner stellt. Als Anteile gelten Boden, Wasser, Saatgut, Arbeitsgeräte, wozu auch eventuelles Zugvieh gehört, und die Arbeitskraft selbst. Die häufigste Aufteilung ist, dass der Verpächter Land, Wasser und Saatgut stellt und dafür drei Viertel des Ertrages erhält. Stellt der Pächter nur seine Arbeitskraft, so steht ihm nur ein Fünftel des Ertrages zu. Vor der Verteilung des Ernteertrags auf den Grundherrn und den Pächter werden andere festgelegte Anteile wie beispielsweise für den Dorfgeistlichen und den Wasserwart (mirab) entnommen.

Da die Pachtverträge meist nur über kurze Zeiten von ein bis drei Jahren abgeschlossen werden, unternehmen die Pächter nur selten Anstrengungen zur Bodenverbesserung. Zudem lässt es der geringe Ertrag nicht zu, finanzielle Mittel zur Verbesserung der Produktionsmittel einzusetzen. Da auch der Verpächter selbst keine Anstrengungen zur Bodenverbesserung unternimmt, nimmt die Bodenqualität ab.

Ab den 1960er Jahren wuchs die Armut der Landbevölkerung durch die unterschiedliche Preisentwicklung. Importwaren wie Tee und Textilien verteuerten sich, die Getreidepreise aber blieben stabil oder sanken durch die Getreidelieferungen im Rahmen der Auslandhilfe. Zudem war die Regierung zu Lagerhaltung von Getreide übergegangen, um die Versorgung aufrecht erhalten zu können, was aber auch den Getreidepreis stabil hielt. Der Wertverfall der afghanischen Währung nach der Freigabe der Wechselkurse ab 1964 trug sein Übriges zum Absinken des Lebensstandards der Landbevölkerung bei.

Angesichts solcher Bedingungen ist es leicht erklärlich, dass die Pächter immer wieder Gefahr liefen, bei schlechten Ernten in die Schuld und Abhängigkeit des Grundbesitzers zu geraten. Begünstigt wurde diese Entwicklung durch zwei weitere Faktoren: das Bevölkerungswachstum und die damit verbundene Zersplitterung des Grundbesitzes.

Durch die hohe Sterblichkeit, die vielen kriegerischen Auseinandersetzung und Auszug oder Vertreibung von Stammesteilen in neue Siedlungsgebiete hatte über lange Zeit ein Gleichgewicht zwischen den Siedlern und der Versorgungsgrundlage gehalten werden können.

Besonders aber im 20. Jahrhundert hatte durch die Verbesserung der medizinischen Versorgung und den Rückgang der kriegerischen Auseinandersetzungen bis zum Ende der 1970 Jahre die Bevölkerung für afghanische Verhältnisse stark zugenommen.

Die Malaria war wirksam bekämpft worden und die Stammesfehden untereinander und die militärischen Konflikte zwischen den Stämmen und der Zentralmacht waren zurückgegangen. Neue Siedlungsgebiete standen nicht mehr zur Verfügung (hier sollten die Landgewinnungsprojekte der afghanischen Regierung Abhilfe schaffen), in die hätte ausgewandert werden können.

Da es außer in der Landwirtschaft kaum Ernährungsgrundlagen gab, hatte der Druck auf dem ländlichen Arbeitsmarkt stark zugenommen und zu der Situation geführt, dass einem beschränkten Angebot bebaubaren Landes eine ständig wachsende Menge von Pachtsuchenden gegenüberstand. Hinzu kamen die Programme zur Sesshaftmachung der Nomaden, die zu einem zusätzlichen Angebot von Pachtwilligen führte.

Durch die häufige Anwendung der Realteilung bei der Vererbung kam es zu einer starken Zersplitterung des Besitzes, sodass innerhalb weniger Generationen Betriebsgrößen von 5-10 ha in Kleinstbetriebe zerfielen, die nicht in der Lage sind, die Familien zu ernähren.

Zudem lassen die kleinen Betriebsgrößen eine rationelle Bewirtschaftung des Bodens durch Maschineneinsatz nicht zu. Es überwiegen deshalb in der afghanischen Landwirtschaft traditionelle Anbaumethoden mit hohem Personaleinsatz unter Verwendung von Handarbeitsgeräten. Kunstdünger kommt aus finanziellen Gründen selten zum Einsatz, sodass volkswirtschaftlich gesehen der Ertrag der afghanischen Landwirtschaft sehr gering ist.

Geringer Ertrag und geringe Betriebsgrößen lassen Investitionen zur Ertragssteigerung angesichts ausreichend vorhandener billiger Arbeitskraft nicht als lohnend erscheinen. Der Zerfall der Betriebsgrößen hat dazu geführt, dass nach Erhebung aus dem Jahr 1955 allein 85% aller Betriebe weniger als 4 ha und sogar mehr als 50% der Betriebe weniger als einen halben Hektar umfassten. Ohne das Hinzupachten fremden Landes konnte bei einer solchen Größe der Lebensunterhalt nicht mehr gewährleistet werden.

Mit dem Pachten aber begeben sich die Pächter in Verpflichtungen gegenüber den Grundbesitzern, die unter ungünstigen Umständen zur Verschuldung und zum Verlust des verbliebenen eigenen Landes führen. So war nach dieser bereits erwähnten Erhebung selbst sogar etwa die Hälfte der Bauern mit Grundbesitz verschuldet. Da mit dem erwirtschafteten Ertrag gerade der Lebensunterhalt gesichert und kaum Rücklagen gebildet werden konnten, musste jede zusätzliche Belastung der finanziellen Situation durch Missernten, Erkrankung oder Ausfall des Zugviehs zu einem Abgleiten in die Verschuldung führen.

Der Verschuldung folgte der Verlust des eigenen Landes. Dadurch stieg die Zahl der Landlosen und die Konzentration des Landes in den Händen von immer weniger Großgrundbesitzer. Der ehemals freie Bauer mit eigenem Landbesitz wird zum Pächter auf seinem früheren Besitz und sinkt zunehmend ab in die Abhängigkeit des Grundbesitzers, dessen Grundbesitz sich andererseits vergrößerte mit jedem neuen Pächter.

Die große Masse der Abhängigen bestellt den Boden der Grundbesitzer oder leistet ihm andere Dienste und erhält dafür einen Teil des Ernteertrages. Grundsätzlich steht es ihnen frei, ihren Arbeitsplatz zu wechseln, aber in der Realität sind alle so hoch bei ihm verschuldet, dass sie ihre Schulden nie zurückzahlen können und deshalb vollkommen abhängig sind.

Erst die Verfassung von 1964 verbot die Einschränkung der Freiheit zur Schuldeneintreibung. Aber solange es keine anderen Möglichkeiten gab, seinen Lebensunterhalt zu verdienen, blieb ihnen auch keine andere Möglichkeit, als weiterhin in der Abhängigkeit des Grundbesitzers zu bleiben und dort sein Überleben zu sicher zu suchen.

Feudalstruktur und Großgrundbesitz führten zu einer immer stärkeren Trennung zwischen den Besitzern und Bearbeitern des Bodens. Die Besitzer des Bodens bearbeiten ihn nicht, die Bearbeitenden besitzen ihn nicht. Die Landlosen sind gezwungen, sich als Tagelöhner bei den Besitzern oder Pächtern und Anteilsbauern zu verdingen.

Der Teufelskreis aus kleinen Betriebsgrößen, geringem Ertrag, Verschuldung und Verlust des Landes verschärft die Trennung der sozialen Gruppen innerhalb der Feudalgesellschaft, die sich im Süden und Südwesten des Landes, in den Becken von Kabul, Herat und Kandahar und den fruchtbaren Flusstälern bereits zur Blüte entwickelt hat.

Wie die Zahlen über den Landbesitz im Jahre 1955 belegen, verfügen nur 0,2% der Grundbesitzer über 50% der gesamten, landwirtschaftlich genutzten Fläche. D.h. dass 0,2% der Grundbesitzer über ebenso viel Ackerland verfügen wie die restlichen 99,8%.

Die Feudalstruktur stellt sich in den verschiedenen Regionen Afghanistans unterschiedlich dar. Dominierte bis zum Niedergang des Königtums im Jahre 1973 noch besonders im Osten des Landes die herkömmliche Stammesstruktur mit ihren Khanen, vergleichbar dem europäischen Feudalismus, so bildet sich in den Ebenen ein Großgrundbesitz heraus, der mehr dem Großgrundbesitz im späten Russland und Preußen zu gleichen scheint. Erst der im Verlaufe des 20. Jahrhunderts erstarkende Kapitalismus beginnt, die Bedeutung des Feudalismus einzuschränken und auch Einfluss auf die landwirtschaftliche Produktion zu nehmen.

Mit dem Einsatz von Maschinen, Schädlingsbekämpfungs- und Düngemitteln entwickeln sich Anfänge einer kapitalistischen Landwirtschaft. Die Arbeitskraft kommt nicht mehr vom abhängig gehaltenen Pächter sondern von freien Landarbeitern. Unter dem Einsatz moderner Technik und wissenschaftlicher Anbaumethoden werden Grund und Boden dem kapitalistischen Prinzip der Erwirtschaftung von Rendite unterworfen und nicht mehr feudalistischem Rentendenken, bei dem Besitz erworben wird als Sicherung des Lebensunterhalts und als Altersvorsorge.

Diese Form der landwirtschaftlichen Produktion gleicht der der ostelbischen Junker während des deutschen Kaiserreiches. Wenn auch in Anfängen bereits erkennbar ist dieser Übergang von feudalistischen zur kapitalistischen Produktionsweise in der Landwirtschaft die Ausnahme in Afghanistan.

Die Veränderungen der Gesellschaft formen die Geschichte

Im Gegensatz zu diesen wirtschaftlichen und sozialen Umgestaltungen, die sich verdeckt im Untergrund der Gesellschaften entwickeln, spielt sich die Geschichte auf der öffentlichen Bühne ab, sozusagen vor den Augen aller. Aber trotz dieser scheinbaren Offensichtlichkeit sind die wahren gesellschaftlichen Hintergründe der offensichtlichen Ereignisse nicht immer leicht zu erkennen. Verwirrend wirkt die Gleichheit der Formen gesellschaftlicher Vorgänge. Sie täuscht hinweg über die Unterschiedlichkeit der Kräfte, die diese Formen hervorbringen.

Zucker und Salz sind in ihrer Erscheinungsform gleich. Aber nur die genaue Prüfung bringt ihren unterschiedlichen Charakter zutage. Will sagen: Es ist nicht gleich, was gleich aussieht. So ist das „Demokratische" der urkommunistischen Stammesgesellschaften trotz gleicher Benennung und der Verwendung ähnlicher Begriffe und gesellschaftlicher Instrumente etwas vollkommen Anderes als das „Demokratische" der westlichen Gesellschaften.

Bringen die westlichen Demokratien und die urkommunistischen Stammesgesellschaften zwar scheinbar gleiche Instrumente zum Einsatz zur Lenkung der Gesellschaft, so sind diese doch in ihrem Wesen grundverschieden von einander. Gründet die westliche Demokratie auf der wirtschaftlichen Basis des Kapitalismus als der reichsten und ergiebigsten Gesellschaftsordnung, die die Menschheit bisher hervorgebracht hat, so gründen die demokratischen Formen der Stammesgesellschaften auf einer Gleichheit aller Stammesmitglieder vor der Armut. Die Gefahr des Untergangs in einer Natur, der der Mensch auf seinem damaligen Entwicklungsstande hilflos und ohnmächtig ausgeliefert war, ist allgegenwärtig, während der Mensch der Gegenwart sicherer in der Welt steht.

Waren aber andererseits die urkommunistischen Stammesmitglieder alle noch Eigentümer der gesellschaftlichen Produktionsmittel, so sind es die Gesellschaftsmitglieder der westlichen, bürgerlichen Demokratien in ihrer Mehrheit nicht mehr. Die Stellung des Einzelnen im gesellschaftlichen Gefüge hat an Bedeutung verloren. Die meisten Mitglieder der westlichen Demokratien durch das Privateigentum an Produktionsmitteln von der Verfügungsgewalt über diese Produktionsmittel getrennt. Sie schaffen zwar den gesellschaftlichen Reichtum in gemeinsamer Produktion. Dieses gesellschaftlich geschaffene Produkt geht aber über in privaten Besitz und die Verfügungsgewalt dessen, der der Eigentümer der Produktionsmittel ist. Das erscheint dem modernen Menschen als selbstverständlich, weil es rechtliche und damit gesellschaftliche Tradition seit Jahrhunderten ist. Damit aber ist das Schicksal des Einzelnen abhängig geworden von den Entscheidungen anderer. Das war den Stammesmitgliedern der urkommunistischen Gesellschaft unvorstellbar, da hier der Einzelne noch mitbestimmendes Mitglied einer Gesellschaft von wirtschaftlich Gleichen war.

So wie scheinbar Gleiches nicht gleich ist, so gilt im Umkehrschluss, dass nicht im Wesen verschieden sein muss, was äußerlich verschieden ist. Der Feudalismus in Afghanistan hatte noch nicht die ausgeprägten Formen hervorgebracht, die er in Europa ausgetrieben hatte. Das bedeutet aber nicht, dass die Basis der gesellschaftlichen Ordnung in Afghanistan nicht trotzdem auch eine feudalistische war, nur weil der europäische Feudalismus andere, entfaltetere Erscheinungsformen hervorgebracht hatte. Gleich waren sie in ihrem Wesen dennoch, in ihrer Struktur der gegenseitigen

Abhängigkeiten zu Beginn ihres Entstehens und ihrem Zug zur Fesselung des Menschen an Scholle und Unwissenheit in ihrem fortgeschrittenen Stadium.

Sollen also im Folgenden die geschichtlichen Ereignisse für den afghanischen Raum beschrieben werden als eine unerlässliche Voraussetzung zum Verständnis der Vorgänge der neueren Geschichte, so ist aber ebenso auch unerlässlich, diese Vorgänge zu sehen vor dem Hintergrund dessen, was im Untergrund der Gesellschaft in Bewegung ist. Und das gilt nicht nur für Afghanistan.

Die Interventionen der NATO-Staaten in Afghanistan sind nicht allein zu erklären auf der Basis des von den USA ausgerufenen Krieges gegen den Terror und der Rolle, die Afghanistan von den Invasoren in diesem Zusammenhang zugesprochen wurde. Das ist Vordergründiges, Offensichtliches auf der Bühne. Im Untergrund treiben die Kräfte, die durch die weltweiten Veränderungen des Jahres 1989 freigesetzt worden waren. Der Fall der Berliner Mauer, dessen Erschütterungen den Einsturz des Sozialismus im Osten Europas mit sich brachte, führte auf der anderen Seite der Erde zu seismischen Verwerfungen im Bewusstsein der verbliebenen Weltmacht USA.

Dieses Beben, das um die Welt gegangen war, hatte dort Gebirge eines neuen Bewusstseins und neuer Zukunftsvisionen aufgeworfen. Vorstellungen von einem Ende der Geschichte mit dem Kapitalismus als einer immer währenden, nie endenden Gesellschaftsform wurden geboren. Gelüste wurden geweckt, die Welt nach einem kapitalistischen und westlich-demokratischen Ebenbild neu zu formen.

Diese im Vorkapitel beschriebenen Entwicklungen sind nicht nur typisch für den afghanischen Raum, sondern auch charakteristisch für alle Völker, die sich auf einem ähnlichen Niveau gesellschaftlicher Entwicklung befinden. Die Unterschiede und Besonderheiten, die sie aufweisen können, sind ihrer unterschiedlichen kulturellen und geschichtlichen Entwicklung geschuldet.

Die Schwierigkeiten der Wahrnehmung dieser Veränderungen am Grunde der Gesellschaft liegen zum einen begründet in der sehr spärlichen Quellenlage über die historischen Vorgänge im afghanischen Raum. Zumal diese auch besonders den wirtschaftlichen Aspekten wenig Beachtung schenken. Bis zum 14 Jh. kommunizierten die Paschtunen nur mündlich, sie kannten keine Schriftsprache, sodass keine eigenen paschtunischen Dokumente über ihre Geschichte vorliegen. Erste Unterlagen datieren aus der Zeit des Mogulkaisers Jahangir (Afghanisches Schatzkästlein 1612). Die Geschichte der Paschtunen wurde bis dahin von den Geschichtsschreibern anderer Völker betrieben, die die Ereignisse aus ihrem Blickwinkel betrachteten Das war meistens der Blickwinkel der Gegner, des Siegers oder des Besiegten, aber meistens der Blickwinkel dessen, der die Situation von einem anderen Interesse aus betrachtete und beurteilte.

Eine weitere Schwierigkeit besteht in der bürgerlichen Geschichtsschreibung, die Geschichte in erster Linie als Geschichte der großen Männer betrachtet und darstellt. Ihr wird Geschichte zum Ausfluss persönlicher Stimmungen und Fähigkeiten einzelner, die im Blickpunkt der Öffentlichkeit stehen. Das bedeutet für die früheren Zeiträume Hofberichterstattung. Tieferen gesellschaftlichen Entwicklungen und Umbrüchen widmet sich bürgerliche Geschichtsschreibung nur dann, wenn sich diese Umbrüche unübersehbar ins Blickfeld schieben in Form von Revolutionen, Aufständen oder sonstigen Ereignissen, die das Weltbild von den großen Männer, die Geschichte machen, in Frage stellen.

Typisches Beispiel solch einer bürgerlichen Geschichtsschreibung ist das Werk von Brechna, in dem über Seiten die persönlichen Charaktereigenarten von Herrschern, ihren verwandtschaftlichen Verhältnissen und Ränken untereinander beschrieben wird. Feldzüge und Kriege werden als Ereignisse dargestellt, die kaum nachvollziehbaren Motiven unterliegen und auf einmal aus scheinbar heiterem Himmel über die Menschheit kommen. Einen Zusammenhang zu irgendwelchen gesellschaftlichen Vorgängen versteht Brechna nicht herzustellen.

So erscheinen Geschichte und gesellschaftliche Vorgänge als rein Zufälliges, das nichts zu tun hat mit der Lebenssituation der Damaligen. Nur gelegentlich wird aber deutlich, dass „die riesigen Pläne der Mächtigen allmählich zum Halt" (Brecht) kommen, wenn die Soldaten die Gefolgschaft verweigern, weil der Sold aussteht. Da hilft dann alle Psychologie und Größe der großen Helden und Führer nichts mehr. Der Feldzug geht in die Hose, weil die kleinen Männer den großen Männern nicht mehr folgen und ihr Leben aufs Spiel setzten wollen. Denen ist dann der Ruhm des großen Mannes nicht so wichtig wie das Magenknurren des eigenen Bauches.

Bürgerliche Geschichtsschreibung verwendet sich mehr der Darstellung des Persönlichen, Augenscheinlichen, beschreibt Strukturen, die sich nicht so schnell verändern, breitet Theorien über die Wirklichkeit. Dem gegenüber untersucht das materialistische Weltbild die Wirklichkeit selbst, die wirtschaftlichen Grundlagen, auf denen sich das Leben derer gründet, deren Geschichte und gesellschaftliche Entwicklung untersucht werden sollen. Sie betrachtet die sichtbare Geschichte als Ergebnis und Abhängige der Lebensgrundlagen und Konflikte einer gesellschaftlichen Situation. So wie sich auch der sichtbare Baum ohne seine unsichtbaren Wurzeln nicht sichtbar machen könnte, da ihm ohne die Wurzeln das fehlen würde, was ihn nährt und ihm Halt gibt.

Klima und Geografie, Stadt und Land

Klimatische und geografische Voraussetzungen geben die Bedingungen vor, denen sich die Menschen in den unterschiedlichen Regionen dieser Erde in ihrem Wirtschaften und ihrer Lebenssicherung anpassen müssen. Zumindest in vorindustriellen Zeiten gab es kaum Alternativen zu einem Lebensstil, der sich den vorgefundenen Bedingungen anpasste und sich der Ressourcen bediente, die die natürliche Umgebung bereithielt. Und diese natürliche Umgebung besteht für die Menschen in Afghanistan hauptsächlich aus Gebirgen, Steppen und Wüste. Das Hindukuschgebirge teilt das Land in zwei Hälften, einen Süd- und einen Nordteil.

Die klimatischen Bedingungen des Landes werden bestimmt durch seine geografische Lage in der Zone des subtropischen Winterregens mit ihren heißen, trockenen Sommern und niederschlagsreichen Wintern. Zwar ist im Zentrum Afghanistans die Niederschlagsmenge sehr hoch, doch fließen diese Niederschläge wegen des geringen Bewuchses im Gebirge und der insgesamt geringen Bewaldung des gesamten Landes schnell ab. Die kleineren Flüsse des Hindukusch führen im Frühjahr viel Wasser, sind im Frühsommer aber bereits ausgetrocknet. Nur die Hauptströme führen ganzjährig Wasser.

Dadurch beschränkt sich die Landwirtschaft in Form von Ackerbau nur auf Oasen, Bergtäler und die Gebiete in der Nähe der großen Flüsse mit ihren ausgedehnten und zum Teil sehr fruchtbaren Ebenen. Auch im Süden des Landes entwickelte sich der Ackerbau, und besonders günstige Bedingungen für Landwirtschaft herrschen in den Gebieten nördlich des Hindukusch.

Diese Gebiete waren aber auch immer wieder das Ziel von Raubzügen oder eindringenden Landsuchenden. Der erwirtschaftete Reichtum wurde geraubt oder abgeschöpft durch Tributzahlungen. Der einstmals blühende Süden des Landes mit seinen ausgefeilten Bewässerungssystemen verfiel nach den Mongolenstürmen und erholte sich nie wieder von den Zerstörungen und Verwüstungen dieser Zeit.

In den Hochlandregionen und den Wüsten bestand die Existenzgrundlage aus dem Nomadentum als Vieh- und/oder Handelsnomaden. Das Land ist karg und bringt nur geringe landwirtschaftliche Erträge, die größtenteils der Eigenversorgung dienen. Reichtum ist damit nicht zu erwirtschaften.

Andererseits war gerade die geografische Lage auch wieder die Quelle des Reichtums der über Jahrhunderte hinweg gedeihenden Städte. Von den Anfängen der Geschichtsschreibung an hatte Afghanistan eine große Bedeutung als Durchgangsland zum Mittelmeerraum, nach Zentralasien, zum indischen Subkontinent und zum iranischen Hochplateau. Alle Verkehrswege in diese Regionen führten durch dieses stark zerklüftete Bergland.

Der Reichtum dieser Region lag in ihrer Bedeutung für das System Seidenstraße, das sich über Jahrhunderte entwickelt hatte und die verschiedenen Regionen Eurasiens miteinander verband. Der Handel auf der Seidenstraße brachte Reichtum in die afghanischen Städte. Sie waren wichtige Oasen auf dieser Route, wodurch sie zu wirtschaftlicher und kultureller Blüte gelangten.

Die afghanischen Städte lebten von der Kontrolle des Handels, von den Abgaben und Zöllen, die entrichtet werden mussten. Sie leisteten keinen produktiven Beitrag zum gesellschaftlichen Reichtum sondern schöpften ihn ab, indem die Waren durch die zu entrichtenden Abgaben teurer wurden. Der Reichtum der afghanischen Städte ergab sich nicht aus der Herstellung oder Weiterverarbeitung von Gütern.

Es entwickelte sich keine nennenswerte handwerkliche Tätigkeit wie sie etwa zur gleichen Zeit in den Städten Europas zu finden war. Diese entwickelten sich zu Zentren der Warenproduktion und der Entwicklung von Wissen und Fertigkeiten. Auf dem Boden der in den europäischen Städten entwickelten handwerklichen Produktionsmethoden, dem Wissen und der Organisation von Produktion und Verwaltung entstand in Europa später die Industrie. Diese Entwicklungsschritte fanden in den afghanischen Städten nicht statt.

Insofern war der Reichtum „parasitär", da er sich einzig aus dem Zufall ergab, dass die Städte in den Handelsschneisen der damaligen Welt lagen.

Auch hatte er kaum positive Ausstrahlung auf den Rest des Landes. Er förderte nicht die Wirtschaftstätigkeit durch Entwicklung der Arbeitsteilung. Die für den Bedarf der Städte notwendigen Waren kamen auf den Handelswegen der Karawanen und nur selten aus dem eigenen Land. Der Großteil des Landes, besonders die Steppen und Gebirge, blieb wegen seiner Unwirtlichkeit und Unergiebigkeit nahezu unbeachtet, sodass landwirtschaftliche Tätigkeit weitgehend dem Eigenbedarf der Produzenten diente. Insofern war Afghanistan schon seit Jahrhunderten zweigeteilt in seiner wirtschaftlichen, kulturellen, politischen und gesellschaftlichen Entwicklung. Diese Kluft zwischen den Lebensverhältnissen in Stadt und Land ist bis heute nicht überwunden worden

In der Abgeschiedenheit der afghanischen Landschaften hatte sich eine besonders große Vielfalt an Sprachen, Religionen und kulturellen Eigenheiten erhalten, die bereits von einem Tal zum anderen verschieden sein können. Die Unwirtlichkeit der Landschaft förderte die Isolation. Der mangelnde Austausch der Ethnien untereinander verhinderte das Entstehen einer gemeinsamen Sprache und Kultur. Als Folge der das Land durchziehenden Wanderbewegungen, Eroberungs- und Feldzüge waren in den Einfallsschneisen der Flüsse zudem die fremden Sprachen und Kulturen der Eroberer hinzugekommen.

So stellte sich Afghanistan bis in seine jüngste Geschichte dar als ein Flickenteppich verschiedener Stämme und ethnischer Gruppen mit ihren verschiedenen Sprachen und deren in sich wieder verschiedenen Dialekten. Die meisten ethnischen Gruppen lebten in wirtschaftlich unabhängigen Siedlungsgemeinschaften, deren Bindeglied die gemeinsame verwandtschaftliche Abstammung war. Diese familiären Bezüge untereinander sind für das Selbstverständnis dieser Gemeinschaften wichtiger als die ethnische Identität. So genießt denn auch Abstammung hohes Ansehen.

Der Lebensstil der Landbevölkerung ist sehr bescheiden, dennoch hat es bis zu den Hungersnöten in den 1970er Jahren keine größeren sozialen Konflikte gegeben. Eine Landflucht mit ihren typischen Erscheinungen der Slumbildung und Verelendung hatte bis dahin kaum stattgefunden. Man lebte als Selbstversorger, auch eine Arbeitsteilung in Landwirtschaft und Handwerk hatte noch kaum stattgefunden. Deshalb genoss das Handwerk auch kein allzu großes Ansehen in der afghanischen Bevölkerung, was die Herausbildung einer Industrie in der Folgezeit sehr erschwerte.

Als zweiter landwirtschaftlicher Erwerbszweig hatte das Nomadentum in Afghanistan eine hohe wirtschaftliche und soziale Bedeutung. Nach Erhebungen in der Mitte des 20. Jahrhunderts lebten etwa 10% der afghanischen Bevölkerung von diesem Wirtschaftszweig. Neben dieser unmittelbaren Existenzgrundlage vieler Familien durch seine Form der Viehwirtschaft diente das Nomadentum auch als Transportsystem zur Waren- und Nachrichtenversorgung abgelegener Regionen.

Meist früh im Jahr (März) beginnt der Auftrieb der Herden in die Steppen und Hochgebirge, im September der Wiederabstieg in die frostfreien Tiefebenen. Dabei werden bei den Herdenzügen auch Waren mitgeführt, die im Zielgebiet an die ortsansässige Bevölkerung verkauft werden. In den Oasengebieten leben die Nomaden von der Mitarbeit in der Landwirtschaft oder der Vermietung ihrer Tiere als Zug- und Lasttiere.

Besonders in ärmeren Gegenden sind die ortsansässigen Bauern oftmals zu Pächtern der Händler geworden, da sie nach Missernten die Waren nicht bezahlen konnten und ihr Land verpfänden mussten. Die Aufgabe des Nomadentums fand nur dort statt, wo die Ausübung anderer Tätigkeiten bessere Voraussetzungen bot, um den Lebensunterhalt zu sichern oder aber wo die Einschränkung des nomadischen Lebensraums ein auskömmliches Betreiben dieses Wirtschaftszweigs nicht mehr ermöglichte

So lebte bis in die neuste Zeit der größte Teil der afghanischen Bevölkerung in Gemeinschaften mit sehr einfachen gesellschaftlichen Strukturen. Dem entsprechend gering war der Bedarf an politischer Macht, um diese Gemeinwesen zu führen und den sozialen Frieden innerhalb dieser Gesellschaft aufrecht zu erhalten. Jedoch kommt es trotz der verwandtschaftlichen Nähe immer wieder auch zu Kriegen zwischen den Stammesangehörigen auf allen Ebenen der Stammesstruktur oder zu Koalitionen gegen dritte innerhalb des Stammesgefüges.

Ursache dieser Spannungen waren die beschränkten ökonomischen Möglichkeiten, die sich aus dem niedrigen Entwicklungsstand der Landwirtschaft ergaben. Außerdem waren Wasser und fruchtbares Land knapp. Bei dem Bevölkerungswachstum, das trotz der Kriege, Seuchen und geringen Lebenserwartung stattfand, bestand kaum eine Möglichkeit die Erträge der Landwirtschaft durch Intensivierung des Anbaus zu heben. Die Beschränktheit der landwirtschaftlich nutzbaren Flächen setzten auch der Extensivierung des Anbaus durch Rodungen neuer Ackerflächen Grenzen. Zudem waren durch die Mongolenstürme des 12. und 13. Jahrhunderts große Teile des bebaubaren Bodens durch die Zerstörung der Bewässerungsanlagen versteppt und konnten auch in späteren Zeiten nicht wieder landwirtschaftlich genutzt werden.

So kollidierten Bevölkerungswachstum mit der Stagnation in der Landwirtschaft, eine Erscheinung, die nicht allein bei den Paschtunen sondern bei fast allen Völkern auf diesem Stand der gesellschaftlichen Entwicklung zu finden war. Die Bedrohung und das Schwinden der Existenzgrundlage waren der Anlass für Völkerwanderungen mit Kriegen, Vertreibungen und dem Verschwinden ganzer Völker. Die Sicherung der eigenen Existenz erfolgte auf Kosten anderer Völker.

Zwar war der afghanische Raum in der Geschichte eher ein Raum, in den fremde Völker einfielen und durchquerten auf ihrer Suche nach neuem Lebensraum bevorzugt im Indusdelta. Oder sie fielen ein, um Beute zu machen und sich dann wieder zurückzuziehen, eine andere Form der Existenzsicherung. Auch die Stämme Afghanistans bedienten sich dieser Methoden der Existenzsicherung gegenüber fremden, aber auch den eigenen Stämmen gegenüber. Sich die Weidegründe oder das Ackerland eines benachbarten Stammes anzueignen, dessen Bewohner vielleicht zur selben ethnischen Gemeinschaft gehörte, scheiterte angesichts des Hungers oder des drohenden Untergangs nicht an moralischen Skrupeln.

Dort aber wo fruchtbarer Boden die Intensivierung der Landwirtschaft ermöglichte, so z.B. im Norden des heutigen Afghanistan zwischen Hindukusch und dem Amur Darja wurden die Erträge durch die Haltung von Sklaven erhöht. Auf den unergiebigen Böden südlich des Hindukusch hätte Sklavenhaltung keinen Sinn gemacht, da die Erträge nicht einmal zur Lebenssicherung der Produzenten ausreichten.

Sklavenhaltung machte nur Sinn, wo die Erträge durch den Einsatz zusätzlicher Arbeitskraft nicht nur die Ernährung der zusätzlichen Arbeitskraft ermöglichte, sondern darüber hinaus noch Ertrag erwirtschaftete. Die Sklaven kamen aus den Feldzügen, die im afghanischen Raum stattfanden, später für die Feldarbeit im Norden aus dem Hazaradjat, dessen Bewohner bereits durch die Paschtunen ihrer Weide- und Ackerflächen beraubt worden waren. Die Intensivierung der Landwirtschaft durch Sklavenhaltung wurde den Risiken einer Wanderung und Landnahme in fremden Gebieten vorgezogen, wenn es die Umstände ermöglichten.

Vor der Entstehung des „modernen" Afghanistan

Wenn hier die neuere Geschichte Afghanistans betrachtet werden soll, so muss auch Bezug hergestellt werden zu den im vorherigen Kapitel dargestellten gesellschaftlichen Entwicklungen. Auf welchem Abschnitt dieser gesellschaftlichen Veränderungen befinden sich die Kräfte, die die hier zu beschreibenden historischen Ereignisse bestimmen? Wie weit sind diese Entwicklungsprozesse in diesen Gesellschaften bereits vorangeschritten?

Das heutige Afghanistan ist nur ein Teil des ehemaligen Khorasan, das sich vom Indus im Osten bis nach Täbris im Westen, vom Syrdaria im Norden bis zum Persischen Golf und Arabischen Meer im Süden erstreckte. In dieser Großregion kämpften über Jahrhunderte verschiedene Zentralmächte um die Vorherrschaft unter ständig sich verändernden Kräfteverhältnisse mit ständig wechselndem Erfolg.

Im Norden herrschten die Usbeken, im Osten und Südosten die Mogul-Kaiser Indiens und im Westen die Safawiden mit dem Kernland Persien. Sie alle waren die Nachlassverwalter des Timuridenreiches, das sich in dieser Region als Zentralmacht entwickelt hatte und in der Folgezeit nach dem Tode seines Herrschers Timur Leng (Tamerlan) immer mehr zerfiel. Mit der zunehmenden Schwäche der Timuriden-Dynastie kamen immer weitere Teile dieses Reiches unter den Einfluss der oben erwähnten Nachfolgereiche. Damit widerfuhr ihm dasselbe Schicksal wie dem Großreich Alexanders des Großen. Nur die bestimmende und charismatische Führungsperson hatte dieses Reich zusammenhalten können. Mit deren Tod zerfallen die Reiche auf diesem Stand gesellschaftlicher Entwicklung.

Aber nicht nur unter den drei rivalisierenden Mächten Khorasans wurden diese Konflikte militärisch ausgetragen. Auch innerhalb der herrschenden Dynastien selbst kam es immer wieder zu solchen Kämpfen, die oftmals auf umstrittene Nachfolge zurückzuführen waren: „Das Erbrecht war unter den Mogul-Kaisern nicht geregelt" (Brechna S 411). Letztlich aber war es immer die militärische Überlegenheit des aktuell Herrschenden oder die des aufstrebenden Rivalen, die über diese Machtfrage, auch die der Erbfolge, entschied, nicht irgendwelche juristischen Regelungen oder Grundsätze.

Die verwandtschaftliche Beziehung galt wenig, wenn es darum ging, eigene Interessen zu verfolgen. In Ermangelung anderer Instrumente und Instanzen zur Durchsetzung einer verbindlichen Rechtsordnung sind die verwandtschaftlichen Beziehungen immer wieder der verzweifelte Versuch, eine Ebene unterhalb des kriegerischen Konfliktes zu finden, der sich alle Beteiligten verbunden fühlten. Gerade die europäische Geschichte macht auch immer wieder deutlich, dass gegenüber den Interessen selbst die engsten verwandtschaftlichen Beziehungen nur eine trügerische Sicherheit boten. Obwohl die meisten europäischen Dynastien untereinander verwandt gewesen waren, hatten diese familiären Beziehungen den 1. Weltkrieg nicht verhindern können.

Ein Versuch der Schaffung solch einer neutralen, schlichtenden Instanz über den Interessen waren die Religionen, die mit ihrem Wertekatalog allgemein verbindliche Rechtsnormen und Verhaltensregeln den Gesellschaften an die Hand zu geben versuchten. In Europa war ihre friedensstiftende Funktion noch weiter ausgebaut worden durch die Institution des Papstes und dessen Attribut der Unfehlbarkeit in Glaubens- und Sittenfragen. Der Papst war die UNO des Mittelalters. Aber auch die scheinbare Neutralität der Religion kam immer wieder unter die Räder der Interessen, indem alle an einem Konflikt Beteiligten die Religion und den vermeintlichen Willen Gottes für ihre Belange einzusetzen versuchten.

Die Interessengegensätze der lokalen und regionalen Machthaber im Raum Khorasan waren so groß, dass Koalitionen nur schwer zustande kamen und sehr schnell wieder zerbrachen, wenn sich günstigere Möglichkeiten der Durchsetzung der eigenen Interessen boten. Ziel war es, die führende Position über die anderen Machthaber zu erreichen, um selbst nicht zu denen zu gehören, die von anderen beherrscht werden oder ihnen tributpflichtig sind. Wie gering dabei die Bedeutung der verwandtschaftlichen Beziehungen war, zeigt das Beispiel der Timuridenprinzen, die nicht zu einer Aufgabe ihrer Rivalitäten untereinander bewegt werden konnten, obwohl ihre kleinen Fürstentümer zu Beginn des 16. Jh. durch den Usbekenfürsten Shaibani Khan in ihrer Existenz bedroht waren. Sie fanden trotz ihrer verwandtschaftlichen Nähe nicht zusammen zu einer gemeinsamen Verteidigung und wurden dann alle Opfer des Usbekenfürsten, d.h. sie fanden zusammen als Unterworfene.

Neben diesem Konflikt zwischen und innerhalb der überregionalen Zentralgewalten tobten die Konflikte zwischen den Stammesgesellschaften und diesen Zentralgewalten, die immer wieder versuchten, die Stammesgesellschaften ihrem Herrschaftsbereich und der damit verbundenen Tributpflicht zu unterwerfen. War bei den überregionalen Zentralstaaten nicht nur der Übergang vom urkommunistischen Gemeineigentum der Stammesgesellschaften hin zum privaten Eigentum der Stammesgesellschaften schon weitgehend abgeschlossen, so hatten sich bei ihnen darüber hinaus auch schon Feudalgesellschaften herausgebildet. Diese Prozesse waren in den paschtunischen Stammesgesellschaften erst in der Entwicklung begriffen, wurden aber beschleunigt durch die sie bedrängenden Zentralmächte.

Aber auch die Stammesgesellschaften untereinander, selbst wenn sie eng verwandt waren auf Grund ihrer Abstammungslinien, traten immer häufiger gegeneinander an, um sich den nötigen Lebensraum zu verschaffen, der ihnen durch das eigene Bevölkerungswachstum, die Privatisierung des Stammeslandes und die Landnahmen der Großmächte zu ihren Lasten zunehmend eingeschränkt wurde.

Für die Bevölkerungen der Großregion Khorasan bedeuteten diese Auseinandersetzungen eine ständige Störung des Friedens mit den damit verbundenen Verlusten an Leben und Verwüstungen der landwirtschaftlichen Lebensgrundlagen. Darunter litten nicht zuletzt auch die Möglichkeiten der Machthaber, die finanziellen Mittel aufzutreiben für den Schutz des eigenen Staatsgebietes.

Und dennoch war die Herausbildung dieser Zentralmächte unumgänglich. Denn sie waren die einzige Kraft, die, über allen kleinen lokalen Macht-

habern thronend, die Unterdrückung der ständigen Rivalitäten und Kleinkriege auf dieser unteren Ebene sichern und damit wirtschaftlichem
Aufschwung und Wohlstand die Aussicht auf Erfolg bieten konnten. Ohne
diese zentralen Mächte war das Leben der Menschen beeinträchtigt durch
herumstreifende Banden von Entwurzelten, deren Lebensunterhalt und
Lebenssicherung darin bestand, Raubzüge zu führen gegen die Landbevölkerung und Beute zu machen. Die Zentralmächte, wenn sie auch zum
Mittel des Krieges griffen, stellten trotzdem eine Verbesserung der Sicher-
heitslage dar, indem sie diese ständigen Raubzüge und Kleinkriege besser
unterbinden konnten als dies in dem früheren herrschaftslosen Stadium der
Fall war.

Die Handelswege der Seidenstraße und der Landweg von Indien über Iran
nach Europa liefen durch Khorasan, und diese Landwege mussten gesichert werden, waren sie doch die einträglichste Quelle aller Herrscher der
Region, egal welcher Dynastie. Die Städte mit ihren Militärbesatzungen an
diesen Handelsrouten sorgten für die Sicherung und Versorgung dieser
Überlandwege und erwirtschafteten die Tribute. Aber zu ihrer Sicherheit
mussten stehende Heere aufgestellt werden. Die alte Praxis der Freiwilligkeit der Gefolgschaft, die noch die militärische Praxis in den Stammesgesellschaften bestimmt hatte, konnte auf Dauer dieser Aufgabe nicht
gerecht werden.

Diese Form der Gefolgschaft gegenüber dem Heerführer war bedingt für
den Verteidigungsfall oder auf den Erwerb von Beute zur Sicherung des
Lebensunterhaltes ausgelegt. Immer wieder scheiterte das Kriegsgeschick
an der Fähigkeit der Führer, ihre Kämpfer bezahlen oder ihnen Plünde-
rungsobjekte anbieten zu können. Die Gefolgschaft bestand nur so lange,
wie es Aussicht auf Beute gab. Brechna beschreibt treffend diese Situation
zu Beginn des 16. Jahrhunderts: „Babur musste feststellen, dass er für
seine Soldaten kein Geld in Samarkand auftreiben konnte … Seine Soldaten, Offiziere und Berater, die sich große Beute erhofft hatten, verließen
Babur enttäuscht im Geheimen. … Es blieb Babur nichts anderes übrig, als
ihnen mit hängendem Kopf zu folgen und im März 1498 Samarkand zu
verlassen" (Brechna S 313).

Ähnliche Situationen wurden auch bei anderen Herrschern und anderen
Völkern beschrieben, sind also nicht charakteristisch und beschränkt gewesen auf den afghanischen Raum, sondern auch in der europäischen Armeen
anzutreffen. Immer wieder hing das Kriegsgeschick ab von der Möglichkeit der Herrscher, sich die Loyalität ihrer Soldaten zu erkaufen und sie
damit an sich zu binden. Die Zahl der wirklich Getreuen ist bei Brechna für
die Auseinandersetzungen der damaligen Zeit immer wesentlich kleiner
dargestellt als die Zahl derer, die gegen Sold zu kämpfen bereit waren.

Die Unsicherheit der Gefolgschaft förderte daher die Bildung der stehenden Heere mit den daraus entstehenden Kosten. Kriegserfolg wurde immer mehr abhängig von den Möglichkeiten, stehende Heere zu finanzieren oder Freiwillige und Entwurzelte an sich zu binden und sie mit der Aussicht auf Beute in kriegerische Abenteuer zu führen. Dieses Erfolgsrezept blieb aber nur vorübergehend einigen wenigen beschieden. Denn sobald die Vorteile der stehenden Heere erkannt wurden, versuchte natürlich jeder Herrscher auch sich einen solchen Sicherheitsfaktor zu schaffen, um nicht Opfer eines anderen Fürsten zu werden, der über den Vorteil dieser militärischen Mittel verfügte.

Die Sicherheit des Landfriedens, die mit den stehenden Heeren erreicht werden sollte, verschärfte bald die Probleme, die mit ihnen hatten beseitigt werden sollen. Denn der Unterhalt dieser Heere war teuer und die Kriege, die mit stehenden Heeren ausgetragen wurden, wurden dementsprechend auch kostspieliger. Es entstand ein Zwang zu Eroberungsfeldzügen, um sich die Mittel zu beschaffen, diese Heere zu finanzieren.

Als Babur zu Beginn des 16. Jahrhunderts Kabul erobert hatte, lagerte er dort mit weit über 10.000 Soldaten. Kabul war auf Grund seiner Lage an der Seidenstraße eine reiche Stadt. Dennoch reichten die Mittel des wohlhabenden Kabul nicht aus, um dieses riesige Heer zu ernähren. Daraufhin plünderten die Soldaten Baburs die Täler um Kabul „wie Kohestan, Jalalabad, Laghman und das Kunargebiet, wie auch die Stammesgebiete der Paschtunen im Osten…" (Brechna S 323). Diese Paschtunenstämme schlossen dann im Winter die Pässe nach Kabul, um die Stadt auszuhungern. Damit stellte sich für Babur und Kabul das Problem der Versorgung dann von neuem.

Die Versorgungs- und Finanzierungsprobleme der Heere waren Ergebnis und gleichzeitig auch Ursache der Verschlechterung der Lage der Bevölkerung und damit auch der Verschlechterung der Finanzierungsmöglichkeiten. Die Lösung der Finanzierungsprobleme wurde immer häufiger in der Eroberung tributfähiger Ländereien und Städte gesucht, wie Brechna es beschreibt: „Aber Baburs Armee, …, konnte aus den Erträgen Kabuls nicht ernährt werden. Also plante Babur, … in Indien einzufallen und Punjab zu besetzen" (Brechna S 352).

Wie einträglich solche Eroberungszüge waren, beschreibt Brechna anlässlich der Eroberung Herats durch die Usbeken. Nachdem Babur diese Stadt von den Usbeken wieder abgerungen worden war, wurden der Bevölkerung Abgaben in Höhe von 130.000 Goldmünzen auferlegt. Zudem erkauften sich die Minister der alten Herrscher Gunst und Ämter unter den neuen mit erheblichen Zuwendungen aus ihrem privaten Vermögen.

Die Folge dieser Art der militärischen Auseinandersetzungen war die zunehmende Verarmung des Landes. In der Zeit zwischen 1556 und 1750 war Ostkhorasan geprägt von einem Rückgang des Handels und der Vernachlässigung der Landwirtschaft. „Die einzelnen Städte verfielen. Die Animosität zwischen den Ethnien verschärfte sich. Eine Landflucht setzte ein..." (Brechna S 442).

Die Hauptquelle des Reichtums der Mogulndynastie waren der Export von Gewürzen, Tee, Seide, Lapislazuli (Farbstoff), Zucker, Reis und Trockenfrüchte sowie Edelsteine auf dem Landweg über den Iran und die Türkei.

Die Kämpfe zwischen den usbekischen, turkmenischen, paschtunischen, den Moguln- und Safawidenherrschern waren nicht zuletzt Kämpfe um die Kontrollen der Handelswege und –metropolen der Region (Kandahar, Herat, Kabul, Buchara, Samarkand u.a.) gewesen. Deshalb gab es auch ständig Versuche, Schwächen der Dynastien auszunutzen, die aktuell die Herrschaft über diese Städte ausübten, verbunden mit häufigen Wechseln der Herrschaft über diese Städte zwischen den Usbeken, Safawiden und Moguln. Besonders Kandahar wurde zum Zankapfel zwischen den Safawiden und den Moguln und wechselte mehrmals die Herrscher.

Aber auch Entwicklungen in anderen Teilen der Welt blieben nicht ohne Auswirkungen auf Khorasan. 1526 erfolgte die Weltumsegelung Magellans mit der Erschließung des Seeweges von Asien nach Europa. Es entwickelten sich Handelsbeziehungen zwischen Portugal und den Mogulnherrschern.

Portugal verfügte über das Monopol im Fernhandel mit Indien. Dazu hatte es Handelsniederlassungen entlang der Küsten gegründet. Der Versuch der Moguln, eine eigene Flotte aufzubauen, um dieses Monopol zu brechen und sich einen größeren Anteil an den Gewinnen aus dem Fernhandel zu sichern, wurde von den Portugiesen durch die Versenkung der Mogul-Flotte zunichte gemacht

Zu Beginn des 17. Jh erhielten die Portugiesen Konkurrenz von den Seefahrernationen Holland und England. Mit Hilfe der Briten wurden die Portugiesen als führende Seefahrernation in der Region abgelöst und der Persische Golf für die Schifffahrt geöffnet (1615 Eroberung von Benderabas, 1621 Hormuz).

All diese Entwicklungen förderten zwar die Handelstätigkeit zwischen Indien und Europa, aber besonders der Seehandel entwickelte sich zu einer starken Konkurrenz für den unsichereren und längeren Landweg über die Seidenstraße. Zudem zeigten sich die Auswirkungen des 30jährigen Krieges in Europa. 1648 lebten dort nur noch 30% der Bevölkerung von 1618. Europa war verarmt und der Lebensstandard niedriger als 1450 und auf Grund dieser Armut war der Handel mit Indien zusammengebrochen.

Die stehenden Heere waren zur Regel geworden. Die verarmte Landbevölkerung diente jedem als Soldaten, der sie bezahlen konnte. Die ständigen Feldzüge verschlangen Unsummen. Allein die Feldzüge der Moguln gegen die Safawiden um die Herrschaft über Kandahar in der Mitte des 17. Jh. kostete den Staat der Moguln 120 Mio Rupien, was mehr als der Hälfte des jährlichen Budgets entsprach. Überfälle auf Karawanen trugen das ihre zu den Zahlungsproblemen des Staates bei. Moscheen wurden geplündert. Die Kriege ruinierten das Land.

Um den Haushalt zu sanieren, wurde 1679 die abgeschaffte Kopfsteuer auf Nichtmuslime wieder eingeführt. Die muslimischen Moguln waren immer Fremdkörper in Indien gewesen, das sie eigentlich besetzt hatten und in dem die Mehrheit keine Muslime waren. Die sozialen Spannungen stiegen an. Morde und Korruption höhlten gegen Mitte des 18. Jh. die Macht der Moguln in Nordindien immer mehr aus.

Die Reiche waren zu groß geworden, um sie zentral zu verwalten. Und die lokalen Verwaltungen waren zu sehr ihren lokalen und regionalen Interessen und Bedingungen unterworfen, um einem übergeordneten und meistens weit entfernt regierenden Herrscher zu dienen. Die Versuche der Zentralmächte, die Ordnung in den weitläufigen Gebieten aufrecht zu erhalten, hatte zu kostspieligen und verlustreichen Kriegen geführt, die die Verarmung der Bevölkerung und Einschränkung der Wirtschaftstätigkeit nach sich gezogen hatten. Plündernde Banden und Volksaufstände, die Verfolgung von Sonderinteressen der regionalen Herrscher waren die Folge und gleichzeitig auch wieder Ausgangspunkte neuer Kriege und Befriedungsversuche. Es herrschte eine Situation des Kampfes aller gegen alle. Die Großreiche zerfielen auf Grund der inneren Schwäche.

Das Band der Verwandtschaft, das als eine Klammer der Reiche hatte dienen sollen, wurde immer schwächer. Selbst die Mitglieder der Herrscherhäuser führten Kriege unter einander um der eigenen Vorteile Willen. Die Reiche hatten keinen sie einenden Untergrund mehr. Und auf Grund der in ihnen versammelten Völkerschaften mit unterschiedlichen Sprachen und Kultur war noch keine nationale Identität als Basis für Nationalstaaten vorhanden.

Das einende Band war der Kampf um den eigenen Vorteil, um das eigene Überleben, solange es keine Führungspersönlichkeiten gab wie Alexander, Tamerlan oder Babur, denen es gelang, Aussicht auf eine bessere Zukunft zu verbinden mit dem Reichtum der Eroberungen in der Gegenwart. Für die Eroberer war die bessere Zukunft wahr geworden, wenn sie denn die Feldzüge überlebten und gesund blieben. Für die Unterworfenen sah die Situation ganz anders aus, wenn sie denn die Kriege überhaupt überlebt hatten.

Das Heer des Ahmad Schah Durrani, der das „moderne" Afghanistan begründete, umfasste im Schnitt 100.000 Soldaten. Aus den Provinzen Punjab, Kaschmir, Sindh und dem Norden Khorasans, den fruchtbaren Gebieten Khorasans, hatte er Einnahmen von ca 31 Mio Rupien.

Den Völkern war das Gemeinsame der Kampf ums Überleben angesichts der Kriege, die die Lebensgrundlagen immer mehr auszehrten. Aber der Kampf um den eigenen Vorteil und das eigene Überleben ist kein verbindender Kampf. Und so versanken selbst die fruchtbaren und reichen Landschaften immer mehr in Armut.

Auswirkungen auf die paschtunischen Stammesgebiete

Wie weiter oben schon am Beispiel der Eroberungsversuche Baburs deutlich wurde, blieben die kriegerischen Auseinandersetzungen in Khorasan nicht ohne Auswirkungen auf die Stammesgesellschaften. Der innere Druck des Bevölkerungswachstums und der Zunahme des privaten Landbesitzes wird verstärkt durch die äußeren Versuche von Landnahme, Eroberung und Unterwerfung vonseiten anderer Stämme und Mächte. Vertreibungen und Wanderbewegungen sind die Folge.

Die paschtunischen Dizalaks waren nach Brechna im Verlauf des 15. Jh aus dem Suleiman-Gebirge in das Swattal eingebrochen und hatten die dortige Bevölkerung unterworfen. Später folgten die paschtunischen Yusofzai, die gegen Ende desselben Jahrhunderts aus ihrem Ursprungsgebiet von der Timuriden-Dynastie ins Swattal vertrieben worden waren, wo sie sich „neben den Dilazaks in Swat" (Brechna S 355) niedergelassen hatten.

„Die Yusofzai halfen den Dilazaks so lange, bis das Land die Herden der Paschtunen nicht mehr tragen konnte. Die Dilazaks wurden durch die Yusofzai vertrieben, was die anderen, unbeteiligten Stämme wie gewohnt ignorierten" (Brechna S 473).

Vermutlich war diese Vertreibung der erste Versuch, die Ernährungssituation in diesem Gebiet in den Griff zu bekommen, die damals noch in der nomadischen Weidewirtschaft bestand. Brechna bezeichnet das Swattal als das Stammesgebiet der Yusofzai, das sie mit dem engverwandten Stamm der Mandar vom Indus bis zum Kabulfluss besetzt hatten.

Die Dilazaks erscheinen 1972 nicht mehr auf der Karte von Jentsch über die Verteilung der paschtunischen Stämme. Vermutlich werden sie als Stamm unter ihrem Stammesnamen untergegangen sein, wie so viele, die in der Literatur im Verlaufe der Jahrhunderte vorkamen, in neueren Dokumenten aber nicht mehr erscheinen, so auch nicht in der Aufstellung von Brechna (482/3).

1518 zog Babur gegen die Yusofzai. Er traf Vereinbarungen mit ihnen über Steuerzahlungen und Lebensmittelleistungen, die aber nicht eingehalten wurden, sobald er nicht in der Lage war, sie mit militärischen Mitteln einzufordern. Nach Brechna verweigerten auch andere Paschtunenstämme die Zahlung von Steuern und die Lieferung von Getreide an Babur. Gegenüber der Stadt Kandahar hatte er die Abgabe von Getreide durchsetzen können. In der Mitte des 16. Jh. wanderten einige Paschtunenstämme nach Indien aus, begünstigt durch die Aufrufe der dort nach den Eroberungszügen Baburs herrschenden Nachkommen. Diese Stämme haben nach Brechna ihre ursprüngliche Heimat in Afghanistan später nie wieder aufgesucht.

Im Verlauf des 17. Jh. kommt es zur Bildung einer gemeinsamen Front von Paschtunenstämmen gegen die Herrschaft des Mogulkaisers Aurangzeb. Diese Allianz schwächte das Mogulreich. Bisher hatten sich die paschtunischen Khatak und Bangash gegenseitig bekämpft ebenso die Yusofzai gegen die Mardan. Diese Fehden hatten manchmal über Generationen gedauert und zur Zerstörung ganzer Dörfer und Hunderten von Toten geführt. Brechna erklärt diese Auseinandersetzungen: „Fortschritte und Erfolge der benachbarten Stämme hatten sie rasend gemacht und ließen sie so lange gegen die Nachbarn kämpfen, bis beide Stämme ruiniert waren" (Brechna S 430). Diese Stämme schlossen sich nun unter Khoshal Khan zusammen, um „für die Freiheit gegen Aurangzeb zu kämpfen und ihre Differenzen beizulegen" (Brechna S 430).

Die Ghilzai waren aus ihrem ursprünglichen Siedlungsgebiet um Ghazni westwärts gezogen in das fruchtbare Arghandabtal nördlich von Kandahar. Die Abdali waren aus dem Solaimangebirge ebenfalls in Richtung Kandahar gezogen, wurden aber „von den Ghilzai gezwungen, weiter zu ziehen und sich in der Provinz Herat anzusiedeln" (Brechna S 442). Der Stammvater der Abdali war Abdal, aus dessen Nachkommenschaft die Nurzai, Chalakzai, Kanozai, Darzai, Popalzai, Barakzai, Alikozai, Musazai u.a. hervorgingen.

1709 gelang dem Hotaki-Fürsten Mir Weis Khan die Eroberung Kandahars von den Safawiden, die ebenso wie die Mogulkaiser auf Grund innerer Schwäche nicht mehr in der Lage waren trotz mehrerer Versuche, die Herrschaft über Kandahar wieder herzustellen. Das gelang aber zwischenzeitlich wieder den Persern unter Schah Nadir, bis es dann 1747 von Ahmad Schah Abdali wieder den Persern entrissen und von diesem zur Hauptstadt von Großkhorasan ernannt wurde. Nach Brechna „operierten freie Pashto-Stämme im Süden und Westen Khorsans" (Brechna S 442) von 1707 bis 1747, dem Zeitpunkt der erneuten Eroberung Kandahars. Diese Stämme bezeichnet er als die Abdali im Westen um Herat und die Ghilzai im Süden um Kandahar.

Ahmad Schah Durrani gilt als der Gründer des modernen Afghanistan. Er gehörte zu einem Stamm der Abdali-Föderation, diente als Führer eines paschtunischen Truppenkontingentes in der persischen Safawiden-Armee.

Dieses Truppenkontingent bestand aus 4000 Ghilzai und 12000 Abdali, aber auch ein „Großes Quantum berittener usbekischer Truppen" (Brechna S 491) diente in diesem paschtunischen Kontingent.

Er übernahm die Macht in Khorasan in einer Lage, die Brechna als Tiefstand von Handel und Landwirtschaft bezeichnet und die Bauern von den lokalen Khans ausgebeutet wurden. „Das Land brauchte also eine starke regierende Hand, um endlich die Missstände zu beseitigen und Ordnung zu schaffen" (Brechna S 491).

Diese starken Bewegungen der Völker und Mächte sind Ausdruck der Unruhe, die den Raum Khorasan über die Jahrhunderte ergriffen hatte. Die Paschtunen waren auf Grund des inneren Drucks und nicht zuletzt auf Grund der Schwäche der Moguln und Safawiden in Bewegung gekommen und hatten diese allmählich nach Persien und Indien zurückgedrängt. Nun rückten sie ein in die gesellschaftlichen und territorialen Stellungen, die jene hatten aufgeben müssen. Sie übernahmen das Land und mit dem Land die Stellung als Herrscher, die vorher die Moguln und Safawiden innegehabt hatten. Sie wurden Feudalherren über die unterworfenen Völker, die bisher schon unter der Feudalherrschaft der Vorgänger gelebt hatten. Ähnlich wie im Swattal nehmen nun die Paschtunen den Platz in einem Gesellschaftssystem ein, das sie in ihren bisherigen Siedlungsgebieten, die noch weitgehend als Stammesgebiete mit zum Teil noch urkommunistischer Verfasstheit anzusehen waren, noch nicht herausgebildet hatten, das Feudalsystem.

Um solche Unternehmen wie Eroberungszüge oder die Abwehr der immer stärker werdenden Zentralmächte zu organisieren, bedurfte es einer anderen gesellschaftlichen Organisation als bei der Verwaltung des bäuerlichen Lebens der Dorfgemeinschaften. Zumindest war es nötig für die Zeit des Feldzuges einem Führer statt dem Stammesrat die Entscheidungsgewalt zu überlassen. Es mussten schnelle Entschlüsse gefasst werden. Lange Konsenssuche in einer Ratsversammlung hätte in schwierigen Situationen das Scheitern des Unternehmens bedeutet.

Je länger aber der Spannungs- oder Kriegszustand gegenüber anderen Stämmen oder den Regionalmächten herrschte oder sogar in einen Dauerzustand gegenseitiger Bedrohung überging, umso länger dehnte sich auch der Zeitraum, in dem das politische Leben eines Stammes weniger von der Versammlung sondern von einem Stammesführer bestimmt wurde. So können sich die ursprünglich auf Zeit gewählten Stammesführer in ihren Führungspositionen festsetzen, zumal wenn die Kampagnen erfolgreich waren und der eigene Reichtum und der des Stammes gemehrt bzw. mit Erfolg verteidigt werden konnte.

Der erworbene Reichtum erlaubt es den Führern, Kämpfer an sich zu binden, die ihre Lebensgrundlage im Dienst für den Khan finden und sich dadurch in ihrer Loyalität mehr ihm als dem Stamm verpflichtet fühlen. Die Stammesfürsten haben die finanziellen Möglichkeiten, Gefolgsmänner zu belohnen und zu begünstigen, sie haben die Macht, Kontrahenten zu bekämpfen und Koalitionen gegen diese zu schmieden. Und das Bevölkerungswachstum sowie der zunehmende Privatbesitz mit dem damit verbundenen Landverlust führt ihnen immer mehr Landlose und Entwurzelte zu, die im Militärdienst ihre einzige Überlebenschance sehen.

Unter diesen Bedingungen des Zuwachses an Reichtum und Macht ist es verständlich, dass die Khane immer weniger bereit waren, sich einer übergeordneten Macht zu unterwerfen, die sie in der Ausübung der eigenen Macht eingeschränkt hätte. So erklärt sich der schwierige Einigungsprozess der Paschtunen zu einem paschtunischen Nationalstaat, deren innere Zerstrittenheit in der Vergangenheit legendär war und die bis heute andauert. Daher erklärt sich auch die schwache Stellung des Königtums als Zentralgewalt, der es nicht gelang, sich die Stämme unterzuordnen. Im Gegensatz zu den Stammesführern hat das Königtum die politischen Auseinandersetzungen nicht überstanden.

Diese Erscheinung ist aber nicht nur eine rein paschtunische, sondern fand sich auch wieder im europäischen Raum, in der starken Rivalität zwischen den deutschen Fürsten einerseits und den Fürsten und dem deutschen Kaiser andererseits. Ähnlich wie bei den Paschtunen in Afghanistan hat auch besonders die starke Stellung der regionalen Machthaber und die daraus sich ergebende schwache Stellung des Königs den nationalen Einigungsprozess mit der Herausbildung eines Nationalstaates sehr behindert.

Mit dem Aufkommen und Ausbau des Seehandels nach Indien und anderen Regionen der Erde verliert der eurasische Landweg vom Mittelmeerraum bis nach China und Indien seine Bedeutung. Mit dem Niedergang der Seidenstraße beginnt auch der Niedergang der Reiche, die den Raum des heutigen Afghanistan beherrscht hatten. Ohnehin hatten sie nicht das Land beherrscht, sie kontrollierten die Handelswege und die einträglichen Gebiete der fruchtbaren Flusstäler. Das weite Land hatte für sie wenig Bedeutung, es wurde nur indirekt beherrscht durch die in den Städten stationierten Truppen. Aufgrund seiner Unergiebigkeit und Weitläufigkeit lohnten eine Eroberung und Besetzung der meisten Provinzen nicht.

Auf die die Städte umgebenden Stämme hatten die Statthalter versucht, Einfluss zu nehmen. Entsprechend den Kräfteverhältnissen zwischen den Stammesführern und den Statthaltern gestalteten sich die Herrschaftsverhältnisse zwischen den beiden Mächten. Manchmal waren die Stämme tributpflichtig, sehr häufig erhielten sie jedoch Privilegien und Zuwendungen vonseiten der Statthalter, um sich Wohlverhalten, Unterstützung und Ruhe von den Stammesfürsten zu erkaufen.

Jedoch mit dem Schwinden der Einnahmequelle durch den Handel auf der Seidenstraße veränderten sich die Kräfteverhältnisse in der Region. Die sinkenden Einnahmen ließen auch die Macht der Safawiden und Moguln sinken. Einerseits konnten die Truppen nicht mehr im gewohnten Maße aufrechterhalten werden, weil die finanziellen Mittel dazu fehlten, andererseits lohnte der geringere Ertrag immer weniger den militärischen Aufwand.

Von daher war es nur eine Frage der Zeit, bis diese relativ stabile Ordnung der vergangenen Jahrhunderte zusammenbrach und einer politischen Situation Platz machte, die der nach dem Zusammenbruch des Weströmischen Reiches in Westeuropa glich. Die übernehmenden Stämme traten nicht die Nachfolge an aufgrund eigener Stärke, sondern übernahmen ein Gebiet, in dem die vorherige ordnungsstiftende Macht aufgrund eigener Schwäche zusammengebrochen war. Sie waren die Konkursverwalter, die die Reste verwerteten, aber selbst daraus nichts Neues schaffen konnten.

Mit dem Nachlassen der Kontrolle der Safawiden und Moguln über die Städte der Seidenstraße versuchten nun die lokalen paschtunischen Stammesfürsten sich dieser Quellen früheren Reichtums, die immer noch sprudelten, wenn auch nicht so kräftig wie früher, zu bemächtigen.

So war es der Ghilzai-Föderation unter Führung der Hotak gelungen, die Safawiden aus Kandahar als einer fruchtbaren Oase und wichtigen Handelsstation zwischen Persien und Indien zu vertreiben. Die Schwäche des Feindes erkennend und ausnutzend gelang es Mahmud Hotak, Paschtunen, Hazaras und Belutschen zu einer Streitmacht zu vereinen und das Safawidenreich zu zerstören. Sie eroberten sogar die Hauptstadt Isfahan, konnten sich dort aber nur wenige Jahre an der Macht halten.

Eine Reichsgründung im Sinne einer Zusammenführung aller paschtunischen Stämme oder gar aller Stämme im Raum des heutigen Afghanistan war nicht das Bestreben, das hinter diesen Eroberungszügen stand. Ihr Motiv war, die Gunst der Stunde zu nutzen und sich fremde Ländereien und Reichtümer anzueignen oder mit reicher Beute nach Hause zu kehren.

Es scheint, dass der Zerfall des Safawidenreiches und der Mogulnherrschaft unter den Stämmen Afghanistans einen Kampf aller gegen alle um die Aufteilung dieses Erbes auslöste und um die Vormachtstellung innerhalb der Stammeskonföderationen. Zwischen den Barakzai und Sadozai kam es zum Kampf um die Provinzen Herat und Farah, in dem sich die Barakzai als führender Stamm der Abdali-Föderation hatte durchsetzen können.

Die Abdali selbst wurden daraufhin von den Truppen der Perser, die sich aus verschiedenen Völkern, auch Paschtunen zusammensetzten, unter Nader Shah unterworfen, der zuvor schon die Eroberer Isfahans besiegt und sich selbst zum Herrscher über Persien ernannt hatte. Nach dieser Niederwerfung der Stämme der Abdali-Föderation integrierte er diese in seine Streitmacht und sicherte sich deren Loyalität, indem er sie nun mit der Aussicht auf reiche Beute gegen die Ghilzai-Föderation in den Kampf um Kandahar führte. Die Stämme der Abdali wurden mit den Ländereien der besiegten Ghilzai belohnt.

1747 wurde Nader Shah ermordet. Damit war der letzte Versuch der Perser und Safawiden gescheitert, noch einmal eine bestimmende Rolle im Kampf um Kandahar zu spielen. Fortan kämpften nur noch paschtunische Stämme um diese Vorherrschaft in der Region Kandahar.

Ahmad Schah, einer führenden Persönlichkeit der Abdali-Konföderation, gelang es nach längeren Verhandlungen mit den Stämmen der Abdali und auch der Ghilzei von beiden Föderationen als gemeinsamer Führer anerkannt zu werden. Daher wird ihm die Gründung des „modernen" Afghanistan im Jahre 1747 zugeschrieben. Andere Quellen behaupten, dass er mit einer Streitmacht von mehreren Tausend Kriegern in das von den Ghilzai gehaltene Kandahar einmarschierte und seinen Führungsanspruch durch seine militärische Stärke durchsetzte. In Kandahar gab es zu dieser Zeit keine Kraft, die ihn daran hätte hindern können.

Damit ihm nicht dasselbe Schicksal widerfuhr wie den von ihm besiegten Stämmen, ließ er seine Widersacher hinrichten. Damit waren die möglichen Organisatoren und die militärischen Fachleute ausgeschaltet, die über das Wissen der Kriegsführung verfügten und über die politischen und finanziellen Mittel, Machtstrukturen zu errichten, die die sich allmählich entwickelnde Zentralmacht hätten gefährden können.

Unter seiner Führung entstand ein Großreich, in dem in den 25 Jahren seines Bestehens eine relative Ruhe herrschte. Seine Feldzüge sicherten ihm die Steuereinnahmen aus den fruchtbaren Provinzen Indiens, Kaschmirs und des Punjab und damit auch die nötigen finanziellen Mittel, um sich das Wohlverhalten der Stammesfürsten zu sichern. Über eines konnte diese Ruhe jedoch nicht hinwegtäuschen, dass weiterhin dieselben Machtstrukturen herrschten, wie sie schon unter den Moguln und Safawiden bestanden hatten.

Ahmed Schah, der sich später Durrani nannte, stand als König einem losen Verbund von Stämmen vor, deren Stammesführer die Herrschaft des Königs nur so lange anerkannten, wie er sich mit seinen überlegenen Streitkräften in ihrer Nähe aufhielt und er sich ihre Loyalität durch Vergünstigungen erkaufen oder durch Drohungen erzwingen konnte. Eine das Land durchdringende und stabilisierende Verwaltung war nicht entstanden.

Hinter den innerafghanischen Vorgängen das Ringen um die Schaffung eines afghanischen Nationalstaates zu sehen, geht an den Realitäten der damaligen Situation im heutigen Afghanistan vorbei. Denn es handelte sich bei diesem Gebilde nicht um einen Nationalstaat aller Afghanen und schon gar nicht aller Stämme, die in diesem Gebiet lebten. Gerade der schnelle Zerfall dieses staatsähnlichen Gebildes zeigt seine Instabilität und den Mangel an gemeinsamen Grundlagen für ein über den Eigensinn der Stämme hinaus verbindendes nationales oder staatliches Gesamtinteresse, dem sich alle verpflichtet gefühlt hätten.

Die afghanischen Herrscher standen genauso wie die Safawiden und Moguln vor den Problemen der rückläufigen Einnahmen aus dem Fernhandel und den in sich selbst ruhenden Stämmen, die jede ihnen übergeordnete Macht als Fremdherrschaft ansehen mussten, weil sie aus ihrem eigenen alltäglichen Erleben und ihrem politischen Bewusstsein in einer Zentralmacht keine Notwendigkeit sahen.

Trotz der beschriebenen turbulenten Zeit waren die Stammesmitglieder in ihrer Mehrheit Bauern geblieben, die weiterhin auf sich selbst bezogen in ihren Gemeinschaften lebten. Die hier beschriebenen militärischen Auseinandersetzungen wurden in erster Linie von angeworbenen Kämpfern getragen, die sich in Ermangelung von Alternativen dem Kriegshandwerk verschrieben hatten.

Einem Nationalstaat mit einer politischen Macht über der Ebene der Stämme fehlte die soziale Basis, die diesen Nationalstaat gefordert und gestützt hätte und damit auch dessen Existenz über die Person des Herrschers hinaus hätte garantieren können.

Kampf der Eliten

Den Stämmen und besonders ihren Führern war nicht an einer Machtebene über ihrer eigenen gelegen, weil es eine Einschränkung ihrer eigenen Möglichkeiten und Mittel bedeutet hätte. Die einzige Kraft, die aus einer Zentralmacht Nutzen hätte ziehen können, war die Fraktion im Stammesgefüge, die in der Lage war, über die anderen Stämme zu herrschen. Ihr wären die Steuereinnahmen und Tribute zugeflossen, die die anderen hätten leisten müssen bzw. ihnen vorenthalten worden wären. Der Kampf um und gegen die Zentralmacht hatte unterschiedliche Ursachen.

Nach der Unterwerfung der in den Ebenen des Südens und Südwestens siedelnden Bevölkerung hatten die paschtunischen Stämme die Herrschaft in diesem Gebiet übernommen und auch die zum Teil schon vorhandenen feudalistischen Strukturen. Sie, die ihre alten Stammesgebiete zum Teil aus Mangel an Land hatten verlassen müssen, wurden jetzt Grundbesitzer.

Nach der Eroberung der Reiche der Safawiden und der Moguln hatte neues Land zu Verteilung bereitgestanden. Da die „demokratischen" Strukturen und Regeln der alten Siedlungsgebiete auf den Wanderbewegungen und Kriegszügen zunehmend der Befehlsgewalt der Oberbefehlshaber gewichen waren, beanspruchten diese mächtig gewordenen Kriegsherren auch zunehmend das eroberte Land als Kronland, aus dem sie Lehen als Belohnung verteilten an ihre Gefolgsleute. Mit der allmählichen Festigung der Königsmacht dehnte sich dieser Anspruch des Königs nicht mehr nur auf die neuen Siedlungsgebiete sondern zunehmend auch auf die alten Gebiete der in ihren alten Siedlungen verbliebenen Stämme.

Der Konflikt, der sich nun entwickelte, ist ein doppelter. Einerseits fand in den neu eroberten Gebieten ein ständiger Kampf um die Vorherrschaft über dieses Neuland zwischen den an den Eroberungen beteiligten Stämmen und ihren Führern statt. Andererseits versuchten die afghanischen Könige mit dem Anwachsen ihrer Macht, diesen Anspruch auf Tributpflicht auch auf die Stämme in den alten Siedlungsgebieten im Osten des Landes auszudehnen. Diesem Anspruch widersetzten sich die Stämme. Sie wollten ihr angestammtes Siedlungsgebiet weiterhin selbst kontrollieren und sich nicht der Tributpflicht gegenüber dem König unterwerfen.

Die innerafghanischen Streitigkeiten haben hier ihren tieferen Grund und nicht im Fehlen einer tragfähigen, allseits anerkannten und durchsetzungsfähigen Nachfolgeregelung für die Königsmacht, wie es bei einigen Autoren anklingt. Ähnlich den Auseinandersetzungen in den Dynastien, die vorher die Region beherrschten, kommt es auch innerhalb der afghanischen Königsfamilie immer wieder zu Konflikten und gewalttätigen Auseinandersetzungen zwischen den verschiedenen Zweigen um die Erringung der Königswürde.

Dabei spielte es keine Rolle, ob die Königswürde durch Wahl und Ernennung oder durch Erbrecht weitergegeben wird. Keiner der beiden Modi war eine Garantie für Sicherheit und Anerkennung, die der Inhaber von etwaigen Mitbewerbern erfährt. Die Rechtmäßigkeit der Weitergabe der Königswürde war kein Hindernis für andere Kräfte, diese Stellung an sich zu reißen, wenn es die Machtverhältnisse erlaubten und eine Eroberung der Macht aussichtsreich erschien.

Diese Gefahr vor Augen war nicht zuletzt die Verfassung von 1964 ein Versuch, weitere Auseinandersetzungen durch eine verbriefte Nachfolgeregelung auszuschalten. Trotzdem war es über den ganzen Zeitraum seit der Gründung des „modernen" afghanischen Staates im Jahre 1747 bis zum Jahre 1964 nicht gelungen, eine Regelung zu schaffen, der sich alle gesellschaftlichen Kräfte verpflichtet gefühlt hätten. Letztlich entscheidend für das Durchsetzungsvermögen der zentralen Macht war nicht die Frage, wie ihr Inhaber legitimiert war, sondern auf welche Kräfte sich die Königsmacht stützen konnte. Dabei war die Frage nach der Rechtmäßigkeit des Anspruchs nur eine Rechtfertigung für die Anwendung der Gewaltmittel und deren Rechtmäßigkeit in den Augen der Öffentlichkeit, hier in den Augen derer, die dem König folgten und seine Anwendung von Gewalt unterstützten und ausführten.

Darüber hinaus bestand keine soziale Kraft, die diese Kontinuität der Königsmacht über einen längeren Zeitraum hätte garantieren und durchsetzen können, weil sie von der überwiegenden Mehrheit der Bevölkerung nicht gewollt war und abgelehnt wurde. Die einzige zuverlässige Stütze der Königsmacht bestand im Militär, solange es bezahlt, und Teilen der Stämme, solange diesen Vergünstigungen gewährt werden konnten. Insofern stellt das Königtum in Afghanistan nicht den Versuch dar, eine Zentralgewalt zu bilden, die der der europäischen Staaten zu Beginn der Bildung der Nationalstaaten vergleichbar gewesen wäre. Vielmehr ist es das Ergebnis eines isolierten Ringens der Machteliten untereinander um die Durchsetzung eigener dynastischer Interessen mit den damit verbundenen finanziellen Mitteln, die der herrschenden Dynastie zuflossen.

Im dem Fehlen einer breiten gesellschaftlichen Basis ist der Unterschied in der Entwicklung der Zentralgewalt in Afghanistan und in den Nationalstaaten Europas im 18. und 19. Jahrhundert zu suchen. Erst das erstarkende Bürgertum in Europa erzwang die nationalstaatliche Einigung mit der politischen Entmachtung der Fürsten und der Schaffung einer übergeordneten Herrschaft. Das Bürgertum hatte den Sprung von der handwerklichen zur industriellen Warenproduktion geschafft. Es strebte nach der politischen Macht, um mit der Aufhebung der Zersplitterung des Landes in viele kleine Fürstentümer die Parzellierung des Wirtschaftsraumes aufzuheben, die die Entwicklung der Industrie behinderte. Eine zu schaffende Zentralgewalt sollte die Schaffung und Verwaltung eines einheitlichen Wirtschaftsraumes gewährleisten. Die deutsche Zentralmacht, die nach der Reichsgründung 1870/1 entstanden war, war Ergebnis des Ringens des Bürgertums um diese nationalstaatliche Einigung. Das Bürgertum war die treibende Kraft dieses Prozesses gewesen, auf das sich die Zentralmacht stützen konnte. Von ihm wurde sie getragen und regierte mit meist wohlwollendem Einverständnis und Zustimmung der Regierten.

Ganz anders ist da die Situation Afghanistans. Sie ist eher vergleichbar mit dem Europa nach dem Zusammenbruch des Weströmischen Reiches und der Entstehung des Kaiserreichs unter Karl dem Großen. Hier war über Jahrhunderte ein ähnlich komplizierter Prozess der Reichsgründung abgelaufen, der aber nach der formalen Reichsgründung nicht zu einer Stärkung der Kaiserwürde sondern zum Erstarken der Fürsten führte.

Auch die Stammesfürsten der Paschtunen, die ihre Funktion ursprünglich als widerrufbares Amt erhalten hatten, hatten sich zu den eigentlichen Mächtigen entwickelt, von deren Unterstützung der König abhängig war. Größere militärische Unternehmen, die die Schlagkraft der vereinigten Stämme brauchten, waren ohne die Unterstützung durch die Stammesfürsten durch die Bereitstellung von Streitkräften nicht möglich. Der Führungsanspruch des Königs beruhte auf seiner militärischen Stärke, und er schwand, wenn diese Stärke nachließ.

Die militärische Stärke war abhängig von der Finanzkraft des Königs, denn Ausrüstung, Waffen und vor allem die Kämpfer wollten bezahlt sein. Als nach dem Tode Durannis unter der Herrschaft seines Sohnes Timur Schah in der Königsfamilie die Machtkämpfe wieder ausbrachen, blieben die für den Haushalt notwendigen Steuern aus den fruchtbaren Provinzen Indiens aus. Um sich diesen Machtkämpfen zu entziehen und sich neue finanzielle Quellen zu erschließen, verlegte Timur Shah die Hauptstadt des Reiches von Kandahar nach Kabul. Wichtige Positionen im Militär wurden durch Nichtpaschtunen besetzt.

Um sich die Gunst der Stämme und ihrer Fürsten zu erhalten, waren viele paschtunische Stämme von Steuerzahlungen befreit gewesen, wenn sie überhaupt hätten durchgesetzt werden können. An dieser Bevorzugung der Paschtunen hatte sich bis zum Abtreten des letzten afghanischen Königs nicht viel geändert. Da die Könige nicht in der Lage waren, die Staatsausgaben über die Erhebung von Steuern zu finanzieren, waren sie immer gezwungen, sich anderer Quellen zu bedienen. Hier sind zu nennen die Steuern aus eroberten Gebieten und die Einnahmen aus dem Handel auf der Seidenstraße, später kommen Zahlungen der Kolonialmächte und die Entwicklungshilfe hinzu.

Mit dem Verlust der reichen indischen Provinzen durch die innerafghanischen Machtkämpfe nach dem Tode Durannis und dem Schwinden der Einnahmen aus dem Handel auf der Seidenstraße verschlechterten sich die Bedingungen für die Aufrechterhaltung einer Zentralmacht über den Stammesfürsten. Das Königtum war nicht mehr in der Lage, das Reich zusammenzuhalten. Im 19. Jahrhundert versank der Raum Afghanistan immer mehr im Chaos der Stammesrivalitäten, kurzfristigen Allianzen und kriegerischen Auseinandersetzungen. Dabei stand die Kontrolle der Städte als der wichtigsten Einnahmequellen immer im Vordergrund. Neue Machtzentren entstanden neben Kabul. Die Provinzen zwischen Amu Darja und Hindukusch sagten sich von Kabul los. Der Arm des Königs reichte nicht mehr bis dorthin.

Diese über Jahrzehnte dauernden Auseinandersetzungen spielten sich nur auf der Ebene der Eliten ab. Die Bevölkerung nahm an diesen Auseinandersetzungen nicht als politischer Akteur teil, sondern als Schachfiguren, Massen, die als Stammesangehörige oder Söldner, getrieben von der Hoffnung auf Beute, im Auftrag der Herrschenden den Zielen der Herrschenden dienten.

Anders als das deutsche Bürgertum waren die Mitglieder der Stämme nicht in der Lage, eigene politische Ziele zu formulieren und zu verfolgen. Ganz im Gegenteil bereitete ihnen die Entwicklung einer Zentralgewalt nur zusätzliche Probleme ohne ihnen erkennbaren Nutzen zu verschaffen. Sie sollten Steuern zahlen und Kriegsdienste leisten, was gerade für die bäuerlich geprägten Stämme, eine erhebliche Belastung bedeutete. Diese Grundvoraussetzung für die Existenz einer Zentralgewalt hatte sich nicht durchsetzen lassen. Sie entsprach weder den Interessen der Untertanen noch denen der Stammesfürsten.

Der König war nicht Repräsentant eines gemeinsamen Willens seiner Bürger nach einer gesamtstaatlichen nationalstaatlichen Ordnung. So war die Basis der Zentralgewalt in Afghanistan der Flickenteppich der verschiedenen Völker und Stämme, deren Geflecht ständig wechselnder Koalitionen einen sehr unsicheren Untergrund abgaben für die Bildung einer Machtinstanz, deren Aufgabe es gerade war, all diese Völker und Stämme mit ihren verschiedenen Interessen einem übergeordneten Interesse unterzuordnen, dem sich alle verbunden fühlten, und das sie deshalb auch alle anerkannten oder doch wenigstens die meisten.

Die großen Entfernungen und schlechten geografischen Bedingungen des Landes, der Mangel an einer das Land durchdringenden Verwaltung, die unsichere Finanzgrundlagen, die Rivalität zwischen Fürsten und König, und besonders die nicht vorhandene soziale Basis waren die Faktoren, die der Herausbildung einer Zentralgewalt im Wege standen. Diese war ein Gebot der Stunde, eine Notwendigkeit für den gesellschaftlichen Entwicklungsprozess. Die Ablehnung der Zentralmacht durch die Stammesführer erfolgte nicht aus prinzipiellen Erwägungen. Die Schwierigkeit bei der Bildung eines übergeordneten Königtums bestand darin, dass es viele Interessenten für diese gesellschaftliche Stellung gab und keine der gleichstarken Kräfte sich einer anderen unterordnen wollte.

Erst das Auftreten der Kolonialmächte an den Grenzen des afghanischen Raums sorgte für eine Änderung der Lage. Vielleicht ist gerade ihnen zu verdanken, dass das Königtum in Afghanistan eine zweite Chance erhielt bis zu seinem endgültigen Untergang durch die Verbannung des letzten Königs ins römische Exil.

Neben den andauernden und sich verschärfenden Rivalitäten im Königshaus und zwischen den Stämmen kamen zwei Faktoren neu hinzu, die von großer Bedeutung waren für die Geschichte Afghanistans im 19 Jahrhundert: das Aufkommen der imperialistischen Kolonialmächte England und Russland und die Eröffnung des Suez-Kanals im Jahre 1869.

So unübersichtlich waren die Koalitionen, Machtkämpfe und Herrscherwechsel im afghanischen Raum, dass auf eine genauere Beschreibung nicht eingegangen werden soll. Entscheidend ist vielmehr deren Ergebnis. Da die Kabuler Herrscher infolge der internen Machtkämpfe immer in Kabul gebunden waren, gingen mit dem Punjab und Kaschmir die wichtigsten Einnahmequellen verloren.

Mit dem weiteren Schwinden der Finanzquellen durch den Verlust der indischen und nordafghanischen Provinzen hatte das Königshaus kaum noch Möglichkeiten, die Politik im Raum Afghanistan aktiv zu gestalten. Mit der Eröffnung des Suezkanals entstand eine weitere Konkurrenz gegenüber dem riskanten Landweg durch Afghanistan. Er verkürzte den Seeweg nach Asien und verbilligte dadurch den Warentransport.

Die Auflösung der ohnehin nicht sehr stabilen staatlichen Ordnung ermöglichte den Nachbarstaaten, ihre eigenen Interessen in dieser Region zu verfolgen. Nach und nach dehnten sich sowohl England als auch Russland nahezu gleichzeitig in das afghanische Gebiet hinein aus. In ihrem Streben nach Süden zu den warmen Meeren kollidierten die russischen Absichten mit den Interessen Englands als größter imperialistischer Kolonialmacht in der Region.

Die Kolonialmächte versuchten die Politik der Machthaber in Afghanistan nach ihren Bedürfnissen zu steuern, wobei zwei Ziele verfolgt wurden. Zum einen sollten die Pläne der jeweils anderen Kolonialmacht unterlaufen werden, die aufgrund ihrer Größe die direktere Bedrohung darstellte, aber auch die kleinen afghanischen Kräfte sollten im Gleichgewicht gehalten werden, damit keine Machtkonzentration entstehen konnte, die zu einer zusätzlichen Bedrohung hätte führen können.

Die verschiedenen Machthaber in Afghanistan versuchten ihrerseits die Kolonialmächte für ihre Interessen einzusetzen und sie in ihren internen Auseinandersetzungen auf ihre Seite zu ziehen. Und so entwickelte sich ein kompliziertes Geflecht aus Manipulationen, Koalitionen und Verrat, die einzig den taktischen Erwägungen dienten, wie jede der beteiligten Parteien die eigenen Interessen durchsetzen könnte, ohne dass die wahren Absichten erkannt würden.

Doch Interessen entwickeln solch starke Triebkräfte, dass sie zu gewaltsamen Lösungen drängen, wenn auf dem Wege der Diplomatie die gewünschten Erfolge nicht erreicht werden können.

Die Aufnahme von Verhandlungen zwischen dem damaligen Kabuler König Dost Mohammad und den Russen war der Hintergrund für den 1. Anglo-afghanischen Krieg, weil England durch diese Kontaktaufnahme seine Interessen in der Region beeinträchtigt sah.

Gerade die Hintergründe dieser Auseinandersetzung sind ein Lehrstück dafür, wie die Interessen versuchen, die Wirklichkeit zu formen, und sich dann doch der Wirklichkeit beugen müssen, wenn sie aufgrund von Fehleinschätzung in zu starken Widerspruch zur Wirklichkeit geraten.

1826 hatte Dost Mohammad die Herrschaft über Kabul erobert. Die Briten hatten jedoch Schah Schoja ermutigt, der früher schon einmal den Thron von Kabul inne gehabt hatte, aber von einem Verwandten Dosts ins Exil getrieben worden war, die Herrschaft über Kabul zurückzuerobern. Er wurde von Dost geschlagen (1834).

Diese innerafghanischen Streitigkeiten hatten jedoch die benachbarten Sihks genutzt, um sich Peschawar einzuverleiben. Um nach der Niederlage Schah Schojas Peschawar wieder zurück zu erobern, bot Dost den Engländern ein Bündnis gegen die Sihks an. Die Briten waren aber an guten Beziehungen zu letzteren interessiert, wollten aber auch andererseits Dost nicht brüskieren und ihn damit in die Arme der Russen treiben. Sie erklärten sich in dem Streit um Peschawar neutral mit dem Hinweis, sich nicht in die inneren Angelegenheiten von Nachbarstaaten einmischen zu wollen.

Diese neutrale Haltung galt aber nur so lange, wie sie nutzte, ein Gleichgewicht in der Region und die eigene Vormachtstellung aufrecht zu erhalten. Denn als die Russen Dost das Angebot machten, ihn in seinem Kampf gegen die Sihks zu unterstützen, sahen die Briten ihre Interessen bedroht. Nun fand die Nichteinmischung in die inneren Angelegenheiten anderer Staaten ein Ende, und sie erklärten Dost den Krieg.

Die Engländer bezeichneten Dost als nicht legitimierten Herrscher und erklärten im Gegenzug den im Exil befindlichen Schah Schoja zum rechtmäßigen Inhaber des Kabuler Throns (1838). Die britische Armee zog ohne nennenswerten Widerstand in Kabul ein, Dost ging rechtzeitig ins Exil und Schah Schoja wurde nach über 30 Jahren wieder Herrscher von Kabul (1839).

Aber Schah Schoja war schwach. Er war auf die Unterstützung durch die britische Armee angewiesen, die dadurch gezwungen war, unter hohen Kosten im Land zu bleiben. Weil ihr die Aufwendungen für ihr Engagement zu hoch waren, kürzte die britische Regierung 1841 die Gelder für das Afghanistan-Unternehmen. Die Zahlungen für das Militär konnten nicht eingeschränkt werden, wollte man den Erfolg des Unternehmens nicht gefährden.

Da aber gespart werden musste, wurden die Unterstützungszahlungen für die Stämme der Ghilzai[3] reduziert. Für diese gab es als Alternative zu den Zahlungen der Engländer nur die Wiederaufnahme ihrer Raubzüge gegen die Handelswege. So erhoben sie sich und lösten einen Aufstand aus, der unter der Führung eines Sohnes von Dost ganz Afghanistan erfasste und zur Vernichtung die britische Armee führte. Er vernichtete auch den Ruf der britischen Armee, unbesiegbar zu sein.

Die britische Gegenoffensive führte zur Niederlage der afghanischen Verbände, aber auch zu der Erkenntnis, dass die Kosten einer permanenten Besetzung des Landes gemessen an ihrem Nutzen viel zu hoch waren. Es musste eine Kraft eingesetzt werden, die politische Stabilität schaffen konnte, ohne sich auf englische Truppenpräsenz stützen zu müssen. Der einzige aber, der diese Voraussetzungen zu erfüllen schien, war der von den Engländern selbst vertriebene Dost.

So kehrte Dost 1843 aus seinem Exil nach Afghanistan zurück und die Engländer konnten mit dem Abzug ihrer Truppen das Afghanistanabenteuer beenden, das sie trotz des errungenen Sieges teuer zu stehen gekommen war und außer den Toten nichts anderes erbracht hatte als die Herstellung der alten Verhältnisse und damit die Anerkennung der wirklichen Verhältnisse.

Dost gelang es in mehreren innerafghanischen Feldzügen, die Herrschaft Kabuls über ganz Afghanistan wieder herzustellen. Er starb 1863 nach der Einnahme von Herat[4]. Mit Dosts Tod begannen die Nachfolgestreitigkeiten von neuem, die bis ins Jahr 1869 andauerten und mit dem Sieg Scher Alis, eines Sohnes Dosts, endeten. Ihm gelang es, bis zum Beginn des 2. Anglo-

---

[3]

Offiziell wurden Unterstützungszahlungen geleistet, damit die Ghilzai die Straße nach Peschawar freihielten, d.h. schützten. Andererseits waren aber gerade die Stämme die größte Bedrohung für die Sicherheit der Handelswege. Um sie von Raubzügen, Zöllen und Erpressungen abzuhalten, wurden diese Zahlungen von den Engländern geleistet. Aber bereits vor und auch noch nach der Herrschaft der Engländer flossen Gelder an die Stämme, um sie von Überfällen auf die Pässe abzuhalten. So standen noch im Jahren 1967 allein für Zahlungen an die Stämme 700000 Dollar zur Verfügung.

[4] Die Neutralität der Briten gegenüber den Sihks hatte nicht lange angedauert. Bis 1849 waren auch sie endgültig besiegt.

afghanischen Krieges im Jahre 1878 für Ruhe und Stabilität im Land zu sorgen.

Auch er versuchte wie Timur Schah Jahrzehnte zuvor, sich aus der Abhängigkeit der Stämme zu lösen und seine Macht über sie auszudehnen. So band er kaum noch Familienmitglieder oder sonstige Mitglieder der Durrani in die Regierungsgeschäfte ein. Besonders das Militär versuchte er, dem Stammeseinfluss zu entziehen und einer zentralen Befehlsstruktur zu unterstellen. Um die Staatsfinanzen auf eine solide Basis zu stellen, stellte er das Steuersystem von Natural- auf Geldwirtschaft um, konnte sich aber damit nicht bei den Paschtunen durchsetzen, die bis in die 1930 Jahre von Steuerzahlungen weitgehend befreit blieben.

Während der Nachfolgekämpfe in Afghanistan hatte Russland die Gelegenheit genutzt und seine Grenzen auf Kosten Afghanistans weiter nach Süden vorgeschoben. Sie hatten Taschkent und Samarkand erobert, Buchara in ihre Abhängigkeit gebracht und wandten sich nun Merw zu.

Gegen das Vordringen der Russen versuchte Scher Ali, die Briten als Verbündete zu gewinnen. Doch diese zogen es vor, direkt mit den Russen zu verhandeln. 1872 legten die beiden Kolonialmächte über die Köpfe der Afghanen hinweg in einem Abkommen ihre Einflusssphären fest. Der Amu Darja wurde zur Grenze zwischen Afghanistan und dem russischen Interessengebiet erklärt.

1878 brach der 2. Anglo-afghanische Krieg aus, der dieselben Hintergründe wie der erste hatte und einen ähnlichen Verlauf nahm. Auslöser war wieder der afghanische Versuch, sich mit den Russen zu arrangieren oder sie als Druckmittel gegen die Engländer zu benutzen. Ständig in der Gefahr, zwischen diesen beiden überlegenen Mächten zerrieben zu werden, blieb ihnen aus dieser Schwäche heraus keine andere Wahl, als die beiden gegeneinander auszuspielen und für die eigenen Interessen einzusetzen.

Die Situation in der Region war aber klar: Die Russen wie die Engländer vereinnahmten die ertragreichsten Gebiete Afghanistans in ihren eigenen Herrschaftsbereich: Die Engländer die fruchtbaren Gebiete des indischen Subkontinents, die Russen die Oasen nördlich des Amu Darja mit der Folge, dass das Land bis zu Beginn des 20. Jahrhunderts bis auf diesen „unbrauchbaren" Rest des heutigen Afghanistan zusammengeschrumpft war.

Die Herrscher Afghanistans litten unter dem ständigen Schwinden ihrer Einnahmequellen und waren aus diesem Grund und der Zerstrittenheit der Stämme untereinander nicht in der Lage, den Kolonialmächten Paroli zu bieten. Aus den verlorenen Gebieten kamen keine Steuern und Abgaben mehr.

Der Handel auf der Seidenstraße hatte sich durch die Ausweitung des Seehandels und die Eröffnung des Suezkanals stark zurückentwickelt. Mit dem Aufkommen neuer Verkehrsmittel wie Eisenbahnen, Autos und noch später der Flugverkehr ging der Transithandel durch das Land noch weiter zurück, da Afghanistan bis heute über keine Eisenbahn verfügt und erst seit der Mitte des 20. Jahrhunderts über erste asphaltierte Straßen.

Die Engländer wollten wegen Merw, Buchara und Taschkent nicht das Risiko einer militärischen Auseinandersetzung mit Russland eingehen und die Afghanen gegen die Russen unterstützen. Ihnen ging es in erster Linie darum, die Russen auf Distanz zu halten. Andererseits unternahmen sie alles, um eine Annäherung zwischen Russland und den afghanischen Königen zu verhindern. So war die erneute Kontaktaufnahme zwischen Scher Ali und Russland für sie der Anlass, erneut militärisch in Afghanistan Flagge zu zeigen. Auch Scher Ali sah sich wie seinerzeit Dost gezwungen, ins Exil zu gehen.

Da die Engländer wieder sehr bald feststellen mussten, dass eine dauerhafte Besetzung des Landes viel zu teuer wurde, wurde in England ohne die Beteiligung der Afghanen darüber diskutiert, dass dieses Gebiet im Interesse Englands am besten in unterschiedliche staatliche Einheiten aufgeteilt werden sollte. Diese Pläne wurden aber gefährdet durch die Rückkehr Abdur Rahmans. Er war einer der Verlierer in den Nachfolgewirren der 1860er Jahre und hatte nach Russland ins Exil gehen müssen. Aber ihm schlossen sich die Afghanen an womit er zu einer ernstzunehmenden Gefahr für die englischen Absichten wurde.

Um eine weitere Eskalation zu vermeiden, gestanden die Engländer ihm die Herrschaft über Kabul zu im Gegenzug für seinen Verzicht auf die volle staatliche Souveränität Afghanistans. Es erhielt den Status eines halbautonomen Protektorats, das zu keiner ausländischen Macht außer England Beziehungen haben durfte. Dafür zogen sich die britischen Truppen und Diplomaten aus Kabul zurück. Kandahar verblieb im englischen Machtbereich und unterstand damit nicht mehr der Souveränität des afghanischen Königs, ebenso wie Herat, das während der Wirren der 1860er Jahre unter die Herrschaft Ayubs gekommen war.

So hatte England die Aufteilung des Landes durchgesetzt und mit dem Status des halbautonomen Protektorats eine Lösung gefunden, die seinen Interessen sehr entgegenkam. Afghanistan diente als Puffer zwischen der russischen und englischen Interessenssphäre, womit die Gefahr einer direkten Konfrontation gebannt war, die ertragreichsten Gebiete waren unter Englands Kontrolle und Restafghanistan selbst unterstand der Kontrolle der Kabuler Könige, die für England selbst keine Gefahr darstellten, aber im Lande für Ruhe sorgten. Da ihnen der Kontakt zu fremden Mächten

untersagt war, waren auch die Störversuche vonseiten Russlands unter-
bunden.

So stellte sich die Situation am Ende des 19. Jahrhunderts dar. Gewinner
waren England und Russland, Verlierer die Afghanen und die anderen Völker der Region, die in die Abhängigkeit eines der Kolonialreiche gekommen waren und damit ihre Selbständigkeit weitgehend verloren hatten. Jedoch führte diese Aufteilung der Interessensphären auch zu einer gewissen
Beruhigung der Situation. Sie bedeutete die gegenseitige Anerkennung der
Interessen und Kräfteverhältnisse zwischen den beiden imperialen
Mächten.

In den Abkommen von 1893 (Durand-Abkommen) und 1895 (Pamir-
Abkommen) entstand Afghanistan in seinen heutigen Grenzen. Ersteres
war zustande gekommen unter erheblichem militärischem Druck, den
England von Britisch-Indien aus an der Ostgrenze Afghanistans aufgebaut
hatte. Gleichzeitig aber musste Abdur Rahman im Durand-Abkommen von
1893 die Aufteilung des paschtunischen Siedlungsgebietes zwischen
Afghanistan und Britisch-Indien hinnehmen. „Dieser Vertrag hatte zur Folge, dass ca. 190.000 km² des afghanischen Territoriums mit ca. 9 Millionen
Einwohnern im Osten und Südosten des Landes an Britisch-Indien
abgetreten wurden" (Baraki S 1).

Mit der Abtretung dieses Teils der paschtunischen Stammesgebiete und der
Provinz Belutschistan verlor es nicht nur teilweise sehr ertragreiche Landstriche sondern auch seinen direkten Zugang zum Meer. Damit war von
englischer Seite den russischen Eroberungsbestrebungen ein Riegel vorgeschoben worden, das mit einer wie auch immer gearteten Herrschaft über
das Land auch endlich den Zugang zu den warmen Meeren erhalten hätte.

Mit dem Wakhan-Korridor erhielt Afghanistan einen Zugang zu China und
trennte die beiden imperialen Kontrahenten, die sich an dieser Stelle sehr
nahe gekommen waren. Russland rückte vor bis zum Amu Darja und
erhielt damit eine natürliche Grenze.

Der Verlust der afghanischen Souveränität war für Abdur Rahman nicht
nur von Nachteil. Hatte er bisher von den Engländern jährliche Unterstützungszahlungen in Höhe von 120.000 Pfund erhalten, so erhöhten sich
diese nach Baraki durch das Durand-Abkommen auf 160.000 Pfund,
andere Quellen sprechen von 180.000 Goldpfund.

Mit dem Abstecken des Staatsgebietes war der Rahmen gegeben, in dem
sich eine Entwicklung zu einem eigenen nationalen Staat anbahnen konnte.
Diesen Rahmen hatten sich nicht die Afghanen selbst gegeben sondern war
fremdbestimmt worden durch die Interessen der Kolonialmächte. Die
Grenzen berücksichtigten nicht die gewachsenen Strukturen der Stämme,
oftmals wurden ihre Siedlungsgebiete von den neuen territorialen Gege-

benheiten zerschnitten, die in den Folgejahren immer wieder Auslöser neuer Konflikte werden sollten.

Hier zeigen sich Parallelen zu den afrikanischen Ländern, die ebenfalls durch willkürliche Grenzziehungen der Kolonialmächte entstanden waren. Sie sind wie Afghanistan Paradebeispiele für die Schaffung künstlicher Staatsgebilde ohne Beziehung zu den Traditionen und Wünschen der Menschen, die in diesen Gebieten lebten.

Diese Sicherheit vor äußerer Bedrohung und Einmischung schaffte in der Folge für die afghanischen Herrscher die Möglichkeit, sich dem inneren Ausbau der Staatsmacht zu widmen. Offensichtlich hatte auch England die Vorteile der entstandenen Struktur für die eigenen Interessen erkannt und unterstützte die Entwicklung der afghanischen Zentralmacht finanziell und militärisch.

Das durch klare Grenzen festgelegte Staatsgebiet ermöglichte es Abdur Rahman, seine Macht über das gesamte Staatsgebiet auszudehnen und zu festigen. Da das zu beherrschende Gebiet kleiner geworden war, war es auch leichter geworden, in den verschiedenen Regionen präsent zu sein und Macht auszuüben. Nach dem Abzug der Briten aus Kandahar erkämpfte er seinen Herrschaftsanspruch über dieses Gebiet gegenüber seinen Konkurrenten. Mit der Einnahme Herats stellte er seine Souveränität über das gesamte Staatsgebiet her.

Um die Stellung der Zentralmacht zu festigen, war es notwendig, besonders die Macht der Stammesfürsten zu schwächen und die Staatseinnahmen zu konsolidieren. Die Basis der Fürstenmacht war die Unterstützung, die sie durch die von ihnen teilweise wirtschaftlich abhängigen Stammesangehörigen erhielten. Abdur Rahman richtete in Kabul eine Stammesversammlung (Jirga) ein, zu deren Besuch er alle Stammesfürsten aufforderte. Diese Versammlung hatte keine Entscheidungsbefugnis, aber den gewünschten Effekt, die Stammesfürsten von ihrer Basis zu trennen.

Die zweite Maßnahme zur Schwächung der Fürstenmacht war ein Umsiedlungsprogramm, das sowohl als Strafaktion als auch als Belohnung eingesetzt wurde. Unbotmäßige Stämme wurden in den Norden des Landes zwangsumgesiedelt und somit aus ihrem Stammesverband gelöst, der Stammesverband dadurch geschwächt. Gleichzeitig wurde die Umsiedlung in den fruchtbaren Norden auch als Angebot für Umsiedlungswillige angeboten. Wer durch den König neues Land erhalten hatte, war ihm verbunden und nicht mehr den alten Stammesfürsten, von denen er jetzt auch geographisch getrennt war. Gleichzeitig spalteten die Neusiedler die ansässigen Siedlungsgemeinschaften.

Um die Sympathien der Paschtunen ihm gegenüber zu vertiefen, rief Abdur Rahman zur Landnahme und Unterwerfung der Hazaras in Zentralafghanistan auf. Der Besitz der Hazaras fiel in die Hände der Paschtunen, und diese nutzten fortan deren Weidegründe für ihr eigenes Vieh. All diese Vergünstigungen, die hauptsächlich die Paschtunen erhielten, waren Vergünstigungen, die ihnen durch den König zukamen, nicht durch ihre Stammesführer.

Neben der Schwächung der Stammesführer ergriff Abdur Rahman auch Maßnahmen, die den Einfluss der islamischen Geistlichkeit reduzieren sollten. Er konfiszierte deren Land und machte sie zu staatlichen Angestellten.

Auf Grund der finanziellen Unterstützung durch England verfügte er über die Mittel, sich die Ruhe der Stämme zu erkaufen. Den Paschtunen als größter ethnischer Gruppe wurden davon Steuerbefreiungen und Unterstützungszahlungen gewährt, die sie dem Entstehen der Zentralmacht und dem eigenen Machtverlust auch positive Seiten abgewinnen ließen.

Außerdem wurde Abdur Rahman das Recht gewährt, über Britisch-Indien Waffen und Munition einzuführen. Besonderes die neuartigen Repetiergewehren verschafften ihm einen großen Vorteil gegenüber den mit veralteten Vorderladern ausgerüsteten Stämmen. So ausgerüstet zog er zur Sicherung der Finanzkraft des Staates als erstes gegen die Stämme zu Felde, die mit ihren Raubzügen, Plünderungen und Erpressungen den Handel behinderten.

Wenn auch der Handel im Verlauf der Jahrhunderte zurückgegangen war, so stellten die Steuereinnahmen immer noch einen Großteil der Staatseinnahmen dar. Zur Verdeutlichung ihrer Bedeutung für die afghanischen Finanzen sei bemerkt, dass die Besteuerung des Handels und die Ein- und Ausfuhrzölle in den 1970er allein 50% der Staatseinnahmen ausmachten, wohingegen die Grundsteuern nur zu 3% zum Staatshaushalt beitrugen.

Vermutlich war der Beitrag der Grundsteuer um die Wende vom 19. zum 20. Jahrhundert noch geringer, da zu dieser Zeit mit den Paschtunen noch immer die Hälfte der Bevölkerung von dieser Steuer weitgehend befreit war. Eine weitere Maßnahme zur Einnahmesteigerung war der Übergang der Steuereintreibung in staatliche Oberhoheit. Bisher hatte diese in privaten Händen gelegen.

Es gelang Abdur Rahman im Verlauf seiner Regentschaft nicht zuletzt auch durch die Modernisierung von Polizei und Militär, eine Zentralmacht zu schaffen, die als solche auch wahrgenommen wurde. Sie war das Ergebnis, interner kriegerischer Auseinandersetzungen und ging einher mit der Unterdrückung großer Teile der Bevölkerung. So verwundert es auch nicht, dass sie in weiten Teilen der Bevölkerung als Fremdherrschaft empfunden wurde, und sie von daher immer noch zerbrechlich blieb. Aber es gelang den Khanen nicht mehr so leicht, sich ihrer Kontrolle zu entzie-hen oder diese Macht durch Inanspruchnahme fremder Kräfte zu bedrohen.

Dieser Konsolidierungsprozess nach innen war verbunden mit einer Abschottung des Landes nach außen. Eisenbahnlinien und Telegrafenleitungen, die England und Russland schon bis zu den Grenzen des Landes verlegt hatten, endeten dort. Ein Anschluss Afghanistans an diese Systeme wurde abgelehnt. Zu schwierig und zerbrechlich war die Festigung der Macht nach innen, als dass das Risiko zusätzlicher Möglichkeiten der Einflussnahme von außen eingegangen werden konnte. Die innere Stabilisierung hatte Vorrang vor dem Anschluss an die Moderne.

Die Eröffnung des Suezkanals und die Entwicklung eines nahezu weltumspannenden Eisenbahnnetzes führten zu einer Verkürzung der Handelswege und zu deren Verlagerung an Afghanistan vorbei. Die ehemalige Drehscheibe auf den eurasischen Landwegen geriet ins Abseits der weltwirtschaftlichen Entwicklung. Hier aber liegt nicht der einzige Grund für das Absinken des Landes in der Bedeutungslosigkeit der Weltentwicklung, sondern dass sich die Zentren der Wertschöpfung durch den mittlerweile globalen Kapitalismus verlagert hatten.

Die Industrien Europas und Nordamerikas gaben den Ton an. Und mit denen konnte Afghanistan sich nicht messen. Es verfügte über nichts, was für die kapitalistische Renditeerwartungen von Bedeutung war. Es verfügte nicht über nennenswerte oder leicht hebbare Rohstoffvorkommen, und seine Bevölkerung war auf Grund seiner Armut kein lohnender Markt. Ihr niedriges Niveau an Bildung und Fertigkeiten bot keine Grundlage für ihren Einsatz in der kapitalistischen Wertschöpfungskette. Afghanistan war nach kapitalistischer Renditelogik wertlos.

Nach dem Tod Abdur Rahmans übernahm sein Sohn Habibullah I. die Staatsgeschäfte ohne die früher üblichen Nachfolgekämpfe. Auf Grund der Vorarbeit seines Vaters bei der Errichtung der zentralstaatlichen Macht konnte er einen milderen Herrschaftsstil pflegten. Die Opposition im Land war weitgehend unter Kontrolle.

Habibullah I. stand Neuerungen nicht ablehnend gegenüber; so hatte er das erste Kraftwerk in Afghanistan errichten lassen und den Bau von Straßen und Schulen gefördert. Auch eine erste Telefonverbindung zwischen Kabul und Djalalabad wurde errichtet. Jedoch lehnte er eine gesellschaftliche Modernisierung im Sinne der Jungafghanen ab.

Mit den Jungafghanen deutet sich das Aufkommen einer neuen Elite an, die sich aus dem Kreis städtischer Intellektueller und bürgerlicher Kreise rekrutierte mit den für das Bürgertum typischen Forderungen, die auf die Schaffung eines Nationalstaates abzielten, wie sie auch in vielen Regionen Europas etwa zu der gleichen Zeit festzustellen waren (Panslawismus). Die Schaffung einer konstitutionellen Monarchie war das Ziel von Teilen des städtischen intellektuellen Bürgertums.

Da jedoch das Bürgertum in Afghanistan nur eine geringe gesellschaftliche Bedeutung hatte, war auch die Bewegung der Jungafghanen ein isolierter elitärer Kreis, der kaum Einfluss auf den Rest der Bevölkerung hatte, schon gar nicht auf die Mehrheit der in feudaler Abhängigkeit lebenden Bauern. Dennoch führten die innenpolitischen Lockerungen Habibullahs zu „einer Erweiterung der Handelsmöglichkeiten auf internationaler Ebene und trugen zur Herausbildung einer Handelsbourgeoisie in Afghanistan bei" (Baraki S 4). Das Interesse an der Befreiung Afghanistans aus britischer Bevormundung verband Teile dieser Handelsbourgeoisie mit monarchistischen Gruppen am Hofe des Königs. Aber spätestens seit Abdur Rahman waren die Kabuler Emire abhängig von den Unterstützungszahlungen der Engländer.

So bewegten sich die afghanischen Könige bei ihren Ablösungsversuchen auf einem schmalen Grad. Die eigene Wirtschaft war nicht in der Lage, englische Waren aus eigener Produktion zu ersetzen. Nur eine leistungsstarke eigene Wirtschaft wäre in der Lage gewesen, die Abhängigkeit von englischen Zahlungen zu mindern und damit der Erpressbarkeit durch die Engländer den Boden zu entziehen.

Seit dem Durand-Abkommen besaß Afghanistan keinen Zugang mehr zum Meer. Die Engländer kontrollierten den afghanischen Außenhandel, denn ein Transport über die persischen und russischen Landwege verteuerte die Waren. Diese Bevormundung durch die Engländer und die ihnen treu ergebene Haltung Habibullas widersprachen den Interessen des sich in den Städten entwickelnden Bürgertums und riefen Kritik und Ablehnung gegenüber dem Königs hervor. Baraki stellt die Ermordung Habibullas im Jahre 1919 durch die Jungafghanen in Zusammenhang mit diesem Protest gegen dessen Haltung und Politik.

Die Jungafghanen waren eine Bewegung städtischer Intellektueller, die sich an der Idee des Panislamismus und den Reformen Atatürks in der Türkei orientierten. Sie traten in Gegensatz zur bestehenden feudalen Ordnung mit ihren bürgerlichen Forderungen nach einer nationalstaatlichen Entwicklung, die die Werte des Islam mit einer Modernisierung im westlichen Sinne verbinden wollte.

Besonders die Deutschen hatten versucht, sich diese antienglischen Bewegungen und Stimmungen in Afghanistan zunutze zu machen. Schon vor dem 1. Weltkrieg hatten Überlegungen bestanden, „einen Aufstand in Indien zu entfalten, wenn England als unser Gegner auftritt" (Barkaki S 8) und mit dem Beginn des Weltkrieges arbeitete man auf einen Kriegseintritt Afghanistans an der Seite Deutschlands hin.

Dabei hatte man in Berlin den Afghanen die Rolle der nützlichen Idioten zugedacht, die sich für die deutschen Interessen in den Krieg würden führen lassen. Viele dachten, dass der Kabuler König „der Negerhäuptling war, den man mit einigen Glasperlen in wilden, fanatischen Kampf gegen unsere Feind treiben konnte" (Baraki S 12).

Vorbereitungen auf den Kriegseintritt auf deutscher Seite wurden getroffen und ein Vertrag ausgehandelt, nach dem „die afghanische Regierung kostenlos und ohne Gegenleistung hunderttausend Gewehre neuer Art, 300 Geschütze ... und außerdem das notwendige Kriegsmaterial und 10 Millionen Pfund erhalten sollte" (Baraki S 13). Auch Teile der afghanischen Produktion waren bereits für den Kriegseinsatz modernisiert oder von Friedens- auf Kriegsproduktion umgestellt worden.

Aber die deutsche Seite war nicht bereit, die vom Kabuler König geforderten deutschen Truppen in Afghanistan zu stationieren. Sie hatte sich gedacht, dass die Afghanen das Kanonenfutter stellen zur Umsetzung ihrer Interessen, ähnlich wie die Überlegung der USA im Kampf der Afghanen gegen die UdSSR in den 1980er Jahren und später beim Natoeinsatz „enduring freedom".

Solange aber Habibullah angewiesen war auf die englischen Zahlungen zur Finanzierung seines Haushalts, den er aus Steuereinnahmen alleine nicht darstellen konnte, war er zu einem Kriegseintritt aufseiten Deutschlands nicht bereit. Er benutzte vielmehr das Engagement der Deutschen, um im eigenen Interesse auf die Briten Druck auszuüben, und zog die Verhandlungen mit Deutschland in die Länge, bis sich eine Entscheidung auf den europäischen Schlachtfeldern abzeichnete.

Eine Teilnahme Afghanistans an den Kriegshandlungen im deutschen Interesse kam nicht zustande, denn man kam zu der Erkenntnis, „dass die deutschen Imperialisten eine provokative, abenteuerliche Politik betrieben und Afghanistan ohne nennenswerte militärische Hilfe durch vage Versprechungen in eine Katastrophe ziehen wollten" (Baraki S 17).

Die Welt und Afghanistan im Umbruch

Habibullahs Nachfolger wurde sein Sohn Amanullah. Er trat die Herrschaft an in sehr turbulenten Zeiten. Der erste Weltkrieg hatte die gesellschaftlichen Ordnungen heftig erschüttert. Nach seinem Ende vollzogen sich weltweit starke politische und gesellschaftliche Veränderungen. Viele Dynastien Europas verloren ihre politische Macht. Mit dem Zusammenbruch der Monarchien war der Wandel vom Feudalismus zum Kapitalismus in Europa endgültig abgeschlossen. Und mit der Errichtung der Republiken hatte das Bürgertum neben der wirtschaftlichen Vormachtstellung nun auch die politische Herrschaft errungen und den Untergang des Feudalismus besiegelt.

Wenn er sich auch in vielen Regionen der Welt - wie auch in Afghanistan – noch als gesellschaftliches System halten konnte, so hatte der doch seine weltumspannende Geltung abgeben müssen an den Kapitalismus als moderner richtungsweisender Gesellschaftsordnung. Der Feudalismus war zum Auslaufmodell der Geschichte geworden. Mit der siegreichen russischen Revolution war sogar eine neue gesellschaftliche Kraft in den Blickpunkt gerückt, das Proletariat. Und das in direkter Nachbarschaft zu Afghanistan.

Eine weitere Folge dieses Weltkrieges war die Erschütterung der Kolonialreiche. Das deutsche war zusammengebrochen und wurde unter den Siegermächten aufgeteilt. Aber auch die Reiche der Siegermächte selbst waren nicht mehr so stabil wie vor dem Krieg. Unter den kolonialisierten Völkern regte sich der Widerstand gegen die Kolonialmächte, die Bestrebungen nach Unabhängigkeit wuchsen. Afghanistan hatte sich im ersten Weltkrieg neutral verhalten, wenn auch von deutscher Seite alle Versuche unternommen worden waren, das Land zu einem Kriegseintritt gegen England zu bewegen.

Die Regierungszeit Amanullahs ist, wie die aller seiner Vorgänger auch, gekennzeichnet durch das Bestreben, die Zentralgewalt zu stärken, d.h. die Herstellung der vollen Souveränität des afghanischen Königs über das afghanische Staatsgebiet und die afghanische Gesellschaft. Beides konnte nur errungen werden nach außen gegen die Engländer und nach innen gegen die Khane und den Klerus.

Abdur Rahman hatte sich zwischen beiden entscheiden müssen, weil seine Kräfte nicht ausgereicht hatten, sowohl die Engländer als auch die Khane in ihre Schranken zu verweisen. Das Durand-Abkommen hatte ihm unter erheblichen Verlusten an afghanischem Staatsgebiet Ruhe nach außen verschafft, um gegen die innenpolitischen Widersacher vorzugehen. Nur unter teilweiser Aufgabe der außenpolitischen Souveränität hatte er in diesem innenpolitischen Machtkampf die Lage der Zentralgewalt zugunsten des Königtums stärken können. Dieser Kampf wurde von den Engländern indirekt unterstützt durch Zahlungen an den afghanischen König.

Für Amanullah hatten sich die Bedingungen im Unterschied zu Abdur Rahman insofern geändert, als mit den weltpolitischen Veränderungen und der Schwächung der Kolonialmächte auch für Afghanistan die Lage günstiger geworden zu sein schien, sich aus der englischen Bevormundung und Abhängigkeit zu befreien.

Unklar ist, ob Amanullah sich dieser nun herangereiften politischen Entscheidungssituation   bewusst war und aus diesem Bewusstsein heraus, die politischen Schritte unternahm, die während seiner Regentschaft in Angriff genommen wurden. Oder war er einfach nur Getriebener der gesellschaftlichen Verhältnisse, die Maßnahmen erforderlich machten, sollte das Land herauskommen aus der lähmenden Stagnation des Kräftegleichgewichts zwischen der Zentralgewalt und den regionalen Herrschern in den Stammesgebieten.

Diese Frage ist unwichtig für die Darstellung der konkreten gesellschaftlichen Abläufe zur damaligen Zeit, denn sie ändert nichts an den Ereignissen und deren Ergebnissen. Aber sie ist wichtig für das Bild von Geschichte und das Verständnis von gesellschaftlichen Prozessen als einem Kampf verschiedener Interessen, die die Kräfte zum Einsatz bringen, die ihnen zu Gebote stehen, um zum Erfolg zu kommen.

In dem Bestreben jetzt seine volle politische Souveränität wiederzuerringen, erklärte auch Amanullah 1919 die Unabhängigkeit Afghanistans von England. Daraufhin begann England im Februar desselben Jahres, Truppen an der afghanischen Grenze zu konzentrieren, um Druck auf Amanullah auszuüben. Bald darauf brach der 3. Anglo-Afghanische Krieg aus. Die Quellen sind nicht eindeutig, was Beginn und Dauer des Krieges angeht, ebenso wie die Frage, wer wem den Krieg erklärte.

Jedenfalls war das Ergebnis eindeutig. Die Engländer waren kriegsmüde und stimmten deshalb der Unabhängigkeit Afghanistans zu. Jedoch die Wiedervereinigung des paschtunischen Siedlungsgebietes, das seit dem Durand-Vertrag zwischen Afghanistan und Britisch-Indien aufgeteilt war, konnte Amanullah nicht durchsetzen (Vertrag von Rawlapindi 8.8.1919). Der Sieg über die Briten verschaffte ihm zwar große Popularität, gleichzeitig stellten diese aber ihre Unterstützungszahlungen ein.

Vielleicht hatte er die Schwäche der Engländer und die eigene Stärke überschätzt und gehofft, ihnen das gesamte paschtunische Siedlungsgebiet auch jenseits der Durand-Linie und vielleicht noch mehr ehemaliges afghanisches Gebiet entreißen und mit der Wiedergewinnung dieser ertragreichen Gebiete sich auch finanziell aus der Abhängigkeit der Engländer lösen zu können. Der Sieg der Oktoberrevolution und die antibritischen Stimmungen in Indien hatten den Erfolg Amanullahs nicht als aussichtslos erscheinen lassen.

Ein wichtiger Schritt zur Erringung innenpolitischer und auch außenpolitischer Unabhängigkeit, war die Aufnahme politischer Beziehungen zur jungen Sowjetunion. In ihr schuf er ein Gegengewicht zu England, dessen Position im indischen Subkontinent zwar angegriffen und geschwächt aber immer noch nicht unhaltbar geworden war, wie er selbst im 3. Anglo-afghanischen Krieg hatte erfahren müssen.

Gerade die Sowjetunion, die die Macht des Bürgertums und besonders die des Feudaladels gebrochen hatte, war nicht der natürliche Partner eines feudalistischen Systems wie dem Amanullahs. Aber die weiterhin von England ausgehenden antiafghanischen Aktivitäten trieben den afghanischen König geradezu in die Arme der Sowjetunion, und im Vertrag vom

28.2.1921 wurde die Aufnahme zwischenstaatlicher Beziehungen vereinbart.

Drei Punkte des Vertrages sind besonders erwähnenswert, äußern sich
gerade darin die Interessen der vertragsschließenden Parteien. Afghanistan
wird der (steuer)freie Warentransit durch die Sowjetunion gewährt, unabhängig vom Ursprungsland der Waren. Die Sowjetunion garantiert die
Unabhängigkeit der Emirate Buchara und Chiwa und deren Recht, ihr
politisches System selbst zu bestimmen. Afghanistan verpflichtete sich,
keine militärischen Vereinbarungen zu treffen, die gegen die Sowjetunion
gerichtet sind.

Offensichtlich war das vorrangige Interesse der SU, an der Südgrenze
Ruhe und Sicherheit vor ausländischer Intervention zu haben. Denn zu
dieser Zeit tobte noch der Bürgerkrieg im Lande zwischen der roten Armee
und den Weißgardisten. Ferner drangen von allen Grenzen her Interven-
tionstruppen ins Land, die die antisowjetischen Kräfte unterstützten. Jede
Grenze, die nicht gesichert werden musste, setzte Kräfte frei für die
Verteidigung der Revolution. Gerade der steuerfreie Warentransit unter-
streicht, dass der Nutzen dieses Vertrags für die Sowjetunion in seinem
sicherheitspolitischen Aspekt lag und wirtschaftlich von geringer Bedeutung war, zumal sie sich über den Steuerausfall hinaus sogar zu jährlichen
Zahlungen von 1 Mio Rubel verpflichtete.

Der wirtschaftliche Wert der Vereinbarung für Amanullah lag im freien
Warentransit durch die Sowjetunion, den er damit der englischen Kontrolle
entzog. Als sich später das Verhältnis zwischen der SU und Afghanistan
eintrübte, weil Amanullah den Kampf des Emirs von Buchara gegen die
prosowjetischen Kräfte unterstützte, kam es zu einer Wiederannäherung
zwischen England und Afghanistan. Auch in dieser Vereinbarung vom
November 1921 steht im Vordergrund der freie Transport von Ausrüstungsgütern durch Britisch-Indien.

Hatte er nun zwar mehr außen- und wirtschaftspolitische Handlungsfreiheit
gewonnen durch die Unabhängigkeitserklärung gegenüber England und die
Anlehnung an die UdSSR, so fehlten ihm jedoch ohne die englischen
Hilfsgelder die Mittel, die Khane besänftigen und sein Heer bezahlen zu
können. Die Staatsführung über Steuern zu finanzieren, ließ sich nur gegen
den erbitterten Widerstand der Stammesführer durchsetzen, wussten sie
doch nur zu genau, dass eine Stärkung der Finanzkraft des Kabuler Königs
ihn in die Lage versetzte, seine Macht weiter auszubauen und die ihre
einzuschränken.

Wie schwach noch in den 1920er Jahren dieser Staat war, wird deutlich
anhand der Auseinandersetzung mit den Khost-Stämmen unter Führung
des „Lahmen Mullah", die sich 1924 bis auf 50 Kilometer an die

Hauptstadt herankämpfen konnten. Die Niederschlagung des Aufstandes kostete Amanullah das Doppelte seiner jährlichen Einkünfte. Einige Quellen behaupten, der afghanische König konnte sich nur mit der Unterstützung von Stämmen aus dem englischen Herrschaftsbereich und unter Einsatz englischer Flugzeuge, geflogen von deutschen Piloten, durchsetzen. Andere, wie Baraki, führen den Aufstand der Khoster Stämme zurück gerade auf die antiafghanische Wühlarbeit der Engländer. Nicht auszuschließen ist aber, dass beide Darstellungen der Wirklichkeit entsprechen nur in unterschiedlicher Abfolge. Der Aufstand der Khoster Stämme setzt Amanullah unter Druck und erst die Hilfe durch die Engländer rettete sein politisches Überleben gegen Zugeständnisse, die der König machen musste in Hinblick auf die Beziehungen zur Sowjetunion.

Die mit Rückendeckung der UdSSR wiedergewonnene staatliche Unabhängigkeit Afghanistans gegenüber England machte es möglich, aber auch nötig, den inneren Konflikt zwischen der Königsmacht als zentralstaatlicher Instanz und den Khanen als regionalen Herrschern einer Entscheidung näher zu bringen, wollte Afghanistan als Staat überleben. Denn seit die Engländer ihre Zahlungen eingestellt hatten, war der König in seinen Mitteln noch mehr eingeschränkt, die Ruhe der Stammesfürsten zu erkaufen oder mit militärischer Gewalt zu erzwingen. Neue Geldquellen mussten für den Staat erschlossen werden, und diese fanden sich in den Steuereinnahmen und in der Förderung der kapitalistischen Wirtschaft. „Im Jahre 1920 trat das Gesetz über die Grundsteuer in Kraft. Damit sollte die Natural- durch eine Geldsteuer ersetzt werden" (Baraki S 23). Es ist zu erkennen, dass Amanullah nicht nur auf militärische und machtpolitische Mittel setzte, um die Macht der Khane und der Geistlichkeit zu schwächen. „Um den Einfluss der Geistlichkeit, der Feudalen und Chans zu beschränken, wurden die Ländereien der Heiligtümer (Wakf) ersatzlos enteignet und weiterverkauft. Den Feudalen und Chans wurde untersagt, weiter Steuern einzutreiben. Diese wurden von einer neu eingerichteten staatlichen Behörde kassiert" (Baraki S 23). Außerdem wurde im Jahre 1923 ein Gesetz verabschiedet zur Besteuerung der Viehbestände, das zu einer Vereinheitlichung führte, aber auch zu einer verdoppelten Belastung der Viehbesitzer. Weidegebühren wurden abgeschafft und Heu musste an die Regierung abgeliefert werden. Mit diesen Mitteln versuchte er den regionalen Herrschern die finanziellen Grundlagen ihrer Macht zu entziehen, indem er sie an der Steuererhebung und – eintreibung nicht mehr teilhaben ließ.

Um den Aufbau der nationalen Wirtschaft zu fördern, waren verschiedene Maßnahmen notwendig, um zum Erfolg zu kommen. Die Rückständigkeit der afghanischen Gesellschaft musste beseitigt und das niedrige Niveau der schulischen und beruflichen Ausbildung angehoben werden. Zudem mussten die Produktionsbedingungen für die afghanische Wirtschaft verbessert werden. Voraussetzungen dafür waren der freie Warentransport und der Schutz der afghanischen Produkte vor ausländischer Konkurrenz.

Welch hohe Bedeutung gerade dem freien Warenverkehr und der unkontrollierten Einfuhr von Gütern für die Entwicklung der kapitalistischen Wirtschaft vonseiten Amanullahs beigemessen wurde, zeigt sich an dem hohen Stellenwert, den beide in den Transitverträgen, sowohl mit den Briten als auch mit den Sowjets, einnahmen.

Nach dem Freundschaftsvertrag mit der UdSSR hatten auch die Engländer wieder freien Warentransport angeboten, als deutlich geworden war, dass mit der UdSSR eine Alternative zum Warenverkehr über British-Indien entstanden war. Als Gegenleistung hatten die Briten eine Einstellung der sowjetischen Konsularposten in Afghanistan und die Aufhebung des Freundschaftsvertrages mit der Sowjetunion verlangt, da sie als Teil der antisowjetischen Interventionskräfte an der Schwächung und Vernichtung der UdSSR interessiert waren. Aber die Regierung Amanullah wollte nicht zurück in die Abhängigkeit von England, wie sie bis zum Jahre 1919 bestanden hatte.

Mit einer protektionistischen Wirtschaftspolitik unterstützte die Regierung die Bemühungen und Interessen des nationalen Handelskapitals, den beherrschenden Einfluss der britisch-indischen Händler auf dem afghanischen Markt zu schwächen. Diesem Ziel des Aufbaus einer nationalen Industrieproduktion diente auch die drastische Erhöhung der Importzölle, womit ausländische Waren gegenüber inländischen künstlich verteuert wurden.

Die unterschiedlichen inländischen Steuern wurden dagegen aufgehoben. „Stattdessen führte man für alle Provinzen eine einheitliche Warenbesteuerung von 5% ein" (Baraki S 23). Zur Förderung der Investitionstätigkeit wurde Unternehmern kostenlos Grund und Boden aus Staatsbesitz zur Verfügung gestellt und für die Dauer von zehn Jahren von Steuern und Abgaben befreit. Außerdem wurden auf den Import von Maschinen und Ausrüstungsgütern zum Zweck der Industrialisierung für fünf Jahre keine Zölle erhoben.

Um aber den Aufbau einer nationalen Wirtschaft und die Modernisierung der Gesellschaft voranzutreiben, bedurfte es der Fachkräfte, die die notwendigen Fähigkeiten für diese Aufgaben mit sich brachten. Bildung musste für alle zugänglich sein, damit sie den besten zukam und nicht den Privilegierten allein, also auch den Frauen. Schulen wurden gegründet und Hunderte von Schülern, darunter auch Mädchen wurden zur Ausbildung in die UdSSR, nach Deutschland, Frankreich und die Türkei geschickt. Ein deutsches und französisches Gymnasium wurden in Kabul eröffnet, afghanische Studenten wurden nach Deutschland und Frankreich zum Studium geschickt. Zeitungen wurden zugelassen, Theater und Kinos eröffnet und schufen eine breite Basis für Bildung und Modernität.

Neben dem niedrigen Bildungsniveau bestand in dem geringen Angebot an ausgebildeten Arbeitskräften ein weiteres Entwicklungshindernis. Die Bauern waren durch die feudalen Verhältnisse immer noch an die eigene Scholle oder die der Grundbesitzer gefesselt und zur Modernisierung der Wirtschaft waren Schulbildung nötig und Freizügigkeit, also gerade die Lösung aus den Fesseln feudaler Bindung an die Scholle, von der man sich ernährte.

Ein Überangebot an freien Arbeitskräften, wie es die Bauernbefreiung in Europa gebracht hatte, stand in Afghanistan noch nicht zur Verfügung. Bei der Durchführung größerer Infrastrukturprojekte hatten die afghanischen Könige sogar auf bezahlte Zwangsarbeit zurückgreifen müssen, um die Versorgung mit den nötigen Arbeitskräften sicherstellen zu können. Bei der Errichtung des ersten Wasserkraftwerks in Afhganistan von 1911-1918 unter Habibullah I hatte man 3500 Afghanen unter Militärbewachung arbeiten lassen müssen, um sie am Davonlaufen zu hindern.

Die Förderung der Wirtschaft und die Modernisierung der Gesellschaft entsprachen den Interessen der erstarkenden bürgerlichen Kräfte in den Städten ebenso wie denen des Königs, der nach Unabhängigkeit strebte von englischen Zahlungen und der schwankenden Zustimmung durch die Khane in den Stammesgebieten.

Denn mit dem Aufbau einer eigenen Industrie in Afghanistan und damit einer zusätzlichen und von den Khanen unabhängigen Einnahmequelle wären Voraussetzungen geschaffen worden, um den unentschiedenen Machtkampf zwischen Zentralgewalt und den Fürsten zu seinen Gunsten zu entwickeln. Die Erträge aus Landwirtschaft, Handel und Steuern waren zu gering und vor allem zu unsicher, um eine langfristige Organisation des Staates zu sichern.

Der Bau von Schulen und Infrastruktur kostet Geld ebenso wie die Modernisierung der Armee und alle anderen Reformen. Afghanistan fehlten die Mittel, eine weitreichende und grundlegende Umgestaltung der Gesellschaft und der Wirtschaft zu finanzieren. Um nicht wieder die gerade eben erst erworbene Unabhängigkeit des Landes zu gefährden, wollte die afghanische Regierung keine ausländischen Kapitalinvestitionen im Lande zulassen.

Zwar hatte er sich geschickt die Rivalitäten zwischen der Sowjetunion und England zu Nutze gemacht, um seine eigenen Interessen zu verfolgen, doch wollte sich Amanullah anscheinend nicht alleine auf die Unterstützung und (damit auch Abhängigkeit) dieser beiden direkten und mächtigen Nachbarn verlassen.

In den Jahren 1920/1 waren bereits Kontakte aufgebaut worden zu Deutschland, Frankreich, Italien und den USA. Vermutlich lag aber in der oben erwähnten Angst vor erneuter Abhängigkeit der Grund, weshalb Amanullah nach diesen Vorbereitungen, die sich in den abgeschlossenen Verträgen und aufgenommenen Kontakten andeuten, keine weiteren Taten folgen ließ. Der Weg der Mittelbeschaffung durch ausländische Investoren wurde vorerst nicht beschritten.

Pierre Metge zieht daraus in „Militärpolitik Heft 45/46" den Schluss, dass bei Amanullahs Modernisierung „die Wirtschaft keinerlei Priorität" genossen habe. Es ist dabei aber zu bedenken, dass die politischen Reformen mehr in der öffentlichen Diskussion und im Blickpunkt der Öffentlichkeit standen als die Veränderungen in der Wirtschaft. Dennoch müssen sie jedoch nicht unbedingt für Amanullah von geringerer Bedeutung gewesen sein.

Wenn Metge das Beispiel eines Zementwerkes erwähnt, das nach kurzer Zeit wieder geschlossen wurde, so ist es doch fraglich, ob die Schließung auf mangelndes Interesse zurückzuführen ist, denn sonst wäre es wohl kaum erst zur Errichtung einer solchen Anlage gekommen. Viel wahrscheinlicher ist, dass der Betrieb eingestellt werden musste, weil der niedrige Ausbildungsstand der einheimischen Arbeiter dem Betrieb einer solchen Technologie nicht gewachsen war.

Schließlich hatte das Handwerk als fachliche Voraussetzung für die Auseinandersetzung mit solchen Aufgaben in Afghanistan so gut wie keine Verbreitung gehabt. Noch 1963 ist der Anteil von Handwerkern, Beamten Angestellten und Industriearbeitern, also an nicht in der Landwirtschaft Beschäftigten, mit 6,5% der Bevölkerung sehr gering. Und noch 1966/7 waren nach statistischen Erhebungen nur ca. 0,15 % der Gesamtbevölkerung in der Industrie tätig.

Andererseits wird in den 1920er Jahren mit sowjetischer Unterstützung der Aufbau eines Telefonnetzes begonnen. Ebenso wurde mit deutscher Unterstützung ein Eisenbahnprojekt in die Wege geleitet, das aber nie zum Abschluss kam. (Bis heute verfügt Afghanistan über kein Eisenbahnsystem.) Hingegen sprechen andere Quellen (Stilz: Afghanische Studien) von einem Modernisierungsanstoß nach der Erringung der Unabhängigkeit. Danach wurden eine Streichholzfabrik, eine Textil-, eine Strickwaren-, eine Zimmerei- und Steinschneidefabrik, eine Druckerei, eine Wollfabrik und ein Kraftwerk (Wardak) errichtet. Wenn die unterschiedliche Bewertung des Modernisierungsprozesses nicht auf verschiedener Sachkenntnis beruhen, so muss das abweichende Ergebnis der Autoren erklärt werden mit unterschiedlichen Maßstäben, die beide an die stattgefundene Entwicklung anlegen.

Nicht bestritten werden kann, dass neben den ungünstigen natürlichen Bedingungen für den Aufbau einer industriellen Produktion wie dem Mangel an Rohstoffen und Energie, den schlechten Verkehrsverbindungen und dem Mangel an Kapital besonders der Mangel an qualifizierten Arbeitskräften das größte Hindernis darstellten.

Dass die Modernisierung der Wirtschaft nicht recht vorankam, ist damit zu erklären, dass die Voraussetzungen dafür noch nicht geschaffen waren. Schließlich ließ die chronische Knappheit der Staatsfinanzen den Aufbau kapitalintensiver Projekte nicht zu. Die europäischen Länder als potentielle Investoren waren nach dem 1. Weltkrieg mit der Bewältigung der eigenen Wirtschaftskrisen beschäftigt.

Erst nach der Überwindung der Weltwirtschaftskrise kamen private Investoren auf, und 1931 entsteht mit der Nationalbank (Bank-e melli) die erste Kapitalsammelstelle in Form einer Aktiengesellschaft. Mit dem Sieg des Faschismus in Deutschland erwachte neben dem politischen auch das wirtschaftliche Interesse Nazideutschlands an den in den 1920er Jahren entwickelten Möglichkeiten.

Um sich dennoch die für die Modernisierung des Landes notwendigen Mittel zu besorgen, versuchte Amanullah die nationalen Geldquellen zu heben. Bereits 1921 und 1923 hatte er die Land- und die Viehsteuer verändert und erhöht. Für die Modernisierung der Armee schlug die Regierung „ein Sonderopfer von fünf Afghani pro Kopf bzw. bei Staatsbeamten ein Monatsgehalt vor" (Baraki S 31).

Das noch schwache Bürgertum und die wenigen Großhändler waren nicht in der Lage und auch teilweise nicht gewillt, den Aufbau der Wirtschaft zu finanzieren und zu organisieren. Der Regierung gelang es nicht, „die Bourgeoisie zu Investitionen auf dem Gebiet der Industrialisierung des Landes zu bewegen" (Baraki S 34).

Dies änderte sich erst ab 1931 mit der Gründung der Nationalbank. Denn erst unter Hashim Khan (1933-1946) werden erste Projekte verwirklicht, die auf dem Hintergrund kapitalistischer Renditeerwartung errichtet werden. Die bisher bestehenden Produktionsstätten waren nicht der Erwirtschaftung einer Rendite unterworfen gewesen. Sie hatten in erster Linie der Versorgung der Armee und der Reduzierung der Abhängigkeit von ausländischen Lieferungen gedient.

Das mangelnde Interesse des städtischen Bürgertums an den Wirtschaftskonzepten Amanullahs war nicht zuletzt zurückzuführen auf die politischen Rahmenbedingungen, die der König als Vertreter der herrschenden Feudalklasse dem Bürgertum zur Entwicklung der Wirtschaft setzte. „Der

Staat garantierte auf keinen Fall die Unantastbarkeit des privaten Kapitals" (Baraki S 34).

Dem Aufruf des Königs zur Bildung von Aktiengesellschaften (Scherkat) zur Schwächung des Auslandskapitals wollte das nationale Bürgertum natürlich nicht folgen, solange die Sicherheit des investierten Kapitals nicht gewährleistet war. Und die Bereitstellung von Kapital zur Kreditvergabe für die Finanzierung von Wirtschaftsprojekten war eine der wichtigsten Voraussetzungen zur Entwicklung kapitalistischer Wirtschaft.

Da der Feudalstaat keine privaten ausländischen Investoren zulassen wollte, musste die Finanzkraft aus den nationalen Quellen kommen. Das afghanische Bürgertum wollte zu diesem Zwecke die Gründung einer Privatbank. Diese wurde ihm vom Feudalstaat verweigert. Stattdessen sollte eine staatliche Bank diese Aufgaben übernehmen, was aber vom Bürgertum nur ungern akzeptiert wurde.

Gerade in diesen Fragen werden aber die grundlegenden Klassenkonflikte zwischen dem feudalistischen Staat, vertreten durch den König, und dem Bürgertum als Klasse deutlich.

Solange die politische Macht noch in den Händen der Feudalklasse lag, war diese nicht bereit dem Bürgertum, auf dessen Wirtschaftskraft der feudalistische Staat immer mehr angewiesen war, die politische Macht zu überlassen, die es brauchte, um sein Wirtschaftssystem, den Kapitalismus, zur vollen Entfaltung zu bringen. Und das Bürgertum war nur begrenzt bereit, finanzielle Risiken einzugehen, solange es keine Rechtssicherheit für seine Investitionen hatte und nicht über die politische Macht verfügte, diese Rechtssicherheit eigenständig und unbeeinflusst von anderen politischen Kräften zu gestalten.

Schon bald musste die Regierung Amanullah feststellen, dass „es ohne die nationale Bourgeoise nicht möglich war, das Land zu industrialisieren" (Baraki S 35). Und ohne die Investitionsbereitschaft des nationalen Bürgertums oder ausländisches Kapital und Know-how waren die wirtschaftspolitischen Ziele nicht zu erreichen. Um aber die Abhängigkeit von den direkten Nachbarn UdSSR und Britsch-Indien nicht zu groß werden zu lassen, suchte man die Kontakte zu sogenannten „dritten Mächten" wie Deutschland und den USA, von denen man annahm, dass sie „an Afghanistan kein polititsches Interesse hätten" (Baraki S 41), sondern nur ein wirtschaftliches.

Vor diesem Hintergrund der mangelnden Kapitalausstattung des Landes, der Zurückhaltung des nationalen Bürgertums und der Angst vor zu großer wirtschaftlicher Abhängigkeit von den mächtigen Nachbarn muss auch die Europareise des afghanischen Königs betrachtet werden. „Eines der Hauptziele der Reise Amanullahs nach Europa bestand darin, das Auslandskapital für Afghanistan zu interessieren, um die von der Regierung vorgesehenen Wirtschaftsreformen finanzieren zu können" (Baraki S 43).

Ein Erfolg dieser Mission war nicht im Interesse der regionalen Herrscher und des Klerus in Afghanistan, ebenso wenig in dem der Engländer. Insofern verbanden sich die Interessen beider und führten auch zu einer Zusammenarbeit beim Sturz Amanullahs. Nationale Gefühlsduselei, mit der die Hirne der Völker vernebelt worden waren, um sie noch wenige Jahre zuvor in den Weltkrieg gegeneinander zu schicken, verlor ihre Bedeutung, wenn es um die wirtschaftlichen und politischen Interessen der herrschenden Klassen geht.

Der jahrelange Hass der Paschtunen als nationaler gegen die Engländer und als religiöser gegen die Ungläubigen war bedeutungslos geworden, als Paschtunen gegen Paschtunen und Moslems gegen Moslems in den Kampf geführt werden sollten, um die wirtschaftlichen und politischen Pläne Amanullahs zu durchkreuzen und für die Interessen der Engländer und der afghanischen Stammesaristokratie zu sterben.

Wollten die ersteren ihre politische Machtposition in Afghanistan gewahrt wissen, so lag den Engländern neben der wirtschaftlichen Konkurrenz, die ihnen aus ausländischen Investitionen in Afghanistan entstehen könnte, vor allem der Kampf gegen die UdSSR am Herzen. Sie war der Stachel im Fleisch aller kapitalistischen Staaten. Solange sie überlebte, drohte bei der schlechten Lage der Arbeiter in den kapitalistischen Staaten jederzeit die Gefahr der Nachahmung im eigenen Herrschaftsbereich.

Schon im Vorfeld der Reise Amanullahs im Dezember 1927 hatte England Druck gemacht auf den König, um seinen Besuch in der UdSSR abzusagen. „Man versuchte damit zu bewirken, dass die afghanische Mission ihre Reise abbräche, ohne in die UdSSR gereist zu sein" (Baraki S 36). Die Sowjetunion sollte isoliert bleiben. Schon vorher war auch der indische Vizekönig Lord Irwin offen gegen die afghanische Außenpolitik aufgetreten und „attackierte die freundschaftlichen afghanisch-sowjetischen Beziehungen" (Baraki S 38). Und so spitzten sich die Konflikte in und um Afghanistan im Verlauf der Jahre 1928 und 1929 zu.

Amanullahs politisches Angebot einer konstitutionellen Monarchie zielte – beabsichtigt oder nicht - auf die Errichtung eines weltlich geprägten Nationalstaates, in dem das Volk – in welcher Form auch immer – in das Herrschaftsgefüge eingebunden sein sollte. Mit der Gewährung von Religionsfreiheit für die Ausübung anderer Religionen wurde die Vormachtstellung der islamischen Religionsführer angegriffen. Auch andere weltliche und religiöse Standesbezeichnungen wurden abgeschafft. Folgerichtig legte er selbst den religiösen Titel eines Emirs ab und trug fortan nur noch den weltlichen Titel eines Königs (Schah).

Alle weiteren Maßnahmen zielten in dieselbe Richtung: Modernisierung der Gesellschaft und Schwächung der Macht der geistlichen und weltlichen Herrscher. Die Sklaverei wurde aufgehoben, die Schulpflicht eingeführt und Bürgerrechte festgeschrieben. Alles Maßnahmen, von denen man annehmen konnte, dass sie bei einem entrechteten Volk Begeisterung hervorrufen würden. Die von ihm auf den Weg gebrachten Reformen glichen dem Vorbild Atatürks in der Türkei und den Vorstellungen der Jungafghanen, denen man Amanullah nachsagte, nahegestanden zu haben.

Deutlich an dieser Konstruktion wird, dass der Konflikt zwischen dem König und der Stammesaristokratie auf Dauer nur unter Einbeziehung der Bevölkerung hätte gelöst werden können. Die Jahrhunderte lange Rivalität zwischen diesen beiden Kräften hatte zu keiner Lösung auf der Basis des Kampfes der Eliten untereinander geführt. Die politische Erkenntnis gerade aus den Unruhen in Europa nach dem 1. WK. war die, dass gesellschaftliche Weiterentwicklung ohne die Teilnahme der Bevölkerung am politischen Geschehen nicht mehr möglich ist; und das galt nicht nur für Afghanistan. Allein das Stillhalten oder gar Niederhalten weiter Teile der Bevölkerung führt zur Stagnation oder Rebellion.

Wenn die Entmachtung der regionalen Eliten sein politisches Ziel war, so ist dieser Plan daran gescheitert, dass die religiösen und die Stammesführer mehr Einfluss auf die von ihnen abhängigen Bauern hatten als der König, der ihnen mehr Freiheit aber nicht mehr Land bieten konnte. Aber gerade das Kernstück der Befreiung der Bauern von den feudalen Fesseln, die Landreform, bot Amanullah den Bauern nicht an; er konnte es auch nicht, weil er ja selbst Feudalherr war und damit gegen seine eigenen Interessen gehandelt hätte.

Stattdessen wurden Strategien verfolgt, die die Einnahmequellen der Landbesitzer einschränken sollten. Die die Landwirtschaft betreffenden Steuern wie die Landsteuer und die Viehsteuer wurden zum Teil drastisch erhöht. Der Steuersatz für den Besitz eines Esels verfünffachte sich, der für den Besitz eines Pferdes stieg um 400%. Um den gleichen Satz stieg auch die Steuer für bewässertes Land. Zusätzlich wurde die Steuer umgestellt von Natural- auf Geldbesteuerung.

Mit der Durchsetzung dieser Steuerpläne verband sich eine Veränderung des Kräfteverhältnisses zwischen Zentralgewalt und Grundbesitzern. Der Staatskasse floss mehr Geld zu, mit dem sie die Modernisierung des Landes, aber auch den Ausbau der zentralstaatlichen Machtinstitutionen wie Militär und Schulwesen vorantreiben konnte. Der Stammesaristokratie und den Großgrundbesitzern wurden finanzielle Mittel entzogen, was ihre

Möglichkeiten einschränkte, sich gegen die Zentralgewalt zur Wehr zu setzen oder diese zu bedrohen. Zudem sollte die Stammesaristokratie im Rahmen einer Verwaltungsreform den Status von Staatsbeamten erhalten, womit sie vom Staat bezahlt, von diesem aber auch finanziell abhängig worden wäre.

Aber all diese Maßnahmen trafen nicht nur die vermögenden Bauern und den großen Grundbesitz sondern auch den kleinen. Die Umstellung der Steuern von Natural- auf Geldsteuer führte besonders bei den kleinen Bauern dazu, dass sie sich Geld leihen mussten, um diese Steuern zu entrichten. Also mussten sie sich verschulden bei Wucherern oder Großgrundbesitzern. Hinzu kamen noch die Steuererhöhungen selbst. „Die Bauern mussten bis zu 45% ihrer Ernte für die Entrichtung der Grundsteuer abliefern" (Baraki S 32).

Andererseits kam die Bodenreform, die im Verkauf von Staatsland und dem der enteigneten Heiligtümern bestand, nur den Vermögenden im Lande zugute, weil sie über die nötigen Mittel verfügten, diese Länder erwerben zu können. „Die armen Bauern, die die Mehrheit des Volkes ausmachten, hatten keinerlei Nutzen von dieser Bodenreform" (Baraki S 33).

Zudem hatte die Festsetzung und Einziehung der Steuern durch staatliche Beamte in vielen Stammesgebieten nicht durchgesetzt werden können, sodass beides noch weitgehend in den Händen der Khane blieb. Diese betrieben die Besteuerung im Auftrag des Königs, hatten damit aber Zugriff auf die finanziellen Mittel, die sie selbst erhoben, eintrieben und weiterreichen sollten an die zuständigen Stellen. Damit war der Manipulation der Steuereinnahmen und Weitergabe durch die Khane Tür und Tor geöffnet.

Die Abfassung der Steuergesetze unterstand zwar dem König, aber auf die Propaganda um diese Steuergesetze und die Rechtmäßigkeit ihrer Umsetzung hatte er nur soweit Einfluss, wie seine Verwaltung und sein Militär reichten.

Durch diese Änderungen der Besteuerung schaffte sich Amanullah viele Feinde unter der Landbevölkerung. Und mit seinen Angriffen auf die Landbesitzenden einerseits und andererseits das Antasten der Machtpositionen der islamischen Geistlichkeit durch die Umwandlung des Staates von einem geistlichen zu einem weltlichen hatte er sich zwei mächtige Gegner geschaffen, die Einfluss hatten auf die überwiegende Mehrheit der afghanischen Bevölkerung.

Dagegen konnten die Kaufleute und Staatsbeamten, die er mit seinen Maßnahmen zu gewinnen suchte, kein Gegengewicht bilden. Sie hatten nicht das finanzielle und nicht das Bevölkerungspotential, das notwendig gewesen und auch vor allem bereit gewesen wäre, diese Umwandlung der Gesellschaft zu finanzieren und politisch zu unterstützen.

Allein eine Landreform mit einer wie auch immer gearteten Enteignung der Großgrundbesitzer und der Verteilung des Landes an die landlose Bevölkerung hätte ihm die notwendige Unterstützung der Landbevölkerung verschaffen und damit die Voraussetzung schaffen können zu einer Entwicklung, die aus der Unterentwicklung des Landes herausgeführt hätte. Indem er diesen Schritt zu einer grundlegenden Bodenreform nicht machte, indem er die Grundlage der wirtschaftliche Macht der Feudalklasse, der er ja selbst auch angehörte, den Grundbesitz, nicht antastete, sicherte er die Macht der Eliten, derer er sich eigentlich hatte entledigen wollen. Und diese holten zum Gegenschlag aus.

Während des Auslandsaufenthalts des Königs in Europa werden in Afghanistan Gerüchte über das Verhalten Amanullahs und seiner Frau in den besuchten Ländern verbreitet, die die religiösen Gefühle der Afghanen zutiefst verletzen mussten, deren Wahrheitsgehalt sie andererseits aber aufgrund der fehlenden Informationsmöglichkeiten auch nicht überprüfen konnten. Diese Gerüchte können ohne weiteres als propagandistische Vorbereitung für die Erhebung gegen Amanullah betrachtet werden.
Bereits in den Jahren 1924/5 hatten die Engländer den Aufstand der Khoster Stämme in der Provinz Paktia gegen Amanullah unterstützt. Und auch jetzt halfen sie wieder tatkräftig bei der Organistion des Aufstandes. Schon lange vorher hatten sie entlang der afghanischen Grenze Festungen angelegt, Kommunikationszentren errichtet und Truppen zusammengezogen. Und „im November 1928, als die Unruhen in Afghanistan ihren Höhepunkt erreicht hatten, hielten die Briten an der afghanischen Grenze Kriegsmanöver ab" (Baraki S 38). Im Dezember desselben Jahres überflog ein englisches Flugzeug Kabul und warf Flugblätter ab mit der Warnung vor antibritischen Aktionen.
Finanziell unterstützt von den Engländern gelang es der Stammesaristokratie mit Unterstützung der von ihnen abhängigen und beeinflussten Bauern und Stämmen aus dem englischen Herrschaftsbereich, Amanullah 1929 zu stürzen.

Sein Nachfolger Habibullah II. betrieb die vollkommene Zerstörung von Amanullahs Reformwerk im Interesse der siegreichen Khane. Nichts sollte mehr in der Gesellschaft an diese Bedrohung der Khansherrschaft erinnern. Habibullah II trieb Amanullah ins Exil, wurde aber selbst nach nur wenigen Monaten Herrschaft von Nader Schah gestützt, der von 1930 bis 1933 regierte. Habibullah II wurde ermordet. Er erlitt das typische Schicksal derer, die einer bedrohten Klasse die Existenz erhalten. Als die Bedrohung der Khane beendet war, wurde auch Habibullah nicht mehr gebraucht. Die

Khansmacht ging gestärkt und um ihre liberalen Auswüchse bereinigt aus dieser Auseinandersetzung hervor.

Auch Nader Schah war gezwungen in der Auseinandersetzung mit Habibullah II die Hilfe paschtunischer Stämme aus dem englischen Herrschaftsbereich jenseits der Durand-Linie in Anspruch zu nehmen. Da aber die Staatskasse leer war durch die Niederschlagung der Aufstände und Habibullahs II eigenmächtiger Entnahmen, konnte Nader Schah nur dadurch die Unterstützung der Paschtunen erlangen, dass er den Stämmen versicherte, die Reformpolitik Amanullahs nicht fortzusetzen. Außerdem musste er ihnen den Basar der eigenen Hauptstadt Kabul zur Plünderung freigeben.

Fünf Tage dauerte die Plünderung des paschtunischen Kabul durch Paschtunen, wobei auch der Königspalast nicht verschont wurde. Gerade dieses Beispiel zeigt sehr deutlich, dass nationales Denken selbst noch in den 1930er Jahren des 20. Jahrhunderts weder bei den Eliten noch bei den Stammesmitgliedern selbst eine Rolle spielte. Selbst die moralischen Bedenken, die die Zugehörigkeit zum selben Stammesverband hätten erwarten lassen können, standen zurück hinter der Gewinnerwartung der Plünderer und dem Machtinteresse des Königs.

Nader Schah und sein Bruder Mohammed Haschem, der später Ministerpräsident Afghanistans werden sollte, hatten schon 1926 gegenüber den Briten erklärt, „Freunde Großbritanniens und Gegner der UdSSR zu sein" (Baraki S 45). Bereits vor dem Sturz Amanullahs hatte Nader Schah gegenüber Großbritannien Zusagen gemacht „im Falle seiner Machtübernahme als König Afghanistans das afghanische Territorium bis zum Konarfluss (im Osten des Landes) Britisch-Indien zu überlassen" (Baraki S 45). Mit Unterstützung der Engländer „drang M. Nader Schah schließlich von Britisch-Indien aus in Afghanistan ein und bildete eine starke Armee für das Eingreifen in Kabul" (Baraki S 46).

Nach dem Umsturz entspannte sich das Verhältnis zwischen Afghanistan und England wieder. Wenn auch die Unabhängigkeit des Landes aufrechterhalten blieb und diese mittlerweile auch von England weitgehend akzeptiert wurde, so orientierte sich die neue afghanische Außenpolitik stärker an britischen Interessen als zu den Zeiten Amanullahs.

Man übte Zurückhaltung gegenüber dem Freiheitskampf der Paschtunen und Belutschen auf der anderen Seite der Grenze und man ging mehr auf Distanz zur UdSSR. Das zahlte sich aus für Nader Schah. 1930 erhielt er von England 10.000 Gewehre und einen zinslosen Kredit über 175.000 Pfund.

Unter Nader Schah kehrte wieder Ruhe ein in Afghanistan. Aber es war zum Teil eine Friedhofsruhe. „Der neue König zerschlug nicht nur die reaktionären Aufständischen, sondern unterdrückte jede Art von Opposition, also auch die Anhänger der reformwilligen vorherigen Regierung Amanullah" (Baraki S 46).

Der Aufstand gegen Amanullah hatte das Kräfteverhältnis zwischen der Königsmacht und den Stammesfürsten zugunsten der letzteren verändert. Hatte Amanullah versucht, das Volk gegen die religiösen und politischen Herrscher zu aktivieren und diese somit ihrer sozialen Basis zu entfremden, so versuchte nun Nader Schah, sie in seine Politik einzubinden, gerade das Wohlwollen dieser Führungseliten wieder zu gewinnen und sie zu beschwichtigen.

1931 wurde eine neue Verfassung erlassen, die Ausdruck dieser veränderten Kräfteverhältnisse war zwischen den gesellschaftlichen Klassen und Gruppen. Sie erfüllt weitgehend die Bedingungen einer konstitutionellen Monarchie, auch wenn in ihr verankert wurde, „dass der König niemandem, weder dem Volk noch dem Gesetz verantwortlich ist" (Barkai S 48). Der Anspruch seiner Familie auf den afghanischen Thron wurde festgeschrieben. Die loya Jirga wurde von ihm zum höchsten beschlussfassenden Organ ernannt, und bereits 1930 hatte er sich von ihr zum Schah (weltlicher König) wählen lassen. Der Stammesadel konnte sich „über Senat und örtliche beratende Versammlungen an der Tätigkeit der Organe des Staatsapparats beteiligen" (Baraki S 47).

Aber auch der wachsenden Bedeutung des entstehenden Bürgertums wurde in der Verfassung Rechnung getragen. Zwar gestattete sie noch nicht die Organisierung der nichtfeudalistischen Klassen wie Bürgertum in Parteien und das kaum vertretene Proletariat in Gewerkschaften oder sonstigen politischen Organisationen. Aber den ökonomischen Interessen des Bürgertums wurde Rechnung getragen, indem „die Unantastbarkeit des Eigentums afghanischer Staatsbürger sowie das Verbot, Land oder sonstiges Eigentum zu enteignen, festgeschrieben" (Baraki S 47) wurde.

Dass aber auch Nader Schah den Plan der Festigung der eigenen Macht gegenüber den Fürsten nicht aufgegeben hatte, zeigte, dass er weiterhin die Modernisierung von Staat und Gesellschaft betrieb. Seine Verfassung war der des Amanullah sehr ähnlich, wenn sie sich auch wesentlich religiöser gab.

Er erhob den Islam wieder zur Staatsreligion, und die Scharia war wieder Grundlage der Rechtsordnung, womit er die religiösen Führer beschwichtigte. Außerdem schuf er einen Religiösen Rat, dessen Mitglieder aus den Spitzen des Klerus bestanden und die Aufgabe hatten, die Rechtmäßigkeit von Gesetzen zu überprüfen. Es war mehr eine Geste des Königs, denn großen Einfluss hatte der Religiöse Rat nicht.

Auch er setzte bei seiner Modernisierung auf den Erwerb von Qualifikationen durch Bildung. Zwar schaffte er die allgemeine Schulpflicht ab, konnte aber die Schulpflicht für Jungen durchsetzen und ebenso die Gründung einer medizinischen Fakultät.

Dass die paschtunischen Stämme von Schul- und Wehrpflicht befreit wurden, kam sowohl den Interessen der Stammesführer als auch den Stammesmitgliedern entgegen. Die einfachen Bauern waren auf die Arbeitskraft ihrer Kinder angewiesen, deren Ausfall durch die Schulpflicht für viele nur schwer zu verkraften war, weshalb sie in den Stammesgebieten auch nie hatte wirklich durchgesetzt werden können.

Den Stammesführern war nicht daran gelegen, dass ihre Stammesmitglieder im Rahmen der allgemeinen Wehrpflicht in der Armee des Königs vielleicht sogar gegen den eigenen Stammesfürsten eingesetzt werden konnten. Sie sahen darin eine große Bedrohung, weil sie die militärische Macht des Königs wesentlich erhöht hätte. Zwar hatte sich die Wehrpflicht ohnehin nicht durchsetzen lassen, insofern war ihre Aufhebung ein Zugeständnis, das dem König nichts abverlangte. Aber es nahm den Fürsten das Gefühl der Bedrohung und entspannte damit das Verhältnis zwischen ihnen und dem König.

Wenn er auch den religiösen und politischen Führern gegenüber Zugeständnisse machte, dann nur in den Bereichen, in denen er ohnehin keine Möglichkeiten hatte, weitergehende Vorstellungen durchzusetzen. Wirklich substantielle Einflussmöglichkeiten auf seine Politik ermöglichte er den Khanen nicht. Da er aus eigener Erfahrung die Gefahr kannte, die von den Stammesführern ausgehen konnte, betraute er keinen der Stämme, die ihm bei der Niederschlagung Habibullahs geholfen hatten, mit irgendwelchen wichtigen Staatsaufgaben.

Seine Politik war ausgelegt auf eine Stabilisierung der Lage nach innen. Das erklärt sicherlich auch seine Zurückhaltung bei Konflikten mit den Nachbarn. Zwar unterstützte er Stammesaktivitäten in den Nachbarländern, aber nur auf solch niedrigem Niveau, dass es nicht zu ernsthaften Konflikten mit den Regionalmächten kommt. Auch Nader Schah war trotz seiner Ablehnung gegenüber der UdSSR soviel Realist, dass er einen sowjetisch-afghanischen Freundschaft- und Nichtangriffsvertrag abschloss.

Nader Schah wurde 1933 Opfer eines Attentats. Sein Sohn Zaher Schah herrschte bis 1973.

Mit ihm verliert das Königsamt seinen absolutistischen Charakter. Er überlässt die Tagespolitik einem Ministerpräsidenten, der bis 1964 aus dem Kreis der Königsfamilie kommt. Von 1933 bis 1946 hatte Mohammed Haschem Khan als Ministerpräsident die Regierungsgeschäfte inne, der einen sehr autoritären Führungsstil pflegte, den Wiederaufbau der Zentralmacht vorantrieb und ihr wieder mehr Geltung verschaffte.

Unter seiner Herrschaft wurde der Grundstein gelegt für die stärkere Entwicklung des kapitalistischen Sektors der afghanischen Volkwirtschaft, indem er die Investition des nationalen Kapitals in afghanische Handels- und Industrieunternehmen unter Führung der Nationalbank förderte. Unter ihm beginnt der Aufstieg von Abdul Madjid Sabuli (Zabuli, Zoboli), dem späteren Handelsminister. Er ist der Interessenvertreter des bürgerlichen Handelskapitals, das mehr und mehr in den Aufbau der afghanischen Industrie investierte.

Seit der Machtübernahme Zaher Schahs verlief die afghanische Entwicklung in relativ ruhigen Bahnen. Die Beziehungen zu den Nachbarn waren nicht sehr intensiv, aber trotzdem störungsfrei. Folglich wurden die bestehenden Verträge zwischen Afghanistan und den Nachbarstaaten verlängert. Die Briten schienen an einem entspannten Verhältnis zu Afghanistan und einem stabilen Afghanistan interessiert zu sein. Ihre Störversuche und Einflussnahme auf die innerafghanischen Verhältnisse ließen nach. Ihr vorrangiges Interesse galt der Begrenzung des sowjetischen Einflusses in der Region.

Der sowjetisch-afghanische Vertrag von 1931 wurde 1936 um zehn Jahre verlängert und verpflichtete die afghanische Regierung nur dazu, keine antisowjetischen Aktivitäten auf ihrem Gebiet zu dulden, was das vordringliche Interesse der sowjetischen Außenpolitik zum Ausdruck bringt.

Der Entwicklung der Wirtschaft wurde in Afghanistan Vorrang gegeben. Neben den wirtschaftlichen Beziehungen zu Britisch-Indien und der Sowjetunion wurden die Beziehungen zu den europäischen Ländern aber auch zur USA und Japan ausgebaut. Dabei scheint sich die Aufmerksamkeit besonders auf die USA konzentriert zu haben nicht zuletzt auch als einer möglichen Schutzmacht gegen die beiden mächtigen Nachbarn. Man bot der American-Inland-Explorationcy die Ausbeute der gesamten afghanischen Ölvorkommen an. Die Amerikaner brüskierten die Afghanen durch ihr Desinteresse an diesem Angebot, um das sich viele andere Gesellschaften beworben hatten. Es war den Amerikanern nicht rentabel genug.

Auf mehr Interesse stießen sie beim deutschen Reich. Hatten die Afghanen 1933 die Zusammenarbeit mit den Sowjets bei der Ausbildung der Luftwaffe abgelehnt, so machten sie anderseits jetzt dem deutschen Reich das Angebot, die Armee zu organisieren. Nazideutschland sah in den Kontakten zu Afghanistan eine willkommene Gelegenheit über die Türkei, Iran und Afghanistan eine Flanke gegen England und die Sowjetunion zu eröffnen.

Aber auch das wirtschaftliche Interesse des Deutschen Reichs an Afghanistan war groß. Der Warenaustausch zwischen den beiden Ländern war in den letzten Vorkriegsjahren stark angestiegen. Darüber hinaus zeigten die Organisation Todt und die „Arbeitsgemeinschaft deutscher Industrie- und Handelsfirmen" Adifa auch Interesse an der Erschließung der afghanischen Ölquellen, die die Amerikaner bereits abgelehnt hatten.

Aber auch Afghanistan brauchte Auslandskapital, um die Entwicklung des Landes voranzubringen. Zur Fortsetzung der deutschen Investitionen in Afghanistan musste sich die afghanische Seite sich 1933 vertraglich verpflichten, „die bis dahin entstandenen Schulden innerhalb von sieben Jahren gleichmäßig abzutragen" (Baraki S 55).

Die deutsche Seite erklärte sich bereit, die aufgelaufenen Zinsen zu erlassen, wenn Afghanistan deutschen Firmen Aufträge erteilte in der vierfachen Höhe der entstandenen Zinsen. Der deutsche Staat unter der Leitung der NSDAP übernahm gegenüber den deutschen Exportfirmen eine Bürgschaft in Höhe von 1,85 Mio Reichsmark zur Absicherung der Warenlieferungen an Afghanistan.

Die faschistische Partei in Deutschland betrieb Wirtschaftspolitik im Interesse des deutschen Kapitalismus in Form der deutschen Industrie, obwohl man sich nach innen gegenüber der Bevölkerung immer noch antikapitalistisch gab. Deutschland war bestrebt durch günstige Kreditvergabe und geheime Waffenlieferungen (1939) „einen wirkungsvollen Einfluss auf die gesamte Wirtschaftspolitik Afghanistans und damit auch die auf die Innen- und Außenpolitik zu gewinnen bzw. auszüben" (Baraki S 59).

Vielleicht ist im Ausbau der Zusammenarbeit mit dem faschistischen Deutschland der Grund dafür zu sehen, dass die handelspolitischen Beziehungen zur Sowjetunion nachließen und die Konsulate gegenseitig geschlossen wurden. Nach der Kriegserklärung an die UdSSR sahen die Alliierten in der deutschen Präsenz in der Türkei, Iran und Afghanistan eine Bedrohung, zumal großen Teile der afghanischen Bevölkerung stark antibritisch eingestellt waren und deshalb Sympathien für die Deutschen hegten. Der Druck von England und der Sowjetunion erzwang eine Reduzierung der deutschen und auch italienischen Präsenz in der Region.

Die Modernisierung der Wirtschaft, die bereits von Amanullah nach seiner Europareise in Angriff genommen worden war, war von seinen Nachfolgern aufgegriffen und ausgebaut worden trotz der politischen Gegnerschaft, in der sie zu ihm standen oder gestanden hatten. Das bedeutet aber, dass es keine Alternative gab zu dem von Amanullah eingeschlagenen Weg. Die Differenzen bestanden nur in der Frage der Umsetzung und der Kräfte, auf die man sich zur Umsetzung dieses Programms stützen sollte. Besonders Zaboli, als Präsident der Nationalbank einflussreicher Vertreter des afghanischen Bürgertums und ab 1938 auch Handelsminister, war in der afghanischen Administration der wichtigste Verbündete Deutschlands.

Der zweite Weltkrieg führte auch für Afghanistan trotz seiner Neutralität zu einem Einbruch in seinen Modernisierungsbemühungen. Die notwendigen Maschinenlieferungen aus Europa bleiben aus. Mit dem deutschen Überfall auf die Sowjetunion 1941 war der rege wirtschaftliche Kontakt zwischen den beiden Ländern plötzlich abgebrochen, was besonders die afghanische Wirtschaft in Schwierigkeiten brachte.

Vielleicht hatte aber auch eine Rolle gespielt, dass man in Nazideutschland fest damit gerechnet hatte, „Afghanistan freiwillig oder unfreiwillig in den Krieg mit einbeziehen zu können" (Baraki S 63). So hatte man einen Kredit über 15 Millionen Reichsmark allein für Waffenkäufe eingeräumt. Die afghanische Regierung hatte Bedenken, weil „die Aufrüstung der afghanischen Armee ausschließlich im ökonomischen und militärischen Interesse Deutschlands war" (Baraki S 63). Es flossen Bestechungsgelder an den afghanischen Kriegsminister Schah Mahmud, den afghanischen Ministerpräsidenten Mohammad Haschem und den König Saher Schah.

„Die Aktivitäten der deutschen Faschisten in Afghanistan nahmen in einem Maße zu, dass die außenpolitische Unabhängigkeit des Landes bedroht war" (Baraki S 68). Besonders nach dem Beginn des Krieges gegen die UdSSR sah diese durch die Aktivitäten der Deutschen von afghanischem Boden aus den Inhalt der afghanisch-sowjetischen Freundschafts- und Nichtangriffsverträge verletzt. Auch das Verhältnis zu Britisch-Indien litt.

Wenn auch ein Kriegseintritt Afghanistans aufseiten des Deutschen Reiches sowohl während des ersten als auch während des zweiten Weltkrieges nicht zuletzt auch zum Wohle Afghanistans vermieden wurde, so waren in den Jahrzehnten bis zum Ende des Krieges sehr intensive Kontakte zwischen Deutschland und Afghanistan entstanden. An diese Beziehungen konnte nach Ende des Krieges und mit dem Aufbau der Bundesrepublik Deutschland wieder angeknüpft werden.

Durch den Überfall Deutschlands auf die UdSSR waren gleich zwei der wichtigsten Handelspartner für Afghanistan ausgefallen. Deshalb verlagerten sich die Handelsbeziehungen Afghanistans stärker von Europa weg nach Britisch-Indien und den USA. Während des Krieges begannen die USA die Lücke auszufüllen, die das deutsche Reich und andere europäische Staaten in der Wirtschaft Afghanistans hinterlassen hatten.

Obwohl Afghanistan nicht direkt am Krieg beteiligt war, bekam es aber dennoch seine Auswirkungen indirekt zu spüren. Denn da die Industrialisierung erst ein solch niedriges Niveau erreicht hatte, dass sie nur 10% des eigenen Bedarfs decken konnte, war der Bedarf an Importen entsprechend hoch gewesen. Der Rückgang der weltweiten Industrieproduktion sorgte nun im Land für steigende Preise bei den Importwaren. Gleichzeitig stieg aber auch die weltweite Nachfrage nach Lebensmitteln. Mit deren

Export waren auf dem Weltmarkt höhere Gewinne zu erzielen als in Afghanistan selbst.

Das Ergebnis dieser weltwirtschaftlichen Lage war eine enorme Preissteigerung im Land. „Die Preise für Industrieprodukte betrugen im Jahre 1945 im Vergleich zu 1939 insgesamt das Siebenfache" (Baraki S 71). Textilien verteuerten sich um über das Dreifache, Lebensmittel fast auf das Vierfache. Die Lebenshaltung erhöhte sich durchschnittlich auf das 3,5-fache.

Die Unruhe im Land wuchs. Bereits 1944/45 kam es zu Aufständen in den Provinzen Paktia und Maschreqi. „1946 war im ganzen Land Unruhe zu verspüren, und die innere Krise der Regierenden war unübersehbar" (Baraki S 79). Mohammad Haschem trat zurück und wurde von seinem Bruder Schah Mahmud abgelöst. Es war das erste Mal seit dem Sturz Ammanullahs, dass eine Regierung auf Druck größerer Teile der Bevölkerung hatte zurücktreten müssen. Besonders die Intellektuellen sieht Baraki als den Motor der Bewegung, denen es gelang, den Forderungen besonders der städtischen Bevölkerung politisch Ausdruck zu leihen.

Von 1946 bis 1953 regierte Schah Mahmud Khan. Und mit diesem Wechsel von Mohammad Haschem 1946 auf seinen Nachfolger Schah Mahmud war nicht nur ein Ministerpräsident gegen einen anderen ausgetauscht worden. Dieser Wechsel bedeutete auch das Eingeständnis, dass ohne die kapitalistische Wirtschaft und „ohne tiefgreifende Veränderungen in der Wirtschaftsstruktur keine Verbesserung der Lage der Mehrheit des Volkes möglich sein würde" (Baraki S 79). Der Wechsel zu Schah Mahmud war Ausdruck dieses veränderten Kräfteverhältnisses und zugleich auch ein Zugeständnis an das sich entwickelnde Bürgertum, denn mit ihm „gewannen diejenigen Kräfte an Einfluss, die die sich herausbildenden kapitalistischen Produktionsverhältnisse unterstützten" (Baraki S 80).

Diese neuen Kräfte in der afghanischen Führung hatten zum Teil in Europa und den USA studiert und verfügten über langjährige Erfahrungen und Beziehungen zu den dortigen einflussreichen Kreisen. Dementsprechend basierten ihre wirtschaftspolitischen Vorhaben auf der finanziellen und technischen Unterstützung durch die USA, die besonders während des zweiten Weltkriegs ihre Positionen in Asien hatten ausbauen können. Amerikanische Fachleute kamen und die wirtschaftliche Abhängigkeit von den USA wurde immer stärker. Unter der Führung Schah Mahmuds wurden große Infrastrukturprojekte in Angriff genommen.

Unter seiner Regierungszeit kam es zu ersten erkennbaren Organisierungsansätzen des städtischen Bürgertums in Form von Zeitungen und den Versuchen von Parteigründungen. Der politische Druck angesichts der ungelösten wirtschaftlichen Probleme wuchs und die Versuche leichter politischer Lockerungen führten zu einem bedrohlichen Anwachsen besonders der Kräfte des städtischen Bürgertums, sodass sich die herrschende Feudalklasse einer Gefahr gegenübersah, die sie nicht mehr würde beherrschen können, wenn ihr weiterer Freiraum gewährt würde.

Als sich der Unmut der Bevölkerung über die Behinderung der Wahlen im Jahre 1952 durch die größte Demonstration Luft machte, die Afghanistan je erlebt hatte, schlug der Feudalstaat zurück. Die Führer der Opposition wurden verhaftet, ihre Organisationen zerschlagen. Aber auch Schah Mahmud musste gehen, damit wieder Ruhe einkehrte in der Gesellschaft. ER wurde ersetzt durch Mohammad Daud. Auch er war Mitglied des Königshauses, und auch er war als Verteidigungsminister Teil des Kabinetts Schah Mahmud gewesen, dessen Absetzung wieder für politische Ruhe im Land sorgen sollte. Aber auf ihm ruhten die Hoffnungen von Teilen des städtischen, intellektuellen Bürgertums.

Die politische Macht lag noch immer weitgehend in den Händen der Feudalklasse, und sie hatte bemerkt, dass sie diese Macht einsetzen musste, um die kapitalistische Wirtschaft zu kontrollieren und wo es möglich war, sie für den eigenen Machterhalt einzusetzen. Aber je mehr sich der kapitalistische Sektor entwickelte umso mehr musste die Königsfamilie um ihren politischen Einfluss im Staate fürchten. Denn der Aufschwung der Wirtschaft brachte auch große finanzielle und vor allem politische Probleme für sie und den afghanischen Staat. Als deren Folge war es am Ende der Regierungszeit von Schah Mahmud Khan zu ernsthaften Konflikten zwischen der Feudalklasse und dem kapitalistischen Sektor, vertreten durch das städtische Bürgertum, gekommen.

Erst 1964 trat mit Yussuf der erste Ministerpräsident das Amt an, der nicht Mitglied der Königsfamilie war. Gleichzeitig wurde die Entscheidungsfindung über politische Fragen auf einen Familienrat der königlichen Familie übertragen und nicht mehr vom König allein vorgenommen.

Die veränderte Weltlage

In den beiden Weltkriegen hatte Afghanistan seine Neutralität wahren können. Mit dem Ende des zweiten Weltkriegs hatte sich die Konfrontation zwischen Kapitalismus und dem aufkommenden sozialistischen Gesellschaftssystem, der sich nach dem ersten Weltkrieg schon angedeutet hatte, verstärkt. Die Sowjetunion war trotz der Millionen Toten und der großen Zerstörungen und Verwüstungen des Landes als der große Sieger aus dem Krieg hervorgegangen. Dort, wo die sowjetischen Truppen die faschistischen besiegt und vertrieben hatten, lebten unter ihrem Schutz sozialistische Bewegungen auf. Halb Europa kam unter sozialistischen Einfluss. Der Sozialismus rückte vor bis zum Mittelmeer.

Aber auch in den Ländern Westeuropas, die nicht von der roten Armee sondern von den Westalliierten befreit worden waren, erstarkten die sozialistischen Kräfte. Im Bewusstsein breiter Schichten der Bevölkerung waren die beiden Weltkriege Ausfluss des kapitalistischen Gesellschaftssystems gewesen. In den von Japan besetzten Teilen Asiens waren Bewegungen entstanden, die nach nationaler Unabhängigkeit strebten. Diese Bewegungen setzten sich aus national orientierten und sozialistischen Kräften zusammen. Der nationale Befreiungskampf Chinas endete mit dem Sieg der Kommunisten. In Südostasien und in Korea bahnte sich eine ähnliche Entwicklung an.

Die Erfolge der sozialistischen Kräfte in Europa und Asien führten zu einer erneuten Konfrontation der kapitalistischen Mächte unter Führung der USA mit der Sowjetunion. Durch die Schaffung von Militärbündnissen rund um die UdSSR als führender Kraft der sozialistischen Bewegung sollte sie an einer weiteren Ausdehnung gehindert und auch gleichzeitig militärisch bedroht und unter Druck gesetzt werden. Es entstanden in Europa und Nordamerika die Nato und an der Südgrenze der Sowjetunion unter Einschluss der USA, Großbritanniens, Pakistans, Irans, Iraks und der Türkei in der SEATO und dem Bagdad-Pakt Bündnissysteme, die gegen die UdSSR gerichtet waren.

Aber auch im überseeischen Machtbereich der westlichen Siegermächte strebten die Völker der Kolonien nach nationaler Unabhängigkeit und erhoben sich zum Teil militärisch gegen die Kolonialmächte. 1947 sah sich England gezwungen, sich aus dem indischen Subkontinent zurückzuziehen. Mit Indien und Pakistan waren hier unabhängige Staaten entstanden.

Mit dieser neuen Weltlage sieht sich auch Afghanistan neuen Konflikten gegenüber. Der rein innerafghanische Konflikt um die Machtverteilung im Land zwischen der Zentralgewalt des Kabuler Königs und den Stammesführern ist immer noch nicht entschieden. Noch ist deren Macht nicht so weit in die Schranken gewiesen, dass sie keine Bedrohung mehr für die Königsmacht darstellten.

Denn trotz all der Auseinandersetzungen zwischen den Eliten des Feudalstaates hat sich eines nicht geändert: Die soziale Basis im Land ist immer noch das in feudaler Abhängigkeit von Stammesfürsten und Großgrundbesitzern lebende Bauerntum. Und wie leicht diese Bauern auf Grund ihrer Abhängigkeit von den Feudalherrn für deren Interessen zu mobilisieren waren, hatten die Aufstände gegen die Königsmacht und die Kämpfe zwischen den Stämmen selbst bis in die neuesten Zeiten des 20. Jahrhunderts bewiesen.

Auch wenn die Kabuler Herrscher in der ersten Hälfte des 20. Jahrhunderts die Entwicklung kapitalistischer Produktionsverhältnisse gefördert hatten, so war diese Entwicklung am Ende des Zweiten Weltkriegs doch noch nicht so weit fortgeschritten, dass sie zur Bildung neuer sozialer Kräfte wie Bürgertum oder gar Proletariat geführt hätten, also solcher Klassen, die durch eine veränderte Produktionsweise sich aus der wirtschaftlichen Abhängigkeit von Scholle und Großgrundbesitz hätten befreit haben können.

Und solange sich der großen Mehrheit der Bevölkerung keine andere Lebensgrundlage bot, so lange war ihnen die Macht des Feudalherrn näher als die des Königs. Solange stand auch die Königsherrschaft auf unsicherem Grund, war angewiesen auf die Zustimmung der Fürsten oder wenigstens doch auf deren Zurückhaltung oder musste immer so gerüstet sein, dass sie diese militärisch in Schach halten konnte.

Damit nicht genug, entstand in den Städten ein Potential, das im weitesten Sinne als Bürgertum bezeichnet werden kann und das nach politischen Reformen und Beteiligung an der Macht strebte. Und mit dem Aufkommen dieser bürgerlichen Kräfte entwickelte sich eine zusätzliche gesellschaftliche Kraft, die in das Ringen um die Führung des Staates eingriff.

Zu diesen ungelösten internen Konflikten kam durch den Rückzug der Engländer vom indischen Subkontinent ein regionaler hinzu. Mit dem Entstehen des Staates Pakistan aus der Konkursmasse des englischen Empires ist eine zusätzliche Regionalmacht entstanden, mit der sich aus der Paschtunistanfrage ein neuer zusätzlicher Konfliktherd entwickelt hat. Wer ist der rechtmäßige Vertreter der paschtunischen Interessen, nachdem ihr Siedlungsgebiet jetzt auf zwei Staaten verteilt worden ist? Diese Teilung wurde über die Köpfe der Paschtunen hinweg entschieden und sorgte damit wie so viele Staatenbildungen nach dem Auflösen der Kolonialreiche für jahrzehntelange Konflikte.

Als dritter Konfliktkreis kommen die globalen Auseinandersetzungen zwischen dem kapitalistischen und sozialistischen Gesellschaftssystem hinzu, in die Afghanistan durch seine Grenzlage zur Sowjetunion hineingezogen wird. Dabei ist ab den 1950er Jahren Afghanistan das einzige Lande der Erde, in dem die USA und die SU gleichzeitig engagiert sind, ohne dass die Repräsentanten dieser entgegengesetzten Gesellschaftssysteme durch eine Grenze voneinander getrennt wären wie in Vietnam, Korea oder Deutschland, und trotzdem geraten sie nicht militärisch in Afghanistan aneinander.

Diese drei Konflikte berühren sich unterschiedlich stark, haben Auswirkungen aufeinander, die zu verschiedenen Zeiten unterschiedlich intensiv sind. Trotzdem sollen sie hier getrennt voneinander darstellt werden, um ein besseres Verständnis für die sich in ihnen eröffnenden Problemfelder und Vorgänge zu erlangen.

Innenpolitische Auseinandersetzungen

Auch nach dem zweiten Weltkrieg ist der afghanische Staat noch immer das Kabuler Königshaus, das noch immer im ungelösten Machtkampf liegt mit den Stammesführern. Der gefestigte Einfluss des afghanischen Königs erstreckt sich nur auf die ihm direkt unterstehenden Regionen. Hier kann er Steuern, Zölle und Gebühren erheben und damit seine Staatsausgaben finanzieren. In den entlegenen Gebieten, die nicht seiner direkten Kontrolle unterstehen, lassen sich hoheitliche Maßnahmen des Staates nur mit Unterstützung der Stammesführer oder militärisch durchsetzen. Eine das gesamte Land durchdringende, einheitliche Verwaltungsstruktur, die in der Lage wäre, wie in den entwickelten Staaten, staatliche Beschlüsse auf allen Ebenen der Gesellschaft und in allen Regionen des Landes umzusetzen, besteht nicht. So ist der Staat unter anderem nicht in der Lage, den Schmuggel zu kontrollieren und zu ersetzen durch ein geregeltes Zollsystem, das ihn am grenzüberschreitenden Handel würde profitieren lassen. Die Nomaden entziehen sich fast vollkommen der staatlichen Kontrolle und damit auch der Besteuerung.

Die kriegerischen Auseinandersetzungen der Vergangenheit hatten diesen Konflikt zwischen der Zentralgewalt und den Stämmen nicht lösen können und nur zu einer weiteren Verarmung des Landes geführt. Der Schlüssel zur Lösung des Problems lag in der wirtschaftlichen Entwicklung und Modernisierung. Nur wirtschaftlicher und gesellschaftlicher Fortschritt hätte die Rückständigkeit beseitigen und die abhängigen Bauern und Pächter aus der Fesselung an die Scholle und an die Großgrundbesitzer, Khane und den islamischen Klerus lösen können. Mit dieser Befreiung aus feudalistischer Abhängigkeit würde die Macht der regionalen Herrscher wenn nicht gebrochen so doch wenigstens zugunsten der Zentralmacht geschwächt.

Aber am Scheitern der Reformversuche Amanullahs war auch deutlich geworden, dass solche gesellschaftlichen Veränderungen nicht im Alleingang durchgesetzt werden konnten. Selbst wenn Amanullah der König des Landes war, hatte er gesellschaftliche Veränderungen nicht gegen die einflussreichen Stammesführer und den Klerus erzwingen können. Nur gestützt auf ein wankelmütiges Militär und ohne die Unterstützung einflussreicher Gruppen in der Bevölkerung war die Veränderung des Kräfteverhältnisses zwischen dem Königshaus und seinen feudalistischen Rivalen nur schwer möglich. Die Bauern konnten nicht mobilisiert werden, ohne die eigenen Interessen des Königshauses als Großgrundbesitzer zu gefährden. So blieben nur die Möglichkeiten, sich auf andere gesellschaftliche Kräfte zu stützen und weitere bäuerliche Kreise aus der Abhängigkeit anderer Feudalherren zu lösen und unter den eigenen wirtschaftlichen Einfluss zu bringen.

Um die wirtschaftliche Entwicklung zu fördern, hatten die Nachfolger Amanullahs seit den 1930er Jahren die private Wirtschaft unterstützt und ihr in der Gestaltung des kapitalistischen Sektors freie Hand gelassen. Der Großkaufmann Zabuli wird durch seine Funktionen in der Staatsführung zu einem Bindeglied zwischen dem Hof und den kapitalkräftigen Kreisen der Wirtschaft.

Ein weiterer Schritt in der Veränderung des Kräfteverhältnisses zwischen der königlichen Zentralgewalt und den Stammesführern muss in der Auflegung des Helmandprojektes gesehen werden (Anhang: das Helmand-Projekt). Bei der Bedeutung dieses Projekts stellt sich die Frage nach Motiven und Überlegungen des afghanischen Staates, die jedoch auf grund der Quellenlage nicht beantwortet werden kann. Es ist aber nicht zu erwarten, dass er sich auf ein solches Kostenrisiko eingelassen hätte, ohne selbst Vorteile für die eigenen Interessen darin gesehen zu haben.

Wenn nicht die konkreten Motive so können aber dennoch die Auswirkungen dargestellt werden, die dieses Vorhaben auf die afghanische Gesellschaft hätte haben können, wenn dieses Projekt so hätte umgesetzt werden können, wie es den Planungen entsprochen hätte. Die Schwierigkeiten, die dann später auftraten, waren bei Planung und Beginn des Vorhabens noch nicht absehbar und konnten deshalb auch nicht in die Entscheidung über die Verwirklichung des Projektes einfließen.

Das Helmand-Vorhaben ist kein vereinzeltes Projekt, geboren aus einer günstigen Gelegenheit oder guten Erfolgsaussichten, sondern Teil einer ganzen Reihe von Neulandgewinnungs- und Bewässerungsprojekten zur Produktionssteigerung der afghanischen Landwirtschaft. Das Hilmand Valley Project (HVP) im Süden des Landes war das größte und bekannteste dieser Vorhaben. Daneben gab es noch das Nangarhar-Projekt im Norden, und mit sowjetischer Unterstützung wurden 1965 bei Dschalalabad 240 km² Neuland erschlossen, auf dem u.a. auch vier Staatsfarmen von je 2500 ha errichtet wurden. Ein weiteres sowjetisches Projekt für 150km² entstand in der Nähe von Ghazni. Weitere Vorhaben waren am Amu Darja geplant und mit deutscher Unterstützung am Koktscha-Fluss im Norden Afghanistans.

Das Helmand-Vorhaben in seiner ursprünglichen Form hätte Auswirkungen auf 40% des afghanischen Territoriums und 20% der afghanischen Bevölkerung gehabt. Durch die Gewinnung neuer landwirtschaftlich nutzbarer Flächen sollten die Nomaden sesshaft gemacht werden. So könnten diese sich nicht mehr so leicht wie bisher der Besteuerung entziehen. Außerdem war geplant, landlose Bauern dort anzusiedeln und überbevölkerte Regionen durch das Umsiedlungsprojekt zu entlasten. Ansiedlungswillige wurden mit günstigen Krediten und Konditionen unterstützt.

Durch die Vergrößerung der agrarisch genutzten Fläche wäre zusätzlicher Ertrag geschaffen worden, der direkt unter Umgehung der Stammesfürsten oder Großgrundbesitzer dem Staatshaushalt zugeflossen wäre. Auch der Ertrag anderer bisher bereits landwirtschaftlich genutzter Regionen könnte durch verbesserte Bewässerung gehoben werden. Insgesamt würde sich die Besteuerungsgrundlage verbreitern durch die zu erwartenden höheren Erträge und die größere Zahl der in der Landwirtschaft Tätigen. Zudem wäre der sonst mit Argwohn begegneten Zentralgewalt ein großer Ansehensgewinn entstanden, wäre es gelungen, den Lebensstandard großer Teile der Bevölkerung anzuheben.

Weitere politische und administrative Maßnahmen der Regierung würden nach diesen positiven Erfahrungen auf weniger Ablehnung stoßen. Die verbesserte Finanzsituation und die gestiegene Autorität des Staates würde es diesem ermöglichen, den Einfluss der Stammesfürsten weiter zurückzudrängen, weil dann auch viele Stammesmitglieder nicht mehr in deren Einflussbereich lebten sondern im Einflussbereich der Regierung. Insgesamt wäre eine Entspannung der sozialen Lage vieler Afghanen zu erwarten gewesen mit den vorteilhaften Nebenwirkungen der Verbesserung der Finanzkraft des Staates und der Veränderung des politischen Kräfteverhältnisses innerhalb der afghanischen Gesellschaft.

Jedoch durch die unvorhergesehenen Schwierigkeiten bei der Verwirklichung des Projekts überstieg der Finanzbedarf bald die finanziellen Möglichkeiten der afghanischen Staatskasse. Der erhoffte Erfolg blieb aus und führte darüber hinaus statt zu einer Stärkung zur Schwächung der Regierung mit der Folge, so dass im Jahre 1953 der bisherige Ministerpräsident Schah Mahmud vom König gegen Mohamed Daud ausgetauscht werden musste.

Dieser Wechsel war der vorläufige Endpunkt einer Entwicklung, zu der außer dem Misserfolg des Helmand-Vorhabens noch andere Faktoren beigetragen hatten, die besonders die innenpolitische Lage verschärft hatten und neben dem Konflikt mit den Stammesfürsten draußen im Land einen neuen Konfliktherd in den großen Städten des Landes hatten entstehen lassen.

Während des Krieges war durch den Abzug der ausländischen Fachkräfte und die aussetzenden Lieferungen aus den Industriestaaten die wirtschaftliche Entwicklung des Landes zu Stillstand gekommen. Der Aufbau eigener industrieller Produktionskapazitäten, die den eigenen Bedarf hätte teilweise decken und die Abhängigkeit von Importen hätte vermindern können, kam nicht voran. Nun nach Beendigung des Krieges stiegen die Preise für Importgüter stark an und der ohnehin niedrige Lebensstandard der Bevölkerung sank noch weiter. Besonders in den Städten machte sich die Verteuerung bemerkbar; hier hatte die Eigenversorgung einen nicht mehr so hohen Stellenwert und Umfang wie auf dem Land.

Soziale Unruhe war entstanden und hatte zu einem Erstarken oppositioneller Kräfte geführt. Deren Unmut hatte sich zum einen aus dieser schlechten Versorgungslage genährt, aber auch aus dem rigiden Regime des damals amtierenden Ministerpräsidenten Haschem, der über Jahre keine Opposition im Lande zugelassen hatte. Besonders die Intellektuellen, die eine Ausbildung im Ausland erfahren hatten und dort mit moderneren Ansichten und Lebensweisen in Kontakt gekommen waren, hatten Forderungen nach grundlegenden Reformen in Politik und Gesellschaft gestellt. Die Monarchie als Staatsform wurde aber von den Oppositionellen nicht in Frage gestellt.

Als sich die innenpolitische Krise zu Beginn des Jahre 1946 bedrohlich zugespitzt hatte, wurde mit dem Rücktritt Mohammed Haschems im Mai desselben Jahres der Weg freigemacht für eine vorsichtige Demokratisierung des Landes unter Shah Mahmud. Sein Kabinett hatte versucht anhand der in ihm vertretenen Minister verschiedene Strömungen der damaligen afghanischen Gesellschaft zu vereinen und innen- wie außenpolitische Konflikte zu verringern. Dazu hatte unter anderem eine Amnestie für politische Häftlinge gehört, besonders für die Anhänger Amanullahs. [5]

---

5   Diese Entscheidung muss auch in dem Zusammenhang betrachtet werden, dass

Ein weiteres Konfliktpotential stellte das akademisch-intellektuelle Milieu dar, das sich durch die Förderung von Bildung und Wirtschaft besonders in den Städten Afghanistans - allen voran Kabul - entwickelt hatte. Hier trat eine neue Generation auf, in der sich bereits die Folgen der unter Amanullah begonnenen und unter seinen Nachfolgern fortgesetzten Modernisierungen besonders im Bildungswesen bemerkbar machten. Es sind Hochschullehrer, Geschäftsleute, hohe Funktionäre und Anhänger liberalistischer Strömungen, die von ihrer sozialen Herkunft eher noch den Eliten der herrschenden Feudalklasse zuzurechnen waren.

Aus ihnen hatte sich 1947 in Kandahar die Bewegung „Jugend im Erwachen" zusammengefunden. In ihrem Manifest verurteilten sie u.a. Korruption und Unterdrückung. Forderungen nach einer Verfassungsreform wurden erhoben, die die Rechte von Staat (König) und Regierung regeln sollten mit einer Reform des Wahlrechts, der Zulassung von Parteien und vollständiger Meinungsfreiheit. Einzelne Gruppen forderten sogar die Abschaffung der Privilegien der den Staat beherrschenden Familien und trafen damit den Feudalstaat in seinem Kern.

Es hatte sich auf Grund dieser Konflikte, die bestanden in der schlechten Versorgungslage mit steigenden Preisen, der Unzufriedenheit über die politische Unterdrückung und gesellschaftliche Rückständigkeit und den eingeschränkten Entwicklungsaussichten und Arbeitsmöglichkeiten besonders der städtischen Elite und der gebildeten Jugend eine explosive Stimmung entwickelt. Diese hatte bereits 1948 Wirtschaftsminister und Nationalbank-Gründer Zabuli zum Anlass genommen, um vor Zersetzung und Anarchie zu warnen. Als dann im Jahre 1949 Wahlen für die Nationalversammlung stattfanden, zeigte sich, wie weit der politische Einfluss der „Jugend im Erwachen" schon reichte. Etwa ein Drittel der Abgeordneten sympathisierten mit den Ideen, die aus dem Umfeld dieser Kräfte stammten. Die Ausstrahlungskraft dieser oppositionellen Kreise verstärkte sich noch mit dem neuen Pressegesetz, das im Januar 1951 erlassen worden war und mit seiner neuen Freizügigkeit der Meinungsäußerung der Kritik der Opposition ein breites Forum bot.

Lange zurückgehaltene Empörung über die Zustände im Staat machte sich Luft, wobei besonders der Wirtschaftsminister, die Nationalbank und die korrupte Beamtenschaft im Kreuzfeuer der Kritik standen. Sie wurden als

---

im Verlaufe der Auseinandersetzung mit Pakistan Mahammad Amin, ein Bruder Amanullahs, Anstalten machte, von pakistanischem Gebiet aus einen Angriff auf Afghanistan und den Kabuler Thron vorzubereiten. Mit dieser Amnestie sollten die Anhänger Amanullahs besänftigt und dem Einfluss Mohammad Amins entzogen werden

die Schuldigen an den hohen Importpreisen angesehen. Ferner wurde die Abschaffung der Zwangsarbeit gefordert, die nach der Verfassung verboten, aber trotzdem immer noch Bestandteil des afghanischen Alltags war. Auch das Staatsbudget, das bisher immer geheimgehalten worden war, sollte offengelegt und uneingeschränkte Pressefreiheit gewährt werden. Nach den Ereignissen um den Helmandstausee und den damit verbundenen Kreditanträgen an die USA und angesichts der Auseinandersetzung mit Pakistan standen besonders die Beziehungen zu den USA im Blickpunkt der Öffentlichkeit. Bereits im Januar 1950 hatten die Abgeordneten die Offenlegung sämtlicher Details über das mit den USA geschlossene Kreditabkommen und der Abrechnung der Aufträge mit der amerikanischen Firma Morrison-Knudsen gefordert, die das Helmand-Projekt leitete.

Diesen Belastungen konnte die amtierende Regierung nicht standhalten, sodass es bereits 1950 zum Bruch der Regierung kam, ausgelöst durch Aus-einandersetzungen um die Nationalbank und ihren Gründer, den amtierenden Wirtschaftsminister Zaboli, mit anschließender Regierungsneubildung,. [6]Schon im Frühsommer des darauffolgenden Jahres verschärfte sich die Konfrontation zwischen der neuen Regierung und der Opposition zusehends und gipfelte in der Forderung, ihr das Misstrauen auszusprechen und gegen korrupte Beamte gerichtlich vorzugehen.
Offensichtlich beunruhigt von dieser Entwicklung reagierte der Feudalstaat und ging gegen die ersten Ansätze der Bildung bürgerlicher Interessenvertretung und –äußerung vor. Die afghanischen Studentenverbände werden verboten. Ein veröffentlichter Bericht über die Umstände dieser Auflösung führte im April 1951 zur Einschränkung der gerade erst gewährten Pressefreiheit. Zeitungen wurden verboten. Berichte über den Versuch einer Parteigründung um die Zeitung Neda-e khalq (Stimme des Volkes) führten zur Verhaftung der Parteigründer und zum Verbot ihrer Zeitung.
Am Vorabend der Parlamentswahlen von 1952 wurden die oppositionellen Abgeordneten und die führenden Mitglieder der „Jugend im Erwachen" verhaftet. Damit saßen im afghanischen Parlament keine Oppositionellen mehr sondern nur noch regierungstreue Abgeordnete. Eine erste Formierung bürgerlicher Kräfte durch die Bildung von Parteien war im Keim erstickt worden.

Der König, wenn auch Modernisierung und wirtschaftlicher Entwicklung nicht abgeneigt, wollte natürlich andererseits die Herausbildung bürgerlicher Macht und Organisationsformen nicht so weit fördern, dass sie zu

---

6   Auch der spätere Ministerpräsident Daud hatte dieser Regierung als
     Verteidigungs-, Innen und Justizminister angehört.

einer Bedrohung seiner Macht hätten werden können. Er stand noch immer einem feudalistischen Staat vor, der den Konflikt mit den Stammesführern noch nicht zu seinen Gunsten entschieden hatte, wie besonders die Entwicklung in Waziristan zeigte (siehe Kapitel über Paschtunistan-Konflikt). Das Entstehen eines starken Bürgertums in den Städten, also gerade im bisher sichersten Zentrum königlicher Macht, würde mit seinen Forderungen nach politischer Beteiligung an der Macht die Herrschaft des Königs zusätzlich schwächen.

Unbestritten war, dass eine Modernisierung des Landes unumgänglich war. Nur musste sie mit sehr viel Vorsicht gehandhabt werden, ohne eine der widerstreitenden gesellschaftlichen Kräfte zu sehr in Unruhe zu versetzen und die Einheit des Landes und die Macht des Königshauses bzw. die feudalistische Gesellschaftsordnung selbst zu gefährden. Denn die Stammesfürsten und der Klerus leisteten Widerstand gegen die Reformen, die ihnen zu liberal und weitgehend waren. Sie sahen darin eine Gefährdung des Wertesystems, das sie repräsentieren. Die Großgrundbesitzer hatten Angst vor eventuell aufkommenden Forderungen nach einer längst fälligen Bodenreform oder zusätzlichen Leistungen an den Staat. Die Träger der kapitalistischen Wirtschaft litten unter den Schranken, die ihnen der feudalistische Staat zunehmend setzte, und an der mangelnden Teilhabe an der politischen Entscheidungsmacht. Und den nach Veränderungen und Reformen strebenden gebildeten Kräften der Städte ging die ganze Entwicklung zu langsam und zu zögerlich voran und waren ihnen nicht weitgehend genug.

Die Paschtunenfrage

<u>Bis zur pakistanischen Staatsgründung</u>

Das Siedlungsgebiet der Paschtunen war bis zu seiner Teilung im Jahre 1893 ein unmarkiertes Gebiet, das sich zwischen dem Einflussbereich der Kabuler Könige und Britisch-Indien erstreckte und in dem sowohl die afghanischen Könige als auch die Briten teilweisen Einfluss ausübten. Die Kräfteverhältnisse hatten es den Briten erlaubt, sich die ertragreichen östlichen Teile dieser Stammesgebiete einzuverleiben. Durch die Durand-Linie wurden die Herrschaftsbereiche der Engländern und der Afghanen gegenseitig abgesteckt und durch Verträge anerkannt. Beide Seiten verpflichteten sich, keine Einmischung in dem Gebiet der jeweils anderen Vertragspartei vorzunehmen. Für den britischen Teil setzte sich der Begriff der „verwalteten Gebiete" durch, die dann später als die NWFP (North-West Frontier Provinces - Nord-West Grenzprovinzen) bezeichnet wurden. Die bei Afghanistan verbliebenen Gebiete galten weiterhin als die Stammesgebiete. Wenn auch diese Gebiete als bei Afghanistan verbliebene bezeichnet wurden, so wäre der Eindruck falsch, dass sie sich unter der Kontrolle des afghanischen Staates, d.h. des Kabuler Königshauses, befanden. Auch den Briten gelang es nicht, der Durand-Linie die Gültigkeit einer Staatsgrenze zu verleihen.

Für das Verhalten der Paschtunen selbst hatten diese Erklärungen und die Grenze nur geringe Bedeutung. Das Überschreiten dieser Grenze konnte weder von den Briten noch von den Afghanen auf Dauer verhindert werden.

Vielmehr entsteht der Eindruck, dass zumindest bis zum Ende des 2. Weltkriegs., als die Paschtunenfrage zu einem Politikum wurde, alle Beteiligten nicht weiter Anstoß nahmen an der Existenz dieser Grenze, zumal sie für das alltägliche Leben der Stämme keine wesentliche Einschränkung darstellte. Weiterhin verkehrten die Nomaden vom Indusbecken in die Sommerweiden Zentralafghanistans. Auch der Handel verlief uneingeschränkt und wurde nur dann durch die Briten unterbrochen, wenn es galt, die Machthaber in Afghanistan unter Druck zu setzen. Grenzschließungen richteten sich nur indirekt gegen die Stämme.

Die Aufstände unter der britischen Herrschaft lassen nicht den Charakter von nationalen Befreiungskämpfen von Paschtunen gegenüber britischer Fremdherrschaft erkennen. Wie schon früher dargestellt war ein nationales paschtunisches Bewusstsein nicht so stark ausgeprägt wie das Zugehörigkeitsgefühl zu Familie, Sippe oder Stamm. Der nationale Konflikt, das heißt das Bewusstsein der Zugehörigkeit zu unterschiedlichen Nationen, war nicht die treibende Kraft in den Auseinandersetzungen zwischen den Paschtunen und der Kolonialmacht. Vielmehr waren die Aufstände generell gegen eine Herrschaft und politische Ordnung gerichtet, die den Paschtunen auf dem damaligen Stand ihrer sozialen Entwicklung als fremd, weil nicht ihren Lebensverhältnissen entsprechend, erscheinen musste. Ähnliche Auseinandersetzungen fanden auch auf der afghanischen Seite jenseits der Durand-Linie statt, überall dort, wo das Kabuler Königshaus versuchte, seinen Einfluss in den Bereich der Stammesfürsten hinein auszudehnen (Der Aufstand der Schinwari und Mangal gegen Abdur Rahman von 1880 bis 1901, Aufstand der Waziri 1937).

Bis zum Ende des 2. Weltkriegs folgten die Aufstände nicht dem Ziel der Herausbildung einer paschtunischen Nation sondern wollten sich eines fremden Einflusses und der Eingliederung in ein staatliches System entledigen, das von ihnen Aufgabe von Autonomie und Unterordnung verlangt hätte. Und da die Briten auf Grund ihrer finanziellen, technischen und militärischen Möglichkeiten stärker darauf drängten, die von ihnen beherrschten Gebiete mit ihrer Verwaltung zu durchdringen, fiel der Widerstand der Stammesbewohner dementsprechend heftiger aus als bei den afghanischen Königen, die nicht über diese Mittel verfügten und deshalb solche Versuche gar nicht erst unternahmen. So beschreibt Hakim den Aufstand von 1936-38 beispielsweise als eine Reaktion auf einen Versuch der Briten, eine Straße in das Einflussgebiet Ipi-Fakirs zu bauen. Nicht bestritten wird, dass bei solchen Anlässen lange aufgestauter Widerstand und Hass sich ihren Weg bahnten.

Als zusätzliches Konfliktpotential kamen gegenüber den Briten religiöse Unterschiede hinzu. Dadurch erhielten die Auseinandersetzungen eine nochmals andere Qualität als die Konflikte, die mit den Kabuler Königen ausgetragen wurden. Gegen diese konnte nicht zum Jihhad aufgerufen werden, während die Andersgläubigkeit der Engländer als ein zusätzliches Mittel für den Aufruf zum Kampf genutzt werden konnte. Aber die Andersgläubigkeit wr nicht die Quelle der Konflikte sondern ein vielleicht zusätzlicher Konfliktpunkt, auf jeden Fall aber ein guter Mobilisierungsansatz in den Auseinandersetzungen zwischen Briten und Paschtunen.

Andererseits bot diese Grenze gerade den Angehörigen der Stämme Schutz vor Verfolgung. Achteten die Stämme die unterschiedlichen Hoheitsgebiete zwar nicht, so überschritten die afghanischen oder britischen Sicherheitskräfte die Durand-Linie nur in Ausnahme- oder Kriegsfällen, in der Regel aber wurde sie respektiert. So konnten sich paschtunische Kämpfer und Gesetzesbrecher leicht der Verfolgung entziehen durch den Wechsel über diese kaum gesicherte Grenze in ein anderes Staatsgebiet.

Selbst bis in die heutige Zeit verfügen die Bewohner dieses Gebietes über ein hohes Maß an Autonomie. Eine staatliche oder gar militärische Kontrolle ist auf Grund des unwegsamen Geländes besonders im Nordwesten des heutigen Pakistans gegen den Willen der Bevölkerung nicht aufrecht zu erhalten.

Wenn auch nicht offen ausgesprochen und klar benannt, so zeigte doch die Geschichte in diesem Gebiet, dass die Durand-Linie für beide Vertragsparteien, nicht nur für die Briten allein, Vorteile hatte. Zwar gab es immer wieder Kräfte in Afghanistan, die die Teilung Paschtunistans bekämpften und rückgängig machen wollten. Die Kabuler Emire jedoch gehörten eher zu den zurückhaltenden Kräften, die die paschtunische Karte nur dann ausspielten, wenn sie damit ihren eigenen politischen Interessen Nachdruck verleihen konnten.

Die Gebietsabtretungen waren den Afghanen abgerungen worden und die Verträge aufgezwungen. Afghanistan hatte sich der überlegenen britischen Macht gebeugt, daran besteht kein Zweifel. Es wäre aber idealisierend und eine Verkennung der wirklichen Verhältnisse, wollte man behaupten, dass die afghanischen Könige Verfechter einer paschtunischen Unabhängigkeit gewesen wären. Ihr Widerstand gegen die britischen Pläne entsprang ihren eigenen Interessen nicht der Fürsorge für die Stämme, die sie zwar immer gerne ihrem Herrschaftsbereich einverleibt hätten, wozu ihnen jedoch immer die Kräfte gefehlt hatten, dieses Ziel langfristig zu verwirklichen. So hatte einerzeit Abdur Rahman gegenüber den Briten in der Frage der Teilung der Stammesgebiete nicht mit den Interessen der paschtunischen Bevölkerung nach einem ungeteilten Siedlungsgebiet argumentiert sondern damit, dass durch den Verbleib der Stammesgebiete bei Afghanistan eine bessere Kontrolle der Stämme möglich sei. In den Folgejahren nach der Grenzziehung hatten die afghanischen Könige immer wieder die Verträge mit England bezüglich der Grenze verlängert. Selbst als das deutsche Reich 1915 Unterstützung gegen die Briten signalisierte, hatte Afghanistan seine Neutralität erklärt und dadurch in den verwalteten Gebieten das Entstehen einer stärkeren antibritischen Bewegung verhindert. Bis zum Jahre 1947 wurde die Bestimmungen des Durand-Vertrages immer wieder von Kabul bestätigt und im Jahre 1921 sogar durch ein Transitabkommen zwischen dem britischen Staat und Afghanistan erweitert, das sich für Afghanistan sehr vorteilhaft ausgewirkt und die Entwicklung der Wirt-schaft gefördert hatte.

Der Abschluss des Durandabkommens hatte den Königen in Kabul eine Erhöhung der britischen Unterstützungszahlungen von 1,2 auf 1,8 Mio Rupien eingebracht. Sie hatten damit die unsichere Aussicht, dieses Gebiet auf Dauer in ihren Herrschaftsbereich eingliedern zu können, eingetauscht gegen sichere jährliche Zahlungen aus der britischen Staatskasse. Von daher hatte die afghanische Regierung wenig Interesse daran, Revolten in den verwalteten Gebieten zu unterstützen und damit die Fortsetzung der britischen Zahlungen zu gefährden. Auch die Aufstände in den 1930er Jahren fanden keine Unterstützung durch die Herrscher in Kabul.

Darüber hinaus hatte sich die afghanische Regierung nicht gescheut, in militärischen Konflikten in Afghanistan mit Duldung oder Unterstützung der britischen Regierung auf Stammesangehörige aus dem britischen Herrschaftsbereich als Söldner zurückzugreifen. Dabei wurden für die Interessen der afghanischen und manchmal auch der britischen Regierung Paschtunen gegen Paschtunen in den Kampf geführt.

Die Unabhängigkeitsbewegung der Paschtunen

Waren die bisherigen Aufstände gegen die Briten eher lokaler Natur und nicht verbunden mit einer Idee der nationalen Befreiung so hatte sich diese Situation Ende der 1920 Jahre geändert mit der Gründung der Organisation der Gotteskrieger (Khudai Khidmat-gar). Bereits nach dem Ende des 1. Weltkriegs hatte sich die Kalifat-Bewegung entwickelt, deren prominentester Vertreter Abdul Ghafar Khan war, der ab 1928 die Paschtun-Zeitung herausgab.

Das Anwachsen der antikolonialen Befreiungsbewegung in Britisch-Indien strahlte auch auf Paschtunistan aus. In den 1930er Jahren gelang es besonders diesen „Gotteskriegern", durch ihren Kampf gegen die Rückständigkeit großen Einfluss sowohl in den Stammes- als auch in den verwalteten Gebieten zu erringen. Ihre Mitglieder nahmen überall an den Stammesversammlungen (Jirgas) teil. Sie verbanden den modernen nationalen Befreiungskampf mit den Stammesrevolten der Jahre 1930-2. Die indische Kolonialregierung sah sich gezwungen, politische Reformen in der verwalteten Gebieten durchzuführen.

Die von den Gotteskriegern dominierte Kongresspartei errang bei den Wahlen von 1937 in den Nord-West-Provinzen 19 von 50 Sitzen im Provinzparlament und bei den Wahlen von 1946 sogar 30 von 50 Sitzen. Dr. Khan Sahib, der Bruder des oben bereits erwähnten Abdul Ghafar Khan bildete die Regierung, die wirkliche Macht lag aber weiterhin beim Gouverneur der britischen Regierung. So konnte die Regierung wohl einige Ver-besserungen für die Paschtunen erwirken, der paschtunischen Freiheits-Bewegung aber schadete diese Teilhabe an der Macht, wie Abdul Ghafar Khan selbst später eingestehen musste.

Nach dem Ende des 2. WK war England zum Rückzug aus Indien bereit. Bis 1947 war das bestimmende Thema die Frage nach einer staatlichen Regelung auf dem Subkontinent. Die Muslim-League, die Vertreterin der muslimischen Bevölkerung des Subkontinents, forderte einen eigenen Staat Pakistan, die Kongress-Partei forderte die Erhaltung der Einheit des indischen Staates.

Die Paschtunen konnten keiner dieser Lösungen zustimmen, weil sie beide das Fortbestehen der Teilung ihres Siedlungsgebietes zwischen Afghanistan und dem neu geschaffenen Pakistan oder Indien bedeutet hätten. Sie forderten einen unabhängigen Staat Paschtunistan und gaben deshalb die Empfehlung aus, nicht an der Volksabstimmung über die Zweistaatlichkeit Indiens teilzunehmen.

Diese Volksabstimmung fand am 6.7.1947 nur in den N-WFP statt, nicht in den zu Afghanistan gehörenden Stammesgebieten. Die Beteiligung lag zwischen 50-55%, von den sich etwa 100% für Pakistan und gegen Indien entschieden, die andere Hälfte der paschtunischen Bevölkerung der von Pakistan verwalteten Gebiete nahm an der Abstimmung nicht teil.

Die Paschtunen waren auf sich allein gestellt. Keine der politisch bedeutsamen Kräfte unterstützte ihre Forderung nach einem eigenen Staat. Pakistan hätte durch ein unabhängiges Paschtunistan einen Großteil seines

Staatsgebietes eingebüßt. Die indische Kongress-Partei wollte gerade mit dem Widerstand gegen die Gründung des Staates Pakistan eine mögliche Aufsplitterung des Staatsgebietes verhindern; wie hätte sie da dem Wunsch der Paschtunen nach einem unabhängigen Staat nachgeben können, ohne Unabhängigkeitsbestrebungen in anderen Teilen des Landes damit Tor und Tür zu öffnen. Und die Briten machten ihre Entscheidung über diese Frage abhängig von den Entscheidungen der Kongress-Partei und der Muslim-League.

Selbst nicht einmal die Vertreter Afghanistans, die sich später zum Sachwalter paschtunischer Interessen erklären, hatten ein Interesse an einem unabhängigen paschtunischen Staat. Die afghanische Regierung wollte weiterhin über die in ihrem Herrschaftsbereich verbliebenen Anteile an den Stammesgebieten verfügen. Hinzu kam, dass die in den verwalteten Gebieten aktiven politischen Kräfte mit ihrer Forderung nach Schaffung einer Republik andere politische Vorstellungen hatten als das Kabuler Königshaus.

Am 15.8.1947 wurde der Staat Pakistan gegründet. Bald darauf, im Oktober 1947, brach der Kaschmir-Konflikt aus, der den neuen Staat Pakistan erheblich unter Druck brachte.

Die Führung der Paschtunen unter Ghafar Khan verstand es nicht, diese Situation für die eigenen Interessen zu nutzen. Anstatt in dieser Schwächephase der pakistanischen Regierung die eigenen politischen Ziele weiter zu verfolgen, erkannte Ghafar Khan im November die pakistanische Regierung als Souverän über das paschtunische Volk an und rief dieses auf, „diesem Land nach Kräften (zu) dienen".

Anstatt den paschtunischen Freiheitskampf mit dem der Kaschmiris zu verbinden, unterstützten paschtunische Verbände die pakistanischen Truppen im Kaschmir. Pakistan brauchte Ruhe an seiner Westgrenze. Die Loyalitätserklärung der paschtunischen Führer machte es möglich, Truppen aus den Paschtunengebieten abzuziehen und ins Kaschmir zu verlegen. Auch die Verbesserung der zwischenstaatlichen Beziehungen zwischen Afghanistan und Pakistan im Verlauf der Kaschmirkrise muss vor dem Hintergrund dieses Interesses des pakistanischen Staates nach Ruhe an seiner Westgrenze gesehen werden. Sogar diplomatische Beziehungen wurden aufgenommen.

Mit der Entspannung an der Kaschmirfront änderte sich wieder die Politik der pakistanischen Regierung gegenüber den Paschtunen und Afghanistan. Als „Dank" für die Unterstützung im Kaschmirkonflikt wurde im Juni 1948 die Führungsriege der Paschtunistan-Bewegung verhaftet und die Organisation der Gotteskrieger zerschlagen. Was die Paschtunenbewegung unter Ghafar Khan nicht vollzogen hatte, die pakistanische Regierung tat es nun. Sie betrieb konsequente Interessenpolitik und nutzte die Schwä-chen ihrer Gegner und die wiedergewonnene eigene Stärke zur Verfolgung der eigenen Ziele.

Um den Kaschmir-Konflikt zu überstehen, hatte die pakistanische Regierung die Paschtunen und Afghanen durch Zugeständnisse ruhig ge-stellt. Als nun das Kaschmirproblem gelöst war, ging sie an die Lösung des Paschtunenproblems in ihrem Sinne. Sie zerschlug ihre politische Führung, indem sie die Anführer verhaftete.

Der erste afghanisch-pakistanische Konflikt

In den Jahren 1949/50 entwickelte sich die Paschtunistanfrage zum ersten Mal von einem Konflikt zwischen den Paschtunen und Pakistan zu einer militärischen Krise zwischen Afghanistan und Pakistan.

Die Entwicklung der Krise, d.h. ihr Anwachsen und nachher aber auch ihr schnelles Beilegen, wird getrieben durch die verschiedenen Interessen der an ihr Beteiligten. Im Folgenden wird versucht, die Hinter- und Beweg-gründe der einzelnen am Konflikt Beteiligten darzustellen, d.h. der paschtunischen Autonomiebewegung, Pakistans und Afghanistans, und die Interessen, die sie verfolgen.

Die paschtunische Autonomiebewegung:

Die Forderung nach einem unabhängigen Paschtunistan war unter den Paschtunen der verwalteten Gebiete nicht unumstritten gewesen. Immerhin hatte ein großer Teil von ihnen für das Verbleiben bei Pakistan gestimmt, wenn auch nicht bestritten werden kann, dass von Seiten der pakistani-schen Regierung großer Druck auf die paschtunische Bevölkerung ausge-übt worden war.

Das Abstimmungsergebnis kann aber nicht allein auf diesen Druck zurück-geführt werden, nahm ja wiederum etwa die Hälfte der Paschtunen in Pakistan nicht an der Abstimmung Teil. Da dieser Teil der Bevölkerung dem Druck standhielt um ihrer politischen Ansicht willen, so kann daraus geschlossen werden, dass dem anderen Teil entweder die Frage nicht so wichtig erschien, um sich diesem Druck auszusetzen, oder sogar Einver-ständnis vorlag.

Die Autonomiebewegung war trotz der Zerschlagung ihrer Führungsstruk-tur in den von Pakistan beherrschten Gebieten nicht am Ende. Dass dieser Schlag der pakistanischen Regierung so leicht möglich gewesen war und so wenig Gegenwehr hervorgerufen hatte, legt den Verdacht nahe, dass die Bewegung geschwächt war und die Führung nicht mehr die Unterstützung genoss, die sie noch vor Jahren in der Bevölkerung gehabt hatte.

Daran hatte die Loyalitätserklärung Ghafar Khans gegenüber dem pakistanischen Staat während der Kaschmirkrise großen Anteil. Mit ihr hatte die autonome Bewegung ihre Ziele verloren. Denn wofür sollte man noch kämpfen, wenn die Führung der Bewegung sich als Teil des pakistanischen Staates erklärte und die Bevölkerung aufrief, diesen pakistanischen Staat als Souverän anzuerkennen. Die Forderung nach Autonomie ist damit aufgegeben worden und mit ihr das Ziel der Bewegung.

Dennoch war mit der Volksabstimmung die Situation noch nicht ganz geklärt und mit der Loyalitätserklärung der Kampf um die Autonomie noch nicht beendet. Denn bis zum Zeitpunkt der Abstimmung hatte die Vorstellung bestanden, die paschtunische Autonomie mit politischen Mitteln erreichen zu können. Als dann deutlich wurde, dass mit diesen Mitteln allein das Ziel nicht erreicht werden konnte, traten die Kräfte deutlicher zutage, die weiterhin an der Autonomieforderung festhielten. Ihnen folgten aber die Kräfte nicht weiter, die mit der Anerkennung des pakistanischen Staats und der Unterordnung unter diesen Staat einverstanden waren. Somit hatte die Bewegung an politischer Klarheit gewonnen, aber an politischem Gewicht verloren. Diese Schwächung der Autonomie-Bewegung hatte es der pakistanischen Regierung dann ermöglicht, zu ihrem Schlag gegen die paschtunische Führung auszuholen.

Weiter geschwächt wurde der paschtunische Unabhängigkeitskampf durch die Gründung der „Paschtunistan-Bewegung der Stämme" wenige Monate später. In ihr gaben die lokalen Herrscher den Ton an. Sie erhielt die Unterstützung des Kabuler Königshauses und der afghanischen Medien (Rundfunk, Zeitungen). Mit ihr versuchte die Kabuler Regierung, mehr Einfluss auf die Paschtunenbewegung nehmen zu können. Sie war der Beginn einer von Afghanistan gelenkten Paschtunistan-Politik.

Fast gleichzeitig mit der Gründung der „Paschtunistan-Bewegung der Stämme" hatte sich in den verwalteten Gebieten die „Nationalversammlung von Paschtunistan" gegründet, in der sich alle die Kräfte sammelten, die weiterhin an der Forderung nach paschtunischer Unabhängigkeit festhielten. Durch diese Aufspaltung in unterschiedliche Interessen hatte die Bewegung aber weiter an Bedeutung und Schlagkraft verloren.

Dennoch nahm die pakistanische Regierung die Lage weiterhin sehr ernst und übte Druck aus auf Afghanistan, das neben der Autonomiebewegung über die „Paschtunistan-Bewegung der Stämme" jetzt stärker und direkter an dem Konflikt beteiligt war.

Die Situation Pakistans:

Pakistan war von seiner Entstehungsgeschichte ein künstliches und sehr zerbrechliches Staatsgebilde. Es bestand aus West- und Ostpakistan, dem heutigen Bangladesh, die beide durch das dazwischen liegende Indien 2000

Kilometer von einander entfernt lagen. Während der Regierungssitz in Westpakistan lag, befand sich die Bevölkerungsmehrheit im Ostteil des Landes. Aber auch der Westen des Landes setzte sich aus kulturell und sprachlich verschiedenen Völkerschaften zusammen. Als Belutschen, Paschtunen, Pundschabis und Sindhis waren sie untereinander nur durch den Islam als einziger Gemeinsamkeit verbunden. Das alleine aber reichte nicht aus, die kulturellen und sprachlichen Verschiedenheiten der Schaffung eines übergeordneten Staatswesens unterzuordnen.

Ähnlich wie die Paschtunen lebten auch die anderen Völker in ihrer gesellschaftlichen Entwicklung noch auf dem Niveau der losen Verbundenheit der Stammesföderationen. Eine Staatsbildung im modernen Sinne wäre für sie, wenn überhaupt, dann am ehesten auf dieser Ebene der ethnischen und sprachlichen Gemeinsamkeit denkbar gewesen, wie die Forderung der paschtunischen Autonomiebewegung nach einem eigenen Staat Paschtunistan zeigte.

Ein Vielvölkerstaat, wie ihn Pakistan darstellte, forderte von seinen Bürgern gerade die Zurückstellung sprachlicher und kultureller Eigenarten hinter dem Gesamtinteresse des Staates. Da dieses Bewusstsein bei Gründung des Staates Pakistan nicht vorlag, war es die vordringlichste Aufgabe dieses Staates, seinen Zusammenhalt gegen diese Völker durchzusetzen, aus denen er sich zusammensetzte. Nicht nur die Nachbarn Indien und Afghanistan empfanden ihn als etwas Fremdes sondern auch ein Großteil der eigenen Bevölkerung. In der Überwindung dieser inneren Schwäche sah die pakistanische Regierung ihre vordringliche Aufgabe, wenn der Staat Pakistan eine Überlebenschance haben wollte.

Nachdem die Situation im Kaschmir in diesem Sinne gelöst worden war, hatte die pakistanische Führung das Paschtunenproblem in Angriff genommen. Sie hatte die Führung der paschtunischen Organisation verhaftet und machte damit den verbliebenen Rest der Autonomiebewegung für erste handlungsunfähig. Gegenüber Afghanistan wurde der politische und militärische Druck erhöht. Die Schließung der Transitwege führte zu einer Verschlechterung der Versorgungslage in Afghanistan. Zudem bereitete Mohammad Amin, ein Bruder des in den 1930er Jahren entmachteten Königs Amanullah, von pakistanischem Gebiet aus einen Angriff auf Afghanistan und den Kabuler Thron vor.

Die Interessen Afghanistans:
Die afghanische Regierung hinterlässt zu Beginn des Konflikts nicht den Eindruck, auf die Vorgänge um Paschtunistan konfliktverschärfend einwirken zu wollen. In Afghanistan ist die Interessenlage vielschichtiger hinsichtlich der Paschtunistanfrage. Deshalb ist das Verhalten der afghanischen Regierung zögerlicher als das der pakistanischen, die eigentlich

nur ein einziges Interesse zu verfolgen und zu berücksichtigen hatte, den Erhalt der staatlichen Einheit. Die afghanische Regierung hinterlässt vielmehr den Eindruck, in eine Auseinandersetzung hineingezogen worden zu sein, die sie lieber vermieden hätte.

Denn einerseits hatte seit der Entstehung der Durand-Linie gegenseitige einvernehmliche Zurückhaltung geherrscht zwischen den Engländern und den afghanischen Regierungen über die Vorgänge im paschtunischen Siedlungsgebiet, und dies nicht zum Nachteil der Kabuler Amire.

Da diese Gebiete nun schon seit Jahrzehnten im Einflussbereich der Engländer gelegen hatten und selbst davor die Kabuler Regierung nie ihren Machtanspruch dort hatte nachhaltig durchsetzen können, waren ihre Einflussmöglichkeiten jenseits der Durand-Linie in dieser neu aufgetretenen Situation äußerst gering, zumal Kommunikationsmittel wie Zeitungen und Radio in den paschtunischen Siedlungsgebieten kaum Verbreitung hatten.

Ferner passte die Forderung nach einem autonomen Paschtunistan nicht unbedingt zur Interessenlage der Monarchie, allein schon aus der Befürchtung heraus, dass die Paschtunen in Afghanistan selbst auch diese Forderung übernehmen könnten.

Von daher hatte die afghanische Regierung natürlich wenig Anlass, eine Forderung nicht nur ideell sondern auch materiell zu unterstützen, die ihr vielleicht sogar im eigenen Herrschaftsbereich dieselben Schwierigkeiten bereiten konnte, mit denen Pakistan aktuell zu kämpfen hatte. Erst mit der Gründung der „Paschtunistan-Bewegung der Stämme" hatte die afghanische Regierung ein Mittel in der Hand, mehr Einfluss nehmen zu können auf die Vorgänge unter den Paschtunen.

Andererseits setzt sich die afghanische Bevölkerung zum größten Teil aus Paschtunen zusammen, selbst das Kabuler Königshaus entstammt dieser Volksgruppe, weshalb man dem Paschtunistanproblem natürlich nicht gleichgültig gegenüberstand. Die Teilung des Siedlungsgebietes durch die Durandlinie war nie akzeptiert worden, man hatte sich übermächtigem Druck gebeugt, der nun durch den Abzug der Engländer nicht mehr existierte. So herrschten in weiten Teilen der Bevölkerung der Wunsch und die Hoffnung, diese Schmach zu tilgen und diese Ergebnisse der Geschichte wieder rückgängig zu machen.

Parallel zu diesen Vorgängen um Paschtunistan gerät das Kabuler Königshaus durch wachsende innenpolitische Opposition unter Druck. In den Wahlen zur Nationalversammlung des Jahres 1949 war besonders in den Städten die bürgerliche Opposition stark angewachsen und hatte etwa ein Drittel der Sitze erringen können. Nicht klar gesehen werden kann, inwieweit und in welchem Ausmaß das Anwachsen der Opposition auch auf den Paschtunistankonflikt und die Haltung der Regierung dazu zurückgeführt werden kann.

Aber gerade die äußere Bedrohung führte nun zur Entschärfung der innenpolitischen Krise. Die oppositionellen Kräfte im Parlament sind national eingestellt und sehen es als ihre patriotische Pflicht an, angesichts der äußeren Bedrohung hinter der Regierung zu stehen und zur Unterstützung der bedrohten Paschtunen in den pakistanisch besetzten Gebieten beizutragen.

So verabschiedete das afghanische Parlament 1950 eine Resolution, in der es beschloss, „eng mit der Regierung zusammenzuarbeiten, um die kommerziellen und politischen Probleme des Landes zu überwinden und die Unabhängigkeit aller afghanischen Brüder zu erreichen". Dadurch hat die afghanische Regierung jetzt in der sich verschärfenden Konfrontation mit Pakistan innenpolitisch den Rücken wieder frei. Insofern hat ihr die äußere Krise geholfen, im eigenen Lande wieder Ruhe herzustellen. Schwer einzuschätzen ist, ob die afghanische Regierung den Konflikt mit Pakistan forciert hatte, um gerade zu diesem innenpolitischen Ergebnis zu kommen. Andererseits stand sie aber auch fortan unter dem Erwartungsdruck dieser Kräfte, die zugunsten der außenpolitischen Lage ihre Differenzen mit der Regierung hintangestellt haben. Diese Differenzen entluden sich nach dem für Afghanistan unrühmlichen Ende der Krise in einem Misstrauensantrag gegen die Regierung.

Diese unterschiedlichen Interessen der an der Situation beteiligten Parteien führten zu einer zunehmenden Verschärfung, weil eine Lösung des Konfliktes nicht gefunden werden konnte. 1950 hatte Pakistan den Transit von Waren für Afghanistan über das eigene Territorium unterbrochen. Mit der Schließung der Transitwege war Afghanistan von Nachschub abgeschnitten. In Waziristan drohte der Bruder Amanullahs mit der Intervention von pakistanischem Gebiet aus. Als es zu bewaffneten Zusammenstößen zwischen proafghanischen Paschtunen und dem pakistanischen Militär kam, hatte die Krise ihren Höhepunkt erreicht. Ein zusätzlicher militärischer Konflikt mit Pakistan neben der Invasionsdrohung aus Waziristan wäre für das schwache afghanische Militär nicht zu bewältigen gewesen. Und offensichtlich hatten weder Pakistan noch Afghanistan ein Interesse an einer kriegerischen Auseinandersetzung, sodass eine weitere Eskalation von beiden Seiten vermieden wurde.

Nach der Beilegung des Konfliktes normalisierten sich die Beziehungen wieder sehr schnell und 1952 kam es zur Aufnahme diplomatischer Beziehungen. Pakistan ging aus diesem Konflikt gestärkt hervor, während sich in Afghanistan nach dieser Niederlage und den nicht gelösten innenpolitischen Konflikten die Opposition gegen das Kabuler Regime wieder verstärkte.

Mitte 1951 wurde sogar ein Mistrauensantrag gegen die Regierung gestellt. Seit 1933 entschied nicht mehr der König alleine über die afghanische Politik sondern ein „Familienrat" des Königshauses, und dieser beschloss 1953 die Berufung Mahammad Dauds zum Ministerpräsidenten und die Absetzung des bis dahin amtierenden Schah Mahmud, was nicht allein mit dem Paschtunistankonflikt sondern auch mit der zugespitzten Lage in Afghanistan selbst zu tun hatte.

Mit dem Ende des ersten afghanisch-pakistanischen Konflikts hatte die paschtunische Autonomiebewegung ihre politische Bedeutung eingebüßt. Die weiteren Auseinandersetzungen um Paschtunistan spielten sich nur noch zwischen den beiden Staaten Afghanistan und Pakistan ab. Der ursprüngliche ethnisch-politische Konflikt verkommt zum Vorwand und wird nur noch von den streitenden Parteien benutzt für die eigenen Interessen und Ziele.

Ab 1953/54 beginnt die starke Anlehnung Pakistans an die USA mit seiner Einbindung in die westlichen Bündnissysteme und der damit verbundenen militärischen Aus- und Aufrüstung.

Der zweite und dritte afghanisch-pakistanische Konflikt

Die Verkündung des „One-Unit"-Plans in Pakistan war der Auslöser des zweiten afghanisch-pakistanischen Konflikts. Alle Provinzen Pakistans mit ihrer relativen Autonomie sollten aufgelöst werden und durch zwei neue ersetzt werden Ost- und Westpakistan als weiterer Schritt hin zur Festigung der staatlichen Einheit.

Die afghanische Regierung hatte die N-WFP nie als Teil Pakistans anerkannt und protestierte deshalb gegen dieses Vorhaben der pakistanischen Regierung. Mit der Forderung nach Aufhebung der „One-Unit" hatten die Paschtunen, die in Pakistan immer noch größtenteils in Opposition zur Regierung standen, nun eine gemeinsame Forderung mit der afghanischen Regierung. Die afghanische Regierung konnte sich als Sachwalter der gesamtpaschtunischen Interessen darstellen.

Die Forderung nach einer paschtunischen Autonomie stand nicht mehr auf der Tagesordnung. Die zweite Paschtunistankrise von 1955 trug bei weitem nicht das explosive und unkontrollierbare Potential in sich wie die erste. Dadurch dass die Vertreter der Autonomiebewegung keine politische Bedeutung mehr hatten, war dem Konflikt das Ursprüngliche verlorengegangen. Er war zu einer Auseinandersetzung zwischen den beiden Staaten geworden, den beide versuchten auf einem Niveau unterhalb der militärischen Auseinandersetzung auszutragen. Man erging sich in Drohgebärden und Ritualen. Afghanistan machte mobil und Pakistan sperrte wieder die Transitwege, woraufhin beide Seiten wieder Verhandlungen aufnahmen.

Die Krisen der Jahre 1949 und 1955 hatten der afghanischen Regierung die Schwäche ihrer Position offengelegt. Sie war Pakistan nicht nur militärisch sondern auch strategisch unterlegen, weil sie vom Warentransit durch pakistanisches Gebiet abhängig war. Zudem war Pakistan der Favorit der Westmächte geworden und erhielt dementsprechend militärische und finanzielle Unterstützung. Diese Nachteile versuchte der afghanische Ministerpräsident Daud, in der Folgezeit durch die verstärkte Hinwendung zur UdSSR auszugleichen.

Dass in beiden Krisen der militärische Konflikt vermieden wurde und sich die Beziehungen zwischen den beiden Staaten danach immer wieder sehr schnell normalisierten, lässt darauf schließen, dass hinter dem öffentlichkeitswirksamen Geplänkel keine der beiden Seiten, vor allem aber nicht die afghanische, bereit war, wegen Paschtunistan einen Krieg zu riskieren.

So wurden in den Jahren 1956-1958 durch die Erneuerung des Transitabkommens die Beziehungen zwischen den beiden Staaten wieder erheblich verbessert. Sicherlich nicht zuletzt auch weil mit der UdSSR neben den Westmächten eine neue Großmacht aktiv im politischen Spiel beteiligt war und der Paschtunistankonflikt damit aus seiner lokalen Bedeutung herausgelöst worden war und jederzeit zu einem Konfliktpunkt zwischen den Supermächten hätte werden können. Mit der Einbindung der Weltmächte war eine militärische Revision der Durandlinie nicht mehr möglich.

Bis zum erneuten Abschluss eines Transitabkommens mit der UdSSR lief der afghanische Außenhandel ausschließlich über pakistanisches Territorium; hier bestand Anschluss an das internationale Eisenbahnsystem und über den Hafen Karachi Verbindung mit dem Seehandel. Erst in den 1960er Jahren entwickelte sich der Transit auch über Herat und Iran.

Nach der Erneuerung der Transitvereinbarung mit der UdSSR hatte sich die afghanische Abhängigkeit von den Transitwegen Pakistans gemildert, und das verbesserte seine Verhandlungsposition gegenüber Pakistan. War Afghanistan erpressbar durch die Transitwege, so hatte es gleichzeitig mit den Paschtunen und der UdSSR ein Druckmittel in der Hand gegenüber Pakistan und den Westmächten dahinter.

Das nahezu freundschaftliche Verhältnis, das sich nach 1956 zwischen den beiden Staaten entwickelte, und ein für Afghanistan deutlich verbessertes Transitabkommen mit Pakistan zeigen, dass sich beide dieser Situation bewusst waren. Afghanistan wurden Erleichterung in der Abwicklung des

Warentransits gewährt, indem ihm die Errichtung eines Zollfreilagers in Karachi genehmigt und die Hinterlegung einer Kaution erlassen wurde.

Aber die Ruhe dauerte nicht lange. Ab 1959 nahmen die Spannungen wieder zu. Anlass dieser zwischenstaatlichen Spannungen waren innenpolitische Konflikte in beiden Staaten, und das obwohl oder vielleicht sogar gerade weil sich die innenpolitischen Kräfteverhältnisse zugunsten der Zentralregierungen verbessert hatten.

In Pakistan war die Opposition zur „One-Unit"-Lösung immer stärker angewachsen. Das Provinzparlament Westpakistans forderte, Westpakistan wieder in vier auf sprachlicher und kultureller Basis beruhende Provinzen aufzuteilen, was die Zentralregierung ablehnte. Als die Situation eskalierte, putschte General Ayub Khan (selbst ein Paschtune), verbot die Parteien und stellte das Land unter Kriegsrecht (28.10.1958). In Pakistan war das Militär zu einem solchen Machtfaktor geworden, dass es in der Lage war, den Erhalt des Staates in eigener Regie sicherzustellen.

Hatten in der Krise von 1949 noch Zugeständnisse gegenüber den Paschtunen gemacht werden müssen, weil die pakistanische Armee alleine die Kaschmirkrise nicht bewältigen konnte, so war sie jetzt dank der Aufrüstung durch den Westen in der Lage, weder auf die Politik noch auf taktische Überlegungen Rücksicht nehmen zu müssen.

Auch in Afghanistan war die Zentralregierung durch die sowjetische Unterstützung soweit erstarkt, dass die Regierung die Lösung von Konflikten in Angriff nehmen konnte, die seit Jahrzehnten geschwelt hatten und nicht gelöst worden waren. Endlich konnte sie 1959 daran gehen, den Mangalstamm, der seit Jahrhunderten keine Steuern gezahlt und keinen Wehrdienst geleistet hatte, der afghanischen Verwaltung zu unterwerfen. Als das afghanische Militär gegen die Mangal vorging, flohen sie zu Tausenden über die Durandlinie nach Pakistan.

In der Absicht, die afghanische Gesellschaft zu modernisieren, hatte Ministerpräsident Daud 1959 die Aufhebung des Schleierzwangs erlassen. Darauf hin waren in Kandahar Unruhen ausgebrochen.

Es handelte sich also in beiden Staaten um interne Konflikte, die ursprünglich nichts mit dem Verhältnis zwischen Pakistan und Afghanistan selbst zu tun hatten, die aber in der Folge zum Ausgangspunkt eines zwischenstaatlichen Konfliktes wurden.

Der Putsch in Pakistan zeugte von der Schwäche der Demokratie und der Stärke des Mititärs. Es ist aber nicht erkennbar, weshalb aus dieser innerpakistanischen Krise eine zwischenstaatliche wurde, da das Verhältnis zwischen den beiden Staaten sich gerade in den vorangegangenen Jahren erheblich verbessert hatte. Vermutlich versuchten Kräfte in Afghanistan, diese Schwäche des pakistanischen Staates zu nutzen, um die Paschtunistanfrage wieder stärker in den Vordergrund zu stellen und sich politische Vorteile zu verschaffen. Die pakistanische Regierung reagierte entsprechend propagandistisch auf diese erneuten Versuche, sich von afghanischer Seite in das pakistanische Paschtunenproblem einzumischen, und bestritt das Alleinvertretungsrecht Afghanistans in der Paschtunenfrage.

Sie forderte, dass auch den Paschtunen in Afghanistan das Recht eingeräumt werden müsse, in einem Referendum zu entscheiden, ob sie zu Pakistan oder zu Afghanistan gehören wollten. Unterstützung erhielt diese Argumentation durch die oben beschriebenen Auseinandersetzungen, die zur dieser Zeit in Afghanistan ausgetragen wurden und zu Fluchtbewegungen von Paschtunen über die Grenze nach Pakistan geführt hatten.

Nachdem sich dieser Propagandakrieg lange Zeit hochgeschaukelt hatte, kam es im Sommer 1961 zum Ausbruch der Krise zwischen den beiden Staaten. Am 6.9.1961 wurden die diplomatischen Beziehungen abgebrochen. Im Herbst desselben Jahres wurde den Nomaden bei ihrer Rückkehr aus den Weidegebieten im Hazariat der Übertritt über die pakistanische Grenze auf ihre Winterweiden im Indusgebiet versagt, was sie in ihrer Lebensgrundlage bedrohte.

Der innenpolitische Druck auf die afghanische Regierung stieg. Aber dennoch bestand weiterhin diplomatischer Kontakt zueinander über die diplomatischen Vertretungen Saudiarabiens und der Vereinigten Arabischen Emirate, denn es galt die wichtige Frage des Transits zu klären.

Pakistan zeigte sich in dieser Frage verhandlungsbereit und hinterließ nicht den Eindruck, das Druckmittel der Transitsperre von vornherein einsetzen zu wollen. So machten die Pakistani den Vorschlag, anstelle der geschlossenen Handelsagenturen die Niederlassungen der Nationalbank mit der Abwicklung der Transitgeschäfte zu betrauen. Aber angesichts der Auseinandersetzungen, die der afghanische Staat hatte führen müssen, um den Einfluss der Nationalbank zurückzudrängen, wollte man jetzt nicht deren Einfluss wieder stärken.

Erst nachdem die Afghanen diese durchaus akzeptablen Bedingungen der Pakistani nicht angenommen hatten, sperrten diese den Transport über ihr Territorium. Pakistan machte Afghanistan für den Zusammenbruch des Handels verantwortlich, bot aber gleichzeitig die Fortsetzung des Handels auf der Grundlage des Vertrages von 1958 an.

Es scheint, dass Pakistan und die USA mehr Interesse an der Aufrechterhaltung des Handels hatten als Afghanistan selbst. In pakistanischen Lagerhäusern lagerten amerikanische Waren im Wert von mehreren Millionen Dollar, die für Entwicklungshilfeprojekte in Afghanistan bestimmt waren und durch die Schließung der Grenzen nicht an ihren Bestim-

mungsort kamen. 8000 Tonnen Weizen drohten unter anderem zu verderben.

Bereits vor der Krise hatten die USA sich dafür eingesetzt, dass die Grenzen nicht geschlossen würden. Dann nach fünf Monaten der Blockade
erreichten die USA in Verhandlungen mit der afghanischen Regierung,
dass sie ihre Grenzen für acht Wochen öffnet, um den Transport zu ermöglichen.

Es ist offensichtlich, dass Afghanistan eine auch bereits in anderen Veröf-
fentlichungen dargestellte Selbstblockade an der pakistanischen Grenze
betrieb. Von dieser Blockade waren die eigenen Exporte weniger betroffen
als die westlichen und besonders die amerikanischen Importe. Einzig der
Export afghanischer Früchte drohte unter der Blockade zu leiden. Hier
brachten die Afghanen die Sowjetunion ins Spiel, die sich bereit erklärte,
große Teile der afghanischen Produktion aufzukaufen.

So konnte in einem wesentlichen Bereich der afghanischen Exportwirt-
schaft Schaden abgewendet, gleichzeitig die Zahlungsbilanz mit der
UdSSR entlastet und besonders gegenüber dem Westen, die Sowjetunion
als Alternative präsentiert und damit Unabhängigkeit demonstriert werden.

Im Oktober 1962 wurde zwischen Afghanistan und den USA eine Vereinbarung getroffen, wonach über 40 Wochen die afghanischen Früchte mit
US-Flugzeugen nach Indien transportiert wurden. Offensichtlich war der
afghanischen Regierung sehr daran gelegen, dass die Transportaufgaben
von den USA selbst übernommen wurden.

So war bereits bei der achtwöchigen Öffnung der afghanischen Grenze
vereinbart worden, dass die USA den Transport der in den pakistanischen
Lagerhäusern liegenden Waren zur afghanischen Grenze selbst übernehmen. Nach diesen acht Wochen waren es wiederum die USA, die den
weiteren Warentransport nach Afghanistan durchführten, wobei diesmal
der Transit nicht über Pakistan sondern über den Iran abgewickelt wurde.

Auffällig ist in diesem Zusammenhang, die geringe politisch gestaltende
Bedeutung, die Pakistan in diesen ganzen Auseinandersetzungen hatte. Es
spielt dabei kaum eine aktive Rolle, sondern stellt vielmehr nur die Bühne,
auf der diese ganze Vorstellung abläuft.

Nach dem Ende der dritten Pakistankrise entsteht folgendes Bild: Für
Pakistan und die Paschtunen hat sich an ihrer Lage nichts geändert. Am
wenigsten haben die Paschtunen bei dieser ganzen Auseinandersetzung
gewonnen. Die „One-Unit" blieb unverändert bestehen, was vielleicht noch
als Erfolg für Pakistan gewertet werden kann. Auch die Sowjetunion hatte
politisch nichts gewonnen in diesem Konflikt. Sie hatte sich aber auch von
vornherein im Hintergrund gehalten und sich nicht aktiv eingemischt.

Die Beziehungen zwischen den USA, Afghanistan und Iran hatten sich als Ergebnis der Beilegung dieser neuerlichen Krise verbessert. Afghanistan hatte gegenüber den USA und damit dem Westen zum Ausdruck gebracht, dass es trotz der intensiven und sich ausweitenden Beziehungen zur UdSSR den Kontakt zum Westen und dessen Unterstützung suchte.

Es benutzte die Krise nicht, um den Warentransit durch die Sowjetunion auszubauen, sondern vielmehr sind die nachhaltig verbesserten Transitabkommen zwischen Afghanistan und dem Iran als Ergebnis der Auseinandersetzung herauszustellen. Vielleicht hatte Afghanistan diesen westlichen Reflex einkalkuliert und sogar heraufbeschwören wollen, als es zu Beginn der Krise seine Frischobstbestände an die UdSSR verkaufte. Dem Westen und den Mitgliedern des CENTO-Paktes war nicht am Ausbau der afghanisch-sowjetischen Beziehungen gelegen. Denn postwendend als Reaktion auf diese Hinwendung zur UdSSR kamen die Abkommen zwischen den USA und Afghanistan zustande, die den weiteren Warentransport in amerikanische Hände gaben bis zur Beendigung der Krise im Jahr 1963. Afghanistan wollte, konnte und durfte den großen Nachbarn UdSSR nicht verprellen. Aber politisch näher stand ihm der Westen, der auch wirtschaftlich interessanter war.

Deshalb versuchte es im Rahmen seiner Möglichkeiten, den Kontakt zum Westen zu pflegen. Die Nähe, die Ministerpräsident Daud immer zur Sowjetunion unterstellt wurde, war nichts anderes als die Anerkennung der Wirklichkeiten, aber keine Vorliebe. Oftmals entsprang das Entgegenkommen gegenüber der Sowjetunion neben den praktischen auch taktischen Erwägungen, wie im Falle der Fruchtexporte.

Wo es möglich war, ohne die Beziehungen zu sehr zu belasten, hielt die afghanische Regierung die UdSSR auf Distanz, und wo es möglich war, näherte sie sich dem Westen an. Daran änderte sich auch nichts, als 1961 aus geheimen CENTO-Unterlagen bekannt geworden war, dass die westlichen Militärplaner durch die atomare Bombardierung der Staaten des Mittleren Ostens, darunter auch Afghanistan, eine radioaktive Sperrzone zu schaffen beabsichtigten gegen ein angenommenes Vordringen der UdSSR. Trotz dieser Bedrohung und der verschlechterten Beziehungen zu den CENTO-Staaten ging Afghanistans Empörung über die westlichen Pläne nicht so weit, sich auf einen von der Sowjetunion angebotenen Militärpakt einzulassen.

Der Westen und mit ihm die CENTO-Staaten versuchten alles, die Entfremdung zwischen sich und Afghanistan aufzuheben und Afghanistan dem sowjetischen Einfluss zu entziehen. Dazu gehörte es, die Paschtunistanfrage herunterzuspielen und Konflikte zwischen Pakistan und Afghanistan in diesem Punkt möglichst durch Verhandlungen zu lösen. So ist auch

Paschtunistan nicht wieder zu einem bedrohlichen Konfliktthema zwischen den beiden Staaten geworden.

Ferner sollte alles getan werden, damit die UdSSR nicht in den Vorteil kam, den Transit nach Afghanistan zu monopolisieren. Das Transitabkommen mit dem Iran trug diesem beiderseitigen, dem westlichen wie dem afghanischen Interesse, Rechnung. Auch Afghanistan selbst hatte sehr großes Interesse daran, nicht von den Transitwegen durch die UdSSR abhängig zu sein, auch wenn die Bedingungen für diesen Handelsweg sehr günstig waren. Aber für die USA stand es überhaupt nicht zur Debatte, die sowjetischen Transitwege für den Transport amerikanischer Waren zu benutzen.

Zwar waren die Verbindungen durch den Iran für Afghanistan geöffnet worden und die Bedingungen verbessert, aber immer noch war dieser Weg wegen der weiteren Landstrecken zu teuer. Afghanistan war weiterhin auf den Hafen von Karatchi angewiesen; aber durch die Intervention der USA war klar geworden, dass Pakistan nicht unumschränkt über diesen Transitweg verfügte. Die USA hatten eine Schutzfunktion im Interesse Afghanistans übernommen.

Mit der Trennung der Paschtunen- von der Transitfrage wurde der Konflikt zwischen Pakistan und Afghanistan entschärft. Dies war besonders im Interesse des Iran, Pakistans, des Westens und einflussreichen Kreisen des afghanischen Handels, weil damit der Automatismus der Verschärfung von Krisen zwischen beiden Staaten gebrochen wurde. Nach dem Abtreten Dauds im Jahre 1963 war mit Jussuf ein Ministerpräsident bestellt worden, der auf Grund seines Lebensweges die Annäherung zum Westen besser vorantreiben konnte als Daud. Seitdem wurden die pakistanisch-afghanischen Beziehungen in einem Maße normalisiert, dass wegen Paschtunistan nie wieder ein Konflikt ausbrach und der Warentransit nach Afghanistan nicht wieder unterbrochen wurde. In der Zeit von 1967-1972 kam es sogar zu Direktinvestitionen pakistanischer Betriebe in Afghanistan.

Die wirtschaftlichen und Machtinteressen der USA

Die Interessen der USA an Afghanistan waren bis zum Beginn der Kalten Krieges rein wirtschaftlicher Natur. Aufträge und Kreditvergaben richteten sich in erster Linie nach den Ertragsaussichten der Projekte und der Kreditfähigkeit des Kreditnehmers. Manche Projekte waren wegen mangelnder Rentabilität von den Amerikanern abgelehnt worden, beispielsweise die Ausbeutung der afghanischen Ölvorkommen, die ihnen bereits 1937 exklusiv für 75 Jahre von der afghanischen Regierung angeboten worden waren. Auch die in den 1950er Jahren von den Sowjets umgesetzten Projekte des Baus zweier Getreidelager mit Mühlen und Bäckereien, des Baus von

Benzinlagern und einer Pipeline, der Lieferung von Straßenbaumaschinen für den Straßenbelag Kabuls und des Baus dreier Zementfabriken waren teilweise Projekte, die bei der amerikanischen Import-Export-Bank wegen mangelnder Rentabilität durchgefallen waren. Zudem hatten die Amerikaner wenig Neigung, eine Industrialisierung zu fördern, die eventuell die Absatzmöglichkeiten amerikanischer Produkte hätte einschränken können.

Mit dem Ende des Zweiten WK hatten sich die wirtschaftlichen Kräfteverhältnisse zwischen den großen kapitalistischen Staaten grundlegend verändert. In den USA waren kriegsbedingt riesige Produktionskapazitäten aufgebaut worden, die nun nach der Umstellung auf Friedensproduktion nach Absatzmärkten suchten. Diese fanden sie in den zerstörten europäischen und asiatischen Ländern, wobei die USA von einem doppelten Umstand begünstigt wurden.

Mit den Zerstörungen in diesen Ländern war nicht nur ein ungeheuerer Wiederaufbau-, Konsum- und Investitionsgüterbedarf entstanden, sondern es waren auch gleichzeitig die Produktionsanlagen der stärksten Konkurrenten zerstört worden. Die US-Industrie stand somit über Jahre konkurrenzlos einem Markt gegenüber, der alles aufnehmen konnte, was die Fabriken hergaben.

Afghanistan, das während des Krieges durch die ausbleibenden Lieferungen von Ausrüstungsgütern in seiner industriellen Entwicklung nicht vorangekommen war, nahm Kontakt zu den USA auf zur Verwirklichung industrieller Projekte. Die früheren europäischen Handelspartner und Japan standen aus den oben beschriebenen Gründen in den ersten Nachkriegsjahren als Lieferanten nicht zur Verfügung. Sie setzten ihre Produktionskapazitäten für den Wiederaufbau des eigenen Landes und der eigenen Industrie ein.

Deutschland und Japan hatten darüber hinaus durch die militärische Niederlage vorübergehend auch noch an staatlicher Souveränität eingebüßt und standen unter Militärverwaltung der Siegermächte, waren also zum Abschluss von Handelsabkommen vorerst nicht in der Lage. Die Sowjetunion, die den wirtschaftlichen Aufbau Afghanistans bis zum Beginn des Krieges unterstützt hatte, fiel auf Grund der verheerenden Verwüstungen im eigenen Land als Lieferant vorerst aus und trat eher als Importeur afghanischer Waren auf. Noch 1952/3 gehen 32% aller afghanischen Exporte in die Sowjetunion.

Mit dem Beginn des Kalten Krieges vollzog sich ein Wandel in der Wirtschaftspolitik der USA. Wirtschaftliche Entscheidungen wurden nicht mehr allein unter wirtschaftlichen Gesichtspunkten gefällt. Zunehmend waren auch politische Überlegungen von Bedeutung für die Gestaltung der wirtschaftlichen Beziehungen zu anderen Staaten.

Seit England 1947 den Subkontinent verlassen musste, sahen die USA ein Machtvakuum an der sowjetischen Südgrenze. Sie wollten den Einfluss der UdSSR in Zentralasien zurückdrängen. Iran und Pakistan bekamen eine immer größere Bedeutung in den Bemühungen der USA beim Aufbau eines der NATO entsprechenden Bündnissystems gegen die Sowjetunion in Südasien. Besonders nach dem Sieg der chinesischen Revolution unter Mao Tse Tung und dem Abschluss des ersten chinesisch-sowjetischen Vertrages im Februar 1950 wurden diese Pläne vonseiten der Westmächte verstärkt vorangetrieben, und der Druck auf die potentiellen Partner wuchs. Aber wegen der Konflikte der potentiellen Bündnispartner untereinander kam die Verwirklichung der US-Pläne nicht recht voran. Zuerst versuchten sie, Indien für einen Pakt gegen die SU zu gewinnen, weil sie hier aufgrund einer bereits seit Jahrzehnten bestehenden intakten Verwaltung aus der englischen Kolonialzeit mit den stabilsten politischen Verhältnissen rechneten. Aber Indien wollte sich keinem der Blöcke anschließen und neutral bleiben, zumal es mit Pakistan in Konflikt lag. Es war in die Zange genommen von West- und Ostpakistan, dem heutigen Bangladesh.

Als weiterer Baustein dieses Bündnisses hatten die Westmächte Iran vorgesehen. Da sich aber Irans damaliger Ministerpräsident Mossadeq nach den Vorstellungen der Amerikaner zu sehr an den nationalen Interessen seines Landes orientierte, war er in den Augen der USA kein zuverlässiger Partner.

Die afghanische Führung stand den Plänen der Amerikaner nicht ablehnend gegenüber. Und das, obwohl die ersten Erfahrungen, die die Afghanen mit den Amerikanern gemacht hatten, nicht besonders gut waren. Aber sowohl die feudalistische Führungsschicht als auch die Kreise um den Großunternehmer Zaboli betrachteten eher die Amerikaner als ihre natürlichen Verbündeten von ihren ordnungspolitischen Interessen her als die Sowjets. So hatte Zaboli immer wieder die Annäherung an die USA und den Westen betrieben.

Die USA zeigten aber wenig Verständnis für die Lage der Afghanen, die eine fast 2000 Kilometer lange Grenze mit der Sowjetunion teilten und von daher an einem guten Verhältnis zu dem mächtigen nördlichen Nachbarn interessiert waren, ja interessiert sein mussten. Ferner gab es seit dem Beginn des 20. Jahrhunderts gewachsene wirtschaftliche Beziehungen zur UdSSR, die sich bisher immer vorteilhaft für Afghanistan ausgewirkt hatten. 1948 waren letzte Streitigkeiten über die gemeinsame Grenze beseitigt worden und 1950 war ein Abkommen zwischen beiden Ländern getroffen worden über sowjetische Lieferungen von Zucker und Erdöl zu sehr günstigen Bedingungen.

Zudem hatten in den ersten Jahren nach dem Krieg sowohl die USA als auch die UdSSR sich gegenseitig in Afghanistan toleriert. (Diese gegenseitige Duldung dauerte selbst über die Zeiten des Kalten Krieges hinweg.) Insofern standen die Afghanen dem amerikanischen Ansinnen unvorbereitet gegenüber, aber dennoch nicht ablehnend.

Trotzdem waren die Amerikaner zu der Ansicht gelangt, dass „die Ressourcen Afghanistans nicht wesentlich sind für die Vereinigten Staaten und das Land seinen Platz auf dem Schachbrett des Ost-West-Konflikts noch nicht gefunden hat" (Metge S 8).

Die Verbesserung der afghanisch-sowjetischen Beziehungen war weniger auf eine besondere Vorliebe der afghanischen Regierung für die Sowjetunion als vielmehr auf die veränderte Politik des Westens, hier der USA, gegenüber Afghanistan und Pakistan zurückzuführen. Die Hinwendung Afghanistans zur UdSSR muss vielmehr als Reflex gesehen werden auf die Verschlechterung der Beziehungen durch die USA und die gleichzeitige Bevorzugung Pakistans, das im Gegensatz zu Afghanistan auf Grund seiner geografischen Lage frei war von solchen Rücksichtnahmen und Einflüssen bezüglich der Sowjetunion.

Wie sehr die wirtschaftlichen Beziehungen zu den USA mittlerweile von der Übereinstimmung in politischen Standpunkten abhängig geworden waren, hatte Afghanistan zu spüren bekommen, als es 1949 bei der amerikanischen Export-Import-Bank wegen eines Darlehens über 55 Mio Dollar für die Fertigstellung des Helmand-Projektes vorstellig geworden war. Bisher waren vom afghanischen Staat bereits 20 Millionen Dollar an die amerikanische Gesellschaft Morrison-Knudsen für die Arbeiten am Staudamm ausgezahlt worden. Der Kapitalbedarf aber überstieg die finanziellen Möglichkeiten der afghanischen Regierung und das Helmand-Projekt entwickelte sich zu einem Fass ohne Boden. Die amerikanische Bank genehmigte aber nur 21 Millionen Dollar statt der 55 Mio, und diese wurden dann auch erst zwei Jahre nach Antragstellung im Jahre 1951 ausgezahlt. Die Konditionen des Darlehens waren für Afghanistan wesentlich schlechter als die der Darlehen, die etwa zur gleichen Zeit dem Iran und Pakistan gewährt worden waren.

Außerdem hatte die afghanische Regierung 1949 auf Grund der zunehmenden Spannungen mit Pakistan wegen des Paschtunistankonflikts eine Anfrage nach Waffenlieferungen an die USA gerichtet. Erst 1951 wurde der afghanischen Regierung mitgeteilt, dass sie die Waffen zum Preis von 25 Mio Dollar erhalten könne, aber sie müssten bar bezahlt werden und für ihren Transport durch Pakistan müssten die Afghanen selber sorgen. Ferner wurde ein Verzicht auf die afghanische Forderung nach einem selbständigen paschtunischen Staat erwartet.

Die afghanische Regierung betrachtete dieses Angebot, das in jeder Hinsicht unvorteilhaft für sie war, nicht nur als eine wirtschaftliche Absage sondern auch als einen politischen Affront. Es war natürlich nicht zu erwarten, dass Pakistan einen Transport von Waffen zulassen würde, die gegen Pakistan selbst eingesetzt werden könnten.
Durch dieses Verhalten wuchs die Kluft zwischen Afghanistan und den USA, zumal im gleichen Jahr Pakistan amerikanische Hilfe bekam und anschließend auch noch ein Darlehen der Export-Import-Bank zu wesentlich besseren Konditionen, als sie Afghanistan angeboten worden waren.

Pakistan selbst war anfänglich als sehr instabil von den Amerikanern betrachtet worden aufgrund seiner Entstehungsgeschichte als willkürliches Gebilde englischer Kolonialhinterlassenschaft und behaftet mit dem Konfliktpotential, das sich aus der Paschtunenfrage ergab. Deshalb hatten die Amerikaner ihm in ihren ursprünglichen Bündnisplänen keinen prominenten Platz zugewiesen. Je mehr sich aber die innenpolitische Situation Pakistans stabilisierte, umso interessanter wurde es aber für die amerikanischen Pläne eines Militärbündnisses gegen die Sowjetunion.
1953 gab US-Außenminister J.F. Dulles bei einer Reise durch die Hauptstädte der Region zu verstehen, dass nur solche Länder Mitglieder eines gegen die Sowjetunion gerichteten Militärpaktes werden könnten, die auch untereinander gute Beziehungen pflegten. Ein Verteidigungsbündnis, dessen Mitglieder untereinander zerstritten sind, bietet wenig Aussicht auf langen Bestand. Die Gefahr ist groß, dass man im Kriegsfall nicht bereit ist, füreinander einzustehen. Somit war klar, das Afghanistan und Pakistan zusammen nicht Mitglied desselben Paktes sein konnten. 1954 wurde Pakistan Mitglied der SEATO.

Trotz amerikanischer Warnungen nahm der damalige afghanische Ministerpräsident Daud 1955 Verhandlungen mit der Sowjetunion auf über den Kauf russischer Waffen. In diesem Jahr strebte die Entwicklung der Konflikte ihrem Höhepunkt zu, an dessen Ende die Klärung der Situation stand in der Form der Neuorientierung in der Region.
Am 24.2.1955 wurde der Pakt von Bagdad besiegelt, ein Militärbündnis gegen die Sowjetunion, an dem sich neben Pakistan auch Großbritannien, die USA, die Türkei, der Irak und nach dem Sturz der Regierung Mossadeq auch der Iran beteiligten. Ägypten, das ursprünglich auch diesem Pakt beitreten sollte, schloss sich nach dem Sturz Königs Faruk der Bewegung der Blockfreien an, der sich in der Region neben Indien auch Afghanistan anschloss.
Damit waren die internationalen Konfrontationslinien in ihrem Verlauf deutlich geworden. Die Sowjetunion stand allein dem Block der im Bag-

dad-Pakt vereinigten Länder gegenüber, während die Blockfreien versuchten, sich in diesem Konflikt neutral zu verhalten.

Mit der Eingliederung der bisher autonomen westlichen Provinzen in den Staat Pakistans war im März 1955 auch die Entscheidung über die Zukunft der Paschtunen gefallen. Mit dem Segen der USA war die Aufteilung ihres Siedlungsgebietes auf die Staaten Afghanistan und Pakistan beschlossen, ohne dass ihnen ein Mitbestimmungsrecht darüber eingeräumt worden wäre.

Das Ringen um die Lösung der Paschtunenfrage wird in den Folgejahren immer wieder das Verhältnis der beiden Nachbarn beeinflussen. Der Konflikt zwischen den Supermächten war aber in dieser Gegend der Erde vorerst zur Ruhe gekommen.

Die USA konnten sich weiterhin im Süden des Landes an der wirtschaftlichen Entwicklung beteiligen, während die UdSSR im Norden aktiv war und dort mit Infrastrukturprojekten dem wirtschaftlichen Aufbau wichtige Impulse gab.

Selbst die USA waren später, als der Kalte Krieg in die Phase der Entspannungspolitik überging, überrascht, dass die afghanischen Regierungen die Zusammenarbeit mit dem Westen nie eingestellt hatten.

Die Entwicklung des Kapitalismus in Afghanistan

Die frühen Jahre

Neben den bescheidenen Ausmaßen von Handel und Handwerk lassen sich erste Ansätze kapitalistisch-merkantilistischer Wirtschaftsformen unter der Herrschaft Abdur Rahmans Ende des 19. Jahrhunderts feststellen. Für die Herstellung von Ausrüstungsgütern für die afghanische Armee baute er Manufakturen auf, die noch ohne Verwendung von Dampfkraft oder gar elektrischer Energie arbeiteten. Die hergestellten Ausrüstungsgüter sollten die Armee unabhängig machen von Importen. Die verstärkten Modernisierungsversuche Amanullahs endeten 1929 mit der Erhebung der reaktionären feudalistischen Kräfte und der Schleifung dieser Errungenschaften durch Habibullah II.

Sein Nachfolger Nadir Schah hatte hauptsächlich versucht, das Vertrauen der Kaufmannschaft zu gewinnen. Er verbesserte das Verkehrs- und Bildungswesen und ordnete den Staatshaushalt neu durch die Änderung des Zollsystems und der staatlichen Haushaltspolitik. 1931 war mit der Nationalbank eine erste Kapitalsammelstelle geschaffen worden, die auch bald in allen Städten Afghanistan vertreten war. Mit ihr bekam die Industrialisierung des Landes kräftige Impulse. Sie wurde als Joint-Venture zwischen dem Staat und privaten Kaufleuten gegründet, wobei nach Baraki, die Kaufmannschaft eine reine privatwirtschaftliche Lösung bevorzugt hätte. Dem stimmte der Feudalstaat nicht zu.

Ihr ausdrückliches Ziel war es, Mittel für den Aufbau von Industriebetrieben bereitzustellen. Sie verfolgte das wohldurchdachte und kluge Konzept, eine Produktion von Waren aufzubauen, für die im Lande einerseits eine ausreichende Rohstoffbasis und andererseits auch eine ausreichende Nachfrage vorhanden waren. Dementsprechend wurden Wolle und Baumwolle verarbeitende Gesellschaften gegründet sowie Firmen zur Herstellung von Zucker, Seife und Speisefett. Vorrangig sieht Tabibi das Motiv, durch die Errichtung von entsprechenden Produktionsstätten unabhängig zu werden vom Import von Zucker und Textilien „die Montanindustrie anzukurbeln und die Energiegewinnung zu erhöhen. ... Das Kapital wurde aus dem Land selbst bereitgestellt, vom Ausland lediglich Ingenieurhilfe in Anspruch genommen" (Tabibi S 74).

Über die Kapitalausstattung und die Eigentumsverhältnisse gehen die Angaben auseinander. So gibt Metge an, dass sie bei Gründung über ein Kapital von 3,5 Mio Dollar verfügte und der Staat mit 5% beteiligt war, während Ghaussy von 7 Mio Afghani spricht zu einem damaligen Wert von 1 Mio $. Dieses Kapital wuchs bis 1948 auf einen Wert von 40 Mio $ an.

Im Jahre 1935 gelang ihr die Einführung der Papierwährung, die die bisherige Münzwährung auf Gold- und Silberbasis ablöste. 1937 übernahm sie die Funktion einer Zentralbank und damit auch die Aufgaben einer Geschäfts-, Investitions- und Außenhandelsbank. Ferner wurden ihr die Regulierung der Geldmenge und damit die Fürsorge für die Geldwertstabilität übertragen.

Lange Zeit hatte sich der afghanische Außenhandel unter ausländischer Kontrolle befunden. Indische Händler hatten das Monopol auf die Vermarktung afghanischer Produkte außerhalb Afghanistans und die indische Rupie war die einzige Währung, mit der die afghanische Währung konvertibel war. Dies und die fehlende Verbindung zum Meer verstärkte die Monopolstellung der Inder. Die hohen Gewinne aus dem Verkauf afghanischer Produkte flossen den Kaufleuten aus Britisch-Indien zu nicht den Afghanen.

Da der afghanische Staat selbst an der Nationalbank beteiligt war, war ihm sehr daran gelegen, dieses Außenhandelsmonopol der ausländischen Firmen in Afghanistan zu brechen. Mit der Platzierung afghanischer Exportwaren wie Wolle, Baumwolle und Karakul auf den Börsen der Welt übernahm die Nationalbank das Monopol über den staatlichen Außenhandel, den sie von da an fast zu 100% kontrollierte. Die hohen Gewinne, die dadurch erzielt werden konnten, wurden in Afghanistan reinvestiert, was zur Stärkung der Kapitalbasis der afghanischen Firmen und zur Erhöhung der Staatseinnahmen führte.

In der Folgezeit entwickelte die Nationalbankgruppe unter Zaboli eine große Investitionstätigkeit und kontrollierte bald den Großteil der industriellen Aktivitäten. So entstanden zwei Textilfabriken und zwei Keramikfabriken, eine Zuckerfabrik, eine Konserven-, Zündholz- und Zementfabrik, eine Werkstatt zur Wartung, Reparatur und Ersatzteilfabrikation für Kraftfahrzeuge und ein Kraftwerk. Sie entwickelte Infrastrukturmaßnahmen wie den städtischen Linienverkehr in Kabul und Busverkehr mit den Provinzstädten.

Mit der Entwicklung des Verkehrssystems durch den Aufbau von Teilen der Ringstraße um den Hindukusch herum wurden die Überschussgebiete des Nordens mit den Verbrauchsgebieten des Südens verbunden, was die allgemeine Entwicklung des Landes förderte, Telefon- und Telegraphenverbindungen verbanden Afghanistan mit dem Ausland und beendeten damit die lange Zeit gepflegte Isolation.

In den 1930er Jahren kam auch die Zusammenarbeit mit den USA und den kapitalistischen Staaten Europas, hier besonders Deutschlands voran. Bereits 1933 waren Kredit- und Lieferverträge abgeschlossen worden. Und 1935 kam es weiteren Kreditvereinbarungen über sechs Millionen Reichsmark zur Finanzierung einer Textilfabrik, einer Zementfabrik und eines Elektrizitätswerkes gekommen.

Der deutschen Führung ging es nicht zuletzt auch aus politischen und militärischen Überlegungen darum, auf dem afghanischen Markt eine Monopolstellung zu erringen. Aus diesem Grunde lieferten sie nach Afghanistan zu wesentlich günstigeren Preisen und zahlten im Gegenzug für afghanische Waren höhere als die kapitalistischen Konkurrenten. Und auch der deutsche Kapitalexport stieg ständig an. Noch 1939 wurde ein Kredit über 55 Millionen Reichsmark und ein zusätzlicher über 9,6 Mio Reichsmark zu geheimen Waffenkäufen gewährt.

Auf afghanischer Seite war Zaboli als Förderer und Initiator der deutsch-afghanischen Wirtschaftsbeziehungen aufgetreten. Als Gründer der Nationalbank gewann er sehr schnell an politischer Macht und wurde 1939 sogar Wirtschaftsminister. Im selben Jahr wurde auch die DA-Afghanistan-Bank als neue Zentralbank gegründet. Sie ging hervor aus den zwischenzeitlich stark aufgestockten Anteilen des Staates an der Nationalbank und übernahm von dieser die hoheitlichen Aufgaben wie die Regulierung des Banknotenumlaufs und des Devisenmarktes, die Festlegung des Diskontsatzes und die Sicherung der Geldwertstabilität. Nur sie allein war berechtigt zur Ausgabe von Banknoten.

Der Kapitalismus wird wirtschaftlich beherrschend

Bei Ende des Zweiten Weltkriegs herrschten in Afghanistan noch feudale und in den Stammesgesellschaften sogar zum Teil noch vorfeudale Verhältnisse. „90% der Bevölkerung lebten auf dem Lande, ca. 70% des bebaubaren Bodens und die meisten Bewässerungsanlagen waren im Besitz von Großgrundbesitzern" (Baraki S 70). 30-40% aller Bodenbesitzer verfügten über weniger als einen Hektar und 18 bis 35% über gar kein bebaubares Land.

Durch den Export von Agrarprodukten, der durch die Knappheit an Lebensmitteln während des Krieges gute Gewinne gebracht hatte, war es möglich gewesen über den Import von Industrieprodukten hinaus trotzdem noch Überschüsse zu erwirtschaften. Das ging jedoch auf Kosten der eigenen Bevölkerung, die von den Preiserhöhungen der Weltmärkte nicht verschont blieb.

Besonders Karakulfelle, die schon in den 1920er Jahren die Hälfte der Weltproduktion ausgemacht hatte, waren der Devisenbringer Afghanistans. Die Ausfuhr bestand 1939/40 zu 71% aus Karakul und Obst und 1951 sogar zu 96%. Außerdem hatte Afghanistan das Monopol auf Lapislazuli. Da aber dessen Abbau im Besitz der Königsfamilie lag, die die Einnahmen aus dessen Export nicht veröffentlichte, können über Einnahmen aus dessen Export keine Angaben gemacht werden.

Aber trotz der Rückständigkeit des Landes war es der Regierung gelungen, bis zum Jahre 1949 durch die Monopolstellung bei Karakul und die Lebens-mittelknappheit während des Krieges Gold und Devisenreserven im Wert von 50 Mio Dollar zu erwirtschaften. Und um die Verwendung diese Reserven bahnte sich ab der Mitte der 1940er Jahre eine Konfrontation an zwischen dem feudalistischen Staat und dem kapitalistischen Sektor der Wirtschaft, repräsentiert durch Zabuli und die Nationalbank. Gerade in diesem Konflikt zeigen sich beispielhaft die grundlegenden Gegensätze zwischen den feudalistischen und kapitalistischen Wirtschaftsinteressen.

Zabulis Stellung als Wirtschaftsminister hatte es ihm ermöglicht, Außenhandelslizenzen nach seinem Gutdünken zu vergeben, wobei in erster Linie die Unternehmen seiner Gruppe bevorzugt worden waren. Er und seine Bank waren zu einem Staat im Staate geworden. Und nicht zuletzt infolge dieser beherrschenden Stellung der Nationalbank über den Außenhandel, waren die Importpreise stark gestiegen.

Soziale Unruhe und Aufstände brachen aus. Die wachsende Verschuldung des Staates und die Verschlechterung des Außenhandels führten zu einem ständigen Verfall der afghanischen Währung. Allein im Jahre 1946 war der Kurs des Afghani von 12 Afs pro Dollar auf 45 Afs gesunken, also fast auf ein Viertel seines Wertes. Dieser Niedergang der Währung brachte eine weitere Verschlechterung der Lebensbedingungen mit sich durch den Anstieg der Importpreise und konnte erst 1964 gestoppt werden durch Hilfen des IWF.

Um die politische Krise beizulegen und aber auch um den eigenen Einfluss auf die wirtschaftliche Entwicklung im Lande nicht zu verlieren, versuchten Königshaus und Regierung ab 1946 verstärkt, ihren Einfluss auf die Wirtschaftspolitik zurückzugewinnen. Aber andererseits konnte auch auf den Beitrag der kapitalistischen Wirtschaft zur Finanzierung des Staates nicht verzichtet werden. Die königliche Familie und der Staat waren am Gewinn der Nationalbank beteiligt und hatten bisher an der wirtschaftlichen Entwicklung gut mitverdient.

Als dann 1947/8 der Markt für Karakulwolle in Amerika zusammenbrach, verschärfte sich die Konfrontation zwischen Staat und Nationalbank. Während des zweiten Weltkriegs hatte die zentrale Verkaufsstelle für Karakulfelle wegen der Kampfhandlungen von London nach New York verlegt werden müssen. Zwar hatte Afghanistan das Monopol auf die Felle, die USA jedoch durch den Ausfall Londons als alternativem Handelsplatz hatte die Kontrolle über den Vertrieb und die Märkte.

Das Diktat der US-Handelsunternehmen führte zu einem Verfall der Preise und einem Rückgang der Ausfuhren. „Vorher hatten sie je Karakulfell 16,50 Dollar gezahlt, aber innerhalb eines Jahres drückten sie den Stückpreis auf 6,70 Dollar. [Lag die Ausfuhrquote] am Anfang bei mehr als 3 Mio Stück, so sank sie nun auf 1,5 Mio Felle jährlich" (Baraki S 73). Beides, die sinkenden Stückpreise und der geringere Lieferumfang ließen die Einnahmen des afghanischen Staates einbrechen.

Über die Verteilung und Verwendung der rückläufigen Einkünfte und der noch vorhandenen Reserven kam es nun zu einer scharfen Auseinandersetzung zwischen Staat und privater Wirtschaft. Zabuli wollte die Hartwährungsbestände für den Aufbau von kapitalintensiver Industrie verwenden, was den Interessen des kapitalistischen Sektors entsprach, als dessen Vertreter er stand. Denn für den Einkauf von Ausrüstungsgütern in den Industriestaaten, die er für den Aufbau der Industrie brauchte, waren Fremdwährungen unabdingbar.

Damit diese Hartwährungen dem kapitalistischen Sektor zur Verfügung gestellt werden konnten, hatte Zabuli immer vor dem Einstieg in das Helmand-Projekt gewarnt und es zu unterlaufen versucht. Die Investitionen in Neulandgewinnung und Bodenbewässerung waren nicht im Interesse der kapitalistischen Wirtschaft, auch wenn sie oftmals mit dem Bau von Kraftwerken verbunden waren. In erster Linie aber waren sie durch die Vermehrung des Ackerlandes und die Ertragssteigerungen durch Bewässerung von Vorteil für den Bereich der agrarisch-feudalistischen Wirtschaft. Diese Investitionen mehrten die Einnahmen der herrschenden Feudalklasse, hier besonders die des Königshauses, und verminderten die Entwicklungschancen der Industrie, der die nötigen finanziellen Mittel für ihre Entwicklung vorenthalten wurden.

Die Landgewinnungsprojekte versprachen aber nicht die Rendite, die sich mit industrieller Produktion hätte erwirtschaften lassen. Auch hatte das Ende des Krieges die Lebensmittelknappheit auf den Weltmärkten allmählich beseitigt, sodass Lebensmittelexporte nicht mehr die Gewinne der Kriegsjahre abwarfen.

Die weitere Entwicklung des Helmandprojektes gab diesen Befürchtungen Recht. Es hatte bis Mitte der 1960er Jahre bereits etwa 100 Mio Dollar verschlungen und nach seiner Fertigstellung waren es nach Angaben von Mohm (1987) 200 Mio Dollar und das zu einer Zeit, da das durchschnittliche Jahreseinkommen in Afghanistan bei 80 Dollar pro Kopf lag. Bereits 1949 hatte Afghanistan, das bisher nicht nur schuldenfrei gewesen war, sondern über Überschüsse verfügt hatte, Kredite aufnehmen müssen zur weiteren Finanzierung des Projektes und geriet dadurch in die Spirale der Verschuldung.

Um sich dennoch mit den notwendigen Devisen für die industriellen Investitionen zu versorgen, plante Zabuli, eine Dollaranleihe aufzulegen, die aber vom afghanischen Staat nicht genehmigt wurde. Daraufhin versuchte die Bank, sich eigenmächtig mit kurzfristigen Anleihen das nötige Kapital zu beschaffen, das ihr der Staat durch die Verweigerung der Dollaranleihe vorzuenthalten versuchte.

Die Strategie des feudalistischen Staates im Kampf gegen die Nationalbankgruppe war deutlich zu erkennen. Die staatlichen Maßnahmen zielten darauf ab, die Refinanzierungsmöglichkeiten der Bank aus Fremdmitteln einzuschränken, um damit die Finanzierung ihrer Außenhandelsaktivitäten zu schwächen.

Denn darin lag die Stärke der Nationalbank, in ihrem Monopol des Außenhandels, womit sie den entscheidenden Trumpf in der Hand hielt. Sie kontrollierte die meisten Exportzweige und damit den afghanischen Außenhandel. Zudem gab es keine vergleichbare Organisation unter der Verfügungsgewalt des feudalistischen Staates, die die Außenhandelsfunktion anstelle der Nationalbank hätte übernehmen können

Zudem konnte der Staat nicht auf die Steuern verzichten, die der Staatskasse aus dieser Außenhandelstätigkeit zuflossen, schon gar nicht in dieser angespannten Finanzsituation, in der er sich Ende der 1940 Jahre befand. Also war eine Vernichtung der Nationalbank allein aus eigenem Interesse nicht geboten.

Wenn aber die feudalistischen Kräfte auch nicht die wirtschaftliche Kraft hatten, gegen die Nationalbank anzutreten, so hatten sie doch die politische Macht. Die Regierung griff zum Mittel der Devisenbewirtschaftung. Devisenerträge aus dem Außenhandel mussten an den Staat abgeliefert und für den Kauf von ausländischen Waren beim Staat erworben werden, und das zu stark von einander abweichenden Kursen für Kauf und Verkauf der Devisen. Darüber hinaus wurden für verschiedene Produkte noch einmal unterschiedliche Kurse gestellt – sowohl bei der Einfuhr als auch bei der Ausfuhr, sodass zu dieser Zeit etwa zwanzig unterschiedliche Preise für dieselbe Fremdwährung galten, je nachdem welche Ware ein- oder ausgeführt wurde.

Diese Maßnahmen führten dazu, dass besonders die Erlöse bei Karakulfellen, Baumwolle und Baumwollstoffen, also gerade bei den Produkten der Tochterunternehmen der Nationalbank-Gruppe, nur noch halb so hoch waren wie vor dem Erlass der Devisenbestimmungen. Konnte also der Staat die Nationalbankgruppe und den Kapitalismus, als dessen Ausdruck sie gesehen werden muss, nicht am Handel selbst hindern, so gelang es ihm, die Einnahmen für die Bank aus diesem Handel stark einzuschränken und den eigenen Anteil an diesem Handel zu Lasten der Bank zu erhöhen.

Eine weitere Maßnahme zur Schwächung der Bank war die Einführung der staatlichen Monopole mit der Umlenkung von Gewinnen in die Staatskasse. Ab 1951 wurden Importe von Benzin, Zucker, Kraftfahrzeugen, Medikamenten und Tabakwaren einer eigens dafür geschaffenen Monopolverwaltung übertragen. Damit war ein weiterer Geschäftszweig von der Bank an den Staat übergegangen. Die Refinanzierungsschwäche der Nationalbank auf dem afghanischen Markt nutzte der Staat und erhöhte seine Anteile an der Bank von 5 auf 25%. Aber auch der Staat litt unter diesen Maßnahmen. Der Export sank und der Schmuggel, den er nie hatte verhindern können, blühte.

Ende der 1940er Jahre verstärkte sich die Kritik aus verschiedenen Kreisen der afghanischen Gesellschaft an Ministerpräsident Schah Mahmud und Wirtschaftsminister Zaboli. Ersterem wurde vorgeworfen, das Erstarken der Nationalbank-Gruppe nicht genügend eingeschränkt zu haben.
Durch ihre beherrschende Stellung begann sie, den Prozess der wirtschaftlichen Entwicklung zu behindern, indem sie nur Projekte unterstützte, an denen sie selbst beteiligt war. Kredite an fremde Projekte wurden nicht vergeben, sodass afghanische Unternehmer auf Auslandskredite oder Geldgeschäfte auf dem Basar zu hohen Zinsen angewiesen waren.
Zeitgleich mit diesen Vorgängen schritt das Helmand-Projekt voran in eine Katastrophe für den afghanischen Staat (siehe Anhang Helmand-Projekt). Durch Fehlplanungen entwickelte es sich zu einem Fass ohne Boden. Die Kosten überstiegen die finanziellen Möglichkeiten der afghanischen Regierung, so dass sie gezwungen war, in den USA um Kredite nachzufragen. Im Jahre 1953 war Afghanistan dem Staatsbankrott nahe.
Ausgelöst nicht zuletzt auch durch die Vorgänge um das Helmandprojekt, kam besonders in den politischen, intellektuellen Kreisen Kritik auf an der Westorientierung der Regierung überhaupt. Das brüskierende Verhalten der Amerikaner gegenüber Afghanistan in Wirtschaftsfragen und dem Paschtunistankonflikt sowie die Bevorzugung Pakistans stießen auf verstärkte Ablehnung in weiten Teilen der afghanischen Bevölkerung. Die Regierung musste zurücktreten, um den Weg frei zu machen für die Lösung des Problems durch einen anderen Ministerpräsidenten.
Der Kapitalismus, obwohl er in Afghanistan bisher nur ein Schattendasein geführt und das Land und die Gesellschaft noch nicht vollkommen durchdrungen hatte, hatte sich aber als das überlegene, dynamischere und ergiebigere Wirtschaftssystem angedeutet. Dem hatte der Feudalismus nichts entgegenzusetzen außer der politischen Macht, die die Feudalklasse immer noch in Händen hielt. Nur durch seine Macht, Gesetze zu beschließen und durchzusetzen, wie z.B. die Devisenbewirtschaftung, und über die Verwendung der Devisen und Staatseinnahmen zu verfügen,

konnte das Feudalsystem gegenüber der wirtschaftlichen Macht des Kapitalismus bestehen. Was letzterem noch fehlte, um seine Wirkung unbegrenzt entfalten zu können, war die politische Macht; die Macht, Gesetze zu erlassen und durchzusetzen, die seinen Interessen dienten und seine Interessen schützten.

Wandel in der Wirtschaftspolitik

Zaboli wurde als Wirtschaftsminister abgesetzt und Schah Mahmud durch Daud als Ministerpräsident ersetzt, der einen Wandel in der Wirtschaftspolitik vollzog.

Auf Grund der Erfahrungen, die das Königshaus mit dem Erstarken der Nationalbank-Gruppe und dem dadurch bedingten eigenen Machtverlust gemacht hatte, begann nun unter Daud der Staat, die Wirtschaft stärker zu kontrollieren und versuchte unter dem Stichwort der „gelenkten Wirtschaft", einen geplanten Wirtschaftsaufbau vorzunehmen. Ein Planungsministerium wurde unter Beteiligung Dauds geschaffen und Fünfjahrespläne entwickelt, in denen die wirtschaftlichen Ziele und Projekte aufgestellt und die zu ihrer Verwirklichung notwendigen Maßnahmen vorbereitet werden sollten.

Um staatliche Kontrolle über die Wirtschaft herstellen zu können, wurde die private Kontrolle eingeschränkt, die in Form der Nationalbankgruppe ausgeübt wurde. Sie musste 51% von Teilen ihres Industrieimperiums an den Staat verkaufen. Die Regierung eröffnete eine Exportniederlassung in New York, die der bisher vollständigen Karakulvermarktung durch die Nationalbank-Gruppe Konkurrenz machte und ihr nach und nach den Boden entzog.

Zudem wurden mit der Bau-Sparkasse, der Handelsbank und der Landwirtschafts- und Handwerksbank Spezialbanken gegründet, die die vorherrschende Stellung der Nationalbank als Kapitalsammelstelle auf dem Geldmarkt einschränken sollten. Es war nicht die Absicht des Staates, die Nationalbank vom Markt zu verdrängen, nur sollte die Möglichkeit der Investoren um Zaboli eingeschränkt werden, sich aus dem Markt die finanziellen Mittel zum Aufbau und Ausweitung ihrer privaten Investitionsvorhaben zu beschaffen. Mit den anderen Banken wurden zusätzliche staatlich kontrollierte Sammelstellen für privates Kapital geschaffen, das der Kontrolle der Nationalbank entzogen wurde und für andere Aufgaben zur Verfügung gestellt werden konnte.

Bereits 1949/50 war das erste Industrieförderungsgesetz verabschiedet worden, das die Entwicklungsbedingungen der privaten in Abgrenzung von staatlichen Betrieben regeln sollte, wobei als Industrie bereits kleinste handwerkliche Betriebe bezeichnet wurden. Jedoch wird dieses Gesetz seinem Namen nicht gerecht und muss eher als die Vorbereitung auf die von Daud später betriebene Kontrolle der Wirtschaft durch den Staat betrachtet werden.

In diesem Gesetz wird Zollfreiheit für den Import von Investitionsgütern, Rohstoffen und Ersatzteilen gewährt. Diese Freiheiten werden aber in den weiteren Ausführungen insofern eingeschränkt, als dass diese Freiheiten nur gewährt werden unter dem Gesichtspunkt des Nutzens für den Staat. Exporte sind nur dann erlaubt, wenn die produzierten Güter nicht im Inland absetzbar sind, ansonsten müssen sie die inländische Nachfrage bedienen. Andererseits verpflichtet sich der Staat aber nicht zur Abnahme dieser Waren und ist nur dann zu ihrer Abnahme bereit, wenn die staatlichen Betriebe nicht in der Lage sind, den Bedarf an solchen Gütern zu decken.

Ähnliche Bevorzugung erhalten die staatlichen Betriebe gegenüber den privaten auch bei der Versorgung mit qualifizierten Arbeitskräften. Ausländische Experten werden zuerst in den Staatsbetrieben eingesetzt. Ihr Einsatz in der Privatindustrie ist genehmigungspflichtig, wie überhaupt alle Industrievorhaben einer Genehmigungspflicht durch die afghanischen Behörden unterliegen. Dabei ordnet das Wirtschaftsministerium nicht nur an, wann der Betrieb die Produktion aufnehmen muss, sondern bestimmt auch die Lebensdauer der Projekte. Außerdem wird dem Wirtschaftsministerium das Recht eingeräumt, jederzeit die Aktivitäten eines Unternehmens zu überwachen und die Verkaufspreise festzusetzen.

Deutlich zu erkennen ist die Bevorzugung der staatlichen gegenüber den privaten Betrieben, denen dort die Rolle des Lückenbüßers eingeräumt wird, wo die staatlichen Betriebe nicht in der Lage sind, die Nachfrage zu befriedigen. Die staatlichen Interessen gehen vor den privaten. Deshalb ist der zweite Grundzug des Gesetzes eine weitgehende Kontrolle und Überwachung der Privatbetriebe.

Interessant an diesem Gesetz ist die Schärfe, mit der bereits einige Jahre vor Dauds Amtsantritt gegen privates Unternehmertum vorgegangen wird. Es ist die Zeit, in der die Nationalbank auf der Höhe ihrer Macht und ihres Einflusses auf die wirtschaftlichen Vorgänge im Lande ist, in der aber auch gleichzeitig die Kritik an dieser dominierenden Stellung der Nationalbank sowohl in der Gesellschaft als auch am Hofe immer lauter wird. Es ist die Zeit, in der der Hof feststellen muss, wie sehr er selbst mittlerweile in seinem finanziellen Spielraum eingeschränkt ist durch die Wirtschaftsprojekte, die im Namen des Staates durch private Investoren aufgelegt wurden und für die der Staat finanziell geradestehen muss. Insofern kann dieses Gesetz als Versuch angesehen werden, die weitere wirtschaftliche Entwicklung nicht mehr bürgerlichen Kräften allein zu überlassen sondern in eigener, in staatlicher Regie zu übernehmen.

Aber die Feudalklasse ist keine Klasse von Handwerkern, Kaufleuten, Ingenieuren und Wissenschaftlern. Ihre wirtschaftliche Basis ist die Bewirtschaftung von Grundbesitz, also Land- und Viehwirtschaft, die sie in dem meisten Fällen noch nicht einmal selbst betreibt sondern von Pächtern oder Leibeigenen betreiben lässt.

Unter solchen Voraussetzungen fehlen ihr die Kenntnisse, die nötig sind, eine eigene Industrie aufzubauen, zumal auch die zu über 90% in der Landwirtschaft tätige Bevölkerung nicht über die nötigen handwerklichen und kaufmännischen Erfahrungen und Kenntnisse verfügte.

So ist der König, wenn er auch dem Bürgertum nicht allzu viel Spielraum geben möchte, dennoch auf dessen wirtschaftliche Aufbauleistung angewiesen, solange nicht staatliche Betriebe diese Aufgabe übernehmen können. Wenn er aber zu diesem Zeitpunkt noch nicht auf private Betriebe verzichten kann, so will er doch eine möglichst große Kontrolle über sie ausüben können. Nur, er kann zwar die Betriebe kontrollieren, aber nicht Investoren dazu zwingen, Betriebe zu eröffnen bzw. in bestehende zu investieren. So ist es nicht verwunderlich, dass unter diesen Umständen der wirtschaftliche Aufbau nicht vorankam.

Hatten die Regierenden bis zu diesem Zeitpunkt die Wirtschaft der Wirtschaft überlassen und deren unkontrolliertes Wachstum zugelassen und nicht behindert, so hatten sie sich jetzt mit diesem Gesetz die Möglichkeit geschaffen, das weitere Wachstum durch die weitgehende Kontrolle wenigstens der neuen Betriebe zu beeinflussen und damit auch den Machtzuwachs der städtisch-bürgerlichen Kräfte einzudämmen.

Nun stellt sich aber die Frage, wie die Entwicklung kapitalistischer Produktion realisiert werden soll ohne einen gesellschaftlichen Träger dieses Prozesses. Dieser Prozess kann nur von dem ökonomisch unabhängigen und in seinen Investitionsentscheidungen freien Bürgertum verwirklicht werden. Gerade das macht die schöpferische Kraft des frühen Kapitalismus aus, dass eine Vielzahl von wirtschaftlichen Akteuren ihre unterschiedlichsten Waren auf dem Markt anbieten, in denen sich die Kreativität, die Fachkenntnis und die schöpferische Freiheit der Produzenten ausdrücken. Und ein anonymer Markt entscheidet dann darüber, welche Produkte zu welchem Preis Bestand haben und welche verderben, weil sie keinen Käufer finden. Denn, wer an der Nachfrage des Marktes vorbei produziert, scheidet aus dem Marktgeschehen aus.

Der frühe Kapitalismus in Afghanistan hatte weise, umsichtig und an den Gegebenheiten und Möglichkeiten das Landes orientiert, zuerst nur solche Industrien aufgebaut, die über eine ausreichende Rohstoffbasis im Land verfügten und deren Produkte eine im Land ausreichend vorhandene Nachfrage bedienten. Die afghanische Regierung stieß Projekte an, die völlig überdimensioniert waren gemessen an den Gegebenheiten und den Entwicklungsaussichten.

Bestes Beispiel hierfür ist die Energieversorgung des Landes. War sich der afghanische Staat anfangs der Bedeutung der Infrastruktur für den Aufbau der Industrie noch nicht bewusst, sodass die Energieversorgung der Betriebe am Anfang der kapitalistischen Entwicklung durch betriebseigene Kraftgewinnung sichergestellt werden musste, so baute er, als er nach dem zweiten Weltkrieg den Aufbau der Wirtschaft selber übernehmen wollte, riesige Energiekapazitäten auf, vernachlässigte aber den Aufbau einer Verteilungsstruktur. Die Folge war, dass in den Städten vornehmlich Kabul Strom im Überfluss produziert wurde, der auf Jahre nicht verbraucht werden konnte, während in den Provinzen aber Strommangel herrschte.

Den Führern des Feudalstaates fehlen die Erfahrungen des kapitalistischen Produktionsprozesses und den hörigen Untertanen in diesen feudalen Strukturen fehlen die nötige ökonomische Unabhängigkeit und Freizügigkeit. Aus diesem Dilemma versucht der Staat, die Entwicklung der Wirtschaft über den Aufbau von Staatsbetrieben und die Aufstellung von Fünfjahresplänen voranzutreiben. Die Freigabe der Kreativität der Warenproduktion unter der Regie des Bürgertums wird zu ersetzen versucht durch die Verwaltung des Mangels an Kapital und Fachkräften durch den feudalistischen Staat.

Aufgrund dieser Voraussetzungen wäre zu erwarten gewesen, dass der Versuch der Industrialisierung eines feudalistisch geprägten Landes durch die Feudalklasse selbst und unter weitgehender Ausschaltung des Bürgertums als eigentlichem Träger der kapitalistischen Produktionsweise misslingen müsste. Dennoch führt der erste Fünfjahrplan von 1956 bis 1962 zu einem großen Aufschwung der Wirtschaftstätigkeit. Dieses Ergebnis kann aber nicht so sehr als Erfolg von Dauds Politik der „gelenkten Wirtschaft" angesehen werden, sondern muss vielmehr zurückgeführt werden auf die massive sowjetische Unterstützung durch Kredite und Fachpersonal.

Die Passivität des afghanischen Bürgertums, das sich zurückhält mit der Bereitstellung des für den wirtschaftlichen Aufbau notwendigen Kapitals, wird aufgehoben durch die Kredite des sozialistischen Nachbarn. Die Kreativität der nationalen afghanischen Bourgeoisie, die gefesselt ist durch die Gesetze des Feudalstaates, wird ersetzt durch das Fachwissen des sowjetischen Proletariats. So wie die schwache sowjetische Revolution 1918 den Aufbau der Wirtschaft in der UdSSR übernahm, was eigentlich die ursprüngliche nationale Aufgabe des russischen Bürgertums gewesen wäre, so übernimmt nun die sozialistische UdSSR den Aufbau der kapitalistischen Wirtschaft im Feudalstaat Afghanistan. Die Sowjetunion wird zum wichtigsten Handelspartner.

Allein in der Zeit von 1950 bis 1959 versechsfachte sich das Handelsvolumen. Die Schwerpunkte des ersten Fünf-Jahr-Plans 1956-61 lagen im Bergbaubereich, der Energieversorgung und Infrastrukturmaßnahmen. Durch ausgedehnte geologische Untersuchungen wurden große Erdgas- und hochwertige Eisenerzlager festgestellt. Neue Industriezweige wie die Baustoff-, Nahrungsmittel- und Porzellanindustrie wurden errichtet. Insgesamt war eine erhebliche Ausweitung der industriellen Produktion festzustellen.

Zu Beginn der Planperioden hatte die Finanzkraft des Landes gerade ausgereicht, ein Viertel der Ausgaben des 1. Plans bereitzustellen; der Rest wurde durch ausländische Entwicklungshilfen dargestellt. „Die Entwicklungspläne Afghanistans waren fast völlig von ausländischen Hilfeleistungen abhängig" (Baraki S 105).

Die hohen Investitionen in Infrastrukturprojekte hatten zuerst einmal nur zu einer hohen Belastung durch Kredite und Staatsausgaben geführt, die nicht zu nennenswerten Einnahmen führten. Im Gegenteil musste die Kreditaufnahme noch erhöht werden, um nach den Infrastrukturmaßnahmen auch Projekte fördern zu können, die eine schnelle Erwirtschaftung von Ertrag ermöglichten.

Bereits im Jahre 1960/1 wurde bei der Staatsbank (De Afghanistan Bank) erstmals ein Kredit von einer Mrd Afghani aufgenommen. Die damalige Verschuldung des Staates bei den inländischen Banken wurde auf insgesamt 2 Mrd Afghani geschätzt, was etwa 50 Mio Dollar entsprach zum damaligen Kurs und die Auslandskredite summierten sich in der Zeit von 1946 bis 1963 auf etwa 2 Mrd DM.

Die Zurückhaltung des privaten Kapitals

Aber gerade die erhoffte Beteiligung privaten Kapitals an der wirtschaftlichen Entwicklung blieb gering. Verantwortlich hierfür waren nicht nur die Erschwernisse durch die Gesetzgebung, hinzu kamen die Probleme, die sich aus der Struktur der afghanischen Wirtschaft selbst ergaben.

Die afghanische Industrie leidet unter der geringen Nachfrage, die aus dem Land selbst kommt, und der geringen Konkurrenzfähigkeit ihrer Produkte auf dem Weltmarkt, die wieder gerade auch ein Ergebnis dieser mangelnden inländischen Nachfrage ist; sie lässt das Entstehen größerer Produktionseinheiten mit den damit verbundenen Möglichkeiten der Produktivitätssteigerungen und Senkung der Stückkosten nicht zu.

Die Herstellung von Waren war meistens beschränkt auf die Verarbeitung landwirtschaftlicher Produkte auf sehr niedrigem Verarbeitungsniveau, das nur eine sehr geringe Wertschöpfung (Mehrwert) enthielt. Zudem gab es kaum aus dem Handwerk gewachsene Betriebe mit den damit verbundenen Fachkenntnissen und Fachkräften. Dadurch waren die afghanischen Betriebe nicht in der Lage, hochwertige Erzeugnisse herzustellen, die es erlaubt hätten, die Beschränkung des heimischen Marktes durch Export auf den regionalen oder gar Weltmarkt zu ersetzen. Nicht einmal die geringen afghanischen Löhne haben es vermocht, Produkte herzustellen, die der Konkurrenz anderer Billiglohnländer gewachsen gewesen wären.

Auf diesem sehr begrenzten afghanischen Markt mit seiner sehr geringen Nachfrage trat nun nach dem Beginn der „gelenkten Wirtschaft" Dauds der Staat als zusätzlicher Anbieter mit seinen Produktionseinheiten auf. Die Ausführung der großen Infrastrukturmaßnahmen in Form von Straßen, Staudämmen und Bewässerungsanlagen wurde hauptsächlich von Staatsbetrieben unter Regie der Ministerien vorgenommen, wobei größtenteils Wehrpflichtige als Arbeitskräfte eingesetzt wurden. Gegen diese Produktionsvorteile der fast kostenlosen Arbeitskräfte und der sicheren, durch keine Konkurrenz bedrohten Aufträge, konnten die afghanischen Privatbetriebe nicht konkurrieren. Sie waren nun gezwungen, sich zwischen den von der Nationalbank beherrschten Großbetrieben, den Betrieben mit ausländischer Beteiligung und den Staatsbetrieben zu behaupten.

So wurden beispielsweise im Baugewerbe die Entwicklungshilfeprojekte von ausländischen Firmen und die Staatsaufträge von den staatlichen Firmen ausgeführt; da blieb für private Kleinbetriebe wenig an Marktanteilen übrig. Und so wie im Baugewerbe gab es in fast allen Zweigen der afghanischen Industrie ein marktbeherrschendes Unternehmen, das entweder staatlich war oder eines mit staatlicher Beteiligung, die die Nachfrage des Marktes aufsaugten und privaten Investoren wenig Entfaltungsmöglichkeiten auf diesen Märkten ließen.

Neben diesen Problemen der Marktenge bestand für die privaten Unternehmen die Schwierigkeit der Kapitalbeschaffung. Die Nationalbank vergab nur Kredite an Firmen, die sie selbst beherrschte. Eine Aufnahme von Krediten im Ausland war erschwert durch die afghanischen Devisenbestimmungen und durch die Tatsache, dass normale afghanische Firmen keine bankfähigen Sicherheiten zu bieten hatten. So musste sich das private Unternehmertum hauptsächlich auf die Konsumgüterindustrie beschränken. Hier war unter geringem Kapitaleinsatz eine schnelle Realisierung von Gewinnen zu erreichen.

Im Gegensatz zu den kleinen im Konsumgüterbereich tätigen privaten Unternehmen handelte es sich bei den von der Regierung angestoßenen

Projekten meistens um Infrastrukturmaßnahmen, die aus der Überlegung entstanden, die Voraussetzungen für das Ingangsetzen eines Wirtschaftsprozesses zu schaffen. Sie schufen keine Waren, deren Verkauf im In- oder Ausland zu einer Wertschöpfung und damit zu steigenden Einnahmen geführt hätten. Die Großprojekte führten vielmehr zuerst zu einem Abfluss von Devisen und Kapital in die Firmen der Herstellerländer oder an die Kreditgeber. Sie erschwerten damit die Lage am Kapitalmarkt für die Nachfrager von Krediten - und die Lage der Staatsfinanzen.

Dieser Erkenntnis und Notwendigkeit wurde besonders in der 3. Fünfjahrperiode (1967-72) Rechnung getragen und folgerichtig besonderes Gewicht auf die Ausweitung der Konsum- und Exportgüterindustrie gelegt. Neue infrastrukturelle Großprojekte wurden nicht mehr in Angriff genommen. Bereits in der 2. Periode (1962-1967) waren auf Grund der Notwendigkeit zur Einschränkung der Planausgaben Projekte mit langen Ausreifungszeiten gekürzt worden.

Die zurückhaltende Einstellung privater Investoren änderte sich auch nicht mit dem zweiten Fünfjahresplan von 1962 bis 1967. Offensichtlich schien die Regierung aber der Investitionsbereitschaft privater Kapitalgeber hohe Bedeutung beizumessen und hatte deshalb bereits durch das Auslandsinvestitionsförderungsgesetz von 1954/5 und 1958/9 versucht, rechtliche Grundlagen zu schaffen, um die Investitionsbereitschaft besonders westlicher Geldgeber zu erhöhen. Ihnen wird nicht nur Nichtdiskriminierung gegenüber inländischen Investoren zugesichert sondern es wurden sogar zusätzliche Vergünstigungen gewährt. Danach war ausländisches Kapital für die Dauer von drei Jahren befreit von der Einkommens- und Körperschaftssteuer, dafür aber waren die Gewinne beschränkte auf maximal 15% des registrierten Kapitals. Es ist erkennbar, dass die Regierung unter der Investitionsunlust privater Geldgeber gezwungen ist, Einschränkungen und Auflagen immer weiter zu lockern, auch wenn es nicht der eigenen Überzeugung entspricht.

Der Hintergrund des Gesetzes ist der im Land herrschende Devisenmangel, und der lässt dem Feudalstaat keine andere Wahl, als die Beschränkungen immer weiter aufzulösen, selbst gegen die eigenen Willen und die eigenen Vorstellungen bezüglich der Kontrolle der Wirtschaft durch den Staat.

So gilt auch im Gesetz als einziges Zulassungskriterium für Projekte, die von ausländischen Investoren in Afghanistan aufgelegt werden, ob damit Devisen eingespart oder vermehrt werden können. Denn mit afghanischen Produkten sind auf dem Weltmarkt nicht genug Devisen zu erwirtschaften, um den Abfluss von Fremdwährungen durch den Import von Waren und Dienstleistungen aus dem westlichen Ausland zu stoppen. Besonders die Großprojekte haben die Devisenbestände stark abschmelzen lassen, ohne dass daraus Einnahmen in Hartwährung entstanden wären. Die gewonnenen Energie- und Wassermengen wurden für den eigenen Bedarf verwandt. So waren die Importe in der Zeit von 1958 bis 1982 nur zu etwa 50% durch afghanische Exporte gedeckt. Die Einnahmen aus Tourismus oder Überweisungen aus dem Ausland konnten das Defizit nicht ausgleichen. Außenhandelsdefizit und Staatsverschuldung stiegen stark an, und der Wert der afghanischen Währung verfiel.

Notlösung Sowjetunion

Zwar war der wirtschaftliche Austausch mit der Sowjetunion sehr rege, verbesserte aber weder die Devisenlage der Sowjetunion noch die Afghanistans. Denn der Handel zwischen den beiden wurde auf Barterbasis abgerechnet. Afghanistan musste die erhaltenen Waren mit eigenen Produkten begleichen. Als Verrechnungsgrundlage galt der offizielle Dollarkurs der afghanischen Zentralbank. Bei diesem Verfahren fließen keine Devisen, nur die unterschiedlichen Warenwerte werden in Dollar getaxt und gegeneinander aufgerechnet.

Mit dieser Verrechnungsmethode wurde dem Devisenmangel beider Staaten Rechnung getragen. Aber in beiden Ländern herrschte nicht nur Mangel an Devisen sondern auch an Ausrüstungsgütern. Jede nach Afghanistan gelieferte Maschine war eine Belastung für die Sowjetunion, denn sie fehlte im eigenen Land und wurde noch nicht einmal in Devisen bezahlt, auf die sie dringend angewiesen war, um im Westen die überlegene Technologie für den Aufbau der eigenen Wirtschaft zu erwerben. Daher ist das Drängen der Sowjets gegenüber den Afghanen nachvollziehbar, Produkte für den in Dollar abrechnenden Weltmarkt herzustellen oder solche, die in der UdSSR dringend gebraucht werden.

Als Lösung des Problems boten sich das afghanische Erdgas und –öl an. Über Kredite finanziert die Sowjetunion der afghanischen Regierung die Hebung der fossilen Stoffe. Eine Ferngasleitung wurde gebaut und 1967 mit dem Export in die Sowjetunion begonnen, der sich bis 1972 auf 2,8 Mrd Kubikmeter steigerte. Die Ausbeutung aller Bodenschätze blieb dem Staat vorbehalten, private Investitionen wurden in diesem Bereich nicht zugelassen.
Die stürmische Entwicklung des Handels zwischen den beiden Ländern führte zwar zu dem von Afghanistan gewünschten Aufbruch aus der Unterentwicklung des Landes, führte aber auch gleichzeitig zu einer immer größeren wirtschaftlichen Abhängigkeit von der Sowjetunion.

Obwohl die Sowjetunion an die Vergabe von Krediten und sonstiger Wirtschaftshilfe an Afghanistan im Gegensatz zu den USA nie politische Bedingungen geknüpft hatte, war sie dennoch nicht der wirtschaftliche und politische Favorit Afghanistans sondern eher eine Notlösung. Allein durch die enge Verflechtung der Wirtschaft beider Länder wurden auch politische Bindungen und Verpflichtungen geschaffen, die umzukehren immer schwieriger wurden, je länger sie dauerten und je intensiver die wirtschaftliche und militärische Zusammenarbeit sich gestaltete.

So gab es auch immer wieder Versuche vonseiten Dauds, sich aus der Abhängigkeit von der Sowjetunion zu lösen. Es wurden Abkommen mit Indien, Ägypten und selbst Pakistan geschlossen, die auch immer wieder dem Westen signalisierten, dass man sich nicht alleine auf die UdSSR und ihre Verbündeten stützen wollte. Anfang der 1960er Jahre verschärfte sich wieder der Konflikt zwischen Afghanistan und Pakistan vor dem Hintergrund der Paschtunenfrage. Am Ende des Konflikts hatten sich besonders die Transportprobleme Afghanistans, die sich aus seiner Binnenlage ergeben, wesentlich verbessert.

So hatte sich Afghanistan, das sich von der UdSSR lösen wollte, im Konflikt mit Pakistan gerade auf die Hilfe dieser Sowjetunion gestützt, um die Ablösung von ihr voranzutreiben, indem es die sowjetische Hilfe nutzte, um die westlichen und die Anrainerstaaten unter politischen Druck zu setzen. Sollte die Annäherung Afghanistans an die UdSSR im westlichen Interesse behindert werden, so mussten Transport- und Lösungswege geschaffen werden für die Probleme der afghanischen Wirtschaft.

Der Zugang zum arabischen Meer durch pakistanisches Staatsgebiet war von Pakistan garantiert und durch die USA verbürgt. Auch die Verbindung durch den Iran hatte sich verbessert, war aber wegen der höheren Kosten weniger attraktiv. Durch die Öffnung bzw. Garantie dieser Transitwege ist die Abhängigkeit von den sowjetischen gemildert worden, was im Interesse Afghanistans aber auch des Westens und den Staaten der Region lag.

Ein möglicher Erklärungsansatz, weshalb Afghanistan so hohen Wert auf diese Transitalternativen legte, lässt sich aus der Tatsache ableiten, dass die afghanischen Erdöl- und Erdgaslagerstätten in die Phase ihrer Bergung und Vermarktung übergingen. Ab Mitte der 1960er Jahre wurden diese Rohstoffe auf Grund von sowjetisch-afghanischen Abkommen über die Sowjetunion an den Weltmarkt gebracht.

Denkbar wäre, dass das Kabinett Jussuf, das auf Daud folgte und eine stärkere Unterstützung durch den Westen genoss, lieber das afghanische Gas und Öl auf den westlichen Märkten verkauft hätte. Denn schon beim

Besuch Walter Scheels, des damaligen deutschen Ministers für Wirtschaftliche Zusammenarbeit, 1964 in Kabul hatte Jussuf angedeutet, dass er besorgt sei „über die umfangreiche sowjetische Entwicklungshilfe, die von ihm als Belastung empfunden wurde" und er sprach sich „gegen Baumwolllieferungen an die UdSSR aus, die als Gegenleistung für sowjetische Kredite gedacht waren" (Baraki S 127).

Man wollte also offensichtlich die wirtschaftlichen Beziehungen zur UdSSR stark reduzieren und die eigene prowestliche Haltung unterstreichen, obwohl der Erfolge der sowjetischen Entwicklungsprojekte nicht einmal vom Westen in Zweifel gezogen wurden und der Verkauf der Baumwolle an die Sowjetunion „sowohl verkehrsmäßig als auch preispolitisch für Afghanistan günstig" (Baraki S 127) gewesen wäre.

Hinweise, dass auch von westlicher Seite auf eine Kontrolle der Erdöl- und Erdgasvorkommen hingearbeitet wurde, finden sich auch bei Baraki (S 121/2). Ausländische Investoren sollten sich rechtzeitig die Rechte zu sichern versuchen „besonders für aussichtsreichere Erdöl- und Erdgasfelder unter Zuhilfenahme der Fachberatung der im Lande wirkenden deutschen technischen Hilfsmission" (Baraki S 122). Mit der Fachberatung war die deutsche Wirtschaftsberater-Gruppe Hendrikson gemeint, die über großen Einfluss im afghanischen Planungsministerium verfügte.

Der Preis aber, den die Sowjets den Afghanen für die fossilen Rohstoffe zahlten, lag unter dem Weltmarktpreis. Die Einnahmen insgesamt und ganz besonders in den begehrten Devisen wären für Afghanistan höher gewesen beim Verkauf von Öl und Gas über den Weltmarkt. Der Gasex-port hatte 1974 einen Umfang von 2,855 Mio cm^3 und bildete damit etwa 40% des gesamten Wertes der afghanischen Ausfuhren. Er bildete nach den Zolleinnahmen die zweitwichtigste Einnahmequelle des Staates und trug zu 20% zu den Staatseinnahmen bei.

Neben dieser verbesserten Einnahmesituation wäre durch die Öffnung zum Westen die Abhängigkeit von der Sowjetunion verringert worden. Denn es war abzusehen, dass gerade durch den Bau von Pipelines in die UdSSR die wirtschaftliche und politische Bindung an den Osten sich verfestigen musste. Das Problem war nur, dass das Öl und Gas durch Pakistan hätte transportiert werden müssen.

Dauds Nachfolger Mohammad Jusuf betrieb eine deutlicher auf den Westen ausgerichtete Politik. Unter Vermittlung des Iran gelang es ihm, das Verhältnis zwischen Pakistan und Afghanistan zu verbessern. Der Transit zwischen dem pakistanischen Hafen Karachi und Afghanistan wuchs im gleichen Maße an, wie der zwischen Afghanistan und der UdSSR nachließ.

Machten die Importe aus der Sowjetunion Anfang der 1960er Jahre noch mehr als ein Drittel der afghanischen Importe aus, so betrugen sie am Ende der Jahrzehnts nur noch etwa ein Fünftel.

Die nachlassende Abhängigkeit von der UdSSR führte aber nicht zu vermehrtem Engagement der USA über das ganze afghanische Territorium, sondern beschränkte sich weiterhin nur auf den Süden des Landes. Vermutlich wollten sich die USA keinen weiteren Krisenherd schaffen, nachdem sie nach dem Abzug der Franzosen aus Südostasien ihr militärisches Engagement in Vietnam erhöht hatten. Und anders als in Vietnam, das von den Russen nur indirekt durch Waffen und sonstige Wirtschaftshilfe unterstützt wurde, bestand in Afghanistan die Gefahr einer direkten Konfrontation mit der Sowjetunion, wobei diese durch die Nähe zur eigenen Grenze strategisch erheblich im Vorteil gewesen wäre.

Diese zurückhaltende Haltung der USA ließ den Afghanen keine Alternative zur weiteren engen wirtschaftlichen Zusammenarbeit mit der UdSSR, die zudem mit überzeugenden wirtschaftlichen Angeboten die Afghanen zu beeinflussen wusste. Die Konditionen der amerikanischen Kredite waren wesentlich ungünstiger als die sowjetischen, die nur eine Rückzahlung durch Waren und nicht durch die knappen Devisen verlangten.

Auch die Projekte waren für die Afghanen von größerem Nutzen. Bauten die Amerikaner in Kandahar einen neuen Flughafen, der für den geringen afghanischen Luftverkehr wenig Bedeutung hatte, dafür aber umso mehr für die strategischen Interessen der USA, so errichtete die Sowjetunion neue Elektrizitätswerke, eine polytechnische Hochschule und ein neues Stadtviertel in Kabul, ein landwirtschaftliches Bewässerungsprojekt bei Jalalabad und erschlossen die Erdöl- und Erdgasvorkommen im Norden des Landes. Die Auslandshilfe für den dritten Fünfjahrplan von 1967 bis 1972 wurde allein zu 60% von der Sowjetunion gestellt.

Immer deutlicher wurde, dass unter den gegenwärtigen Bedingungen ausländisches Kapital kaum bereit war, in Afghanistan zu investieren. In der zweiten Hälfte der 1960er stagnierten auch die Ausfuhren (ohne Erdgasexporte) und lagen noch unter dem Niveau der ersten Hälfte des Jahrzehnts. Die Ausfuhrerzeugnisse wiesen nur einen geringen Grad an Verarbeitung und Veredlung aus. Die geringeren Einnahmen aus dem Export führen zu einer Verzögerung der Entwicklungsprojekte.

Die Regierung reagierte auf diesen Umstand mit dem Investitionsförderungsgesetz von 1966/7, dessen liberale Bestimmungen besonders ausländische Investoren anlocken sollten. Da dies jedoch nicht in dem gewünschten Maße sich verwirklichen ließ, war man weiterhin hauptsächlich auf die Unterstützung durch die Sowjets angewiesen. Aber die Regierung hatte erstmals zu verstehen gegeben, dass sie Privatinvestitionen nicht nur duldete, sondern im Rahmen ihrer Möglichkeiten zu schützen und zu fördern beabsichtigte.

Dank dieses Gesetzes gelang es aber, in größerem Umfang bisher brachliegendes nationales Kapital in den Wirtschaftsaufbau einzubringen. Das Schwergewicht dieser Planphase ruhte auf dem Ausbau der Konsumgüterindustrie. Die Zahl kleinerer Industriegründungen nahm zu und wurde ab dem 3. Fünfjahrplan bestimmend für die afghanische Industrie, sodass allein die Anzahl der Betriebe von 66 in 1966/7 auf 138 im Jahre 1970/1, wobei viele Neugründungen aus Pakistan kamen. Die Zahl der Industriearbeiter stieg im gleichen Zeitraum von 21000 auf 34.000.

Nach langem Zögern wurde 1971die Industrie-Entwicklungsbank gegründet, die den privatwirtschaftlichen Sektor des Landes beim Aufbau der Wirtschaft durch Kredite und vor allem kaufmännische und technische Beratung unterstützen sollte. Besonders durch die erheblichen Defizite im Bereich der kaufmännischen und technischen Kenntnisse waren die Aufbauversuche von privaten Projekten oftmals gescheitert. Da es sich bei der Bank um eine vorwiegend private Einrichtung handelte, hielt sich der afghanische Staat in seiner Einflussnahme auf die Geschäftspolitik weitgehend zurück. Das Kapital der Bank in Höhe von 240 Mio Afghani wurde zu 60% von afghanischen Privatpersonen und zu 40% von ausländischen Banken gestellt.

Die staatlichen Großbetriebe, die während der ersten beiden Planperioden gegründet worden waren und auf ihren Märkten eine beherrschende Stellung eingenommen hatten, nahmen an Zahl ab und verloren an Bedeutung. Wie weiter oben schon erwähnt, waren diese Betriebe weniger aus der Marktlage, also einer am Markt herrschenden Nachfrage entstanden, die diese Betriebe auch in ihrer Größe gerechtfertigt hätte. Sie waren das Ergebnis von Projektideen, die meistens unter ausländischer Regie oder zumindest mit ausländischer Beteiligung errichtet worden waren.

Nach Fertigstellung und Abzug der ausländischen Fachkräfte waren die afghanischen Kräfte den technischen und organisatorischen Anforderungen nicht gewachsenen, die sich aus dem Betrieb der Anlagen ergaben. Zudem hatte sich um diese Anlagen herum kein Gewerbe angesiedelt, das notwendige Reparaturen hätte vornehmen können. Das Niveau der technischen Kenntnisse und Erfahrungen des ohnehin nur sehr gering entwickelten Handwerks in Afghanistan reichte oftmals nicht aus, um den Betrieb der Anlagen weiter aufrechtzuerhalten.

Das Investitionsförderungsgesetz, die geringe Rentabilität der vom Staat selbst betriebenen Produktionsanlagen und die weitgehende Zurückhaltung des nationalen und internationalen Kapitals bei Investitionen in Afghanistan waren eine Bankrotterklärung für die Versuche des feudalistischen Staates, Kapitalismus ohne Kapitalisten zu schaffen. Ohne privates Engagement eines unabhängigen risikobereiten Bürgertums war das kapitalistische Wirtschaftssystem nicht aufzubauen. Der Feudalismus mit seinem auf Hörigkeit und der Verweigerung von Bildung und Freizügigkeit beruhenden Wirtschaftssystem, verfügte nicht über das Personal, das sich gerade durch Bildung, Beweglichkeit und Entscheidungsfreiheit auszeichnen musste, um den Anforderungen des Marktes gewachsen zu sein. Hörige, denen alle Entscheidungsfreiheit durch den Feudalherrn genommen war, sind in diesem Zustand der Unfreiheit nicht in der Lage, Entscheidungen zu treffen, die nicht von einer übergeordneten Macht genehmigt oder veranlasst sind. Gerade diese Fixierung auf einen übergeordneten Entscheidungsträger zeichnete auch besonders die afghanische Verwaltung aus. Auch in ihr herrschte noch weitgehend das lähmende Prinzip der Hörigkeit.

Die Hinwendung zur UdSSR

Die Realitäten hatten sich geändert, und diesen geänderten Realitäten musste Rechnung getragen werden. Die zunehmenden internen Konflikte, der unglückliche Verlauf der Konfrontation mit Pakistan und die abnehmende Bedeutung des Landes für die USA hatten dem Kabuler Königshaus deutlich gemacht, dass ein Wandel auf all diesen Ebenen stattgefunden hatte, auf den es nötig war, auch mit einem Wechsel der eigenen Politik zu reagieren. Deshalb kam Daud für Schah Mahmud. Wenn auch beide zum engeren Kreis der Königsfamilie gehörten, stehen sie aber dennoch für unterschiedliche Vorstellungen über die von Afghanistan zu betreibende Politik.

Es hatte sich als sehr wertvolle Maßnahme herausgestellt, dass die Tagespolitik einem Ministerpräsidenten überlassen worden war, und der König die Geschicke des Landes aus dem Hintergrund steuerte. Als sich nun ein Wandel in der Ausrichtung der Politik als unvermeidbar herausstellte, war es leichter, den alten Ministerpräsidenten gegen einen neuen mit anderen Konzepten auszutauschen, als dass der König selbst einen Wandel in seiner Amtsführung hätte vollziehen müssen, was zu Verunsicherungen über die Berechenbarkeit seiner Politik hätte führen können. Zudem konnten die Niederlagen und Misserfolge der Ära Schah Mahmud diesem selbst angelastet werden, wohingegen die Integrität des Königs vor der Öffentlichkeit nicht angetastet wurde, obwohl keine der wichtigen Entscheidungen ohne seine Billigung getroffen worden war. Und deshalb kommt Daud für Schah Mahmud, damit der König derselbe bleiben kann.

Die neuen Schritte, die gemacht werden mussten, konnten nicht von den Leuten gemacht werden, die die augenblickliche Situation zu verantworten hatten. Dass der König aber gerade Daud als Nachfolger verpflichtete, zeigt die Bedeutung, die er den erstarkenden bürgerlichen Schichten und akademisch-intellektuellen Gruppen zumaß. Denn Daud kannte diese politischen Kreise, war mit ihnen vertraut, hatte er doch nach der Zerschlagung der „Jugend im Erwachen" versucht, die Reste dieser Organisation um sich zu sammeln. Und er verstand am ehesten, sie zu beeinflussen und auch zu kontrollieren, um die innenpolitische Situation nach den harten Maßnahmen seines Vorgängers im Vorfeld der Wahlen zu beruhigen.

Und auch außenpolitisch mussten neue Wege gegangen werden, nachdem der Versuch von Schah Mahmud und Zaboli, das Verhältnis zum Westen zu festigen und zu intensivieren, ohne die guten Beziehungen zur Sowjetunion aufgeben zu müssen, gescheitert war an der politischen Rigorosität der USA.

Jahrzehntelang war es Afghanistan bestens gelungen, aus seiner Schwäche eine Stärke zu machen, indem es die Rivalität zwischen den Kontrahenten England und Russland, später Sowjetunion, genutzt hatte, um sich von beiden Seiten umwerben und beschützen zu lassen. Bis 1953 war es Anspruch afghanischer Politik, sich das sowjetische Wohlwollen zu erhalten, gleichzeitig aber alles zu unterlassen, was in irgendeiner Form zu einer Abhängigkeit führen könnte. Das Taktieren zwischen der USA und der UdSSR hatte dieses Mal nicht zum gewünschten Erfolg geführt.

Dennoch vollzog auch Daud keine radikale Kehrtwende in seiner Politik zu den USA. Wenn auch unter seiner Regierungszeit eine wesentlich stärkere Hinwendung zur Sowjetunion stattfand als zu irgendeiner anderen Zeit in der afghanischen Geschichte vor 1978, so war dieser Wandel nicht Ausdruck einer prosowjetischen oder gar kommunistenfreundlichen Einstellung. Denn schließlich gehörten Daud, das afghanische Königshaus und die Führungselite des Landes zu derselben Feudal-Klasse, die während der Oktoberrevolution von den Sowjets in ihrem eigenen Land enteignet worden war. Von daher herrschte von Seiten der afghanischen Elite sehr viel Misstrauen gegenüber der UdSSR und einer Politik, die sich zu sehr mit dem mächtigen Nachbarn einließ. Auf Grund der ablehnenden Haltung des Westens und des Dauerkonflikts mit Pakistan sah Afghanistan jedoch keinen anderen Partner für sich als den starken Nachbarn im Norden.

Doch trotz aller negativen Erfahrungen mit den USA rissen die Kontakte nicht ab und ließen die Bemühungen auch unter Daud nicht nach, das Verhältnis zu verbessern. Noch 1954 ließ die afghanische Regierung nichts unversucht, die Amerikaner zu einer Zusammenarbeit auf dem Gebiet der Verteidigung zu bewegen und den Kauf amerikanischer Waffen durch Afghanistan zu billigen. Die Amerikaner machten den Waffenverkauf abhängig vom Beitritt zum SEATO- und CENTO-Pakt sowie einem Verzicht auf die Forderung nach einem vereinigten Paschtunistan. Dem konnte die afghanische Regierung nicht zustimmen.

Anlässlich seines Besuches in der BRD im Jahre 1961 hatte Daud die Situation Afghanistans aus der Sicht seiner Führung deutlich gemacht. Dass diese Führung dem Westen näher stand als dem Osten, kam im Kommuniqué mit den Worten zum Ausdruck, „dass zwischen den beiden Ländern keine politischen Probleme bestehen" (Baraki S 95). Nur wird andererseits auch auf das Interesse Afghanistans hingewiesen, ein gutes Verhältnis zum mächtigen Nachbarn UdSSR zu pflegen und aus diesem Grunde weiterhin seine Neutralität zu wahren in der Form, dass es sich nicht in den westlichen Kurs des kalten Krieges einbinden lassen und Teil westlicher Militärbündnisse gegen die Sowjetunion werde wolle.

Und trotz aller Propaganda gegen Daud, der von westlichen Medien als der rote Prinz dargestellt wurde, war hinter der Hand klar: „Gewiss ist das afghanische Volk und schon gar nicht seine königliche Führung prokommunistisch" (Baraki S 95). Die prowestliche Haltung der herrschenden Klasse in Afghanistan wurde auch deutlich daran, dass man weder die DDR als Staat anerkannt noch gar eine diplomatische Vertretung der DDR in Afghanistan zugelassen hatte.

Der Schwenk in der Außen- und Wirtschaftspolitik war nicht unvorbereitet gekommen. Bereits bei Stalins Beerdigung im März 1953 hatte Daud, obwohl noch nicht Ministerpräsident, erste Kontakte zur Führung der UdSSR aufgenommen. Nachdem Pakistan 1954 der SEATO beigetreten war und Afghanistan unmissverständlich deutlich gemacht worden war, dass die USA auf seine Teilnahme an den westlichen Paktsystemen verzichteten, kam es ab 1955 zur verstärkten Zusammenarbeit zwischen Afghanistan und der Sowjetunion auf wirtschaftlichem und militärischem Gebiet. Wie sehr die USA die nationalen Gefühle der Afghanen verletzt hatte, kommt im Beschluss der Loya Jirga vom November 1955 zum Ausdruck, der Daud beauftragt, „alle ehrenhaften Möglichkeiten zu erwägen, die zur Stärkung des Landes führen können" (Willy Kraus).
Besonders die militärische Ausrüstung der afghanischen Armee wird bald ein Monopol der SU werden. In der Zeit zwischen 1950 und 1959 versechsfachte sich der Handel zwischen den beiden Staaten. Die UdSSR wurde Afghanistans größter Kunde. Dennoch ist Afghanistan selbst nie Mitglied irgendeiner der Organisationen geworden, die eindeutig zum Bereich der sozialistischen Staaten gehörten. Anders als die USA hatte die UdSSR ihre Unterstützung niemals von der Zugehörigkeit Afghanistans zum östlichen Bündnissystem abhängig gemacht. 1956 gewährte die Sowjetunion dem Land einen zinsgünstigen Kredit über 100 Mio Dollar, der das Rückgrat bildete für den ersten Fünfjahrplan von 1956 – 1961.
Afghanistan wurde der erste Staat außerhalb des Ostblocks, der umfangreiche sowjetische Unterstützung erhielt. Es wurde damit auch zu einem Modell für die sowjetische Forderung und Politik der friedlichen Koexistenz zwischen den beiden Gesellschaftssystemen, die hier in Afghanistan ihren Anfang nahm. Beide Weltmächte arbeiteten friedlich nebeneinander an der Entwicklung des Landes. Hier war die friedliche Koexistenz greifbar. In Kabul fuhren sowohl russische als auch amerikanische Stadtbusse, amerikanischer Weizen lagerte in russischen Silos. Zudem bot sich die Sowjetunion mit dieser Kreditvergabe in der Weltöffentlichkeit als Alternative zur Abhängigkeit der unterentwickelten Länder von den Entwicklungsleistungen des Westens an. Besonders galt dies für die Bewegung der blockfreien Staaten, die 1955 in Bandung gegründet worden war.
Die Sowjetunion war damit nach den Jahren der militärischen Bedrohung und der versuchten Isolierung durch den Westen in die politische Offensive

gegangen. Es war dem Westen nicht gelungen, den Sozialismus militärisch zu besiegen oder zurückzudrängen. In China hatte die kommunistische Partei gesiegt, in Vietnam und Korea drohte eine ähnliche Entwicklung, die nur durch die Teilung der Länder hatte verhindert werden können. Es war eine Pattsituation entstanden, auf die der Westen, besonders die USA, nicht vorbereitet war, weil er immer nur auf die militärische Variante gesetzt hatte.

Mit der friedlichen Koexistenz bot die Sowjetunion der Welt ein Konzept an, das auf der weltpolitischen Realität der beiden gleichstarken Blöcke beruhte, die nicht den einen vernichten konnten, ohne sich selbst zu vernichten. Das politische System des Sozialismus war so weit erstarkt, dass es zu einer Realität geworden war, die nicht aus der Welt geschafft werden konnte außer durch einen Dritten Weltkrieg. Zwischen den beiden Blöcken herrschte Gleichgewicht. Dies hatte die UdSSR zuerst erkannt und sich darauf eingestellt mit dem Angebot der friedlichen Koexistenz.

Die westliche Entwicklungshilfe

Da die Intensivierung der westlichen Entwicklungshilfe in die Regierungszeit Dauds fiel, sollen auch an dieser Stelle Hintergründe und Interessen dieses Einstellungswechsels gegenüber Afghanistan beleuchtet werden. Obwohl gerade Daud mit seiner Hinwendung zur UdSSR nicht gerade der Liebling des Westens war, hatte man dennoch gerade in seiner diesen Wechsel vollzogen. Dabei hatten sich gerade doch seine Vorgänger viel intensiver um die Zusammenarbeit mit dem Wesen bemüht.

Aber der 100-Millionen-Dollar-Kredit der UdSSR an Afghanistan hatte die USA aufgeschreckt und zu einem Umdenken in Washington geführt. Noch 1953 hatte Präsident Nixon Kabul unglaublich verärgert mit seiner Bemerkung, dass man Afghanistan abschreiben könne, und die prowestliche Regierung Schah Mahmud tief gekränkt durch dieses Desinteresse, das man ihren Bemühungen entgegengebracht hatte.

Diese Politik der USA war Ausfluss der Truman-Doktrin (Präsident Truman 1947) gewesen, der zufolge sich jedes Land zu entscheiden hatte zwischen den Systemen, die von den USA als freie oder als totalitäre bezeichnet wurden, wobei die Deutungshoheit bei den USA lag, und die sich in ihren Augen gegenseitig ausschlossen. Und nur wer sich für den Kampf gegen die sogenannten totalitären Systeme entscheide, könne auf Unterstützung durch die USA rechnen. Dazwischen blieb kein Platz für Länder wie Afghanistan, die sicher keine Freunde der UdSSR waren, aber mit ihr leben mussten.

War noch 1954 nach langen zermürbenden und erniedrigenden Verhandlungen zwischen Afghanistan und der amerikanischen Import-Export-Bank ein Darlehen von 18,5 Mio Dollar gewährt worden mit der Auflage, dass davon ausschließlich die Rechnungen der amerikanischen Firma Knudsen-Morrison zu bezahlen seien, so wurde nun große Geldmittel bereitgestellt, zum Teil sogar als Schenkungen, um das leidige Helmand-Projekt endlich zu Ende zu bringen. Nun wurde Afghanistan in den Kreis der bevorzugten Staaten aufgenommen.

Deutschland war andere Wege gegangen, die aber auch demselben Ziel gedient hatten, der Zurückdrängung des sowjetischen Einflusses neben der Verfolgung der wirtschaftlichen Interessen. Die über Jahrzehnte gewachsenen Kontakte zu Afghanistan boten andere Möglichkeiten zur Verwirklichung dieses übergeordneten politischen Ziels. Die der Kriegsniederlage geschuldete, militärisch untergeordnete Bedeutung der BRD schloss von vornherein andere Vorgehensweisen als die wirtschaftlichen aus. Den Part der militärischen Optionen übernahmen die USA als politisch-militärische Führungsmacht des kapitalistischen Lagers.

Bereits 1949 hatte auch Deutschland mit Duldung der westlichen Siegermächte wieder wirtschaftliche Kontakte mit Afghanistan aufgenommen, obwohl es erst ab 1950 wieder Handelsverträge zwischen den beiden Ländern gab. Neben den wirtschaftlichen und den bereits oben beschriebenen allgemeinen politischen Interessen des westlichen Lagers muss das besonderes Interesse der Bundesrepublik gesehen werden, die Anerkennung der DDR als eigenständigen Staat zu verhindern.

Neben der Truman-Doktrin war die Hallstein-Doktrin Ausdruck dieser Systemkonkurrenz und zugleich Dokument der damaligen Weltsicht der herrschenden Klasse in den kapitalistischen Hochburgen. Sie war aber auch zugleich Konzept für die Bekämpfung des Sozialismus und der nationalen Befreiungsbewegungen der ehemaligen Kolonien. 1956 besuchten der damalige Bundespräsident Gerstenmaier und Staatssekretär Hallstein Afghanistan. „Die Ergebnisse der Reise Hallsteins sind bis heute [1996] der Öffentlichkeit nicht zugänglich gemacht worden" (Baraki S 88), was ausdrückt, welche hohe politische Bedeutung sie für die herrschenden Kreise hatten, über die die eigene Bevölkerung nicht in Kenntnis gesetzt werden sollte.

Über die politischen Interessen wurden die Völker der Industrienationen unter allen Regierungen im Unklaren gelassen. Im Vordergrund standen immer nur, wenn überhaupt, die wirtschaftlichen Interessen, meistens wurden sogar diese noch hinter vorgeblicher selbstloser Hilfsbereitschaft verschleiert. Diese politischen Interessen bei der Vergabe von Entwicklungshilfegeldern wurden gegenüber der eigenen Bevölkerung nicht erwähnt. „Stattdessen war viel … von der Ablehnung des Atheismus die Rede" (Baraki S 94).

Walter Scheel, Bundesminister für wirtschaftliche Zusammenarbeit, äußerte sich zu diesem Thema 1969 in der Frankfurter Rundschau: „Entwicklungshilfe ist aus diesem Grunde ein Teil unserer Sicherheits-, Sozial, und Wirtschaftspolitik, zumal der Westen dabei im unbarmherzigen Wettstreit mit dem Bolschewismus steht" (Baraki S 174). Und dazu war es wichtig, nicht nur Wirtschaftsgüter in die für soziale Umbrüche anfälligen Weltregionen zu exportieren, sondern auch zugleich das System der freien Marktwirtschaft, denn man hatte in den kapitalistischen Hochburgen erkannt, dass all die Hilfsmaßnahmen des Westens nur dann erfolgreich sein konnten, wenn es gelang, „in diesen Ländern eine wachsende Schicht von privaten Unternehmern herauszubilden, die eines Tages den Staat in seinen Wirtschaftsfunktionen ablösen konnten" (Baraki S 176).

Neben den bereits existierenden sozialistischen Staaten betrachtete man auch die nationalen Befreiungsbewegungen in den ehemaligen Kolonien mit großer Sorge und Misstrauen, besonders „die Faszination der Zusammenarbeit der asiatischen Staaten mit der Sowjetunion" (Baraki S 88). Denn nicht nur ideologisch sondern auch wirtschaftlich waren die kapitalistischen Staaten unter Zugzwang gekommen. So musste auch Hallstein eingestehen, dass die UdSSR „niedrige Preise, günstige Liefer- und Zahlungsbedingungen, (und) große Angebote technischer Hilfeleistungen bot" (Baraki S 88).

So stellte die UdSSR in der Zeit von 1954 bis 1963 mit 1,4 Mrd DM etwa 70% aller Kredite, die Afghanistan aus dem Ausland gewährt wurden. Bei Laufzeiten von 25 bis 30 Jahren wurden in den Jahren 1959 – 1961 Zinsen in Höhe von 2% erhoben und langfristige Kredite zur Finanzierung des 2. Fünfjahrplanes (1962-67) mit einer Laufzeit von 50 Jahren waren sogar zinslos.

Zudem hatte die UdSSR sich im Laufe der Jahre ein hohes Ansehen geschaffen in großen Teilen der Bevölkerung, besonders der Intelligenz, als zuverlässiger politischer und auch wirtschaftlicher Partner „wegen ihrer erfolgreichen Entwicklungshilfe in Afghanistan; durch den Umfang ihrer Projekte im staatlichen Sektor wurde sei zum großen Arbeitsbeschaffer" (Baraki S 121).

Hinzu kam, dass die privatwirtschaftlichen Unternehmen, die in Afghanistan die zwischen den Staaten vereinbarten Hilfsprojekte ausführten, in erster Linie ein Gewinninteresse an der Verwirklichung der übernommenen Aufträge hatte. In der Regel waren die Wirtschafts- und Finanzhilfen der westlichen Geberländer gekoppelt mit der Auflage, die Kapitalhilfen für Käufe und Auftragsvergabe in dem entsprechenden Geberland zu verwenden.

Diese Mittelvergabe rechnete sich für die deutsche Exportindustrie. Nach Aussage des damaligen Bundesministers für wirtschaftliche Zusammenarbeit, Egon Bahr, flossen allein 80% der Kapitalhilfe als Aufträge an deutsche Unternehmen wieder zurück. Und da die Projekte meistens noch zusätzliche Mittel von der Weltbank erhielten, „bekommen wir mehr als doppelt so viel Aufträge, wie wir als Anteil einzahlen" in die Fonds der Weltbank (Baraki S 193).

„Durch die Lieferbindung verteuerten sich die Importe der Entwicklungsländer bis zu 40%" (Baraki S 186). Sie dienten damit in erster Linie der Exportindustrie der Geberländer und deren Angebote waren nicht immer die preisgünstigsten auf den Weltmarkt. So war Finanzhilfe der BRD über 200 Mio D-Mark an Afghanistan vom Jahre 1962 auch mit der ausdrücklichen Auflage verbunden, dass davon keine Waren aus den Ländern des sowjetisch-chinesischen Blocks sowie Jugoslawien bezogen werden dürfen.

Das sowjetische Interesse an der Entwicklungshilfe in Afghanistan wurde mehr von dem Wunsch getragen, an der eigenen Südgrenze einen zumindest neutralen Staat als Nachbarn zu haben. Insofern war die sowjetische Entwicklungshilfe mehr eine politische denn eine wirtschaftliche Überlegung. Sie entsprang nicht so sehr wirtschaftlichen Interessen, denn das Geld, das man Afghanistan zur Verfügung stellte, hätte man viel lieber im eigenen Land eingesetzt, um die eigene Entwicklung voranzubringen.

Sollte der ideologischen und politischen Offensive der Sowjetunion besonders in Asien begegnet werden, so betrachtete man es als wichtig und notwendig, „die wirtschaftlichen Beziehungen zu Afghanistan wegen des sowjetischen Einflusses zu verstärken" (Baraki S 91). Dazu waren neben der Koordinierung der wirtschaftlichen Hilfeleistungen durch die kapitalistischen Staaten auch die Entsendung von Fachkräften nötig zur Ausbildung und Schulung von Technikern und Facharbeitern. Und letztlich sollten die westlich orientierten Staaten im asiatischen Raum durch personelle und wirtschaftliche Unterstützung „gefestigt werden, um sie zur Unterdrückung der Oppositionskräfte zu befähigen" (Baraki S 89).

Durch großzügige Förderung von Entwicklungsprojekten sollte ein Gegengewicht geschaffen werden zum sowjetischen Einfluss. Man hoffte, „dass mit dem Anlaufen der deutschen Wirtschaftshilfe in Afghanistan die Waagschale sich dem Westen wieder zuneigen dürfte" (Baraki S 157). Die Förderung Afghanistans und anderer unterentwickelter Staaten war ein Mittel im „Kampf gegen die Ausbreitung des Kommunismus" (Baraki S 200) und dieser Kampf war am notwendigsten in Staaten, die sich in unmittelbarer Nähe zum sozialistischen Block befanden, „an erster Stelle Indien, Pakistan, Iran und vor allem Afghanistan" (Baraki S 200)

Durch diese Änderungen in der Einstellung der führenden kapitalistischen Staaten war es folgerichtig dann im Februar 1956 zu einem Abkommen mit den USA gekommen, in dem Afghanistan bis Mitte 1958 technische

Hilfe in Höhe von 30 Mio Dollar zugesagt wurde. Im Dezember 1960 versicherte der amerikanische Präsident Eisenhower bei einem Zwischenstopp in Kabul gegenüber der afghanischen Regierung, dass die USA weiterhin Afghanistan auf wirtschaftlichem und technischem Gebiet unterstützen werden.

Und Afghanistan war auf diese Mittel dringend angewiesen. Bei der Übernahme der Amtsgeschäfte durch Daud war der afghanische Staat nahezu bankrott. Die Wirtschaft stagnierte, und die Devisenüberschüsse, die in den Zeiten des boomenden Karakulmarktes hatten angehäuft werden können, waren im Helmandprojekt versickert. Die Großprojekte und der Machtkampf mit der Nationalbankgruppe hatten die Staatskasse überfordert.
Die Abhängigkeit von ausländischen Krediten wuchs, wollte man das Land entwickeln. Der erste Fünfjahr-Plan wurde zu 65% durch Auslandshilfe finanziert, der zweite gar zu 75%. Beim dritten und vierten sanken diese Anteile dann wieder auf 66% bzw. 63%. Dadurch erhielten ausländische Regierungen über die Kreditvergabe zunehmend Einfluss auf die Entscheidungen der afghanischen Wirtschaftspolitik.
Diese hohen Mittelzuwendungen waren aber für die wirtschaftliche Entwicklung des Landes nahezu unbedeutend geblieben, da sie meistens nicht effektiv eingesetzt werden konnten. Sie führten in erster Linie zu einer immensen Staatsverschuldung, die 1975 nach Angabe des Deutschen Orientinstituts zu einer Leistung von etwa 225 Mio $ an Zinsen und Tilgung führten, was 20,5% der gesamten Deviseneinnahmen ausmachte. Diese Verschuldung entstand in erster Linie durch Projekte, die von ausländischen Beratern vorgeschlagen und an deren Interessen orientiert waren, wobei hier vom Orient-Institut besonders die sowjetische Hilfe hervorgehoben wird, was aber von anderen besonders Baraki wieder ganz anders und auch fundiert dargestellt wird.

Die Beruhigung der innenpolitischen Lage

Mit dem Industrieförderungsgesetz von 1949/50 waren bereits unter Schah Mahmud erste Schritte zur Eindämmung der Macht des kapitalistischen Sektors und der Regulierung der Wirtschaft unternommen worden. Nach der heftigen öffentlichen Kritik an der Nationalbank in den Jahren 1949 bis 1952 wurde unter Daud nun dieser Machtkampf entschieden und zu einem vorläufigen Ende gebracht.
Unter dem Vorwurf der „Steuerhinterziehung und der Behinderung der wirtschaftlichen Entwicklung durch Profitgier und diskriminierende Kreditpolitik" wurden der Bank und ihren Tochtergesellschaften staatliche Kontrollorgane aufgezwungen und teilweise sogar die Aktienmehrheit ent-

zogen. Damit war der Kapitalismus in Afghanistan vorübergehend geschwächt worden. Nach den Turbulenzen am Ende der Regierungszeit Schah Mahmuds kehrte unter der Ägide Daud wieder Ruhe in der afghanischen Gesellschaft ein. Das war auf verschiedene Maßnahmen Dauds zurückzuführen.

Seine Politik der gelenkten Wirtschaft in der Form der verstärkten Industrialisierung und Förderung der Privatwirtschaft bei gleichzeitiger Kontrolle durch den Staat traf auf die Unterstützung weiter Teile der Bevölkerung. Sie nährte die Hoffnung auf einen wirtschaftlichen Aufschwung des Landes und zeigte auch Erfolge. Diese wirtschaftlichen Erfolge waren aber vielmehr auf den hohen Zufluss an Finanzmitteln zurückzuführen, die nun verstärkt von den westlichen Staaten zur Verfügung gestellt wurden.

Der Aufschwung der Wirtschaft hatte besonders in der staatlichen Bürokratie und Verwaltung die Möglichkeiten geschaffen, Kritiker des ehemaligen Regimes aus dem akademisch-intellektuellen Milieu zu integrieren und damit die Konflikte in den Städten zu entschärfen. Daud erkaufte sich innenpolitische Ruhe, indem er die staatliche Verwaltung personell aufblähte.

Darüber hinaus konnten die von den Modernisierern geäußerte Kritik und Vorschläge durch die Vergabe von verantwortungsvollen Positionen nutzbringend eingesetzt werden. Daud erreichte es, dass er die Unterstützung weiter Kreise der staatlichen Verwaltung und der Bürokratie genoss. Unter seiner Regierungszeit gewann die Armee, die zu einem Machtfaktor geworden war, an Ansehen in der Gesellschaft, und es gelang ihr, Anhänger der Modernisierung an sich zu binden. Auch seine Paschtunistan-Politik „entsprach den nationalen Gefühlen des afghanischen Volkes und genoss große Unterstützung" (Baraki S 103).

Die starke militärische Unterstützung und Modernisierung der afghanischen Armee durch die Sowjetunion hatte das Kräfteverhältnis zwischen der Zentralmacht und den Stämmen verschoben. Durch den Ausbau des Straßennetzes lies sich schweres Gerät schneller in entlegene Gegenden des Landes verlegen. Die Verbesserung der Infrastruktur im Bereich von Flugverkehr, Stromversorgung und Telekommunikation erhöhte die Überlegenheit der Zentralregierung gegenüber den relativ rückständigen Stämmen.

Sie war immer erfolgreicher in ihren Bemühungen, diese Gebiete mit staatlicher Verwaltung zu durchdringen und die Ansprüche des Staates durchzusetzen. Die Stämme waren ohne äußere Hilfe nicht mehr in der Lage, die Zentralregierung ernsthaft zu bedrohen. Der Konflikt zwischen diesen beiden Kräften, der über Jahrhunderte getobt und die Entwicklung des Landes beeinträchtigt hatte, neigte sich zugunsten der Zentralgewalt.

Auf der anderen Seite wurden oder blieben die meisten politischen Rechte aufgehoben, jede Meinungsfreiheit war verschwunden. Jedoch war die Kritik nicht ganz verstummt. Viele Gesprächskreise existierten weiter und besonders in Kabul bildeten sich Gruppen, in denen sich marxistisches Gedankengut ausbreitete. Die Repräsentanten solcher Gruppen wie z.B. Karmal standen bereits ab 1957 unter Beobachtung des Geheimdienstes.

Auch wenn Daud die Linke unter Beobachtung stellte, hielt ihn das nicht davon ab, sich auch gegen die orthodoxen islamischen Kräfte zu wenden. Um die Modernisierung der Gesellschaft voranzutreiben und Unterstützung bei den liberalen, westlich orientierten Kreisen der Gesellschaft zu finden, verfügte er die Aufhebung des Schleierzwangs, worauf aber der Klerus heftig reagierte. 1959 kam es daraufhin zu bewaffneten Auseinandersetzungen in Kandahar, die von Pakistan bereitwillig für propagandistische Zwecke aufgegriffen wurden. Das Verhältnis zwischen den beiden Staaten war zu dieser Zeit wegen der Paschtunistanfrage wieder sehr gespannt. Dieser Konflikt war in den Augen der Öffentlichkeit die Ursache für den Rücktritt Dauds.

Trotz des wirtschaftlichen Fortschritts hatten die sozialen Probleme des Landes und die Konflikte in der Gesellschaft wie Armut, Arbeitslosigkeit, Landflucht, Wohnungsmangel und Kriminalität nicht gelöst werden können. „Baraki zitiert die Kabul-Times vom 19.3.1964: „Die wirtschaftliche Entwicklung des Landes benötige Veränderungen" (Bakaki S 106). Und mit den sozialen Problemen schritt auch der Zerfall der alten, der feudalistischen Gesellschaft voran. Wie zugespitzt die Lage war, wird an anderer Stelle wie folgt ausgedrückt: „Es musste über kurz oder lang seitens der Monarchie etwas passieren, oder es würde mit der Monarchie etwas passieren" (Baraki S 106).

Im Hintergrund aber waren bereits die Vorbereitungen für einen Wechsel der afghanischen Politik hin zu einer stärkeren Westorientierung des Landes angelaufen. Die Hinwendung zur UdSSR hatte die wirtschaftliche Entwicklung des Landes gefördert, aber sie war nur die zweitbeste Lösung gewesen. Mit der erwünschten Annäherung an den Westen verbanden sich Hoffnungen, an dem höheren technologischen Niveau und den besseren Gewinnerwartungen, die der Weltmarkt bot, teilzuhaben. So war es nur folgerichtig, nun mit der Entspannung des Verhältnisses zwischen den USA und Afghanistan für die Entwicklung der kapitalistischen Wirtschaft die Unterstützung der kapitalistischen Staaten des Westens zu suchen.

Staatsfinanzen und politische Macht

Die Entwicklung der Staatsausgaben

Wie kein anderes Land der Welt hat Afganistan es verstanden, den Ost-West-Gegensatz für die eigene Entwicklung auszunutzen. Nirgendwo werden in den 1950er und 1960er Jahren von beiden politischen Lagern gleichzeitig in einem Land solch hohe Entwicklungsleistungen erbracht wie hier von den USA und der BRD auf der westlichen Seite und der UdSSR und der CSSR auf der östlichen zusammen. Die Geberländer wollten mit ihren ökonomischen Projekten, den eigenen politischen Einfluss stärken und gleichzeitig den des politischen Gegners einschränken.

Unterschiedliche Herangehensweisen lassen sich dabei feststellen zwischen den beiden Lagern, die einerseits ihrer wirtschaftlichen Leistungsfähigkeit entsprechen. Andererseits zeigen sich darin die unterschiedlichen Vorstellungen und auch Erfahrungen, die in beiden Lagern darüber vorherrschen, wie sich wirtschaftlicher Aufbau entwickelt, in welche Richtung eine Volkswirtschaft entwickelt werden und auf welche Grundlagen ein solche Entwicklung fußen soll.

Während die kapitalkräftigen Industriestaaten des Westens Großprojekte förderten wie den Helmand-Staudamm und den Flughafen von Kandahar, legten die östlichen Staaten ihren Schwerpunkt auf kleinere Projekte, die auf dem Entwicklungsniveau der Bevölkerung aufbauten und besonders durch die Förderung der Konsumgüterindustrie, zu einem raschen und erkennbaren Nutzen der Investition führten.

Die Großprojekte hatten nicht zu einem Anstieg des afghanischen Bruttosozialproduktes geführt. Aber ihre Folgekosten belasteten den Staatshaushalt. Die ersten beiden Fünfjahrpläne waren gekennzeichnet durch ein Übermaß an Infrastrukturmaßnahmen unter Vernachlässigung von Investitionen in Landwirtschaft und Industrie. Allein die Infrastrukturmaßnahmen im Energiebereich nahmen 60% der Entwicklungsausgaben in Anspruch.
Aber auch die Investitionen im Agrarsektor haben nicht zu einer nennenswerten Produktionssteigerung geführt, weil sie in erster Linie in landwirtschaftliche Großprojekte flossen (z.B. Landgewinnungsprojekte). Das Hilmand-Projekt führte zur Versalzung der Böden, sodass sein Nutzen für die Landwirtschaft gering war. Der Schaden für die Staatskasse war aber. Der Lebensstandard der Bevölkerung konnte nicht wesentlich gesteigert werden.
Zudem blieb die Produktivität der afghanischen Wirtschaft gering. Die geringe Konkurrenzfähigkeit afghanischer Waren auf dem Weltmarkt

erschwerten den Erwerb von westlichen Devisen, die nötig waren, um die Verbindlichkeiten gegenüber den westlichen Geberländern zu bedienen, was Afghanistan finanziell abhängig und auch politisch erpressbar machte. Der starke Ausbau der Kabuler Universität führte zu einem Überangebot von akademisch gebildeten Arbeitskräften, denen aber außer in der ohnehin schon stark überbesetzten Staatsverwaltung keine entsprechenden Arbeitsplätze angeboten werden konnten. Und mit dieser Überbesetzung und mangelnden Effektivität der Verwaltung kamen zusätzliche immense Kosten auf die Staatskasse zu. 1970 machten diese Personalkosten allein 43% des ordentlichen Haushalts aus.

Die Folge dieser Entwicklung war, dass in der Zeit von 1962/3 bis 1970/1 sich die ordentlichen Ausgaben im afghanischen Staatshaushalt von 1,85 Mrd Afs auf 5,15 Mrd Afs verdreifachen. Allein die Kosten für die ständig wachsende Verwaltung, die Erhöhung der Rüstungsausgaben, der zunehmende Schuldendienst (Zinsen) und die Folgekosten der Entwicklungsprojekte nahmen in 1970/1 fast den gesamten ordentlichen Haushalt in Anspruch (89,4%). Während der Verteidigungsetat allein ca 30% ausmacht, betragen die Ausgaben für Bildung nur halb so viel.

Neben den Ausgaben des ordentlichen Haushalts sind als weiterer Posten der Staatsausgaben die Entwicklungsausgaben zu erwähnen. Die Ausgabensteigerungen im ordentlichen Haushalt gingen zwangsläufig zulasten der Entwicklungsvorhaben. Sie steigen im Beobachtungszeitraum nur gering. Aufgrund der geringen Erfoge der Entwicklungspläne hatte dann auch das ausländische Engagement allmählich nachgelassen.

Im dritten Fünfjahrplan verlagert sich der Schwerpunkt der Ausgaben auf produktive Investitionen in die Landwirtschaft und die ertragreiche Erdgasproduktion. Gleichzeitig schrumpfte aber der Umfang des dritten Fünfjahrplanes wegen der rückläufigen Kapitalhilfeleistungen des Auslands und der Folgekosten der Infrastrukturmaßnahmen. Als dann in den Dürrejahren 1970/1 noch die Produktion des Agrarsektors zurückgng, musste ein erheblicher Teil der ausländischen Mittel zur Versorgung der Bevölkerung aufgewendet werden.

Mit dem Einsetzen der Rückzahlungsverpflichtungen und dem gleichzeitigen Rückgang der Entwicklungshilfe, wurden nicht nur die afghanischen Devisenbestände zur Ader gelassen. Der gesamte Staatshaushalt wurde erheblich belastet. Während die westlichen Länder auf der Erfüllung dieser Verpflichtungen bestanden, konnte mit der Sowjetunion ein Zahlungsmoratorium vereinbart werden.

Hatte der afghanische Staatshaushalt noch bis Ende der 1940er Jahre durch die hohen Gewinne der Karakulvermarktung Überschüsse aufzuweisen, so war er zu Beginn des Amtsantritt von Ministerpräsident Daud im Jahre 1956 dem Bankrott nahe. Trotz der zwischenzeitlichen massiven Unterstützung durch ausländische Entwicklungshilfe standen die afghanischen Staatsfinanzen zu Beginn der 1970er Jahre vor einer ähnlichen Lage. Maßgeblich hierfür war unter anderem eine Entwicklungspolitik, die sich zu wenig an den volkswirtschaftlichen Realitäten des Landes orientiert hatte wie des geringen Kapitalstocks und der begrenzten inländischen Nachfrage. Die Förderung von Großprojekten im Bereich der Infrastruktur hatte zu hohem Kapitalverzehr geführt, dem nur ein geringer Rückfluss an Erträgen gegenüberstand. Und das niedrige Bildungs- und Ausbildungsniveau der Bevölkerung ließ keine Fertigung von hochwertigen, auf dem Weltmarkt konkurrenzfähigen Produkten zu, sodass von der Seite der Produktion keine Entspannung der Defizite gegenüber dem Ausland zu erwarten war.

Entscheidend für diese schlechte Lage der Staatsfinanzen war aber nicht die Leistungskraft der Wirtschaft allein. Viel bedeutender war die politische Machtverteilung im Lande zwischen dem feudalistischen und kapitalistischen Sektor der Wirtschaft. Die kapitalistische Wirtschaft als ökonomische Stütze des Staates spielte gegenüber der herrschenden Feudalklasse mit ihrer unergiebigen Agrarwirtschaft nur eine untergeordnete Rolle in den politischen Entscheidungsprozessen Afghanistans.

Die Staatseinnahmen

Um die Zahlungsunfähigkeit des Staates zu verhindern, mussten Maßnahmen ergriffen werden. Auf der Ausgabenseite des Staatshaushaltes waren nur wenige Veränderungen möglich. Die Kreditverpflichtungen mussten erfüllt werden und eine Verschlankung der staatlichen Verwaltung trug die Gefahr von sozialen Unruhen in sich. Ohnehin war gerade die akademische Elite in den Städten die gesellschaftliche Gruppe, die am meisten zu Protesten neigte auf Grund des Mangels an Arbeitsplätzen, die ihrer Qualifikation entsprachen und entsprechend bezahlt gewesen wären.

Nach Untersuchungen zu Beginn der 1970er Jahre lag die Steuerlast der afghanischen Bevölkerung zum Zeitpunkt der Erhebung bei etwa 7%, was einerseits zu wenig war, um den Aufbau des Landes zu finanzieren, andererseits aber Raum bot für weitere Einnahmen durch die Erhöhung und Schaffung von Steuern. Der Kosten- und Schuldenberg war aus der geringen Ertragskraft der Wirtschaft nicht zu finanzieren. Als einzige Möglichkeit, die Staatsfinanzen zu sanieren, sah man in der Verbesserung der Einnahmesituation durch Steuererhöhungen.

In den Jahren 1972/3 wurde zwischen der Kabuler Universität und dem Institut für Entwicklungsforschung und Wirtschaftspolitik der Ruhruniversität Bochum mit Unterstützung der afghanischen Behörden eine Studie ausgearbeitet, die das afghanische Steuersystem untersuchen und Möglichkeiten der Modernisierung und Effizienzsteigerung entwickeln sollte.

Zwar waren nach dieser Studie die Steuereinnahmen aufgrund der Leistungssteigerung der Wirtschaft als Ergebnis der Fünfjahrpläne von 1962/3 bis 1970/1 um 161,5% gestiegen, dennoch deckten die gesamten Staatseinnahmen im Beobachtungszeitraum nur etwa 52% der gesamten Staatsausgaben. Die Folge war, dass Afghanistan aus seinen ordentlichen Einnahmen nicht einmal 10% der gesamten Ausgaben für die Entwicklung des Landes selbst tragen konnte.

Für den 2. Fünfjahrplan im Umfang von 33,5 Mrd. Afs sollten allein 70% durch Auslandshilfen aufgebracht werden, und von den ca. 600 Mio Dollar an benötigten Devisen konnte der Staat nur 38,4 bereitstellen. Die Privatwirtschaft beteiligte sich mit nur weniger als 1% an den benötigten Mitteln. Bereits 1964 hatte sich eine Schuldenlast von 400 Mio Dollar angehäuft, was dem Sechsfachen der jährlichen Gesamteinnahmen des Staates entsprach.

Wie kritisch die Kapitalsituation 1970/1 war, zeigte, dass der Kapitalrückfluss in die Industrieländer den Kapitalzufluss um 200 Mio Afs überstieg, was bedeutet, dass mehr Kapital das Land verließ als investiert wurde. Afghanistan war nicht in der Lage, zugesagte Kredite in Anspruch zu nehmen, weil es nicht einmal die Bereitstellung der geringen Eigenmittel gewährleisten konnte, die die Voraussetzung waren für die Inanspruchnahme der zugesagten Gelder. Die Staatseinnahmen waren eindeutig zu niedrig, gemessen an den Ausgaben, was aber letztlich nur bedeutet, dass die Ausgaben zu hoch waren.

So wie der Staat nicht neutral ist, sondern die Gesellschaft im Interesse einer bestimmten Ordnung verwaltet, so sind auch Steuern und Abgaben nicht neutral, sondern Ausdruck der Interessen der herrschenden Klasse. Der komplizierte Aufbau der Gesellschaften mit ihren verschiedenen Gruppen und deren unterschiedlichen Interessen erfordert für die Aufrechterhaltung und das Gedeihen der Gesellschaft eine Verwaltung der Gesellschaft. Die Kosten dieser Verwaltung sowie die weiteren Verpflichtungen und Aufgaben des Staates werden finanziert unter anderem über unterschiedliche Steuern, direkte auf die Einkommen, indirekte auf den Verbrauch von Waren.

Art, Ausgestaltung und Ausmaß dieser Steuern sind wesentlich abhängig vom Klassencharakter eines Staates, d.h. im Interesse welcher politischen Ordnung und der in ihr herrschenden Klasse verwaltet der Staat die Gesellschaft. Das Interesse dieser herrschenden Klasse beeinflusst vermittelt über die Gesetzgebung des Staates die Ausgestaltung der Steuer.

Wenn in den kapitalistischen Staaten sich die Steuereinnahmen immer mehr auf die Steuern aus nichtselbständiger Arbeit(Lohnsteuer) verlegen, Unternehmenssteuern (Gewerbesteuer, Kapitalertragsteuer, Körperschaftssteuer) aber immer weiter gesenkt bzw. deren Besteuerungsgrundlage immer mehr zugunsten der Unternehmen verändert wird, die Abwanderungsmöglichkeit von Unternehmen und Kapital in Niedrigsteuerländer immer mehr erleichtert wird, so wird aus diesen Steuerbedingungen deutlich, in wessen Interesse der Staat die Verwaltung der Gesellschaft ausübt. Sie geschieht im Falle der kapitalistischen Staaten im Interesse der Unternehmen und ihrer Besitzer.

Im Falle Afghanistans als einem feudalistischen Staat ist es die Feudalklasse, der die Steuerpolitik des Staates vornehmlich zugute kommt, weil die im Parlament dieses Staates vertretenen Parlamentarier sich in erster Linie aus Mitgliedern der Feudalklasse zusammensetzen.

Die direkten Steuern:
Allgemein werden die Staatseinnahmen gebildet aus den Zöllen, den Steuern und sonstigen Einnahmen, wobei unter dem letzten Punkt in erster Linie die Erträge aus der Wirtschaftstätigkeit des Staates selbst zu verstehen sind. Bei den Steuern wird unterschieden zwischen den direkten und indirekten Steuern.

Vor dem Aufkommen der kapitalistischen Produktionsweise in Afghanistan waren die Quellen der direkten Besteuerung die unter dem Begriff der Landsteuer zusammengefasste Bodensteuer, Mühlensteuer und Steuern auf Obstbäume und Weinstöcke. Wie alle Steuererhebungen hatte auch die Bodensteuer nur gegen erheblichen Widerstand und nur durch jahrzehntelange zum Teil kriegerische Auseinandersetzungen von der afghanischen Zentralgewalt durchgesetzt werden können.

Zur Zahlung der Bodensteuer waren alle Grundbesitzer verpflichtet. Sie traf aber in erster Linie die sesshafte Landbevölkerung, die unter der direkten Kontrolle Kabuls stand. Die Einnahmen aus den wenigen städtischen Zentren (Seidenstraße) überwog bei weitem die der Landgebiete.

In den Anfängen der afghanischen Finanzverwaltung wurden die Steuern von den Dorfältesten, Stammesfürsten und Beamten der Provinzgouverneure eingetrieben. Ihnen oblag die Qualitätseinstufung des zu besteuernden Landes, nach der sich die Besteuerung richtete, und auch die Steuereintreibung selbst. Erheblichen Steuerwiderstand leisteten die Großgrundbesitzer. Sie konnten ihren gesellschaftlichen Einfluss und ihre Macht geltend machen, um über eine geringere Qualitätseinstufung ihres Landes günstigere Steuereinsätze zu erreichen. Insofern waren sie gegenüber den Kleinbauern begünstigt. Bei letzteren war neben der Festsetzung der Steuer auch ihre Eintreibung leichter durchzusetzen als bei den mächtigen Großgrundbesitzern.

Auch konnten nicht alle Stämme zur Steuerzahlung gezwungen werden, manche hatten sich von dieser Verpflichtung befreien können, indem sie dem König von Kabul Soldaten für sein stehendes Heer abstellten. Viele Stämme, wie die Paschtunen im südöstlichen Grenzgebiet, und auch viele Großgrundbesitzer konnten sich der Steuerzahlung entziehen.

Das größte Problem in der afghanischen Steuerpolitik bestand in der Schwäche der Zentralmacht, der es nur selten gelang, ihre Steueransprüche außerhalb ihres direkten Herrschaftsbereichs durchzusetzen. Die Abschaffung von Steuerprivilegien oder die Durchsetzung der Steuerpflicht in einem Bereich konnten oftmals nur durch die Schaffung neuer Ausnahmeregelungen und Zugeständnissen in anderen Bereichen der Bevölkerung erreicht werden. Ein weiteres großes Problem der afghanischen Steuererhebung war neben der Eintreibung der Steuern bis in die heutige Zeit der Mangel an kompetenten Beamten und die Korruption.

Unter Abdur Rahman waren die lokalen Herrscher, die sich oftmals an dem ihnen übertragenen Steuereinzug bereichert hatten, von dieser Aufgabe entbunden worden. Die Steuererhebung war in die Hände von Provinzfinanzverwaltungen gelegt worden, die direkt dem König unterstellt waren. Sie stellten die Steuerschuld fest, veranlassten den Steuereinzug, den sie auch unter Einsatz von Militär durchsetzen konnten. Die Steuererhebung war ganz auf den Herrscher zugeschnitten und auf die Mittelbeschaffung für die Aufrechterhaltung der Armee. Diesem Ziel dienten auch die gegen Ende des 19. Jahrhunderts gegründeten Manufakturen, die für die Ausrüstung der Armee sorgten.

Noch zu Zeiten Habibullahs (1901-1919) war ein Großteil der Steuern in Naturalform errichtet worden, wodurch es oftmals zu großen Verlusten bei den Einnahmen für die Regierung gekommen war. In Habihullahs Regierungszeit wurde die Umstellung auf Geldzahlung durchgesetzt und durch das Landsteuergesetz von 1920/1 Steuertarife für unterschiedliche Nutzungsflächen festgesetzt.

Da in der Zeit des Kolonialismus das afghanische Königshaus hohe Zahlungen aus der englischen Staatskasse erhielt, war man nicht so sehr darauf bedacht, die inneren Steuerpotentiale zu heben, um weitere Konflikte mit den Stämmen zu vermeiden. Als England zu Beginn der Regierungszeit Amanullahs seine Zahlungen einstellte als Reaktion auf die afghanischen Unabhängigkeitsbestrebungen und gutnachbarschaftlichen Beziehungen zur UdSSR, fand bezüglich der Besteuerung der Bevölkerung ein Umdenken in Kabul statt.

Hatte die Landsteuer neben den Mittelzuflüssen aus den Städten an der Seidenstraße und den Zuwendungen der Engländer die Staatsausgaben zu bedienen gemocht, so machte sie im Jahre 1928 nur noch etwa 30% der Staatseinnahmen aus. Und nach 1950, also mit dem zunehmenden Ausbau des „industriellen" Sektors, war ein verstärktes Absinken der Landsteuer nicht nur relativ zu den Staatseinnahmen sondern auch im absoluten Wert festzustellen.

Als sie 1964/5 mit 44,3 Mio. Afs einen absoluten Tiefstand erreichte, wurden die seit 1920/1 konstanten Tarife der Landsteuer um das Doppelte angehoben. Im Gegenzug aber wurde dafür 1966 die Viehsteuer abgeschafft, die 1965 immerhin noch einen Ertrag von 88 Mio. Afs erbracht hatte. Erst 1973 wurde sie dann wieder eingeführt.

Da die Steuerfestsetzung der Bodensteuer sich aber nicht am Ertrag zu aktuellen Marktpreisen orientierte sondern an der Bodenqualität, blieb der Ertrag aus dieser Steuer nicht nur nahezu unverändert, sondern verlor durch die Inflation über die Jahre sogar noch an Wert.

Der Anteil der direkten Steuern an den afghanischen Staatseinnahmen ist mit ca 10% recht gering im Vergleich zu den anderen Einnahmearten wie den indirekten Steuern und den Zöllen. Dennoch ist auffällig, dass 1970/1der Anteil der gesamten Landwirtschaft an den Staatseinnahmen über die Direktbesteuerung in Form der Bodensteuer nur etwa 1,5% betrug, obwohl im Agrarsektor mehr als die Hälfte des afghanischen Bruttosozialproduktes erwirtschaftet wurde. Das bedeutet aber, dass die restlichen 8,5% der direkten Steuern an den Staatseinnahmen von andern sozialen Gruppen erbracht werden müssen. Wie alle andern die Feudalklasse betreffenden Steuerarten büßte die Bodensteuer zunehmend an Bedeutung ein für die Finanzierung der Staatsausgaben.

Den größten Anteil an den direkten Steuern stellen die Einkommens- und Körperschaftssteuer und das mit steigender Tendenz. Von diesen stellt allein die Einkommensteuer im Jahre 1965/6 bereits 56% der direkten Steuern. Die afghanische Landwirtschaft war größtenteils geprägt durch die Produktion für den Eigenbedarf, sodass das Einkommen der in der Landwirtschaft tätigen Bevölkerung kaum zu ermitteln war. Eine steuerbare Wertschöpfung über diesen Eigenbedarf hinaus ließ die geringe Produktivität in den meisten Fällen nicht zu. So ist in der Einkommensbesteuerung auf Grund der wirtschaftlichen Entwicklung hin zur Stärkung des kapitalistischen Sektors eine Verzerrung der Steuerpflicht festzustellen. Einkommensteuern werden hauptsächlich in den städtischen Bereichen wie in der Industrie, im Dienstleistungsgewerbe und in der Staatsverwaltung erhoben, während der Agrarbereich bei der Einkommenssteuererhebung nahezu ausgeklammert bleibt. Selbst Erträge aus landwirtschaftlicher

Tätigkeit und Verpachtung waren von der Einkommenssteuer befreit. Generell kann festgestellt werden, dass nach dem 2. Weltkrieg das Steueraufkommen aus den Steuern sank, von denen besonders die Feudalklasse betroffen war.

Mit Unterstützung durch ausländische Experten wird eine Einkommenssteuer im westlichen Sinne nicht ohne Grund erst ab 1965/6, also mit dem sich entwickelnden „industriellen" Sektor, durch das Einkommenssteuergesetz aufgelegt. Mit ihr sollte die Steuerstruktur Afghanistans zugunsten der direkten Steuern verändert werden. Bis zu diesem Zeitpunkt hatten die Einnahmen aus indirekten Steuern und Zöllen den der direkten bei Weitem überstiegen

Aber dort wo die Einkommenssteuer zur Anwendung kommt, ist festzustellen, dass sie die Einkünfte aus nichtselbständiger Arbeit gegenüber denen aus selbständiger Arbeit benachteiligt, sowie auch die Bezieher niederer Einkommen gegenüber denen höherer Einkommen durch die Art der Ausgestaltung der Steuerprogression benachteiligt wurden, d.h. die Progression war abgemildert zugunsten der höheren Einkommen.

Durch diese Begünstigung der höheren Einkommen ist es nicht verwunderlich, dass die Einkommenssteuer in Afghanistan nicht die Bedeutung für die Steuereinnahmen des Staates hatte wie in den industrialisierten Ländern. Auf Grund der geringen Industrialisierung des Landes war nicht nur die Anzahl der Lohn- und Gehaltsempfänger sehr gering sondern auch deren Einkommen bewegten sich in einem Bereich, der unterhalb steuerfähiger Größen lag. Andererseits kamen Steuerpflichtige, die über eine große Machtfülle verfügten, ihren Verpflichtungen zu Steuerzahlung oftmals gar nicht oder nur eingeschränkt nach.

Als typische Unternehmenssteuer stieg mit dem wirtschaftlichen Aufschwung durch die Fünfjahrpläne die Körperschaftssteuer stark an. Wenn auch der absolute Ertrag nicht sonderlich hoch ist, so verdoppelte er sich dennoch nahezu von 77 Mio Afs in 1962/3 auf 138 Mio Afs in 1970/1. Ab 1972/3 dürften sich diese Einnahmen wesentlich erhöht haben, da in diesem Jahr Steuerbefreiungen für Unternehmensgründungen aus den Vorjahren ausgelaufen sein werden. Einen steuerlichen Sonderstatus genossen Unternehmen mit Geschäftssitz im Ausland. Sie unterlagen nur einer beschränkten Steuerpflicht.

Abschließend ist festzustellen, dass im Bereich der direkten Steuern der feudalistische Bereich seit dem Ende des zweiten Weltkriegs immer weniger an der Finanzierung des Staates teilnahm, während der Anteil des kapitalistischen Sektors der Wirtschaft entsprechend seinem Anteil am Wirtschaftsaufkommen überproportional beitrug zum Steueraufkommen. Dieser Beitrag an der Finanzierung des Staates stand im umgekehrten

Verhältnis zu der Teilnahme der beiden Sektoren und den sie tragenden gesellschaftlichen Klassen an der Herrschaft im und über den Staat.

Die indirekten Steuern:

Auch im Bereich der indirekten Besteuerung lässt sich diese Tendenz der Verlagerung des Schwerpunktes der Besteuerung vom Feudalbereich hin zur kapitalistischen Wirtschaft feststellen, so beispielsweise an den indirekten Steuern auf Importe und Exporte. Diese beziehen sich hauptsächlich auf den Bereich des kapitalistischen Wirtschaftssektors, weil gerade dieser Waren ein- und ausführt. Der Agrarsektor arbeitet in erster Linie für den Eigenbedarf des Landes, Ein- und Ausfuhren sind nur von untergeordneter Bedeutung.

In diesem Zusammenhang ist besonders die Wechselkurssteuer erwähnenswert, die mit einem Ertrag von 340 Mio Afs im Jahr 1970 nicht wegen der Einnahmenhöhe interessant ist. Mit ihrer Funktion als Mittel der Devisenabschöpfung und –kontrolle verdeutlicht sie wie keine andere die Verlagerung der Besteuerung hin zu den von der kapitalistischen Produktionsweise geprägten Teilen der afghanischen Volkswirtschaft.

Eine weitere, sehr ergiebige Quelle indirekter Steuern waren die Monopole auf die Importwaren Zucker, Tabakwaren und Treibstoff, die unter direkter Verwaltung des Staates standen. Die darüber hinaus zum Zeitpunkt der Erhebung noch bestehenden verschiedenen indirekten Steuerarten werden wegen ihres geringen Ertrags und Bedeutung nicht weiter betrachtet.

Die Zölle:

Aber die Steuern sind nur die zweitwichtigste Einnahmenquelle des afghanischen Staates; zur wichtigsten haben sich mittlerweile die Zolleinnahmen entwickelt.

Bereits unter Nader Schah war 1931 ein neues Zollgesetz verabschiedet worden, das die Grundlagen für die Außenhandelsbesteuerung schuf. Sie erbrachte fortan etwa zwei Drittel der Staatseinnahmen. Mit ihr hatte die Verlagerung der Einnahmen aus direkter Besteuerung weg vom feudalistischen hin zum kapitalistischen Sektor der Wirtschaft begonnen.

Allein die Importzölle und die auf Importe erhobenen Steuern überschritten im Jahr 1971 die Grenze von 2 Mrd. Afs und machen damit zusammen mit den Steuereinnahmen etwa 80% der gesamten Staatseinnahmen aus. Demgegenüber fallen die Einnahmen aus Exportzöllen und den darauf erhobenen Steuern mit fast 200 Mio Afs vergleichsweise gering aus. Diese Zahlen verdeutlichen die Richtung des Warenverkehrs zwischen Afghanistan und dem Ausland.

Gemessen an Steuern und Zöllen gelangte etwa das Zehnfache des Exportwertes an Importen ins Land. Insofern sind diese Zahlen nicht nur

Ausdruck des Verhältnisses der Steuer- und Abgabenbelastung zwischen dem feudalistischen und kapitalistischen Sektor der afghanischen Wirtschaft. Andererseits zeigen sie aber auch die hohe Bedeutung des Handelsaustausches der kapitalistischen Wirtschaft für die Staatseinnahmen des afghanischen Staates. Zudem geben sie aber auch Aufschluss über das Leistungsvermögen der afghanischen Wirtschaft gemessen an der Wirtschaftsleistung anderer Länder.

Zölle dienen der Steigerung der Staatseinnahmen, aber auch dem Schutz der heimischen Wirtschaft. Der afghanische Staat musste gerade auf Grund der geringen Ertragskraft der feudalistischen Wirtschaft ein großes Interesse an der Erhaltung und Steigerung der Ertragskraft der kapitalistischen Wirtschaft haben. Andererseits aber verteuern die Zölle die Importe von Wirtschaftsgütern und beeinträchtigen dadurch die Investitionstätigkeit der Unternehmen, was dem Aufbau der Wirtschaft schadet. Um die inländische Industrie in der Aufbauphase vor ausländischer Konkurrenz zu schützen und um gleichzeitig die private Investitionstätigkeit anzuregen, wurden 1967 Zoll- und Steuerbefreiungen gewährt, besonders in den Bereichen Industrie, Bergbau, Landwirtschaft, Tourismus und sonstige Dienstleistungen.

Während aber die Zölle auf Investitionsgüter gesenkt oder aufgehoben wurden, was der Stärkung der Wirtschaftstätigkeit diente, blieben sie auf den Konsumgütern, die rund 46% der Gesamtimporte ausmachen, weiterhin unverändert bestehen. Das traf besonders die ärmeren Schichten der Bevölkerung, die zwar ihren Grundbedarf aus Eigenproduktion deckten, Güter des täglichen Bedarfs wie Zucker, Tee, Seife, Medikamente aber nicht in Eigenproduktion sondern nur über den Markt erhalten konnten.

Auch der Import von Rohstoffen und Halbfertigprodukten war mit Zöllen belegt, die auf den Endverbraucher abgewälzt wurden, so dass etwa 70-75% der gesamten Importzölle und Monopoleinnahmen über Güter des einfachen Verbrauchs erwirtschaftet wurden. Am stärksten waren die städtischen Schichten von dieser indirekten Besteuerung durch Zölle betroffen, weil hier nur eingeschränkt die Möglichkeit bestand, den Grundbedarf aus Eigenproduktion darzustellen. Die Mittelschicht musste weitgehend auf importierte Waren zurückgreifen, soweit die geringe Überschussproduktion der afghanischen Selbstversorger diesen Bedarf nicht decken konnte.

Die Zollbefreiung diente der Entwicklung des kapitalistischen Sektors der Wirtschaft, ohne dem feudalistischen zu schaden bei gleichzeitiger Belastung der unteren Einkommensschichten.

Sonstige Staatseinnahmen:

Die dritte der oben erwähnten Einnahmen des Staates stellen neben den Steuern und den Zöllen die sogenannten sonstigen Einnahmen dar. Hierbei handelte es sich neben den Einnahmen aus den Monopolen um Erträge aus staatlichen Betrieben und den Verkäufen von Gütern und Dienstleistungen. Hier ist besonders ab 1968/9 der Verkauf von Erdgas an die UdSSR zu erwähnen, der sich zu einer wichtigen Einnahmequelle des afghanischen Staats entwickelte. 1970/1 erreichten diese Einnahmen bereits den doppelten Wert der direkten Steuern. Die zweite Position nahmen die Einnahmen aus Post- und Telefongebühren ein.

Dagegen waren die Erträge aus den staatlichen Betrieben abgesehen von den Monopolgesellschaften sehr enttäuschend, gemessen an ihrer starken Marktstellung. Der Großteil dieser Betriebe arbeitete mit Verlust unter Aufzehrung des investierten Kapitals. Die hier geschaffenen Kapazitäten konnten besonders im industriellen Bereich nur ungenügend ausgelastet werden und trugen nur wenig zur Steigerung des Bruttosozialproduktes bei. Der afghanische Markt ist zu klein und die Kaufkraft der Bevölkerung zu gering.

Zudem waren afghanische Waren auf dem Weltmarkt nicht konkurrenzfähig und trugen deshalb nicht durch Export zur Auslastung der Kapazitäten bei und damit zur Reduzierung der Verluste. Viele der staatlichen Betrieben verweigerten zudem Steuerzahlungen mit dem Hinweis, dass sie ohnehin alle Gewinne an den Staat abführten. Die Schwäche der Finanzbehörden erlaubte es nicht, die wenigen prosperierenden Staatsbetriebe zur Steuerzahlung zu zwingen. Wie gering das Durchsetzungsvermögen der Finanzbehörden war, verdeutlicht, dass im Jahr 1967/8 nur aus sechs der 28 Provinzen Afghanistans die Körperschaftsteuern eingezogen werden konnten, in 1970 nur in zehn.

Staatsdefizit als Problem politischer Machtverhältnisse

Das Defizit des afghanischen Haushalts, das durch den gewaltigen Überhang der Ausgaben gegenüber den Einnahmen des Staates entstanden war, konnte nur durch niedrig verzinste Kredite der DA-Afghanistanbank in ihrer Funktion als Notenbank abgedeckt werden. Das Kernproblem dieses Haushaltsdefizits war aber nicht diese Diskrepanz zwischen Ausgaben und Einnahmen, also ein finanztechnisches, sondern ein politisches Problem.

Die afghanische Oberschicht (Feudalklasse), die das Parlament bis zur Revolution von 1973 beherrschte, war nicht bereit, ausreichende Finanzquellen zu erschließen zur Minderung dieses Defizits. Angesichts der Armut in weiten Teilen der Bevölkerung hätten zusätzliche Staatseinnahmen nur auf Kosten der herrschenden Klasse selbst erschlossen werden können.

Obwohl der Agrarsektor immer mehr an Bedeutung für die Finanzierung des Staates verlor, waren es aber immer noch die Großgrundbesitzer und der Feudaladel, die die Macht im Staate ausübten. Die Verfassung von 1964 sicherte durch ihren Auswahlmodus überwiegend die Bestellung von Vertretern des herrschenden Feudaladels als Mitglieder des Parlaments.

Sie entschieden über die Erhebung von Steuern und ihre Verwendung, nicht das sich entwickelnde Bürgertum mit seinem Handwerk und seiner Industrie, das die Hauptlast der Staatsfinanzierung trug. Die politische Bedeutung und Macht der feudalen Herrschaftsschicht standen im krassen Widerspruch zu ihrem geringen finanziellen Betrag, den sie zu den Staatseinnahmen beizutragen bereit waren.

Beispielhaft hierfür war das Steuerverhalten des Königshauses als Spitze der herrschenden Feudalklasse. Afghanistan ist der Hauptexporteur von Lapislazuli. Da Abbau und Verkauf dieses Halbedelsteins der Kontrolle des Königshauses unterlagen und keine Zahlen über dessen Vermarktung existierten, muss davon ausgegangen werden, dass diese Einnahmen unter Umgehung öffentlicher und staatlicher Kontrolle und Steuerzahlungen direkt in die Kasse des Königshauses flossen.

Statt also einen höheren Eigenbeitrag zur Finanzierung des eigenen feudalen Staates zu leisten, versuchte die herrschende Klasse, das Problem des Haushaltsdefizits über eine höhere Staatsverschuldung zu lösen. Die Kosten dieser Staatsverschuldung wurden abgewälzt auf die unteren Klassen der Gesellschaft, indem die Steuerlast verlagert wurde auf den kapitalistischen Wirtschaftssektor bzw. auf die unteren Schichten der Bevölkerung in Form der indirekten Steuern, die in den Verbrauchsgütern des täglichen Bedarfs enthalten sind.

Der Kapitalismus besitzt in Handwerk und Industrie die Fähigkeit, wirtschaftlichen Ertrag in einem Maße zu steigern, dem das Ergebnis feudalistischen Wirtschaftens hoffnungslos unterlegen ist. Dieser Ausrichtung auf Profitmaximierung entsprechen die an wirtschaftlichem Ertrag ausgerichtete Einkommens- und Körperschaftsteuer.

Diese boten dem afghanischen Staat eine hohe Steuerergiebigkeit, die jedoch im Beobachtungszeitraum noch nicht ihre volle Ertragskraft hatte entwickeln können, da auch die Ertragskraft der afghanischen Wirtschaft selbst sich noch auf einem sehr niedrigen Niveau befand. Aber alleine die Entwicklung während der drei Fünfjahrespläne deutete an, welche Möglichkeiten sich für Afghanistan erschließen hätten können, wenn die feudale Herrschaft hätte überwunden werden und durch die Errichtung eines bürgerlichen Staates der Entwicklung der kapitalistischen Produktivkräfte hätte freien Lauf gelassen werden können.

Sozialstruktur der afghanischen Gesellschaft

Gesellschaft ist die Voraussetzung für das Überleben des menschlichen Individuums. Im Laufe ihrer Entwicklung bildete die Menschheit unterschiedliche Gesellschaftsformen heraus, die bestimmt waren von den Voraussetzungen des Lebensraums und der unterschiedlich weit vorangeschrittenen Beherrschung der Natur durch den Menschen. Die feudalistische Gesellschaft hatte die Zufälligkeit der Lebensmittelbeschaffung durch Sammeln und Jagen in der Urgesellschaft der Horde ersetzen können durch die Planung der Lebensmittelbeschaffung in Form von Ackerbau und Viehzucht.

Diese, wie alle anderen Gesellschaftsformen durchlaufen einen Entwicklungsprozess, in deren Verlauf sie nicht nur die größte Ergiebigkeit ihrer Möglichkeiten erlangen sondern auch die Kräfte herausbilden, die ihren Zerfall bewirken. Ursprünglich Ausdruck des Willens und der Bedürfnisse der Bevölkerung, aus der sie besteht und auf die sie sich stützt, führt die Entfaltung der Triebkräfte zu einer Situation, in der die Gesellschaft für immer mehr ihrer Mitglieder die Lebensgrundlage nicht mehr sicherstellen kann.

In der feudalistischen entwickeln sich die begrenzte Ergiebigkeit der landwirtschaftlichen Nutzflächen und das Wachstum der Bevölkerung zu einem unausweichlichen Konflikt um die Verteilung des Bodens. Dieser Konflikt wird verschärft durch die Konzentration des Landbesitzes in immer weniger Händen. Ähnliches trifft auch für die feudalistische Gesellschaft Afghanistans zu, deren Verfall aber bis zum Putsch von 1973 noch nicht sehr weit vorangeschritten war.

Von ihren ökonomischen Grundlagen gesehen, setzt sich die afghanische Gesellschaft im Wesentlichen aus drei sozialen Klassen zusammen, den beiden feudalistischen der herrschenden Feudalklasse und der Klasse der von ihnen Abhängigen, den Bauern, Landarbeitern und Landlosen. Diese beiden stellen das im Rahmen der feudalistischen Wirtschaftsordnung mit gegensätzlichen Interessen ausgestattete Klassenpaar dar. Die Interessen des einen sind vollkommen entgegengesetzt zu den Interessen des andern, auch wenn dieser Klassenwiderspruch bisher nicht als ein solcher politisch in Form einer Konfrontation zu Tage getreten ist.

Die dritte soziale Klasse, das Bürgertum, entwickelt sich außerhalb der feudalistischen Wirtschaftsordnung. Es stellt mit den Handwerkern, Händlern, Intellektuellen und Industriellen die Kräfte dar, deren Existenzgrundlage der Kapitalismus ist.

Seine Bedrohung für das Feudalsystem besteht nicht so sehr in seiner wirtschaftlichen Überlegenheit gegenüber diesem, da er sich parallel und außerhalb der feudalistischen Wirtschaftsordnung selbst entwickelt. In dieser Hinsicht ist er keine Kraft, die die wirtschaftlichen Interessen der herrschenden Feudalklasse direkt aus der feudalistischen Wirtschafts- ordnung heraus in Frage stellt. Hier wirken eher die Bauern als Bedrohung, deren Interesse darin liegt, die wirtschaftliche Abhängigkeit gegenüber den Feudalherrn abzuschütteln.

Aber der Kapitalismus ist eine politische Bedrohung für das Feudalsystem, da er ebenso wie der Feudalismus die politische Macht braucht, um seine volle wirtschaftliche Kraft entwickeln zu können.

Der Widerpart zum den Kapitalismus beherrschenden Bürgertum, das Proletariat, ist in Afghanistan bis zum Jahre 1973 noch so gut wie gar nicht vorhanden, weshalb es als politische Kraft in der Auseinandersetzung zwi- schen den Klassen keine Bedeutung hat.

Feudalherrn und Bauern als Klassen des Feudalismus

Die herrschende Klasse der afghanischen Gesellschaft bestand bis zum Abdanken des Königtums aus etwa **2000 Familien**: dem Königshaus und den mit ihm verbundenen Familien, der paschtunischen Stammesaristokra- tie, den Großgrundbesitzern. Sie sind die Besitzer der großen Ländereien, aus deren Bestellung oder Verpachtung sie ihren Reichtum ziehen, der auch die Grundlage ihrer politischen Macht ist.
Der Reichtum, der diesem Besitz entsprang, ermöglichte es ihnen, Einfluss auszuüben, die von ihnen abhängigen Bauern zu mobilisieren und sogar Armeen zu finanzieren, um ihre Interessen durchzusetzen. Sie haben über die Jahrhunderte die politischen Entscheidungen im Land getroffen; in ihrem Interesse als Besitzende der großen Ländereien und Herrschende über die Bauern haben sie das Land verwaltet.
Wenn sie sich auch untereinander bekämpften, gegenseitig versuchten, Reichtum und Macht des jeweils anderen einzuschränken oder für sich selbst zu erobern, so waren sie doch immer in einem gemeinsamen Interes- se untereinander verbunden: der Aufrechterhaltung der feudalistischen Ordnung und ihrer Machtausübung innerhalb dieser Ordnung. Ihre Kämpfe untereinander hatten nie die Abschaffung dieser Ordnung zum Ziel son- dern immer nur die Veränderung der Kräfteverhältnisse untereinander, die Veränderung der eigenen Position in diesem Machtgefüge, das Suchen des eigenen Vorteils gegenüber den Konkurrenten. Sie waren die wahren Inha- ber der Macht, weil sie die Inhaber der wirtschaftlichen Macht waren.
Die herrschende Feudal-Klasse der Land-Besitzenden gab im Laufe der Geschichte Teile ihrer Macht ab an andere Gruppen der Bevölkerung, die in ihrem Interesse an der politischen und administrativen Verwaltung des

Landes beteiligt wurden: die Führungsschicht des Militärs und der Beamtenschaft, aber auch die hohe Geistlichkeit.

Ihnen wurden nur Machtkompetenzen übertragen, sozusagen leihweise, die aber jederzeit auch wieder entzogen und an andere Personen übergeben werden konnten. Insofern sind die Amtsinhaber, auch wenn sie mit Macht ausgestattet sind und diese ausüben können, nicht die wirklich Mächtigen. Der hohe Beamte oder Militär ist weiterhin finanziell abhängig von dem Gehalt, das ihm dafür gezahlt wird, dass er die ihm überlassene Macht im Interesse der herrschenden Klasse ausübt.

Diese politischen und militärischen Eliten des afghanischen Staates setzen sich ethnisch in erster Linie aus nichtpaschtunischen Volksgruppen zusammen, was verwundert, da die Paschtunen als das Staatsvolk angesehen werden und auch die Königsfamilie selbst den Paschtunen entstammt.

Das erklärt sich daraus, dass die afghanische Königsmacht immer wieder in ihrer Existenz bedroht worden war durch die Einmischungsversuche und Machtkämpfe der Stammesfürsten und den Rivalitäten innerhalb der Königsfamilie selbst. Aus diesem Grund hatte bereits im 19 Jahrhundert Timur Schah seinen Regierungssitz von Kandahar nach Kabul verlegt, um den Einfluss der paschtunischen Khane auf die Königsfamilie zu brechen. Die Feudalaristokratie sollte neben der ökonomischen Macht aus ihrem Großgrundbesitz und dem Rückhalt, über den sie in ihrem Stämmen verfügten, nicht auch noch politischen und militärischen Einfluss im Umfeld der Königsfamilie erhalten.

Mit dem Erstarken des Kapitalismus hatte sich ein neuer Typ von Großgrundbesitzern entwickelt ähnlich den **Junkern** im ehemaligen Preußen oder denen der russischen Zarenzeit. Sie selbst lebten in den Städten, übten dort politische Funktionen in den herrschenden Kreisen des Staates aus und ließen ihr Land von Verwaltern bewirtschaften und durch Landarbeiter bestellen. Dabei weicht der ursprüngliche feudalistische Aspekt des Landbesitzes als einer Rente und Wertsicherung immer mehr dem kapitalistischen Prinzip der Erwirtschaftung von Rendite. Insofern sind sie Ausdruck dieses Wandels und der zunehmenden Bedeutung des kapitalistischen Wirtschaftssystems und der schwindenden wirtschaftlichen Bedeutung des feudalen.

Der **Klerus** hat entsprechend des hohen Einflusses der Religion eine große Bedeutung für das Leben der Afghanen bis hinunter auf die Ebene der Dorfgeistlichen (Mullahs). Zwar unterstehen alle anderen Religionen und Sekten staatlichem Schutz, aber jede nichtsunnitische Missionstätigkeit war verboten. Der islamischen Geistlichkeit oblag noch bis in die jüngste Zeit die schulische Ausbildung. Hieraus bezog sie ihre Macht. Sie vermittelte die Werte ihres Weltbildes und achtete auf ihre Einhaltung in der Gesellschaft.

Wenn sie auch nur über wenig wirtschaftliche Macht verfügte, so hatte sie über die Köpfe der Gläubigen starken politischen Einfluss auf die Gesellschaft. Immer wieder gelang es der Geistlichkeit, die Landbevölkerung für ihre Interesse zu mobilisieren und sie in kriegerische Auseinandersetzungen sogar gegen den König und überlegene Mächte wie die Briten zu führen. Beste Beispiele der neueren Zeit waren der Sturz Amanullas und der Aufstand der Paschtunen in den Jahren 1936-1938 gegen die Briten unter der Leitung Ipi-Fakirs.

Dieser herrschenden Klasse steht im Feudalismus mit den **Anteilbauern, Landarbeitern und Landlosen** die Klasse der wirtschaftlich Abhängigen und der Beherrschten gegenüber. Sie stellten in Afghanistan etwa 95% der Bevölkerung. Zu ihnen sind auch die Kleinbauern zuzurechnen, die in den landwirtschaftlich nicht sehr ergiebigen Regionen noch weitgehend ihre Selbständigkeit wahren konnten. Aber die kargen Böden oder die darauf betriebene Nomadenwirtschaft geben gerade soviel Ertrag her, dass sie nur die Produzenten selbst mehr schlecht als recht ernähren.

Auf den ertragreicheren Böden der Täler und Flussebenen hat sich der Grundbesitz schon weitgehend in wenigen Händen konzentriert. Die selbständigen Kleinbauern verfügen meistens über solch kleine Parzellen, dass sie immer mehr gezwungen sind, Land dazu zu pachten, wodurch sie dann auch Gefahr laufen, in Abhängigkeit der großen Grundbesitzer zu geraten und durch Verschuldung an dessen Scholle gebunden zu werden. Aber nicht nur die Verschuldung hält sie dort fest, sondern auch die fehlenden Möglichkeiten, anderswo einen auskömmlichen Lebensunterhalt zu finden.

Diese Entwicklung zur Konzentration des Landbesitzes wird deutlich anhand der Zahlen, die Ludwig in der Zeitschrift „Asien, Afrika, Lateinamerika" Nr. 13 aus dem Jahre 1985 veröffentlichte. Danach verfügten die Grundbesitzer einschließlich der Königsfamilie in den 1930er Jahren über etwa 15% der landwirtschaftlichen Nutzfläche, die unmittelbaren Produzenten noch über 85%. In 1950er Jahren hatten sich die Verhältnisse schon soweit verändert, dass auf die bäuerlichen Landbesitzer nur noch über 40% und auf die Großgrundbesitzer bereits 60% entfielen.

Der Ablauf der Geschichte im Raum Afghanistan und die Entwicklung des Feudalismus als Gesellschaftssystem generell sind an anderer Stelle schon beschrieben worden. Hinzu kommen besondere Bedingungen, die zu einer für Afghanistan besonderen Ausprägung führten, so wie er auch in Europa für die einzelnen Regionen unterschiedlich Ausformungen hervorgebracht hatte. Das Wesen dieser Gesellschaftsform Feudalismus blieb immer wieder dasselbe, egal ob in Europa oder im asiatischen Raum Afghanistans. Es war die einer auf Landwirtschaft gegründeten Ordnung von ursprünglich freien Bauern, die in der weiteren Entfaltung dieser Gesellschaftsform immer mehr ihrer Lebensgrundlage verlustig gingen und dadurch zunehmend in die wirtschaftliche Abhängigkeit und später sogar die physische Fremdbestimmung durch die Besitzer des Produktionsmittels Ackerland kamen.

Wurde in Europa die Entwicklung der feudalistischen Gesellschaft beeinflusst durch das Christentum, so waren es im afghanischen Raum das Paschtunwali und der Islam. Das Paschtunwali als der Verhaltenskodex der vorfeudalistischen Gesellschaftsordnung unterlag, wie an früherer Stelle schon ausgeführt, den Veränderungen der Lebensgrundlagen genauso wie der Islam. Beide hatten sich im Lauf der Geschichte zum Beispiel besonders in der Eigentumsfrage den veränderten Lebenswirklichkeiten anpassen müssen.

Der Feudalismus im afghanischen Raum war besonders geprägt durch das Regelwerk des Islam, das die Verhältnisse der Menschen untereinander und der Gruppen innerhalb der Gesellschaft zu einem möglichst konfliktfreien Zusammenleben ineinanderfügte. Diese Regeln erscheinen uns Heutigen teilweise unverständlich und besonders der westliche Beobachter ist oftmals geneigt, sie aus einer Position der Überheblichkeit zu betrachten, weil sie ihm als rückständig erscheinen.

Aber sie sind nur zu verstehen aus den gesellschaftlichen Verhältnissen der damaligen Zeit und wer sie misst an heutigem Bewusstsein und westlichem bringt eigentlich nur die eigene Rückständigkeit in der Erkenntnis von Geschichte und gesellschaftlicher Entwicklung zum Ausdruck, nicht die Rückständigkeit der Damaligen. Die Damaligen waren die Heutigen von damals und die Heutigen von heute werden die Rückständigen in den Augen zukünftiger Generationen sein, wenn diese Geschichte und das damalige Bewusstsein genauso be- und verurteilen, wie es heute oftmals geschieht.

Unterworfen und ergeben dem unabänderlichen und nicht zu beschleunigenden Takt der Jahreszeiten spielt in der Agrarwirtschaft des Feudalismus der Leistungsgedanke eine andere Rolle. Der absolute Ertrag ist entscheidend. Er bestimmt über Reichtum und Verarmung. Das Erstellen eines Produktes in einer bestimmten Zeit, also die Produktivität, wird erst im Kapitalismus zu bestimmenden Größe.

Der Feudalismus ist in seinem Ursprung eine Versorgungsgemeinschaft auf Gegenseitigkeit. Dieser Versorgungscharakter kommt auf der Ebene der Familie als kleinster gesellschaftlicher Produktionseinheit darin zum Ausdruck, dass „der AK [Arbeitskraft]-Besatz höher als die für die Produktion notwendig zu leistende Arbeit" (Lakanwal S 124) ist. Es wer-

219

den also nicht Produktivitätskriterien angelegt für den Einsatz der Arbeitskraft wie das im Kapitalismus der Fall ist.

So fließen auch die Einkünfte aller Familienmitglieder ein in den gemeinsamen Haushalt, sodass der Einzelne nicht verfügen kann über die durch ihn erwirtschafteten Einnahmen. Da die Arbeitslosigkeit hoch ist und der Bedarf an freier Arbeitskraft gering, sind viele Familien gezwungen, einzelne Mitglieder zur Lohnarbeit ins Ausland zu schicken. Auch darüber entscheidet nicht der Einzelne sondern der Familienverband mit dem Familienoberhaupt an der Spitze als letzte Entscheidungsinstanz.

So nimmt es auch nicht Wunder, dass im Rahmen dieses Denkens der zinspflichtige Bauer nicht nur dem Grundherrn einen Zins zahlen muss sondern auch anderen Gesellschaftsmitgliedern wie dem Schmied, Schreiner, Maurer, Töpfer, Friseur und natürlich auch dem Mullah, vergleichbar dem Dorfpriester der christlichen Kirchen. Nicht die erbrachte Leistung dieser Berufsgruppen bestimmt ihren Anteil am Ertrag des einzelnen Bauern, sondern dieser Anteil ist unabhängig davon festgelegt, ob deren Dienste überhaupt in Anspruch genommen werden und in welchem Umfang.

Diese Berufsgruppen erhalten ihren Anteil an der Ernte, weil sie zur Gemeinschaft gehören und für diese Gemeinschaft arbeiten. Und es darf auch nur die Arbeit des zur Gemeinde gehörenden Handwerkers in Anspruch genommen werden, nicht etwa die eines anderen einer anderen Gemeinschaft. Die Handwerker stehen allen Mitgliedern der Gemeinschaft zur Verfügung vom kleinsten Pächter bis zum Großgrundbesitzer, erhalten aber auch von jedem den gleichen Anteil unabhängig von der Wirtschaftskraft des Einzelnen.

Diese Struktur der leistungsunabhängigen Teilhabe am Gesamtprodukt der Gemeinschaft entspricht dem ursprünglichen Charakter der feudalistischen Gesellschaft als einer Versorgungsgemeinschaft auf Gegenseitigkeit. So wie die Leistungen der Handwerker nicht von Nichtmitgliedern der Gemeinschaft in Anspruch genommen werden durften, so durften diese Leistungen auch nicht von anderen innerhalb der Gemeinschaft erbracht oder übernommen werden. Diese Regelungen sicherten das Überleben der Handwerker innerhalb der Gemeinschaft.

Spätere Versuche westlicher Entwicklungshilfe-Projekte diese über Jahrhunderte gültigen und anerkannten Regelungen des Paschtunwali außer Kraft zu setzen und durch moderne und wirtschaftlichere Methoden zu ersetzen, stießen auf den Widerstand der Dorfbevölkerungen, weil dieser Bestandteil von gesellschaftlicher Identität und sozialer Sicherung nicht als solcher erkannt und ernst genommen wurde.

Andererseits ist nicht zu verkennen, dass diese Ernteabgaben zur Sicherung des Lebensunterhalts der Handwerker und anderer die wirtschaftliche Lage vieler Bauern schwächte und in ihrer Existenz bedrohte.

Neben diesen Sachleistungen hat sich unter dem Begriff Pagala (Nachbarschaftshilfe) ein System von Verpflichtungen gegenüber Khan, Malik und sonstigen Personen der gesellschaftlichen Elite herausgebildet, das sich zu einer zusätzlichen Belastung entwickelt hatte. So mussten die Bauern für die Herrschenden alle Monate Brennholz sammeln und mit den eigenen Arbeitstieren transportieren, wobei sie das dringend für selbst benötigten. Die Arbeitskräfte fielen aus für den eigenen Lebensunterhalt. Zudem liefen sie und ihre Arbeitstiere Gefahr, bei diesen unbezahlten, zusätzlichen Leistungen zu Schaden zu kommen

Gleiches gilt für Arbeitseinsätze im Gemeinschaftsinteresse. So berichtet Lakanwal (S 130/131) über den Bau von Karezen und Schulen in der Paktia-Provinz in den Jahren 1963/64, für deren Kosten die Kleinbauern im selben Umfang aufkommen müssen wie die Großgrundbesitzer, selbst wenn es ihren wirtschaftlichen Ruin bedeutet. Die Führungsschicht war aber sowohl von den Kosten als auch von den Arbeiten freigestellt.

Neben der geringen Ergiebigkeit der Landwirtschaft, den hohen Abgaben an die Grundbesitzer, der Zersplitterung des Boden durch die Erbteilung ist in der Belastung durch diese vielfältigen Enteabgaben ein Grund für die zunehmende Verschuldung der kleinen Bauern und Pächter zu sehen.

Hinzu kam, dass die Bauern, wenn sie nicht mehr erwirtschafteten als den eigenen Lebensunterhalt, keine Überschüsse erarbeiten konnten, die sie gegen andere Produkte oder Geld hätten tauschen können. Brauchten sie also andere Produkte als die, die sie selbst herstellten, so waren sie gezwungen, etwas von dem abzuzweigen, was sei eigentlich für den eigenen Lebensunterhalt gebraucht hätten. Tee, Salz, Zucker, Textilien oder sonstiges konnten sie nur gegen ihre Produkte tauschen oder aber diese gegen Bargeld verkaufen. Zudem waren sie seit der Umstellung der Steuern von Natural- auf Geldzahlung mehr und mehr gezwungen, Getreide gegen Geld einzutauschen, um diese bezahlen zu können.

Das bedeutete aber, dass sie erst nach der Erntezeit in der Lage waren, zu tauschen oder bereits erhaltene Waren oder die Steuern mit ihren Produkten zu bezahlen. Die Erntezeit war aber gerade die Zeit, in der die Preise für ihre Waren wegen des hohen Angebots sehr niedrig waren. Sie mussten ihren Weizen oder Ähnliches auf Grund des hohen Angebots billig verkaufen, um dann später, wenn sie selbst nicht mehr über ausreichend Getreide verfügten, dieses teurer zurückzukaufen oder zu tauschen. Einzig die Khane und Händler verfügten aber über ausreichend Lagermöglichkeiten und Vorräte, um an die verarmten Bauern Getreide ausgeben zu können.

So gerieten sie zusätzlich in die Spirale der Verarmung, weil sie neben den Abgaben an die Grundbesitzer Getreide oder Kredite aufnehmen mussten in Zeiten, in denen es teuer war. Das Bezahlen der Schulden fiel dann wieder in eine Zeit, in der Getreide billig war, weil in Überfluss vorhanden. Einzig die Khane und Händler oder andere kapitalkräftige Dorfbewohner verfügten über die Möglichkeiten, überschüssiges Getreide aufzunehmen und zu lagern, bzw. es in den Gebieten teurer zu verkaufen, in denen Mangel und Nachfragen herrschten. Die Folge war eine Verschuldung der kleinen Bauern, die sie dazu zwang, ihr Land zu verkaufen, um es dann oftmals als Pächter zu wesentlich schlechteren Bedingungen weiter zu bewirtschaften.

Die Macht der Khane, Maliki, Großgrundbesitzer und der geistlichen Elite, also der herrschenden Feudalklasse speiste sich zuerst aus ihrer wirtschaftlichen Macht. Der Ursprung ihrer Macht und ihres Reichtums war unterschiedlich. Ähnlich dem Europäischen Klerus verfügte die führende islamische Geistlichkeit (Rohanion) über steuerfreies Stiftungsland (Wafq) als Grundlage ihres Reichtums.

Im Laufe der Geschichte hatte sich aber über dieser wirtschaftlichen Grundlage eine gesellschaftliche Ordnung errichtet, die durch Weltbild, moralische Einstellungen, Vorschriften und Gesetze ein Regelwerk geschaffen hatte, das diese wirtschaftliche Macht durch gesellschaftliche und politische Macht absicherte und verstärkte.

Diese gesellschaftliche Ordnung war getragen durch die Prinzipien von Abstammung und Loyalität. Die Berichte von Lakanwal geben einen Einblick in das Leben, die Wertmaßstäbe und das Weltbild der Stämme, dass in der Paktia-Region z.B. Heiraten nur unter Mitgliedern der eigenen Klasse und Schicht stattfanden. Zu den Wahlen von 1969/70 beschloss die Versammlung von Lakan im Paktia-Gebiet die Unterstützung ihres Khans bei den Wahlen. Am Wahltag wurden alle Wahlberechtigten mit den Fahrzeugen des Khan zum Wahlort gebracht, um für ihn zu stimmen.

Ein Abweichen einzelner Wahlberechtigter vom Beschluss der loja Djirga hätte empfindliche Strafen für die gesamte Familie des Wahlberechtigten nach sich gezogen. Aber ein Abweichen vom Beschluss der Versammlung wäre auch außerhalb der Vorstellungswelt der Wahlberechtigten gewesen, da sie dem Weltbild und dem Wertekodex eines jeden zuwidergelaufen wäre.

Neben diesen Machtquellen durch Besitz und Brauchtum, die sich aus dem Stammesleben speisten, erhielt die Führungsschicht der Stämme zusätzliche Machtpositionen durch den Feudalstaat, der sie mit hoheitlichen Aufgaben betraute.

Der Khanstitel war eine erbliche Einrichtung vergleichbar der der Adligen im europäischen Feudalismus. Das unterscheidet sie vom Malik, aber auch vom Großgrundbesitzer. „Nicht jeder Großgrundbesitzer ist Khan, aber jeder Khan ein Großgrundbesitzer" (Lakanwal S 148). Besser kann der Unterschied nicht beschrieben werden. Wie an anderer Stelle schon beschrieben, kam die Macht des Khans (mongolisch für König, Fürst) nicht aus seinem Reichtum allein, sondern aus der Fähigkeit, durch diesen Reichtum Gefolgschaft an sich zu binden.

Im Gegensatz zum Khan ist der Malik nicht zwangsläufig ein reicher Mann. „Für seine Aufgaben wird er nicht entlohnt, dafür ist er aber von allen Gemeinschaftsarbeiten und Gemeinschaftskosten befreit" (Lakanwal S 148). Besonders unter der britischen Kolonialverwaltung erlebte die Funktion des Maliks einen Bedeutungswandel. Ursprünglich dem Willen des Volkes, das er vertrat und betreute, verbunden, löste sich seine Funktion immer mehr von dieser Aufgabe hin zu einem Amt, das in den Kolonien British-Indiens zu einem Mittleramt zwischen Kolonialverwaltung und Bevölkerung, aber auch zu einem Ausführungsorgan gegenüber der Bevölkerung im Auftrag der Verwaltung ausgebaut und verändert worden war. Dieser Bedeutungswandel setzte sich dann in den afghanischen Provinzen fort.

So arbeitet die staatliche Verwaltung „auf der Dorfebene mit dem Malek zusammen, außer für die Einsammlung von Steuergeldern auch für das sofortige Melden von Straftaten verantwortlich ist" (Lakanwal S 143). Sie setzen die Anordnungen der Behörden mit Unterstützung der Behörden durch.

Lakanwal berichtet über das Einsammeln von Ernteanteilen zur Versorgung der in der Paktia-Region stationierten Armee, was durch Polizei mit Unterstützung durch Malik und Khan umgesetzt wurde. Auch über den Einsatz von Bauern für Fronarbeiten bis in die 1960er Jahre durch die Behörden wird berichtet.

Andererseits sind die Mitglieder der unteren Klasse angewiesen auf die Vermittlung und Unterstützung der Malikan oder Khane gegenüber den Behörden, mit denen sie normalerweise nicht in Kontakt kommen. Diese sind dort anerkannt als Mittelsmänner zwischen den staatlichen Institutionen und der Bevölkerung und sind in der Regel auch des Lesens und Schreibens mächtig. Die Kleinbauern tragen die Kosten der Malikan und Khane für deren Vertretung gegenüber den staatlichen Institutionen.

All diese hoheitlichen Aufgaben, die verbunden sind mit Machtbefugnissen, führen zu einer Konzentration politischer und administrativer Macht bei Malik, Khan und den religiösen Führern (Rohanion).

Trotz dieser extremen Klassenunterschiede und Lebensbedingungen ist es in der afghanischen Geschichte bisher nicht zu einer Konfrontation dieser beiden Klassen in Form von Aufständen der Bauern gegen die Herrschaft der Feudalherren gekommen, wie sie aus dem Europa der Neuzeit bekannt waren zum Beispiel mit den Bauernkriegen im Deutschland des 16. Jahrhunderts.

Bis in die neuste afghanische Geschichte war es immer wieder gelungen, diese Konfrontation zwischen den Feudalherren und Bauern abzuwenden und zu ersetzen durch Vertreibung und Unterwerfung anderer innerafghanischer Stämme und Völker. Der Klassenkonflikt wird zum Stammes- oder Nationalitätenkonflikt, womit sich an der Klassenstruktur nichts ändert und wirtschaftliche Abhängigkeit und Analphabetentum weiter bestehen bleiben.

Im Gegensatz zum Kapitalismus war der Feudalismus nicht auf gebildete und spezialisierte Fachkräfte angewiesen. Er gründete seine Macht vielmehr auf einem großen Heer ungebildeter Bauern, die keine andere wirtschaftliche Alternative hatten, als sich bei Feudalherrn zu verdingen, um eine Lebensgrundlage zu haben. Die große Masse der Pachtsuchenden erleichterte den Feudalherrn die Durchsetzung der für die Bauern ungünstigen Pachtbedingungen. So war es nur sehr gut verständlich, dass gerade die Feudalklasse den Plänen unter Premierminister Daud starken Widerstand entgegensetzt hatte, die Entwicklung des Unterrichtswesen verstärkt voranzutreiben.

Mehr als 90% der Bevölkerung waren Analphabeten. Je älter die Schüler waren, desto weniger besuchten sie den Unterricht sondern halfen mit bei der Arbeit auf den Feldern. 1951 wurden die von den Mullahs betriebenen Moscheeschulen in staatlich kontrollierte und finanzierte Dorfschulen umgewandelt. Neben der Erneuerung des Schulsystems wurde 1954 ein Dorfentwicklungsprogramm aufgelegt zur Hebung der Alphabetisierung unter den Erwachsenen sowie Erwachsenenkurse zur Vermittlung grundlegender Kenntnisse handwerklicher Tätigkeiten und landwirtschaftlicher Methoden. Zwar wurde die Geistlichkeit in diese Umwandlung mit einbezogen, leistete aber zusammen mit den Großgrundbesitzern aktiven Widerstand gegen diesen Verlust ihres Einflusses.

In diesem Vorhaben Dauds deutet sich bereits der Konflikt an zwischen der herrschenden Feudalklasse und der dritten Klasse der afghanischen Gesellschaft, dem Bürgertum. Obwohl Daud Mitglied der Königsfamilie war und damit auch Bestandteil der herrschenden Feudalklasse, kam diese besonders nach dem Zweiten Weltkrieg nicht mehr umhin, den Interessen des erstarkenden Kapitalismus Rechnung zu tragen.

Die kapitalistische Wirtschaft leistete einen immer bedeutenderen Beitrag zur Finanzierung des feudalistischen Staates. Wenn man dem Bürgertum als Träger des Kapitalismus auch keinen bedeutenden politischen Einfluss einräumen wollte, so sollte es doch wenigstens günstige Bedingungen zu seiner wirtschaftlichen Entfaltung erhalten. Und dazu war eine Hebung des Bildungsniveaus und Verbesserung der Versorgung mit qualifizierten Arbeitskräften unabdingbar.

Mit der Hebung der Bildung und der Entwicklung des Kapitalismus als wirtschaftliche Alternative zum Feudalsystem greift Daud objektiv die Basis des Feudalsystems an. Den Landlosen und wirtschaftlich abhängigen Bauern wird mit der entstehenden Industrie die Möglichkeit eines Lebensunterhalts außerhalb der Abhängigkeit vom Feudalherrn geboten. Aber die gesellschaftlichen Verhältnisse in Afghanistan ließen keine anderen Möglichkeiten mehr zu als die Unterstützung des Kapitalismus zur weiteren Finanzierung des Feudalstaates und die Beteiligung des Bürgertums an der politischen Macht zur Vermeidung revolutionärer Umgestaltung.

Die Bewohner der ländlichen Gebiete sind noch keine Entwurzelten wie die frühen Proletarier des europäischen Kapitalismus, die in die Städte strömten und dort die Fabriken füllten. Ihre Bindungen an das Dorf sind noch so stark, dass sie eher als landlose Gelegenheitsarbeiter bezeichnet werden können, die sich in den Fabriken ein Zubrot verdienen, und ins Dorf zurückkehren, wenn ihnen danach zumute ist. Auch die für die dritte Welt sonst übliche Slumbildung am Rande der Metropolen hatte in Afghanistan noch nicht stattgefunden.

Zwar war der Kapitalismus in Afghanistan noch nicht so weit vorangekommen, dass er eine wirtschaftlich starke Alternative darstellte, aber die Ansätze zu seinen Möglichkeiten waren erkennbar, und die Welt rund um Afghanistan präsentierte jeden Tag, wozu dieses Wirtschaftssystem in der Lage war, welche ungeheure Leistungskraft und Entwicklungsmöglichkeit in ihm steckte.

Nicht zuletzt hierin müssen auch die Ursachen für Entwicklungen gesehen werden, die besonders nach den Zweiten Weltkrieg und ganz besonders unter Daud in Angriff genommen wurden: die allgemeine Hebung des Lebensstandards durch Neulandgewinnung und Staudammprojekte zur Verbesserung der Landbewässerung, Infrastrukturprojekte sowie Maßnahmen zur Wirtschaftsentwicklung mithilfe westlicher und besonders sowjetischer Entwicklungshilfe.

Denn die Unzufriedenheit war hoch in der Bevölkerung nach den Preissteigerungen der Nachkriegszeit, und die Entwicklung der Kommunikationsmittel, besonders die Verbreitung des Transistorradios, hatte zu einem enormen Zuwachs an Bildung und Kenntnissen geführt über die Lebensumstände in anderen Teilen der Welt. Aufschlussreich sind hier besonders die Darstellungen Barakis über die Hintergründe und Überlegungen bezüglich des Regionalentwicklungsprogramms der afghanischen Regierung für die Provinz Paktia, das mit bundesdeutscher Unterstützung aufgelegt worden war (Baraki S 220 ff).

Die Rückständigkeit und Armut in Paktia wurden zu sozialem Sprengstoff. Die verdeckte Arbeitslosigkeit war hoch. Sie wurde auf etwa 50% geschätzt. Die Überlegung der Regierung bestand darin, mit diesem Projekt eine Umgestaltung der sozialen Verhältnisse zu bewirken, um das Risiko eines revolutionären Umbruchs zu vermeiden.

Denn die allmähliche Verbesserung der Lebensumstände ihrer Stammesbrüder in den pakistanischen Stammesgebieten verfolgten die afghanischen Paschtunen mit zunehmender Unruhe und steigender sozialer Spannung in der Provinz Paktia. Ausdruck dieser explosiven Lage war die Tatsache, dass es häufig zu Aufständen kam, die letzten großen 1944/45 und 1959, und dass in der Provinz bis 1973 Ausnahmezustand herrschte.

Wie schon im Kapitel über die Konflikte mit Pakistan erwähnt, hatte die afghanische Regierung nach und nach die Interessenvertretung des gesamten paschtunischen Nation aufgegeben, nicht zuletzt auch um auf Grund dieser sozialen Spannungen im eigenen Land nicht dem Wunsch nach paschtunischer Unabhängigkeit und Eigenstaatlichkeit neuen Nährboden zu geben. Aber die unterschiedliche Entwicklung der Lebensumstände in Afghanistan und Pakistan stachelte die Ungeduld der Paschtunen in Paktia weiter an.

Wie hoch die Erwartungen an das Entwicklungshilfe-Projekt waren, zeigt das starke Interesse, das König Sahir Schah diesem Projekt entgegenbrachte. Mit der Eindämmung der Malaria und dem Abflauen der Kriege zwischen den Stämmen einerseits und den Stämmen und der Zentralgewalt andererseits war die Bevölkerung stärker gewachsen als je zuvor in der Geschichte der Region, und diese Bevölkerung suchte nach einer Lebensgrundlage. Wollte also die soziale Spannung gemindert werden, musste der Lebensstandard der Bevölkerung gehoben werden können.

Das Projekt, dessen Verwirklichung sich über mehrere Jahre erstreckte, führte nicht zu dem erwünschten Ergebnis, sondern vergrößerte die finanziellen Belastungen des Staates. Die Bevölkerung war dem Projekt gegenüber sehr aufgeschlossen, war sie doch selbst interessiert an einer Verbesserung ihrer Lebensbedingungen. Letztlich scheiterte es an der Inkompetenz und Überheblichkeit der westlichen Berater, die ihre Vorstellungen von der Wirklichkeit ihrer Herkunftsländer übertrugen auf die afghanischen Verhältnisse, ohne den Jahrhunderte alten Erfahrungen der Afghanen mit ihrem eigenen Lebensraum Rechnung zu tragen.

Zum Teil führten die Maßnahmen zu einer Vertiefung der gesellschaftlichen Spaltung und einer Verfestigung der sozialen Ungerechtigkeit, in

der Form, „dass die Besitzer größerer Grundstücke durch die Projektmaß-
nahmen in Paktia bevorzugt und die Massen der Kleinbauern vom Genuss
der Innovationen ausgeklammert worden sind" (Baraki S 280).
Viele gut gemeinte Ideen der Projektleitung scheiterten an falschen Vorstellungen von der Wirklichkeit und vertieften die Armut der Bauern. So
riet sie den Bauern zum Anbau von Heilpflanzen wie Kamille. Als aber
dann die Ernte eingebracht war, weigerten sich die deutschen Abnehmer
die Annahme, sodass die Bauern keinen Ertrag aus ihrer Arbeit hatten und
den Verdienstausfall der Arbeit eines Jahres hinnehmen mussten. Viele
Projekte der Geberländer dienten besonders im Agrarbereich mehr dem
Abbau eigener Überschüsse als der Aufbauhilfe in den Entwicklungs-
gebieten.
Darin äußerte sich die Schwäche der feudalistischen Wirtschaft, dass sie
aus eigener Kraft nicht in der Lage war, Produktivitätssteigerungen zu
erzielen, die es ihr ermöglichten, auf den Weltmärkten konkurrenzfähig zu
sein und damit der von ihr abhängigen Landbevölkerung eine Lebensgrundlage zu bieten. Auch die Herstellung von Agrarprodukten war mittlerweile eine Domäne der hoch technisierten kapitalistischen Produktionsweise geworden. Und selbst bei der Aufstellung und Durchführung der
Entwicklungsprojekte war Afghanistan wie sicherlich die meisten anderen
Entwicklungsländer auch angewiesen auf das Fachpersonal der entwickelten kapitalistischen Staaten, weil ihnen selbst das kompetente Personal
fehlte zur Planung, Durchführung, Überwachung und Betreuung der Ent-
wicklungsmaßnahmen.
Die Grundlage des Feudalismus war das ungebildete Bauerntum, das keine
Bildung brauchte, um auf den Feldern der Grundbesitzer seine Arbeitskraft
in Pacht umzusetzen. Aber in der neuen Welt des Kapitalismus und dem
Bürgertum als dessen Träger konnte der Feudalismus wirtschaftlich nicht
mehr lange Bestand haben.

Das Bürgertum

Als 1789 mit der französischen Revolution das wirtschaftlich erstarkte
Bürgertum erstmals seine politische Herrschaft errang und die Entmachtung des Feudalismus in Europa einläutete, hatte eine Klasse die Macht
errungen, die sich aus Handwerkern, Kaufleuten, Industriellen, aber auch
Tagelöhnern und den nach wirtschaftlicher Unabhängigkeit strebenden
Bauern, also dem großen Spektrum der arbeitenden Bevölkerung zusammensetzte. Sie stellten gegenüber der bisher herrschenden Klasse, dem
Adel, die Mehrheit der Bevölkerung dar, die aber bisher machtlos gewesen
war.

Diese breite soziale Basis fehlte dem Bürgertum bisher in Afghanistan. Im Unterschied zu Europa entwickelten sich seine Anfänge nicht aus den produzierenden Bereichen wie Handwerk und Industrie sondern aus dem Händlertum. So setzte sich das frühe Bürgertum in Afghanistan in unterschiedlicher Stärke aus den Händlern, Handwerkern und den akademisch Gebildeten zusammen.

Ethnisch betrachtet sind die Träger dieser kapitalistischen Entwicklung vornehmlich die Tadschiken, nicht die Volksmehrheit der Paschtunen. Nicht zufällig war Zaboli Tadschike. Die Paschtunen waren das Staatsvolk, ethnischer Träger der feudalen Ordnung. Den anderen Völkern Afghanistans kam im feudalistischen Gefüge die Rolle der von den Paschtunen Beherrschten zu.

So konnten die Stämme der anderen Völker sich nur schwer gegen die zahlenmäßig überlegenen Paschtunen behaupten und die Integrität ihrer Stammesgebiete wahren. Ihr Herrschaftsbereich beschränkte sich auf ihren Stamm, immer aber auch bedroht von den Kolonialisierungsversuchen der Paschtunen. Als Träger von Herrschaft über ihren Stamm hinaus haben sie in Afghanistan keine Bedeutung. Die Herrscher im afghanischen Staat stellten die Paschtunen. So blieb diesen Volksgruppen oft nur die Möglichkeit, sich durch andere Erwerbszweige wie Handel und Handwerk ihren Lebensunterhalt zu erwerben, wenn sie sich nicht als Landarbeiter oder Pächter bei den paschtunischen Lehnsherrn verdingen wollten.

Die Tadschiken, obwohl die mit 2-3 Mio die zweitgrößte Volksgruppe, verfügen in ihren Siedlungsgebieten noch nicht einmal über eine tadschikische Stammesorganisation. Sie betreiben Ackerbau in den Stammesgebieten der Paschtunen in der Umgebung der großen Städte wie Kabul und Herat und im Gebiet nördlich von Kabul bis zur Grenze der ehemaligen Sowjetunion.

Im Laufe der Geschichte wandelte sich für viele Tadschiken der Ausschluss aus dem Herrschaftsgefüge des feudalistischen Systems zum Vorteil. Da sie selbst nicht über eine eigene Stammesordnung verfügten und zur Stammesordnung der Paschtunen nicht dazugehörten, war ihnen der Weg im Rahmen der Feudalordnung Besitz und Herrschaft zu erringen, erschwert. Dass sie aber andererseits keiner einengenden Stammeshierarchie unterworfen waren, förderte ihre Bereitschaft, sich anderen Wirtschaftsbereichen zuzuwenden und sich hier eine vom Feudalismus unabhängige Lebensgrundlage zu schaffen.

Sie verlegten sich auf den Handel und in geringem Maße auch auf das Handwerk und bildeten das Gros der Kaufleute, Händler und Gewerbetreibenden der Städte. Sie sind die Träger der afghanischen Stadtkultur, sie sind die Gebildeten, die Schriftkundigen, die Intellektuellen und Gelehrten, auf die sich die Verwaltung des Feudalstaats stützt. Von den Tadschiken gingen die Versuche der Industrialisierung des Landes aus, und sie waren es, die hauptsächlich an der kapitalistischen Wirtschaftsentwicklung reich wurden. So hat besonders die tadschikische Minderheit als Handelsvolk von dem Anwachsen der wirtschaftlichen Tätigkeit nach dem 2. WK. profitiert und großen Reichtum erworben und dadurch auch wirtschaftliche Macht.

In den Städten – hauptsächlich Kabul, Herat und Kandahar - lassen sich die Anfänge eines afghanischen Bürgertums feststellen. Es entwickelte sich auf Grund der starken Zunahme des kapitalistischen Wirtschaftssektors durch Händler, Handwerker und die akademischen Berufe. Sie werden auf etwa 3% der Bevölkerung geschätzt, etwa 500000 von 14 Mio Einwohnern Afghanistans.

Ist draußen in den Stammesgebieten die Abstammung immer noch das entscheidende Kriterium für die Einordnung des Einzelnen im Sozialgefüge, so verliert die ethnische Unterscheidung in den Städten immer mehr an Bedeutung, der Zerfall der Stammesorganisationen schreitet hier voran. Die Städte werden zum Sammelbecken all solcher Kräfte, die der Ausweglosigkeit der wirtschaftlichen Lage als Abhängige der Feudalherren entfliehen wollen, aber auch der Enge der Stammeshierarchie.

Gehören Handwerker, Industrielle und sonstige Gewerbetreibende eindeutig zum kapitalistischen Wirtschaftssektor, so fällt die klassenmäßige Zuordnung der Großkaufleute wie Zabuli und der Intellektuellen und akademisch Gebildeten schwerer.

Sawitzki ordnet die Großkaufleute der herrschenden Klasse zu, während er gleichzeitig den einflussreichen Zabuli als Großkapitalisten bezeichnet. Hier ist Sawitzki nicht präzise und verwechselt den Schein mit der Wirklichkeit. Andererseits sitzt er auch den Definitionen bürgerlicher Sozialwissenschaft auf, die die Gesellschaft nicht in Klassen aufteilt, entsprechend ihrer wirtschaftlichen Lebensgrundlage und den daraus sich ergebenden Interessen. Die Aufteilung der Gesellschaft in Schichten verschleiert gerade bei der bürgerlichen Sozialwissenschaft diese Frage nach den wirtschaftlichen Grundlagen und Interessen und bezieht stattdessen äußerliche Merkmale mit ein wie Macht, Reichtum, Bildung und Ansehen in der Gesellschaft.

Aber all diese Merkmale sind leicht vergängliche, die u.U. nicht lange Bestand haben, wenn die wirtschaftlichen Grundlagen nicht ständige Wiederherstellbarkeit und Erhaltung der Lebensgrundlage garantieren. Reichtum ist vergänglich, wenn er nicht auf Grundlagen beruht, die es ermöglichen, ihn jederzeit wieder zu schaffen, will sagen, dass der Reichtum eine Quelle haben muss, aus der er sich jederzeit und unabhängig vom Wohlwollen anderer wieder reproduzieren lässt. Das ist im Feudalismus der Besitz von Land, aus dem aus eigener Arbeit oder durch Verpachtung die eigene Existenz gewährleistet werden kann; das ist im Kapitalismus der Besitz von Produktionsmitteln, wie Fabriken und Betriebe oder Anteile an solchen in Form von Wertpapieren, die an der Teilhabe am Ertrag dieser Produktionsmittel berechtigen. Ähnlich ist es mit all den anderen Kriterien bürgerlicher Sozialwissenschaft, die Grundlage sind für die Einordnung in die verschiedenen Schichten der Gesellschaft. Auch Macht und Ansehen sind nur äußerliche Attribute, die jederzeit mit wechselnder Konjunktur entzogen werden können. Einzig die Bildung ist dem Individuum nicht zu nehmen, aber sie garantiert auch keinen Lebensunterhalt, wie Zeiten hoher Akademikerarbeitslosigkeit zeigen.

Und deshalb gehört Zabuli noch lange nicht zu herrschenden Klasse, nur weil er über Reichtum oder die Macht eines Ministeramtes verfügt. Gerade sein Lebenslauf belegt, dass Reichtum und Macht alleine nicht genügen. Dass Zabuli Einfluss hat, rührt aus der zunehmenden Bedeutung, die die kapitalistische Wirtschaftsweise im immer noch feudalistischen Afghanistan erringt. Aber sie ist geliehene Macht. Sie ist die Macht, mit der ihn die Feudalklasse ausgestattet hatte, um in ihrem Interesse die afghanische Wirtschaft zu entwickeln. Diese Macht ist ihm nur solange verliehen, wie er nicht die Interessen des Feudalismus bedroht, solange der Kapitalismus nicht so stark wird, dass er den Feudalismus als Gesellschaftssystem ablösen könnte.

Diese Situation aber war Ende der 1940er Jahre eingetreten. Zwar war der Kapitalismus in Afghanistan noch nicht so stark, dass er die Machtfrage hätte stellen können, weil es ihm an der notwendigen sozialen Massenbasis fehlte. Aber die Feudalklasse erkannte die Gefahr und reagierte. Zabuli wurde entmachtet und der junge Kapitalismus der Kontrolle des feudalistischen Staates unterworfen.

Die bürgerlich-kapitalistischen Kräfte waren noch schwach, aber sie bildeten sich gerade dort, wo die Spitzen des Feudalstaates glaubten, einen von den Stammesfürsten draußen im Land unangreifbaren Sicherheitsbereich zu haben, in den Städten. Die politischen Entscheidungen im Land traf immer noch der Adel als feudalistische Klasse, und diese Entscheidungen dienten ihren Interessen und nicht denen des aufstrebenden Bürgertums.

Entscheidend für die Klassenzugehörigkeit sind also nicht die äußeren Merkmale wie Reichtum und Macht sondern die materielle Basis, aus der sie entspringen, ihre wirtschaftliche Grundlage. Nun ist diese Frage gerade bei Händlern und Kaufleuten schwerer zu klären als bei Handwerkern und Fabrikanten. Letztere sind eindeutig dem kapitalistischen Wirtschaftssystem zuzuordnen. Sie sind sozusagen die Keimzelle des Kapitalismus,

Fleisch vom gleichen Fleische. Kapitalismus ohne Handwerker und Fabrikanten ist so undenkbar wie Feudalismus ohne Bauern. Händler und Kaufleute jedoch existierten unter allen Wirtschaftssystemen, sie sind nicht an ein spezielles System gebunden und sind sogar Transmissionsriemen zwischen unterschiedlichen Wirtschaftssystemen.

Aber neben ihrer Tätigkeit als Großhändler treten sie auch als Investoren auf. Zaboli sammelt über seine Nationalbank Kapital von anderen Kaufleuten und Investoren, um mit diesem Kapital den Aufbau von Unternehmen zu finanzieren. Es handelt sich hierbei nicht um Investitionen im Feudalsektor durch den Ankauf von Land und dessen Verpachtung. Zaboli und die anderen Geldgeber investieren im kapitalistischen Sektor der afghanischen Wirtschaft. Sie gründen Betriebe, die Waren herstellen, durch deren Verkauf Rendite erwirtschaftet werden kann. Sie werden Eigentümer von Produktionsmitteln. Sie sind keine Feudalisten sondern Kapitalisten.

Und auf Grund dieses Status als Kapitalbesitzer in Form von Wirtschaftsbeteiligungen und Fabriken, sind sie dem bürgerlich-kapitalistischen Spektrum zuzuordnen als der Klasse, die die kapitalistische Wirtschaft gestaltet und ihre soziale Basis darstellt.

Eine vordergründig ebenso unklare Stellung zwischen den Klassen nehmen die Intellektuellen und akademisch Gebildeten ein, die im Bereich der Städte eine sehr umfangreiche soziale Gruppe bilden nach der Förderung des Schulwesens durch die Regierung nach dem 2. WK. Diese Unklarheit in ihrer Klassenzugehörigkeit entsteht durch ihre Abstammung aus allen Klassen der Gesellschaft. Große Teile von ihnen entstammen dem Bürgertum. Aber auch die Feudalfamilien ließen ihren Kindern eine Schul- und Universitätsbildung angedeihen. Gleiches gilt auch seit dem Ausbau des Schulsystems nach dem zweiten Weltkrieg für viele Kinder aus den unteren Schichten der Gesellschaft.

So sind zwar die einzelnen Akademiker aufgrund ihrer klassenmäßigen Herkunft eindeutig einzuordnen, nicht aber als soziale Gruppe, da sie vom Gesichtspunkt der Abstammung her keine homogene Gruppe darstellen. Ihre Klassenzugehörigkeit bestimmt sich aber nicht von ihrer Abstammung her sondern von der Lebensgrundlage, auf die sie sich als Intellektuelle und Akademiker stützen müssen.

Besonders in dieser Gruppe werden die Verwerfungen der afghanischen Gesellschaft deutlich, die entstehen durch die zunehmende Bedeutung des Kapitalismus innerhalb dieser Gesellschaft und der zunehmenden wirtschaftlichen Bedeutungslosigkeit des Feudalismus, die in krassem Widerspruch steht zu der Macht, die die Feudalklasse immer noch in der Gesellschaft ausübt.

Voraussetzung für die Herausbildung der intellektuell-akademischen Elite war die Modernisierung und spätere Ausbau des Schulsystems. Traditionell hatte Ausbildung in der Händen der Mullahs gelegen. Sie war ausschließlich religiös geprägt und bestand in der Lehre des Korans und dem Auswendiglernen der Gebote. Zu Beginn des 20. Jahrhunderts hatte Amanullah mit dem Aufbau eines weltlich orientierten Schulsystems begonnen, der dann aber durch seinen Sturz und den Sieg der feudalen Reaktion nur langsam fortgesetzt wurde. Erst nach Ende des 2.WK wurde ein großzügiger Aufbau von Schulen und Universitäten vorangetrieben. 1946 wurde die Universität Kabul mit 11 Fakultäten gegründet.

Der Aufbau eines eigenen Bildungssystems mit der Heranbildung qualifizierter Kräfte war notwendig, um die Entwicklung der Wirtschaft zu unterstützen. Der Staat war auf akademisch gebildetes Personal angewiesen, das den neuen Anforderungen in Verwaltung und Wirtschaft gerecht wurde.

Um möglichst schnell die teuren ausländischen Experten durch heimische ersetzen zu können, wurden Dozenten aus den hoch entwickelten Industrienationen angeworben. Diese vermittelten den Studenten neben ihrem Fachwissen aber auch ihr Wertesystem, das auf der Qualifikation durch Leistung und nicht durch Abstammung beruhte.

Durch ihren Kontakt zu den Dozenten erhielten die Studenten Zugang zu anderen gesellschaftlichen Wertvorstellungen sowie der Bedeutung von Ausbildung, Beruf und Arbeit. Die allmähliche, aber auch unweigerlich zunehmende Orientierung an Leistung und Qualifikation bezüglich der Vorstellungen über die Arbeitswelt kollidierten mit der Wirklichkeit der afghanischen Gesellschaft, die weiterhin von traditionellen Werten wie Abstammung, Hierarchie und Autorität, also feudalistisch geprägt war.

In den Institutionen und Betrieben des Staates setzte sich diese Praxis fort. Die staatliche Verwaltung war nahezu der einzige Nachfrager nach Absolventen mit Hochschulabschluss. Von ihr gingen die Impulse aus für die Schaffung neuer Berufe. In der Regel vollzog sich die Karriere der Universitätsabgänger als Beamte in den staatlichen Einrichtungen als Angestellte und Beamte in den Ministerien, Lehrer oder Offiziere.

Die hoch qualifizierten Absolventen konnten aber die erworbenen Fähigkeiten nicht entsprechend einsetzen, weil sie nicht in die Positionen aufstiegen, in denen sie Verantwortung und Entscheidungsgewalt hätten ausüben können. Die gut dotierten Leitungspositionen waren besetzt von den Mitgliedern der einflussreichen Familien.

Das führte besonders bei Akademikern aus den mittleren und unteren Schichten der Bevölkerung zu Verbitterung und Frustrationen. Ebensolches galt für die Machtpositionen in den politischen und gesellschaftlichen Institutionen. Der akademisch-intellektuelle Nachwuchs sollte zwar die Modernisierung der Gesellschaft vorantreiben und Verantwortung übernehmen in Wirtschaft, Gesellschaft und Politik. Die politische Elite des feudalistischen Staates aber räumte ihnen nicht die für diese Aufgabe notwendigen Machtmittel und Entscheidungsfreiheiten ein.

Die Feudalklasse hatte die Herausbildung der akademischen Elite selbst veranlasst, um für die immer komplexer und komplizierter werdenden Aufgaben in Wirtschaft und Verwaltung die benötigten Fachkräfte zu haben. Sie wollte aber weiterhin die Macht in Händen behalten und die Entwicklung kontrollieren und Veränderung nur soweit zulassen, wie sie den eigenen Interessen diente.

Hier zeigte sich der grundlegende Widerspruch dieser Entwicklung. Mit jedem weiteren Fortschritt in Richtung Industrialisierung des Landes und Entwicklung des kapitalistischen Sektors bereitete die Feudalklasse ungewollt dem eigentlichen Träger der Veränderungen, dem selbständigen Bürgertum, den Boden und schwächte und zerstörte die eigene Machtbasis, die feudalistische Wirtschaftsstruktur.

Gerade der Mangel an entsprechenden Positionen in der noch nicht genügend entwickelten kapitalistischen Wirtschaft führte zu dem Dilemma dieser sozialen Gruppe der akademisch Gebildeten, die trotz ihrer hohen Qualifikation keine Lebensgrundlage fand außer in den Institutionen des feudalistischen Staates. Andererseits konnten aber diese Institutionen den Absolventen nur Stellen anbieten, indem sie ihre Personal-Kapazitäten über Gebühr aufblähten. Der feudalistische Staat selbst konnte für diese soziale Gruppe eigentlich keine angemessene sondern nur eine künstlich geschaffene Lebensgrundlage bieten. Er war auf diese Akademiker-schwemme nicht vorbereitet, weil er ihrer eigentlich auch nicht bedurfte, ist er doch nicht das Wirtschaftssystem, das dem akademisch Gebildeten entspricht.

Sobald aber notwendigerweise durch diesen Widerspruch Strukturen des überkommenen politischen Systems in Frage gestellt wurden und weitere politische Öffnung und Freiheiten gefordert wurden, schränkte der feudalistische Staat die politische Freiheit ein.

Die Intellektuellen und die gebildeten Schichten des Bürgertums waren unzufrieden, weil es keine Stellen gab, die ihrer fachlichen Qualifikation entsprachen. Außerdem blieben ihnen Macht und Einfluss im politischen und wirtschaftlichen Leben verwehrt. Ihre berufliche Qualifikation war oftmals wesentlich höher als die ihrer Vorgesetzten. Ihr Weiterkommen wurde aber behindert durch eine von traditionellen Werten und Protektion bestimmte Gesellschaftsordnung. Sie als Träger des Aufbruchs in die

Moderne stießen an die Grenzen des politischen Systems, das der Erhaltung der feudalistischen Ordnung verpflichtet war.

Die sich jährlich wiederholenden Unruhen der Studenten brachten ihren Unmut über diese Situation zum Ausdruck und führten 1965 zum Sturz von Ministerpräsident Jussuf und 1969 sogar zur Schließung der Kabuler Universität. Aber der Sturz von Jussuf führte nicht zum Untergang des Systems. Hier erwies sich der Vorteil der neuen Verfassung, in der Elemente der konstitutionellen Monarchie übernommen worden waren.

Denn es ist nicht der König, der gestürzt wird, sondern nur ein Ministerpräsident, der durch einen anderen ersetzt wird. Durch den Ersatz des Ministerpräsidenten konnte die Situation erst einmal beruhigt werden, wenn auch der grundlegende Konflikt nicht gelöst werden konnte. Es entstand aber neue Hoffnung, dass ein neuer Ministerpräsident die Probleme besser lösen könnte als der alte. Bei einer direkten Konfrontation zwischen den Unzufriedenen und dem König wäre die Position des Königs direkt angegriffen als Repräsentant des politischen Systems. Es wäre also nicht nur der König sondern das politische System selbst, das in Frage gestellt wäre.

Aber bis zum Jahre 1973 waren die bürgerlichen Kräfte noch nicht so weit erstarkt und die feudalistischen noch nicht so weit geschwächt, dass das afghanische Bürgertum die Machtfrage hätte stellen können, die das französische Bürgertum 1789 gestellt und siegreich beantwortet hatte.

Die Neuausrichtung der afghanischen Politik

Orientierung nach Westen

Daud wurde oft in der Literatur als Kommunistenfreund oder Freund der Sowjetunion dargestellt. Hier wurde teilweise der Schein für die Wirklichkeit gehalten und teilweise absichtlich die Öffentlichkeit der westlichen Länder getäuscht. Aber im Wissen um die geographischen Realitäten, der weltpolitischen Lage, der Unterentwicklung des Landes, der inneren Konflikte und der Notwendigkeit eines starken Partners angesichts der eigenen Schwäche war die Annäherung an die Sowjetunion eine politische Option. Eine andere wäre die Annäherung an den Westen gewesen. Diese kam nicht zustande hauptsächlich wegen des Unverständnisses der USA für die afghanische Situation, ihrer undifferenzierten Machtpolitik, die nur die Pole Freund-Feind kannte und danach entschied.

Trotzdem hatte Afghanistan wie kein anderes Land der Erde in den 1950er und 1960er Jahren gleichzeitig von West und Ost Entwicklungshilfe bezogen. Und trotz der Annäherung an die UdSSR war der Kontakt zu den USA und zum Westen nie ganz abgebrochen. Der Konflikt mit Pakistan hatte eine weitere Annäherung zwischen Afghanistan und den USA gebracht, und Afghanistan suchte die engere Annäherung an den Westen. Das weitgehende Entgegenkommen der USA seit 1956 und während des Pakistankonflikts Anfang der 1960er Jahre signalisierte auch von dieser Seite eine andere Haltung als noch bis Mitte der 1950er Jahre.

Aber Daud galt als Konstrukteur der Allianz mit der UdSSR und war somit nicht der richtige Mann für diesen Prozess. Ihm fehlten die nötigen Kontakte, er genoss nicht das Vertrauen der westlichen Investoren, er stand für die unternehmerfeindliche Politik der „gelenkten Wirtschaft". Zum anderen waren die gesellschaftlichen Konflikte in Afghanistan so weit herangereift, dass die Monarchie in ihrer bisherigen Form nicht länger aufrecht zu erhalten war. „Mir anderen Worten, Daud wurde zum Rücktritt gezwungen, als die Lage im Lande für die Monarchie gefährlicher wurde" (Baraki S 107).

Für Daud kam Jussuf. Er war bereits im Kabinett Daud Minister für Bergbau und Industrie gewesen und der erste Ministerpräsident der nicht der königlichen Familie angehörte. Der Wechsel war „der Versuch, die Umwandlung einer absoluten in eine konstitutionelle Monarchie von oben zu steuern und zu vollziehen" (Baraki S 107). Dieser Prozess zum Schutz und Erhalt der Monarchie hatte sich bereits unter Daud schon angedeutet. Dafür gibt Baraki mehrere Hinweise. Es war also keine kurzfristige, von aktuellen Ereignissen getriebene Entscheidung, sondern vielmehr ein nach ausgiebiger Diskussion und Vorbereitung beschlossener Vorgang.

Die politisch führende Stellung des Königshauses blieb unangetastet, seine Mitglieder waren aber von der Bekleidung höchster Staatsämter und der Betätigung in Parteien ausgeschlossen. Besonders das Königshaus erkannt die Vorteile der neuen Verfassung, die die Monarchie schützte, indem sie sie von der Regierungsverantwortung trennte. „Der König soll die Erfolge seines Kabinetts genießen dürfen, die Minister aber die Misserfolge ihrer Politik verantworten müssen" (Baraki S 110). Gleichzeitig mit der neuen Verfassung wurde auch ein Wahlgesetz beschlossen.

Mit Jussuf kamen die bürgerlichen Kräfte ans Ruder, in denen auch das Königshaus und die herrschende Feudalklasse keine Bedrohung für ihre Macht sahen. Dem veränderten Kräfteverhältnis zwischen der herrschenden Feudalklasse und dem immer bedeutender werdenden Bürgertum trug die neue Verfassung Rechnung, deren Ausarbeitung Jussuf noch im März 1963, also nur wenige Tage nach Dauds Rücktritt, öffentlich ankündigte und damit zur Beruhigung der Lage beitrug.

Jussuf nicht nur der Retter der Monarchie, er war auch der Mann des Westens. Er hatte in Deutschland studiert. In seinem Kabinett dominierten die Intellektuellen, von denen die meisten wie auch er im westlichen Ausland studiert und zum Teil dort den afghanischen Staat in verschiedenen offiziellen Funktionen vertreten hatten. Sie waren vertraut mit den westlichen Wertvorstellungen, der westlichen Kultur und den Erwartungen, die der Westen an Afghanistan hatte. Man kannte sich, sprach dieselbe Sprache, war miteinander vertraut und hatte Vertrauen zueinander. Sie verfügten über die inoffiziellen Kanäle und diskreten Kontakte, ohne die Politik nicht geht, und schon gar nicht ein Wechsel der bisher betriebenen Politik.

Die hohe Bedeutung, die man mittlerweile im Westen Afghanistan beimaß, wurde deutlich an den Reaktionen z.B. der deutschen Presse, die seine Ernennung mit positiven Schlagzeilen begrüßte. Denn „das Land ist wichtig genug, dass der Westen sich mehr als bisher bei dem eingetretenen Wandel einschaltet, der zu einer konstitutionellen Monarchie im westlichen Sinne führen soll" (Baraki S 122). Seinen politischen Vorstellungen entsprach das Zweiparteien-System der USA. „Dies sollte dem Interesse einer stabilen Exekutive dienlich sein und den kleineren Gruppen den Weg zur Parteienbildung versperren" (Baraki S 112).

Und kaum war Daud am 3.3.1964 zurückgetreten, traten bereits am 21.3.1963 bedeutende wirtschaftliche Veränderungen in Kraft. Die afghanische Regierung folgte einer Empfehlung des Internationalen Währungsfonds und schaffte das bisherige System der verschiedenen Wechselkurse des Afghan gegenüber dem Dollar ab. Bisher galten unterschiedliche Wechselkurse für den Import und Export von Waren, sowie für verschiedene Warengruppen. Von nun ab wurde ein offizieller Kurs für das Verhältnis Dollar/Afghan festgelegt. Dieser Kurs bildete sich frei am Markt. Die Devisenknappheit des Landes ließ keinen anderen Weg mehr zu, als dieser Empfehlung des IWF zu folgen.

Die jahrelange Devisenbewirtschaftung hatte den Kurs des Afghan künstlich hochgehalten. Mit der Freigabe des Wechselkurses verlor die afghanische Währung in der Folgezeit massiv an Wert. Ursache dieses Wertverfalls war die jahrelange Finanzierung des Wirtschaftsaufbaus über eine Verschuldung, die nicht der Leistungsfähigkeit der afghanischen Wirtschaft entsprach. Der Beitritt zum IWF ließ aber nun Afghanistan durch die Gewährung einer Anleihe in den Genuss von Überbrückungshilfen kommen zum Ausgleich von Zahlungsbilanzdefiziten.

Diese Defizite waren entstanden durch den Überhang der Importe gegenüber den Exporten. Die afghanische Wirtschaft war aufgrund ihrer geringen Konkurrenzfähigkeit auf den Weltmärkten nicht in der Lage, genügend Devisen zu erwirtschaften, um die Importe zu finanzieren. Die Differenz hatte ausgeglichen werden müssen durch die Belastung der Devisen- und Goldbestände des Staates. Und diese waren dahingeschmolzen dahin, ohne dass eine Tendenzwende zu erkennen war.

Mit der Unterstellung der Währung unter das Reglement des IWF und damit des freien Marktes wurde die Lösung in Angriff genommen, die kapitalistischer Funktionsweise und Marktmechanismen entsprach. Die afghanische Regierung hatte damit ihre Herrschaft über die eigene Währung aufgegeben, der Feudalismus war im Bereich der Währung entmachtet. Der feudalistische Lösungsversuch über die autoritäre Festlegung von Kursen, losgelöst von jeglicher wirtschaftlicher Realität, war gescheitert.

Und auch der Abbau des Zahlungsbilanzdefizits ging einer Lösung entgegen, die den kapitalistischen Marktgesetzen entsprach. Der Fall der afghanischen Währung führte zu einem Rückgang der Importe, da sich importierte Waren stark verteuerten. Gleichzeitig verbesserten sich die Bedingungen für den Export afghanischer Waren, die nun auf dem Weltmarkt durch den gefallenen Kurs der afghanischen Währung wesentlich billiger angeboten werden konnten.

Dass diese Maßnahmen so kurzfristig nach dem Abdanken Dauds ergriffen wurden, zeigt einerseits die Dringlichkeit der Lage andererseits aber auch, dass der Wandel schon längerfristig, also schon unter der Regierungszeit Dauds, vorbereitet worden sein muss.

Auch der König unterstützte aktiv diese neue Politik der Westorientierung. Seine Auslandsbesuche demonstrieren nicht nur sein erhöhtes Engagement für die Außenpolitik sondern sie zeigten auch deutlich, in welche Richtung diese Außenpolitik gehen soll. Sie führen ihn hauptsächlich in die westlichen Hauptstädte und China, das allmählich auf Distanz zur UdSSR gegangen war.

Neben den politischen Kontakten, die aufgenommen oder intensiviert wurden, wurde dem ehemaligen Wirtschaftsminister und kapitalistischen Schwer-gewicht Zaboli ab 1964 die Rückkehr nach Afghanistan ermöglicht. Er hatte sich seit seinem Sturz im Jahre 1949 teilweise in Deutschland aufgehalten, das der afghanischen Regierung 1963 einen Kredit von 50 Mio Dollar gewährte, der dann noch einmal um 15 Mio aufgestockt wurde. Dieser Kredit war bereits 1960 zugesagt worden, wurde aber erst nach dem Rücktritt Dauds freigegeben, wodurch noch einmal unterstrichen wird, dass die Ablösung Dauds von einflussreichen Kräften betrieben worden war.

Auch Zaboli verfügte über ausgedehnte wirtschaftliche und politische Kontakte. Welchen Einfluss Zaboli auf das Zustandekommen dieses deutschen Kredits hatte, kann nicht eindeutig dargestellt werden. Auch die Rückkehr Zabolis wäre unter einer Regierung Daud unwahrscheinlich gewesen. Die schnellen Veränderungen, die nach dem Abdanken Dauds eintraten, machen deutlich, dass Daud zu einer Belastung für die politischen Beziehungen Afghanistans zum Westen geworden war. Das Interesse des ausländischen Kapitals an Afghanistan war während der gesamten Ära Daud gering geblieben.

Dessen Konzept der gelenkten Wirtschaft und der rigide Umgang mit fremden und inländischen Investoren hatten diese von Investitionen in Afghanistan abgehalten. Und trotz der veränderten Gesetzgebung des zweiten Fünfjahrplans, die noch unter Dauds Regierungszeit eingeleitet worden war, waren die Investitionen ausländischer Geldgeber und Firmen nicht gestiegen. Die Auswechslung von Daud und die Rückkehr Zabulis waren ein Signal an diese Gruppen, dass mit Daud auch die investitionsfeindlichen Bedingungen aufgehoben seien.

Die Rückkehr Zabulis war das Eingeständnis, dass die Kontrolle der kapitalistischen Wirtschaft durch den feudalistischen Staat gescheitert war. In der Person Zabulis kehrt der Kapitalismus gestärkt nach Afghanistan zurück. Es war nur noch eine Frage der Zeit, wann, nach der Schwächung der feudalistischen Stämme durch die feudalistische Zentralmacht, die Schwächung der Zentralmacht durch Forderungen des kapitalistischen Sektors nach Beteiligung an der politischen Macht erfolgen würde.

Parallel zur Verstärkung der Westorientierung war eine Abschwächung der Beziehungen zur Sowjetunion festzustellen. Man erwartete, dass „mit zunehmender wirtschaftlicher Unabhängigkeit von der Sowjetunion eine selbständige Außenpolitik betrieben werden" könne (Baraki S 120).

Wie stark sich die Annäherung an den Westen entwickelte, zeigte, dass seit dem Regierungswechsel von Daud zu Jussuf die Bedeutung der Sowjetunion als Wirtschaftspartner ständig zurückgegangen war. Hatte Afghanistan Anfang der 1960er Jahre noch etwa 44% seiner Waren aus der UdSSR importiert, so fiel dieser Wert auf 24% bis Mitte der 1970er Jahre. Nur der Export in die UdSSR blieb weiterhin hoch aufgrund der eingegangenen Lieferverpflichtungen und Darlehenstilgungen durch Warenlieferungen.

Auch wurde versucht, durch die Gewinnung neuer Lieferanten im Westen und bei den Nachbarn die Abhängigkeit gegenüber der Sowjetunion zu mindern. Besonders die USA unterstützten diesen Ablösungsprozess nach Kräften. Hatte die UdSSR ihre Transitwege während der Konflikte mit Pakistan für Afghanistan geöffnet, so hatten die westlichen Staaten den Transport von Gütern, auch solcher die unter Sicherheitsgesichtspunkten unbedenklich waren, über sowjetisches Territorium verweigert.

Gleichzeitig unterstützten die westlichen Staaten die Öffnung und den Ausbau der Transitwege durch Pakistan und Iran. Besonders der Zugang zum Hafen von Karachi und zum arabischen Meer war für die afghanische Wirtschaft von großer Bedeutung. Voraussetzung war die Beilegung der Spannungen zwischen Afghanistan und Pakistan. Und hier entwickelten die westlichen Staaten erheblich diplomatische Bemühungen, um durch die Beilegung des Konflikts, die wirtschaftliche Situation Afghanistans zu verbessern als Voraussetzung, um es aus seiner Neutralität gegenüber der UdSSR lösen und in die antisowjetische Front einzugliedern zu können.

Ob sich die Erwartungen, die mit der stärkeren Hinwendung zum Westen verbunden waren, erfüllt haben, lässt sich schwer ermitteln, da diese Erwartungen nicht Gegenstand öffentlicher Diskussionen war. Sie wurde nicht zur offiziellen Politik erklärt, sie fand nur einfach statt durch den Wechsel von Daud zu Jussuf. Aber Zweifel sind erlaubt, denn die Verschuldung war dramatisch gestiegen. Allein die Bundesrepublik Deutschland hatte bis zur Beendigung des zweiten Fünfjahrplanes im Jahre 1967 Finanzhilfen in Höhe von circa 340 Mio. DM (85,5 Mio Dollar) gewährt, sodass das Bundesministerium für Wirtschaftliche Zusammenarbeit zu der Einschätzung kam: „kaum eines der so finanzierten Projekte bringt so viel Ertrag, dass daraus der Schuldendienst gedeckt werden kann" (Baraki S 124).

Zunahme der sozialen Spannungen

Hatte man aber darauf gesetzt, die Entwicklung der Wirtschaft durch die Hinwendung zum Westen stärker und schneller voranzubringen, so hat sich diese Hoffnung nicht erfüllt. Die hohen Investitionen in Großprojekte und Infrastrukturmaßnahmen hatten nicht zu einem Anstieg des afghanischen Bruttosozialproduktes geführt. Aber ihre Folgekosten belasteten den Staatshaushalt. Viele der ausländischen Darlehen hatten tilgungsfreie Zeiten, die nach und nach ausliefen und nun getilgt werden mussten. 1970/1 überstieg der Kapitalrückfluss in die Industrieländer den Kapitalzufluss um 200 Mio Afghani, was bedeutete, dass mehr Kapital das Land verlässt als investiert wird.

Trotz der hohen Investitionen blieb die Produktivität der afghanischen Wirtschaft gering, und sie hatten auch nicht zu einer spürbaren Hebung des Lebensstandards der Bevölkerung geführt. Der Landbevölkerung war diese Wirtschaftsförderung kaum zugute gekommen. Die Armut war hoch und die Lebenserwartung niedrig. Die Kluft der Entwicklung zwischen Kabul und den Provinzen wuchs.

In den Städten hatte die erhebliche Ausdehnung der staatlichen Verwaltung eine Entlastung im Bereich der Akademiker-Arbeitslosigkeit gebracht. War es Daud noch gelungen, für etwa zehn Jahre an der Macht zu bleiben und eine gewisse politische Stabilität und Ruhe zu gewährleisten mit den bereits beschriebenen Mitteln der politischen Unterdrückung, aber auch der Verteilung ökonomischer Wohltaten, so scheinen diese Mittel bei den Nachfolgern nicht mehr eingesetzt zu werden oder werden zu können.

Die Einnahmen des Staates konnten nicht beliebig ausgedehnt werden, um weitere Stellen in der Verwaltung zu schaffen, die ohnehin schon vollkommen überbesetzt war, und trotz dieser Überbesetzung ineffektiv. Zwar waren die Staatseinnahmen aufgrund der Leistungssteigerung der Wirtschaft als Ergebnis der Fünfjahrpläne von 1962/3 bis 1970/1 um 161,5% gestiegen. Dennoch deckten diese Einnahmen nur etwa 52% der gesamten Staatsausgaben.

In der Zeit von 1962/3 bis 1970/1 verdreifachten sich die ordentlichen Ausgaben im afghanischen Staatshaushalt von 1,85 Mrd Afs auf 5,15 Mrd Afs. Aber allein die Kosten für die ständig wachsende Verwaltung, die Erhöhung der Rüstungsausgaben, den zunehmenden Schuldendienst und die Folgekosten der Entwicklungsprojekte nahmen in 1970/1 fast den gesamten ordentlichen Haushalt in Anspruch (89,4%).

Die Möglichkeiten des Staates, durch eine höhere Staatsverschuldung die Lebensbedingungen der Bevölkerung zu verbessern, waren angesichts der Finanzlage an ihre Grenzen gestoßen. Und mit diesen begrenzten Möglichkeiten stiegen einerseits die sozialen Spannungen im Land und sanken andererseits die Möglichkeiten, diese Spannungen durch materielle Wohltaten zu vermindern, wie es Daud noch gelungen war.

In den Städten, besonders in Kabul, hatte sich infolge der Förderung der Bildung durch den Staat die Zahl der akademisch Gebildeten stark erhöht. Sie suchten nun nach Positionen in der Gesellschaft, die ihrem Ausbildungsniveau entsprachen und in denen sie die ihrer Qualifikation entsprechende Verantwortung übernehmen und politische Entscheidungen treffen konnten. Sie wollten anwenden können, was sie erlernt hatten.

Sie kamen oftmals selbst aus den Eliten der Gesellschaft, waren aber durch die westlich geprägte, am Leistungsgedanken orientierte Ausbildung immer mehr an die Grenzen einer Bürokratie und Verwaltung gestoßen, in denen das feudalistische Prinzip von Abstammung, ethnischer Zugehörigkeit und der sich daraus ergebenden Hierarchie und Macht nicht aber Leistung und Qualifikation über Fortkommen und Aufstieg entschieden.

Hatte Daud vieles von dieser Unzufriedenheit und dem sich daraus entwickelnden sozialen Sprengstoff entschärfen können, indem er die Verwaltung personell stark aufgebläht hatte, so waren dem doch durch die Lage der Staatsfinanzen Grenzen gesetzt. 1970 machten die Personalkosten der öffentlichen Verwaltung allein 43% des ordentlichen Haushalts aus.

Nicht alle Absolventen der Hochschulen konnten in den Staatsdienst übernommen werden und die Wirtschaft war noch lange nicht so weit entwickelt, dass sie da einen Ersatz hätte anbieten können. So war die staatliche Verwaltung der einzige Arbeitgeber für die akademisch Gebildeten, und sie bezahlte schlecht. Korruption und Bestechlichkeit sind eine willkommene Gelegenheit eines Zusatzverdienstes. (Erst ab 1964 lässt sich ein starker nomineller Anstieg der Gehälter feststellen, der aber durch die gleichzeitige starke Geldentwertung wieder aufgefressen wird.)

So blieb es nicht aus, dass es ab Beginn der 1960 Jahre ständig zu Studentenprotesten an der Kabuler Universität kam. Die Lage unter den Studenten blieb gespannt und wurde noch verschärft durch die Aufforderung Jussufs an die Studenten, sich jeglicher politischer Aktivitäten zu enthalten. Die nachfolgenden Proteste endeten mit dem Einsatz des Militärs und Dutzenden von erschossenen Schülern und Studenten. Sie führten zum Sturz von Jussuf. Im Oktober 1965 musste Jussuf zurücktreten, nachdem bei Schüler- und Studentenprotesten zahlreiche Schüler erschossen worden waren.

Grundlage weiterer Konflikte waren die zwischen den gesellschaftlichen Klassen ungleiche Steuerbelastung und Beteiligung an der politischen Macht.

Der kapitalistische Sektor der afghanischen Wirtschaft trug maßgeblich bei zur Steigerung der Staatseinnahmen, da Importe und Exporte von Waren mit Zöllen belegt waren. Sie entwickeln sich zur wichtigsten Einnahmequelle des Staates und machen zusammen mit den Steuern etwa 80% der gesamten Staatseinnahmen aus. Allein die Importzölle und die auf Importe erhobenen Steuern überschritten im Jahr 1971 die Grenze von 2 Mrd. Afs, die Einnahmen aus Exportzöllen und den darauf erhobenen Steuern fast 200 Mio Afs. Während der kapitalistische Sektor der afghanischen Volkswirtschaft durch Zölle und Steuern einen immer höheren Beitrag zur Finanzierung des Staates leistete, nahm der Beitrag des feudalistischen Wirtschaftssektors immer weiter ab. Dagegen war der kapitalistische

Sektor aber weitgehend von der politischen Mitgestaltung des Landes ausgeschlossen im Gegensatz zu den Vertretern der feudalistischen Landwirtschaft.

Die herrschende feudalistische Elite verfügte über die politische Macht, sie beschloss die Gesetze. So war es nicht verwunderlich, dass Gesetze erlassen wurden, die die Steuern für den kapitalistischen Sektor erhöhten, während die Steuerlast des feudalistischen geringer wurde. Obwohl im Agrarsektor mehr als die Hälfte des afghanischen Bruttosozialproduktes erwirtschaftet wurde, betrug 1970/1 der Anteil der gesamten Landwirtschaft an den Staatseinnahmen nur etwa 1,5%.

Die den Besitz von Grund und Boden belastende Landsteuer sank nach 1950, also mit dem zunehmenden Ausbau des „industriellen" Sektors, ständig nicht nur in ihrem absoluten Wert sondern auch relativ zu den Staatseinnahmen. 1966 wurde die Viehsteuer, eine weitere den Feudalsektor belastende Steuerart, sogar ganz abgeschafft, die 1965 immerhin noch einen Ertrag von 88 Mio Afs erbracht hatte. Erst 1973 wurde sie dann wieder eingeführt.

Dennoch kann festgestellt werden, dass der kapitalistische Sektor einen immer höheren Anteil an der Finanzierung des feudalistischen Staates beiträgt im Gegensatz zum feudalistischen. Die politische Macht aber liegt in den Händen des Königshaus und des Feudaladels. Der Träger der wirtschaftlichen Entwicklung, das Bürgertum, ist weitgehend von der Teilhabe an der politischen Macht ausgeschlossen.

Administrative Lösungsversuche

Daran hatte auch die Verfassung vom 1.10.1964 wenig geändert. König Zahir Schah hatte mit der sogenannten „Stillen Revolution" eine Demokratisierung von oben versucht. Die absolute Monarchie sollte durch eine konstitutionelle ersetzt werden. Die neue Verfassung hatte die Möglichkeiten der politischen Teilhabe besonders der städtisch-bürgerlichen Kreise verbessert. Auch der König hatte sie als den Beginn einer neuen Epoche bezeichnet.

Aber trotz der formaldemokratischen Strukturen blieb seine Macht weitgehend unangetastet. Zwar zog er sich aus der Tagespolitik zurück, die einem Ministerpräsidenten überlassen worden war, behielt aber weiterhin den entscheidenden Einfluss auf die grundsätzlichen Fragen der afghanischen Politik.

Diese politischen Reformen hatten der großen Mehrheit des Volkes keinen wirklichen politischen oder sozialen Fortschritt gebracht. An der wirtschaftlichen Lage hatte sich wenig geändert. Zudem blühte die Korruption in der Verwaltung. Sie begünstige die Wohlhabenden, die Bestechungsgelder zahlen und sich damit Vorteile verschaffen konnten gegenüber den Habenichtsen.

Die häufigen Regierungswechsel nach Daud verdeutlichten die Erfolglosigkeit dieser Lösungsversuche, die Ausweglosigkeit der Situation und die Schwäche der Zentralmacht, die nicht in Lage war, die grundsätzlichen Probleme des Landes zu beheben. Immer wieder neue Ministerpräsidenten werden ins Rennen geschickt, in der Hoffnung, ein Lösungskonzept zu haben für die angespannte innenpolitische Lage, nachdem sich der alte Ministerpräsident mit seinem Konzept erfolglos verbraucht hat.

Regierungen werden nicht ohne Grund gewechselt und im Falle Afghanistans schon gar nicht ohne die Zustimmung oder Initiative des Königs bzw. der Königsfamilie. Die Wechsel der Ministerpräsidenten standen nur vordergründig im Zusammenhang mit politischen Ereignissen. Im Hintergrund aber entwickelten sich die (wirtschaftlichen) Prozesse, die dann irgendwann begannen, die politischen Verhältnisse zu beeinflussen oder zu treiben. Diese häufigen Wechsel der Ministerpräsidenten standen im Widerspruch zum politischen Stillstand im Lande.

So folgte auf Jussuf 1965 Maiwandel, auf diesen 1967 Itimadi (Etemadi) und auf diesen 1971 Dr. Zahir.

Auch Jussufs Nachfolger Maiwandal verfügte über eine westlich geprägte Biographie. Sein Kabinett setzte sich hautsächlich aus Tadschiken oder nach Klimburg „Tadschikisierten" zusammen, was aufgrund der Entwicklung der afghanischen Sozialstruktur nicht anders als bürgerliche Kräfte verstanden werden kann.[7]

Es war zu erkennen, dass die königliche Familie bemüht war, die Regierung unter Einbeziehung des bürgerlich-intellektuellen Milieus auf eine breitere gesellschaftliche Basis zu stellen und damit auch dem Einfluss der auf gesellschaftliche Veränderung drängenden Kräfte den Wind aus den Segeln zu nehmen.

Trotzdem war bei den Wahlen zur Nationalversammlung von 1965 und 1969 die Wahlbeteiligung sehr gering. Man schätzte sie auf dem Land bei nur 3% und in den Städten auf höchstens zehn. Da keine Parteien zugelassen waren und ein großer Teil der Abgeordneten vom König ernannt wurde, erhielten die feudalistischen Kräfte den bestimmenden Einfluss im Parlament. Es herrschte also weiterhin die Feudalklasse, und die organisierte sich politisch nicht in Form von Parteien.

---

[7]

Siehe dazu das Kapitel: Entwicklung der Sozialstruktur

Aber gerade das Fehlen von Parteien, die die politischen Interessen größerer Bevölkerungsteile hätten repräsentieren und Ausdruck verleihen können, machte dieses von Feudalherren und ihren Interessen und Rivalitäten dominierte Parlament nicht zu einem Faktor politischer Stabilität sondern förderte gerade die gegenseitige Blockade aller politischen Einrichtungen.

Die Stammesältesten waren seit Jahrhunderten untereinander verfeindet. Ein sie einendes Band gemeinsamer politischer Ansichten und Ziele existierte nicht. Für sie standen die eigenen Interessen und höchstens noch die ihres Stammes im Vordergrund und die galt es gegen die der anderen Stämme und Stammesfürsten durchzusetzen. Jahrhunderte alte Politik war es, Koalitionen gegen Dritte zu schmieden um des eigenen Vorteils willen und diese Koalitionen wieder zu lösen, wenn sich andere ergaben, die den eigenen Interessen mehr dienten. Jeder Abgeordnete war seine eigene Partei, sodass stabile Mehrheiten kaum zustande kamen und wenn, dann waren sie brüchig und nicht von langer Dauer.

Dadurch zeichnete sich die parlamentarische Arbeit durch ein hohes Maß an Instabilität, Unordnung sowie mangelnder Kontinuität aus. Das Gesetzgebungsverfahren, eigentliche Aufgabe des Parlaments, war ungenügend. Die Arbeit eines solchen Parlaments war wirkungslos und hinterließ in der Öffentlichkeit den Eindruck der Unfähigkeit und des Eigennutzes, der den eigenen Vorteil über die Sache des Staates stellt.

Nationalversammlung und Ministerpräsident blockierten sich gegenseitig, denn ohne entsprechende gesetzliche Grundlagen war das Regierungsamt des Ministerpräsidenten nicht auszuüben. Hier spiegelte sich die über Jahrhunderte gelebte Rivalität zwischen Zentralmacht und den Stammesführern wider. Diese Konfrontation herrschte nun nicht mehr zwischen den Stammesfürsten und dem König sondern hatte sich „modernisiert" in eine Konfrontation zwischen den Stammesführern und dem Ministerpräsidenten.

Formierung der gesellschaftlichen Gruppen

Diese Situation aufzulösen, hätten einzig Parteien eine Chance gehabt. Aber diese waren verboten, und vor den Wahlen von 1969 hatte der König das Parteienverbot nicht mehr aufheben wollen, weil er ein Übergewicht der besser organisierten Linkskräfte befürchtete. Und dennoch bilden sich als Reaktion auf die fortgesetzte Günstlingswirtschaft der Feudalfamilien und gesellschaftliche Erstarrung im Lande politische Lager heraus.

Bereits im Jahre 1965 war es zur Gründung der DVPA (Demokratische Volkspartei Afghanistans) gekommen mit Taraki als Generalsekretär. Der Linken strömten die jüngere städtische Intelligenz und die in der Sowjetunion ausgebildeten Teile des Militärs zu. 1966 bildet sich um die Wochenzeitung „Khalq" (Volk) eine marxistisch orientierte Gruppe, Herausgeber ist Taraki. Nach fünf Ausgaben wurde die Zeitung verboten.

Innerhalb kürzester Zeit (1967) spaltet sich die DVPA in den Khalq-Flügel Tarakis und den Parcham-Flügel (Banner) des Babrak Karmal, obwohl beide Fraktionen einen prosowjetischen Kurs vertraten, sich die Spaltung also nicht als Differenzen zwischen China und SU in die afghanische Partei verlängerte. Beide Flügel hatten unterschiedliche Vorstellungen über den Weg, der zur Erreichung der politischen Ziele führen sollten.

Während Parcham auf die Durchdringung der staatlichen Institutionen mit eigenen Mitgliedern setzte, stand die Khalq-Fraktion dem Regime unversöhnlicher gegenüber und verfolgt eine Sammlung oppositioneller Kräfte unter den Intellektuellen und den Arbeitern. Jedoch existierte zu dieser Zeit keine nennenswerte Gewerkschaftsbewegung, weil es kaum industrielles Proletariat in Afghanistan gab. Die Industriearbeiterschaft umfasste nur wenige Tausend Menschen.

Auf dem rechten Spektrum gründete sich 1968 die „Organisation der jungen Moslems", eine an der Moslembruderschaft orientierte islamische Strömung, die hauptsächlich unter den Mitgliedern des Klerus und der gebildeten Mittel- und Unterschicht an Einfluss gewann. Ihnen missfielen die in ihren Augen russland-freundliche Politik der Königs und die politischen Reformen, in denen sie eine Gefährdung der traditionellen Ordnung sahen.

1966 gründete der damalige Ministerpräsident Maiwandel die Progressive Demokratische Bewegung. Sie repräsentierte eine sozialdemokratisch ausgerichtete Politik, die auf soziale Reformen und eine Umwandlung der Wirtschaft setzte, aber an der konstitutionellen Monarchie und am Islam festhalten will.

Aber Maiwandal war nicht der einzige, der erkannte, dass ohne Hausmacht und die Unterstützung einer politischen Gruppe oder Partei, die Ministerpräsidenten sich zwischen dem Parlament und dem König zerrieben. Sie und das Parlament hatten kaum Entscheidungsbefugnis. Die Entscheidungen traf der König.

Um diesen Zustand zu ändern und die Macht der Regierung zu stärken, versuchte Ministerpräsident Shafiq vor den Wahlen von 1973 sich unter den orthodoxen Muslimen eine Hausmacht zu schaffen, indem er den westlichen Einfluss(Diskotheken, Restaurants, Kirchen) zurückzudrängen suchte.

Als Anfang der 70er Jahre das Land von einer Hungersnot heimgesucht wurde, war die Regierung gelähmt und handlungsunfähig. Die finanziellen Mittel fehlten, um diese aktuelle Krise zu meistern und durch Programme und gesellschaftliche Projekte für die Zukunft vorzusorgen. So war Afghanistan bei der Bekämpfung der Hungersnöte der 70er Jahre abhängig von ausländischer Hilfe, insbesondere aus der Sowjetunion, den USA und Deutschland.

Angesichts der allgegenwärtigen Armut und des tausendfachen Dahinsiechens der Bevölkerung, aber auch angesichts der sozialen Ungerechtigkeit durch die ständige Bevorzugung der Reichen gegenüber den Armen, dem Ausschluss weiter Teile der Bevölkerung von der Teilnahme an der politischen Gestaltung des Landes, der Perspektivlosigkeit der akademischen Elite, der blühenden Korruption und der Unfähigkeit der Herrschenden, die politischen und wirtschaftlichen Probleme des Landes zu lösen, entwickelte sich im Lande eine explosive Stimmung.

Der tiefere Grund für die entstandene Lage ist das Kräftegleichgewicht zwischen den wichtigsten widerstreitenden sozialen Gruppen des Landes. Durch dieses Gleichgewicht blockieren sich die sozialen Kräfte gegenseitig. Keine von ihnen war stark genug, um sich gegen die anderen durchzusetzen. Gesellschaftlicher Stillstand war die Folge, der sich in der Unregierbarkeit des Landes ausdrückte.

Die Regierung wurde zerrieben zwischen den Interessen der feudalistischen Kräfte und denen der bürgerlichen. Die Stämme hatten durch den Machtzuwachs der Zentralgewalt nicht mehr die Kraft, jene in Gefahr zu bringen. Die bürgerlichen Kräfte waren noch nicht politisch organisiert und auch zahlenmäßig zu schwach, um die politische Macht zu erobern. Und das Königtum war nicht mehr stark genug, um alleine gegen die beiden anderen Gruppen regieren zu können.

Es konnte sich aber auch nicht mit einer der beiden anderen gesellschaftlichen Gruppen verbünden, ohne selbst Schaden zu leiden. Ein Bündnis mit den rückschrittlichen Kräften der Stämme und des Klerus hätte den wirtschaftlichen Fortschritt gefährdet und wieder diese Kräfte gestärkt, die es gerade erst entscheidend geschwächt hatte. Es würde sie wieder zu einer Bedrohung der eigenen Macht werden lassen. Und ein Bündnis mit dem Bürgertum gegen die konservativ-feudalistischen Kräfte war nicht möglich, ohne die politische Forderungen des Bürgertums zu erfüllen und dabei an eigener Macht einzubüßen oder sie gar ganz zu verlieren.

Den Ausweg aus dieser verfahrenen Situation öffnete eine Kraft, die sich bisher kaum bemerkbar gemacht hat, das Militär. Am 17.7.1973 kommt es in Kabul zum Putsch mittlerer Offiziersränge unter der maßgeblichen Mitwirkung Dauds, des früheren Ministerpräsidenten.

Am 23.8.1973 erklärt er, dass eine neue Verfassung ausgearbeitet werden soll mit „erweiterten demokratischen Rechten und Freiheiten" und es die Absicht der neuen Regierung sei, „ grundlegende Veränderungen im wirtschaftlichen, sozialen und politischen Leben der Gesellschaft herbeizuführen" (Zitate nach Willy Kraus).

Damit endete die feudalistische Epoche der afghanischen Geschichte, in der die politische Macht in den Händen von Adel und Königtum lag. Trotz der nachfolgenden Versuche vonseiten der UdSSR und der NATO-Staaten, eine afghanische Regierung zu fördern (UdSSR) oder einzusetzen (Nato), die im Einklang mit ihren Interessen war, war in diesen Regierungen die Aristokratie als Klasse nicht mehr vertreten. Die Mächte hinter den afghanischen Regierungen stützten sich auf andere gesellschaftliche Gruppen.

Es geht um Erkenntnis

Nicht das Wissen steht im Vordergrund, bürgerliches Ideal und Antrieb des Lernens. Erkenntnis geht nicht ohne Wissen, wohingegen aber Wissen oft und gut ohne Erkenntnis überdauern kann. Wer kennt sie nicht die akademisch-vergeistigten Geschichtslehrer, den verklärten Religionslehrer, den weltfremden Universitätsprofessor oder die Musterschüler des bürgerlichen Lernbetriebs, die die Daten und Fakten eines jeden Faches herunterrasseln können, ohne sich jemals den Zusammenhängen zu nähern, die hinter diesen Daten und Fakten stecken und sie miteinander verbinden.

Wer kennt sie nicht die Musterknaben der Wirtschaftswissenschaften, die alle möglichen Kennzahlen auswendig kennen, Statistiken ausspucken können und jeden begründeten Einwand mit auswendig gelernten Wirtschaftstheorien niederknüppeln. Aber sie sind nicht in der Lage, mit ihrem reichhaltigen Wissen die augenscheinlichen Widersprüche erklären zu können, aus der Fülle der bunten Wissenssplitter Mosaik erstellen zu können, das ein Bild ergibt, eine Erklärung. Was also nützt Wissen, wenn es nicht zu Erkenntnis führt, die die Erscheinungen der Welt erklären kann? Nicht Wissen, sondern Erkenntnis treibt die Veränderung der Welt, bringt Licht ins Dunkle und wirft damit den Lichtstrahl auf den Weg, der hineinführt in eine freundliche Zukunft.

Der Mensch kommt zu Bewusstsein, ob er will oder nicht. In diesem so einfachen klingenden Satz hat Marx, der immer mehr aus dem geistigen Leben der Gegenwart hinausgedrängt wird, die geistige Entwicklung des Menschen und der Menschheit auf den Punkt gebracht. Aber auch Erkenntnis ist keine absolute und unverrückbare Größe. Auch sie ist dem Wandel unterworfen. Wenn sich die Grundlagen verändern, aus denen die Erkenntnis hervorgegangen ist, bleibt das nicht ohne Auswirkung auf die Erkenntnis selbst.

Denn so wie sich die Grundlagen des Lebens verändern, so verändern sich auch mit den veränderten Grundlagen die Einsichten und Erkenntnisse der verschiedenen Epochen und Abschnitte menschlicher Entwicklung. Es ändert sich das Bewusstsein der Menschen. Das Bewusstsein des heutigen Menschen ist ein anderes als das der Menschen früherer Epochen. Er denkt anders über sich selbst als die früheren Menschen über sich selbst dachten. Aber er denkt auch anders über die Menschen früherer Epochen, als diese über sich selbst dachten. Er sieht sie anders, als sie sich selbst sahen. Er sieht sie von der Warte seines heutigen Bewusstseins.

Manchmal finden sich Worte, die dieses Bewusstsein einer Epoche oder eines ganzen Abschnitts menschlicher Entwicklung widerspiegeln und zu einem griffigen Schlagwort werden ließen, in dem Jahrhunderte zusammengedampft sind.

„Homo homini lupus est", der Mensch ist für den Menschen ein Wolf, war das Denken der (römischen) Antike, deren gewaltige Bauwerke und Errungenschaften auf der Gewalt der Sklaverei aufbauten. Der Mensch handelte schon organisiert, gesellschaftlich, wie das Wolfsrudel. Aber auch ebenso gnadenlos wie dieses Rudel trat er auf gegenüber den anderen, um das eigene Leben zu sichern und zu erhalten.

Die geringe Ertragskraft der menschlichen Arbeit rissen die führenden Imperien der antiken Welt an sich und sammelten die Werte, die diese versklavte Arbeitskraft geschaffen hatte, in ihrem Herrschaftsbereich. Der Kampf der antiken Reiche untereinander war der Kampf um diese Beute der angesammelten Werte angesammelter Sklavenarbeit.

„Ora et labora" gibt das Weltbild und Lebensgefühl des frühen Feudalismus wider. In ihm drückte sich der Zeitgeist, das Bewusstsein, dieser Zeit aus. In den beiden Imperativen „Bete" und „Arbeite" kommt die Fremdbestimmung des Menschen in dieser Zeit zum Ausdruck. Es sind die Befehle einer äußeren Macht, des Hungers und der Naturgewalten. Gegen den Hunger half die Arbeit, das „Labora". Sie versetzte den Menschen in die Lage, durch Ackerbau für sein Überleben selbst zu sorgen, aber unter dem ständigen Ankämpfen gegen die Naturgewalten, unter ständiger Verausgabung der eigenen Kräfte. Unter dem ständigen äußeren Diktat der Natur musste das Leben immer wieder von neuem dem Hunger abgerungen werden. Das „Labora" war der Zwang, zu dem es nur eine Alternative gab, den Hungertod. Die Arbeit war keine Freiwilligkeit, keine Entscheidungssache, sie war alternativlos.

Aber diese Errungenschaft der Lebenssicherung durch Arbeit stellte schon einen Fortschritt dar gegenüber früheren Entwicklungsschritten der Menschheit. Denn die Welt Jägers und Sammlers, der in der Frühzeit menschlicher Entwicklung in Horden durch Savannen und Wälder streifte, war geprägt vom Zufall. Bot die Natur genug und war das Jagdglück ihnen gewogen, dann überlebte die Horde, ansonsten ging sie unter am Hunger oder wurde Beute von Raubtieren, die gefährlicherer als er selbst waren. Und der antike Sklave war trotz Arbeit nicht Herr über sein eigenes Leben.

Das „Ora" sollte helfen gegen die Restrisiken der Natur, denen der Mensch noch weitgehend schutzlos ausgeliefert war. Die höhere Macht der Götter oder des einen Gottes der Christen, die über dem Menschen thronten und die auch als Beherrscher der Naturgewalten angesehen wurden, sie sollte besänftigt werden zuerst mit Opfern und später mit Gebeten. Die Götter als die Herrscher über die Naturgewalten sollten milde gestimmt werden, damit sie ihre Kraft dem Menschen zum Nutzen nicht zu seinem Schaden einsetzten.

Die Welt des Feudalismus ruhte auf diesen beiden Säulen, und wurde eine vernachlässigt, so geriet sie in Schieflage, wenigstens in der Augen der Damaligen. Ob sie mit weniger Gebet untergegangen wäre, kann aus der Sicht unseres heutigen Bewusstseins sicherlich bezweifelt werden. Aus damaliger Weltsicht jedoch wäre jedes unerklärliche Geschehen zurückzuführen gewesen auf die Vernachlässigung des göttlichen Imperativs des Betens.

Je mehr aber die Vorgänge in der Welt durch die Wissenschaft erklärbar und somit nicht mehr als Ausdruck göttlichen Willens oder Unwillens vermutet wurden, umso mehr rückte der Mensch in den Vordergrund. Er war es, der einerseits den Vorhang vor den Erscheinungen der Welt selbst hob und dahinter nicht Gottes Wille sondern Naturgesetze zum Vorschein brachte. Und er war es auch, der andererseits sich selbst als denjenigen erkannte, der diese Geheimnisse lüftete. Damit machte er sich selbst immer mehr nicht nur zum Entdecker dieser Naturgesetze sondern zunehmend auch zu ihrem Beherrscher. Gleichzeitig verwandelte er sich selbst durch diesen Zuwachs an Wissen und Erkenntnis auch zu demjenigen, der dem Göttlichen seine Zauberkraft nahm. Der Mensch entzauberte Gott, ohne es zu wollen, und machte das vormals Göttliche zu banalen und erklärbaren Vorgängen weltlicher Kräfte.

Dadurch dass er Gott mittels der Erkenntnis seiner Allmacht beraubte, wurde er selbst immer mehr zu seinesgleichen. Kraft seines Geistes, seiner Intelligenz verfügte er über die Macht, Gott seiner Göttlichkeit zu berauben. Er begann, die schöpferische Kraft der Genialität, immer mehr in sich selbst zu finden. Dieser Entdeckergeist, die Kraft seines Geistes brachte den Menschen zum Motto der Aufklärung: „Cogito ergo sum". Ich denke, also bin ich. Machte beim Ora et Labora noch der zweifache Imperativ deutlich, dass hier eine höhere Macht außerhalb des Menschen den Ton angab, so bestimmt im „Cogito ergo sum" das ICH. ICH denke, also bin ICH. Das Subjekt ist die bestimmende Größe geworden, und dieses Subjekt ist der Mensch.

Damit war er selbst mit seinem Geist der Mittelpunkt geworden, das Zentrum allen Geschehens. Fortan drehte er sich um sich selbst, war sich selbst das Universum. Und sein Forschergeist stellte alles in Frage, was bisher als unzweifelhaft gegolten hatte. Es gab keine Grenzen mehr, keine geografischen und keine sonstigen, die nicht von der Kraft des Geistes verschoben oder gar zertrümmert werden konnten. Die Erde wurde als grenzenlos entdeckt, da sie als das erkannt wurde, was Jahrtausende lang nie hatte sein dürfen, sie war rund und dadurch unbegrenzt.

Nicht umsonst war der gesellschaftliche Träger des „Cogito ergo sum" das aufstrebende Bürgertum, das sich im Laufe der Geschichte hatte befreien können vom Zwang zur Arbeit, der bisher immer auf der Menschheit gelegen hatte. Es hatte sich durch Handel, Handwerk und Kapital einen Lebensunterhalt geschaffen, der befreit war von Fronarbeit für Feudalherrn oder Kleriker. Es hatte sich aber auch gleichzeitig einen Lebensunterhalt geschaffen, der sich in seiner kapitalistischen Produktionsweise fremder Arbeitskraft bedienen konnte. Damit hatte es seinem Forscherdrang den Rahmen geben können, der frei war von der Arbeit für den Lebensunterhalt..

Befreit von Arbeit, befreit von den Grenzen der Erde als einer Scheibe, befreit von den Grenzen, die ein übermächtiger Feudalherr zog, und befreit von den Grenzen, die ein allmächtiger Gott seinem Forscherdrang zu setzen schien, stürmte das Bürgertum mit seiner aufwärts strebenden Kraft hinaus in die Welt und eroberte, was es zu erobern gab: den Globus, die Wissenschaft, die Kräfte der Natur und deren Nutzung. Es eroberte alles, woraus sich Kapital schlagen ließ. Und ganz zum Schluss eroberte es sich mit der französischen Revolution und den nachfolgenden politischen Umwälzungen auch die politische Macht.

Dem Bürgertum und seiner Wirtschaftsform, dem Kapitalismus, widerstand nichts. Alles schien seiner Wissenschaft durchdringbar, alles bisher noch Unbekannte wurde entdeckt, alles Unerforschte offengelegt. Natur war nicht mehr angsteinflößend sondern nur noch Objekt wissenschaftlicher Durchdringung, grenzenloser Beherrschbarkeit. Nur die eigene Natur ließ sich nicht beherrschen, die Natur des Menschen als eines Wesens mit unbegrenztem schöpferischem Potenzial. Dieses Potential wurde nur eingeschränkt durch die Grenzen, die ihm die menschlichen Gesellschaften selbst setzten.

War das Bürgertum mit seinem Kapitalismus und dessen himmelstürmender Grenzenlosigkeit der Gegenentwurf zur bodenverwurzelten Enge des Feudalismus gewesen, so stellte Marx mit seinem „Das Sein bestimmt das Bewusstsein" die Synthese zwischen diesen beiden entgegengesetzten Polen menschlicher Ausrichtung wieder her. Hier ist nicht mehr entweder externer Appell oder ichbezogener Übermut. Hier finden beide wieder zusammen in der Ruhe des neuen Bewusstseins und der Erkenntnis, dass das eine ohne das andere nicht sein kann.

Das geistig-flüchtige, bodenlos-ungebundene Bewusstsein kommt wieder in Kontakt mit der Erdverbundenheit des Seins. Durch die Betrachtungsweise des historischen und dialektischen Materialismus erfährt sich es sich wieder als abhängig von dem, was real ist. Bewusstsein ist in dieser Marx'schen Sichtweise nicht weiter Ergebnis gedanklicher Spekulationen und intellektueller Turnübungen hoch über den Niederungen des Alltags.

Sein und Bewusstsein erfahren sich wieder als gegenseitig Bedingte, voneinander Abhängige. Zwar bestimmt das Sein das Bewusstsein, aber das veränderte Bewusstsein nimmt auch wiederum Einfluss auf das Sein und verändert dieses. Dies geschieht nicht in der dümmlichen Geradlinigkeit, die sowohl Marxens Anhänger als aber besonders auch seine Gegner ihm immer andichten wollten. Sondern es besteht eine Wechselbeziehung zwischen beiden. Wenn sich eines von beiden verändert, bleibt das nicht ohne Auswirkungen auf der anderen Seite.

Es ist also keine gradlinige Zwangsläufigkeit, dass der Proletarier im Kapitalismus sich immer als ein solcher verstehen muss. Und deshalb besteht auch nicht diese scheinbar unausweichliche Logik, dass der Proletarier sich auch als solcher verstehen und handeln und den Sozialismus wollen muss. Auch das veränderte Bewusstsein kann ein „falsches" sein, indem es in seiner Betrachtung der Realität „Falsches" sieht und erkennt.

Aber die Orientierung an der Realität wird immer dazu führen, dass „falsches" Bewusstsein sich an der Realität als falsch erweist. Unsere Sicht der Dinge wird korrigiert durch die Dinge selbst, wenn wir es denn zulassen, dass uns die Realität auf unsere falsche Sicht aufmerksam macht. Aber diese heilsame Wirkung der Realität auf unser Bewusstsein entfaltet sich nur, wenn wir die Widersprüche wahrnehmen, die zwischen unserer Sicht der Dinge und den Erscheinungsformen der Dinge selbst bestehen. Indem wir Ungereimtheiten als solche benennen und nicht glatt bügeln, indem wir den Zweifel begrüßen, anstatt ihn im Wortschwall des Besserwissertums zu ersäufen, lauschen wir dem, was die Realität uns sagen will.

An diesem Punkt berühren sich die allgemeinen Betrachtungen über die Schwierigkeit des Erkennens der Realität mit der konkreten Realität des Themas Afghanistan. Die Diskussionen über den Einsatz der NATO-Truppen sind bestimmt von den Interessen, dem Wunschdenken und Weltsicht der Regierungen und Medien der Länder der Truppensteller, nicht zuletzt auch um der eigenen Bevölkerung den Einsatz erklärbar und schmackhaft zu machen.

Aber diese Diskussionen orientieren sich nicht an der Wirklichkeit der Lebensumstände der Menschen, an den Realitäten, die sich gebildet haben aus der Geschichte und der gesellschaftlichen Entwicklung des Landes. Sie orientieren sich nicht am Bewusstsein der Afghanen und den Gesellschaften, die sich auf Grund dieses Bewusstseins über die Jahre und Jahrhunderte entwickelt haben. Sie orientieren sich an unserem Bewusstsein, das sich unter unseren Bedingungen und Umgebungen gebildet hat. Sie orientieren sich an unseren Vorstellungen von dem, was nach unserem Dafürhalten das Bewusstsein oder die Wünsche der Afghanen sein müssten. Sie orientieren sich an unseren Wertvorstellungen, unserer Kultur und unseren Vorstellungen davon, wie gesellschaftliche Prozesse ablaufen oder abzulaufen haben. Aber mit diesen Vorstellungen werden ja selbst im eigenen Lande die Verhältnisse immer unregierbarer.

Aber selbst der Begriff des „unser" ist ein Trugbild, da es sich dabei in erster Linie um die Interessen und Vorstellungen derer handelt, die in unseren Gesellschaften die politischen Entscheidungen und Prozesse bestimmen. Das aber sind nicht „Wir". Das ist nur ein verschwindend geringer Teil vom „Wir". Der größte Teil des „Wir" war gegen diesen Krieg und ist es immer noch. Aber dieser Teil des „Wir" hatte nicht die Macht, die eigenen Vorstellungen Wirklichkeit werden zu lassen. Und so findet der Krieg des „Wir" gegen die Mehrheit des „Wir" statt. Die Afghanen hatte ohnehin niemand gefragt.

In diesem Krieg, der um Menschenrechte und westliche Werte geführt wird, geht es um diese Inhalte am wenigsten. Das Einzige, worin sich westliche Überlegenheit ausdrückt, ist seine militärische und wirtschaftliche Stärke. Darin allein sehen die Gutgläubigen in unseren Gesellschaften auch, die Überlegenheit westlichen Weltbildes und Wertekatalogs als genügend bewiesen an. Sie orientieren sich an den Vorstellungen der Sieger und was die Sieger glauben, dass es das Beste für die Afghanen sei.

Die Afghanen haben bis in die neueste Zeit ihre Geschichte nicht selbst geschrieben, weil sie in den meisten Zeiten ihrer Geschichte nicht schreiben konnten. Die Geschichte der Afghanen schrieben die anderen, die Sieger, und sie schrieben sie in ihrer Sprache und mit ihren Augen, der Sprache und den Augen der Sieger. Das waren die Griechen, die Mongolen, die Hunnen, die Usbeken, die Inder, die Perser und all die anderen Völker, die den afghanischen Raum durchzogen oder eroberten und besiedelten.

Aus all diesen Zeiten gibt es kaum Quellen und wenn, dann in anderen Sprachen, den Sprachen der Sieger und Eroberer. Und diese berichten über die unterworfenen Völker nicht nur als Feinde, also mit einem entgegengesetzten Interesse. Sondern sie berichten auch über diese Feinde als Völker, die weiterhin beherrscht werden sollen.

Erkenntnis geht nicht ohne Wissen. Und das bedeutet für die Erkenntnis über historische Prozesse, dass man sich auf Berichte als Quellen stützen muss, die die Menschen der damaligen Zeit uns hinterlassen haben. Aber diese Quellen sind nicht neutral. Sie wurden geschrieben von Menschen, die eine geschichtliche Situation betrachteten durch die Augen ihres Bewusstseins, ihres Weltbildes, ihrer Wertmaßstäben und ihren Vorstellungen darüber, wie Gesellschaft funktioniert. Und unter eben denselben Bedingungen betrachten wir auch unsere Gesellschaft.

Politische Institutionen der afghanischen Gesellschaft

Die Entwicklung des Staatsgedankens

Bis zur Regierungszeit Amanullahs regierten die afghanischen Könige als absolutistischer Herrscher, losgelöst von jeglicher Verantwortlichkeit gegenüber irgendwelchen staatlichen Institutionen. Besonders die Herrscher Abdur Rahman und Habibullah waren Legislative, Judikative und Exekutive in einer Person. Auch dem islamischen Recht, der Scharia, fühlten sie sich nicht verpflichtet, sondern ernannten sich selbst auch zu den Spitzen des islamischen Klerus. Gelegentlich ließen sie sich von den führenden Häupter des Landes, die größtenteils auch zur Königsfamilie gehörten, ihre Entschlüsse auf einer einberufenen Versammlung formal bestätigen. Einer Kontrolle durch diese Versammlung unterlagen sie nicht.

Erst Amanullah führte rechtsstaatliche Normen in seine Regierungsform ein und erließ 1923 eine Staatsverfassung, die die Menschenrechte garantierte und Ansätze einer Gewaltenteilung erkennen ließ. Die Rechtspraxis im Land entsprach den Verfassungsnormen nicht. Sie waren eher theoretisch und in weiten Teilen des Landes nicht durchsetzbar.

Unter Nader Schah wurde 1931 die eher weltlich orientierte Verfassung Amanullahs geändert und islamischem Recht wieder mehr Geltung verliehen. Trotzdem stimmt die neue Verfassung im Wesentlichen mit der Amanullahs überein, besonders was die Rechte und Pflichte des Bürgers gegenüber dem Staat betrifft.

Die konstitutionelle Monarchie

Im Jahre 1964 wird unter der Leitung französischer Juristen eine Verfassung erarbeitet, die die Staatsform der konstitutionellen Monarchie festlegt. Sie ist eine weltliche Verfassung, in der islamisches Recht eine untergeordnete Bedeutung hat.

Nach dieser Verfassung geht die Souveränität vom Volk aus. Sie gewährt Gleichheit vor dem Gesetz und garantiert den Schutz der Freiheit und Menschenwürde durch den Staat. Willkürliche Verhaftung und Bestrafung sind verboten, ebenso Folter und Sklaverei. Es wird das Recht der freien Rede gewährt, Vereins- und Versammlungsrecht und das Recht, Parteien zu gründen, solange sie nicht die bestehende Ordnung gefährden. Das heißt aber auch, dass Parteien republikanischer oder gar sozialistischer Prägung verboten sind. Sie gewährt das aktive wie das passive Wahlrecht, wobei aber Mitglieder der Armee, Polizei und Gendarmerie während ihrer aktiven

Dienstzeit nicht wählen dürfen. Das passive Wahlrecht gilt nur für Menschen ohne Vorstrafen, die lesen und schreiben können.

Das Parlament besteht aus zwei Kammern, dem Unterhaus (Wolesi Dschirga), dessen Mitglieder aus allgemeinen, freien, direkten und geheimen Wahlen ermittelt werden. Die Mitglieder des Oberhaus oder Haus der Alten (Meschrano Dschirga) als zweiter Parlamentskammer werden zu einem Drittel vom König ernannt. Die restlichen zwei Drittel werden sowohl direkt als auch aus dem Provinzrat gewählt.

Die Große Volksversammlung (Loya Dschirga) wird auch verfassungsmäßig verankert. Sie setzt sich zusammen aus Mitgliedern des Parlaments und der Provinzräte gebildet und tagt bei Fragen der Thronfolge und Verfassungsänderungen.

Die Rechtsprechung ist unabhängig, wobei aber die Richter des Obersten Gerichtshofes vom König ernannt werden.

Der König ist das Zentrum der nationalen Identität Afghanistans und steht damit für nationale Souveränität und Integrität des Landes. Zwar muss er den Eid auf die Verfassung leisten, kann aber nicht zur Rechenschaft gezogen werden. Trotz der formaldemokratischen Strukturen der Verfassung bleibt die Macht des Königs weitgehend unangetastet und seine Vollmachten sind sehr weitreichend:

Als Oberbefehlshaber des Heeres entscheidet er über Krieg oder Frieden. Er ist berechtigt, das Parlament aufzulösen und Neuwahlen auszuschreiben sowie den Notstand auszurufen oder wieder aufzuheben. Er ernennt die Minister, obersten Richter, Beamten und Offiziere sowie ein Drittel der Abgeordneten. Gesetze werden von ihm paraphiert, wobei er aber nicht zur Unterzeichung von Gesetzen gezwungen werden kann. Damit kommt seine Weigerung einem Veto gleich.

Der König zieht sich aus der Tagespolitik zurück, die einem Ministerpräsidenten überlassen wird, behält aber weiterhin den entscheidenden Einfluss auf die grundsätzlichen Fragen der afghanischen Politik. Mit dieser Konstruktion und dem Verbot für Mitglieder der Königsfamilie, politische Ämter auszuüben, sollen vor allem auch Machtkämpfe im Königshaus selbst vermieden werden. Es wird aber erkannt, dass eine Demokratie nach dem Muster der westlichen Industriestaaten in Afghanistan nicht umsetzbar ist und dass weiterhin eine zentrale Staatsführung notwendig ist, um das zerbrechliche Staatsgebilde zusammenzuhalten.

Das Hilmandprojekt

Nur ca 10% der afghanischen Fläche können landwirtschaftlich genutzt werden. Zwar ist die Bevölkerungsdichte mit 26 Einwohnern je km² sehr gering, jedoch beträgt das Verhältnis der Gesamtbevölkerung zur Nutzfläche 130, d.h. dass von dem Ertrag eines Km² Nutzfläche 130 Menschen ernährt werden müssen.

Nach dem 2. WK. startete die afghanischen Regierung ein breit angelegtes Projekt zur Produktonssteigerung der afghanischen Landwirtschaft durch Neulandgewinnung und Bewässerung. Dazu gehörten das Hilmand Valley Project (HVP) im Süden des Landes, das auf Grund seiner gewaltigen Ausmaße zu einem Prestige-Unternehmen werden sollte. Weitere Vorhaben wurden mit sowjetischer, chinesischer und deutscher Hilfe in Angriff genommen.
Mit sowjetischer Unterstützung wurde 1965 das Nangarhar-Projekt bei Dschalalabad mit 240 km² Neuland aufgelegt, von denen 1969 die Hälfte zur Verfügung stand. Offensichtlich hatte man aus dem Misserfolg des Hilmand-Projektes gelernt und zuerst Staatsfarmen von 5000 ha Größe errichtet, ehe das Land an private Kleinbetriebe vergeben wurde. Damit wurde vermieden, dass es bei einem etwaigen erneuten Misserfolg wieder zu sozialer Unruhe unter den Siedlern kam. Mit dem Sardeh-Vorhaben entstand in der Nähe von Ghazni ein weiteres sowjetisches Projekt für 150km². Weitere Vorhaben waren am Amu Darja geplant und mit deutscher Unterstützung am Koktscha-Fluss im Norden Afghanistans. Das Parwan-Projekt bei Charikar mit chinesischer Unterstützung soll in der ersten Ausbauphase 19.000 ha und dann noch einmal 10.000 ha Neuland gewinnen. In der Provinz Herat sollte das Hari-Rud-Projekt aufgelegt werden.

Bereits 1939 war unter Leitung von japanischen und italienischen Ingenieuren mit dem Projekt begonnen worden. Durch den Zweiten Weltkrieg wurden die Arbeiten unterbrochen. Die Afghanen setzten die Arbeiten fort, aber es fehlte an Fachkräften und hochwertigem Arbeitsmaterial. Im März 1946 wurde die amerikanische Baufirma Morrison-Knudson mit der Fertigstellung des Projekts beauftragt. Mit dem gigantomanischen Denken der Amerikaner nahm das Projekt riesige Ausmaße an. Geplant war eine Bewässerung von rund 3600 km², wovon aber mehr als ¾ noch gar nicht erschlossen waren.
Dazu wurden der Helmand-Fluss durch den 90 m hohen Kadschakai-Damm gestaut und ein Wasserreservoir von 19 Mrd m³ geschaffen. Bei einer weiteren Aufstockung des Dammes um 10 Meter könnte dieses

Reservoir auf die doppelte Menge ausgedehnt werden und der Bewässerung von 2800 km² dienen. Ein weiterer Damm bei Girischk leitet Wasser über den Boghra-Kanal und weitere kleinere Kanäle in die südlichen Wüstengebiete.

Die Stauung des Flusses Arghandab nördlich der Stadt Kandahar leitet Wasser in die große Oase südlich der Stadt.

Insgesamt wurde eine Kanalsystem von etwa 200 km geschaffen, hunderte Kilometer neuer Straßen, Brücken, Schleusen und Kraftwerke. Die Umsetzung des Hilmandprojektes dauert von 1946 bis 1956.

Wurden die Kosten 1946 auf 63,7 Mio $ geschätzt, so betrugen sie 1956 bereits das Doppelte nämlich 130 Mio Dollar. Dieser Betrag wuchs durch die Folgekosten bis 1966 auf 150 Mio $, wovon ein Drittel Devisen waren. 1972 schätzt Kraus in „Afghanistan" die Kosten für das „regionale Gesamtprojekt" auf 200 Mio $, womit die „ Aufwendungen je Flächeneinheit im Vergleich zu anderen Projekten außerordentlich hoch" waren.

Bereits 1949 hatten die Kosten schon 40% des afghanischen Budgets angenommen und die Dollarreserven des Landes waren soweit gesunken, dass die afghanische Regierung die USA um einen Kredit bitten musste. Im Gegensatz zu dem betriebenen Aufwand und den gewaltigen Kosten blieb der wirtschaftliche Nutzen gering.

Zwar konnte die landwirtschaftliche Produktion in der Region Kandahar erheblich gesteigert werden, aber der Bewässerung der südlichen Wüstengebiete blieb der Erfolg verwehrt durch die mangelnde Qualität des vorgefundenen Bodens. Zudem führte die starke Verdunstung des Wassers zur Versalzung der Böden. Es bildeten sich Salzkrusten, sodass die Bewässerung nicht zur Steigerung der landwirtschaftlichen Produktion sondern zur Salzgewinnung führte.

Wahrscheinlich stand bei der Auflegung des Hilmand-Projekts die Überlegung Pate, die einst vor den Mongolenstürme ertragreichen Böden durch ausreichende Bewässerung wieder in blühende Landschaften zu verwandeln. Landlose Bauern sollten umgesiedelt, Nomaden sesshaft gemacht und überbevölkerte Regionen entlastet werden, um damit den Lebensstandard der Bevölkerung zu heben, aber auch die Steuereinnahmen langfristig zu steigern. Die Regierung unterstützte die Ansiedlungswilligen mit günstigen Krediten und Konditionen. Als Erstausstattung erhielten sie sechs Hektar Land, einen Ochsen und 10.000 Afs. USAID unterstützte das Projekt mit Beratung und Saatgut.

Von dem ursprünglich erwarteten Neuland konnten Ende der 1960er Jahre nur etwa 45% genutzt werden. Durch die Versalzung der Böden mussten bereits besiedelte Nutzflächen wieder aufgegeben werden. Die wirtschaftliche Situation der Siedler hatte sich dermaßen verschlechtert, dass Lebensmittel an sie ausgeteilt werden und die Bodensteuer erlassen werden musste. Viele der neu angesiedelten Familien verließen in der Folgezeit das Neuland.

Obwohl der Verkauf des Landes durch Regierungsauflagen stark eingeschränkt war, haben sich nach fast einem Jahrzehnt die Eigentumsverhältnisse auf dem Neuland dem des restliche Afghanistan angeglichen. Viele Siedler gaben auf, ließen das Land brachliegen oder verkauften es. Aus den ursprünglich gleich großen Parzellen entwickelten sich durch Landkäufe größere Betriebseinheiten. Das Land konzentrierte sich in immer weniger Händen. Viele Neusiedler verließen das Land hochverschuldet.

Der Misserfolg des Projektes hatten die Beziehungen zwischen den USA und Afghanistan stark belastet. Die Untersuchung der Bodenqualität ist nicht Aufgabe der Baufirma gewesen. Insofern kann das Scheitern des Vorhabens nicht der amerikanischen Firma angelastet werden. Jedoch stand bei der Kreditgewährung zur Weiterführung der Arbeiten für die Amerikaner nicht die Wirtschaftlichkeit des Projekts im Vordergrund sondern die Interessen der amerikanischen Firma Morrison & Knudsen. Nach langen zermürbenden und erniedrigenden Verhandlungen zwischen Afghanistan und der amerikanischen Import-Export-Bank war 1954 ein Darlehen von 18,5 Mio Dollar gewährt worden mit der Auflage, dass davon ausschließlich die Rechnungen der amerikanischen Knudsen-Morrison zu bezahlen seien

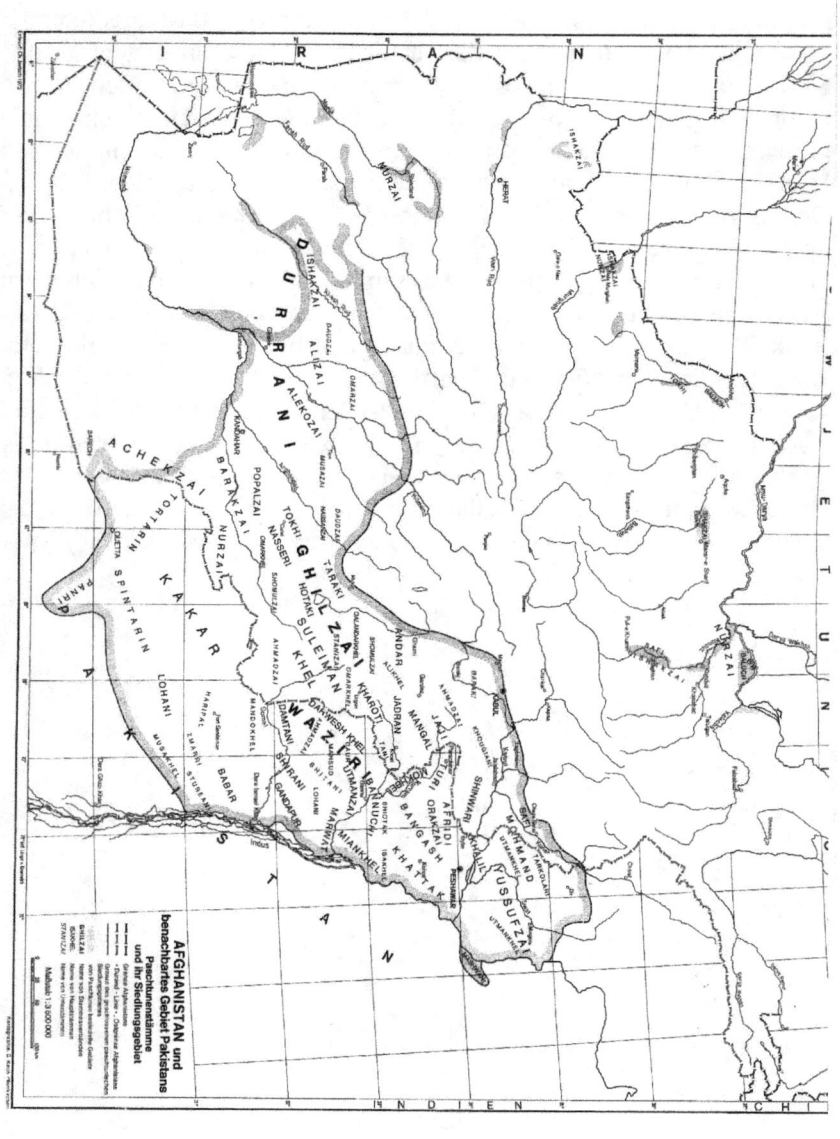

Literaturliste:

Abawi, Khalil Ahmad: Der Kampf des paschtunischen Volkes um die
Unabhängigkeit seiner Heimat Paschtunistan. 1962
Adam, Werner: Das Scheitern am Hindukusch, Stuttgart 1989
Baraki, Matin: Die Beziehungen zwischen Afghanistan und der BRD
1945 – 1978, Frankfurt 1996
Berg, Hans Walter: Das Erbe der Großmoguln, Hamburg 1988
Brechna Habibo: Von Khorasan zu Afghanistan, Göttingen 2010
Deutsches Orientinstitut: Afghanistan nach dem Sturz der Monarchie, Hamburg
1981
Fautz, Bruno: Sozialstruktur und Bodennutzung in der
Kulturlandschaft des Swat, Gießen 1963
Fröhlich, Dieter: Nationalismus und Nationalstaat; Afghanische Studien
1970
Glaubitt, Klaus; Saadeddin, Fawzi; Schaefer, Bernd:
Das System der Staatseinnahmen und seiner Bedeutung
für die Wirtschaftsentwicklung Afghanistans;
Afghanische Studien 1975
Glatzer Bernt: Nomaden von Gharjistan, Franz Steiner Verlag,
Wiesbaden 1977
Jensch, Werner: Die afghanischen Entwicklungspläne vom 1. bis zum 3.
Plan; Afghanische Studien 1973
Klevemann, Lutz: Der Kampf um das heilige Feuer, Berlin 2003
Klimburg, Max: Afghanistan, das Land im historischen Spannungsfeld
Mittelasiens, Wien 1966
Kraus, Rüdiger: Siedlungspolitik und Erfolg, Meisenheim/Glan 1975
Kraus, Willy: Afghanistan: Natur, Geschichte und Kultur, Staat,
Gesellschaft und Wirtschaft, hrsg v Willy Kraus, 1974
Lakanwal, Abdul Gahfar Situationsanalyse landwirtschaftlicher
Beratungsprogamme in Entwicklungsländern
Saarbrücken 1978
Ludwig, Joachim: in asien, afrika, südamerika 13 Berlin 1985
Probleme der sozialökomomischen Entwicklung in
Afghanistan vor der Aprilrevolution,
Metge, Pierre: Die Sowjetunion in Afghanistan, Militärpolitik Heft
45/46
Pfetsch: Konflikte seit 1945, Freiburg 1991
Pohly: Krieg und Widerstand in Afghanistan, Berlin 1992
Raffat, Mohammad Hakim: Die Paschtunistanfrage in den Beziehungen
Afghanistans zu seinen Nachbarländern in der Periode
des Ost-West-Gegensatzes nach 1945, Hamburg 1975
Sawitzki Hans Henning Akademiker in einem Entwicklungsland; Afghanischen
Studien 1972

Schetter, Conrad

Steul Willi:
Stilz, Dieter:

Strathmann, Heribert:

Wald:

Wiebe, Dietrich:

Kleine Geschichte Afghanistans, München 2004
die Paschtunen in Paktia, Wiesbaden 1981
Afghanische Studien: Entwicklung und Struktur der afghanischen Industrie, Meisenheim 1974
Händler und Handwerker als soziales Segment in Afghanistan; Afghanische Studien 1980
Landnutzung und Siedlung der Paschtunen im Becken von Khost, Opladen 1964
Afghanistan, Ein mittelasiatisches Land im Umbruch; Länderprofile 1984

www.ingramcontent.com/pod-product-compliance
Lightning Source LLC
Chambersburg PA
CBHW070634290526
45790CB00001B/92